创业浪潮袭来，就业将更精彩

2015

中国劳动力市场发展报告

——经济新常态背景下的创业与就业

China Labor Market Development Report 2015:
Entrepreneurship and Employment Under the Background of New Normal

赖德胜　李长安　孟大虎　刘　帆　等　著

北京师范大学出版集团
BEIJING NORMAL UNIVERSITY PUBLISHING GROUP
北京师范大学出版社

图书在版编目(CIP)数据

2015 中国劳动力市场发展报告/ 赖德胜，李长安，孟大虎，刘帆等著. —北京：北京师范大学出版社，2015.11
ISBN 978-7-303-19707-1

Ⅰ. ①2… Ⅱ. ①赖…②李…③孟…④刘… Ⅲ. ①劳动力市场-研究报告-中国-2015 Ⅳ. ①F249.212

中国版本图书馆 CIP 数据核字(2015)第 262485 号

营 销 中 心 电 话 010-58805072 58807651
北师大出版社学术著作与大众读物分社 http://xueda.bnup.com

2015 ZHONGGUO LAODONGLI SHICHANG FAZHAN BAOGAO

出版发行：北京师范大学出版社 www.bnup.com
　　　　　北京市海淀区新街口外大街 19 号
　　　　　邮政编码：100875
印　　刷：北京中印联印务有限公司
经　　销：全国新华书店
开　　本：787 mm×1092 mm　1/16
印　　张：25
字　　数：504 千字
版　　次：2015 年 11 月第 1 版
印　　次：2015 年 11 月第 1 次印刷
定　　价：80.00 元

策划编辑：马洪立　　　　　责任编辑：李洪波
美术编辑：袁　麟　　　　　装帧设计：李尘工作室
责任校对：陈　民　　　　　责任印制：马　洁

课题总顾问

赵人伟（中国社会科学院荣誉学部委员）

课题顾问（以姓氏音序排序）

柯春晖（国家教育部政策法规司副司长）

吕国泉（全国总工会中国工运研究所所长）

莫　荣（中国劳动保障科学研究院国际劳动保障研究所所长）

施子海（国家发展和改革委员会政策研究室主任）

杨宜勇（国家发展和改革委员会社会发展研究所所长）

余兴安（中国人事科学研究院院长）

张车伟（中国社会科学院人口与劳动经济研究所所长）

张　莹（国家人力资源和社会保障部就业促进司副司长）

课题负责人

赖德胜（北京师范大学经济与工商管理学院院长
　　　　　北京师范大学劳动力市场研究中心主任）

报告撰稿人（以姓氏音序排序）

白　黎（河北科技大学讲师）

常欣扬（北京师范大学硕士研究生）

邓汉慧（中南财经政法大学教授）

高春雷（北京师范大学博士生）

韩丽丽（北京师范大学博士生）

赖德胜（北京师范大学教授）

李　飚（北京师范大学博士研究生）

李欣怡（北京师范大学硕士研究生）

李长安（对外经济贸易大学教授）

刘　帆（中国青年政治学院副教授）

刘　娜（北京建筑大学副教授）

刘亚楠（北京师范大学硕士研究生）

刘易昂（北京师范大学硕士研究生）

卢　亮（中南财经政法大学副教授）

孟大虎（北京师范大学编审）

石丹淅（三峡大学讲师）

苏丽锋（对外经济贸易大学副教授）

王　琦（北京联合大学讲师）

吴克明（华中师范大学副教授）

杨　慧（全国妇联妇女研究所副研究员）

张爱芹（北京师范大学副研究员）

摘　要

目前，中国经济正步入新常态，而鼓励"大众创业、万众创新"已成为当前稳增长、促民生的重要国策。在新的背景下，研究创业就业的新特点、探讨创业带动就业的新途径，就显得十分必要和迫切。本报告经过大量的实地调查研究，运用实证分析的方法，归纳总结了当前中国创业及其带动就业的基本特点，并对未来创业就业的发展趋势作出了独特的判断。本报告认为，中国已进入改革开放以来的第四次创业浪潮，创业就业表现出以下八个特征：支持创业带动就业的政策体系逐步完善，"众创"新时代已经到来，创业带动就业作用日趋明显，创业显著提高就业质量，创业促进就业结构优化，技术创新引领创业潮流，新生代创业者主导创新驱动型创业，创业教育体系基本形成。为此，中国的创业就业政策应该实施五大转变：从着眼于政策制定向制定与执行并重转变，从注重政府扶持向政府力量和市场力量并重转变，从注重国内创业向国内国际创业并重转变，从生存型创业向机会型创业转变，从单一创业教育向立体创业教育转变等，全面推进创业就业工作。

Abstract

Nowadays, China's economy has been in the new normal. "Nationwide entrepreneurship and innovation", the most important source of static economic growth and citizens' wellbeing improvement, has been one of the most important national policies. In the new context, it seems necessary and urgent to study new features of entrepreneurship, as well as new channels through which entrepreneurship can promote employment. Using field survey data and quantitative method, this report summarizes basic characteristics that entrepreneurship promotes employment, and provides a unique prediction for the trend of employment through entrepreneurship in the future. This report reveals that China has stepped into the fourth wave of entrepreneurship, which is characterized by the following 8 features: the perfection of political system that supports entrepreneurship, the upcoming new era of "nationwide entrepreneurship", the increasingly obvious effect of entrepreneurship on employment, the significant improvement of employment quality through entrepreneurship, the structuration of employment through entrepreneurship, the new enterprising trend lead by technique innovation, the innovation-push entrepreneurship lead by new generation, and the establishment of entrepreneurship education system. Therefore, the report suggest that five policies regarding entrepreneurship and employment in China should be transformed in the following way: 1) the transformation from policy making to the equal treatment of policy making and policy implementation; 2) the transformation from government support to the equal treatment of government support and market forces; 3) the transformation from domestic entrepreneurship to the equal treatment of domestic entrepreneurship and international entrepreneurship; 4) the transformation from necessity-push entrepreneurship to the opportunity-push entrepreneurship; 5) the transformation from unitary entrepreneurship education to multiple entrepreneurship education.

目　录

Contents

导　论

在 2015 年《政府工作报告》中，李克强总理 38 次提到"创新"，13 次提到"创业"，其中两次专门提到"大众创业，万众创新"。事实上，鼓励大众创业、万众创新，已成为当前我国摆脱经济下行压力，尽快适应经济新常态的重要政策措施之一。

鼓励创业和创新，是世界各国为发展本国经济、解决就业问题而普遍采取的一项重要举措。对于就业而言，创业型就业的最大亮点，就是突破了传统"一人一岗"的就业模式，形成"一人带动一群岗位"的新就业模式。在我国，每新加一个个体工商户就能为社会提供 3 个就业岗位。而新设立一家私营企业，则能够带动 10 人左右就业。由此可见，创业带动就业的功效是十分显著的。不仅如此，创业活动还是刺激经济增长的动力之一。美国经济学家斯科特・谢恩（Scott Shane，1996）通过对美国近百年的经济历史研究后发现，越是经济陷入低迷时，人们的创业活动越是活跃，而这也正是使经济走出衰退、重新复苏的重要力量。[1] 奥德莱茨克（Audretsch，2006）等人对 OECD 国家的研究也发现，那些拥有更多小企业的国家往往具有较低的失业率和较高的增长率，而小企业数量较少的国家则容易陷入较高失业率和较低增长率的困境。[2]

自改革开放以来，我国已经出现过三次创业浪潮：第一次是从改革开放之初到 1984 年。当时为了缓解城镇知识青年返城造成的就业压力，中央首次把自谋职业确定为就业的方针之一。在这项政策鼓励下，创业型就业如雨后春笋般涌现，有效缓解了当时沉重的就业压力。第二次是在 20 世纪 90 年代初期。我国经济由于社会主义市场经济体制改革目标的确立而再次出现高速增长，与此同时，以"全民下海"为特征的创业活动达到新的高潮，其中 1992 年、1994 年、1996 年

---

① Shane, Scott. Explaining Variation in Rates of Entrepreneurship in the United States：1899—1988[M]，Journal of Management，1996，22(5)：747-7811.

② Audretsch, D. B. Keilbach, M. C. and Lehmann, E. E.：Entrepreneurship and Economic Growth[M]，New York：Oxford University Press，2006.

全国私营企业户数的增长率分别达到 28.8%、81.7%、25.2%。第三次是 2002 年至 2004 年。2002 年国家开始实施"积极的就业政策"，明确把就业问题作为各级政府的重要考核指标，并制定了各项配套政策，再一次激发了劳动者创业的热情。从规律上来看，前三次创业高潮基本上都出现在经济走出低谷、开始复苏并走向高涨的阶段。在这一时期，一方面大量失业现象的存在逼迫劳动者走向自谋职业、自主创业的道路；另一方面政府也因为就业压力巨大而适时推出鼓励创业的优惠政策。两方面的合力，促成一波又一波的创业高潮。

2008 年全球金融危机爆发后，虽然我国采取了多种刺激经济的措施，但经济增速逐渐减缓的态势已经形成，国民经济正在由过去的高速增长开始向中高速增长的新常态转变。在经济增速不断下降的压力下，就业问题也日渐凸显。2015 年我国城镇新成长劳动力 1 500 万人左右，其中高校毕业生 749 万人，还有中专、技校和初高中毕业生，以及需要转移就业的农村富余劳动力。总量压力仍然非常巨大，结构性矛盾更加突出。在此背景下，鼓励大众创业、万众创新就成为宏观政策的必然选择。近些年来，我国为鼓励创业出台了一系列政策措施，涉及注册登记、税收贷款、创业培训等方方面面。客观地说，这些政策对鼓励大众创业起到了明显的效果。创业者群体越来越多元化，大学生、农民工、失业下岗者、海归人员，以及传统行业的人们都在加入这波创业浪潮中来。国家工商总局数据显示，2014 年，全国新登记注册市场主体 1 292.5 万户，注册资本 20.66 万亿元。新登记注册企业 365.1 万户，同比增长了 45.88%。截至 2015 年 3 月底，全国个体私营经济从业人员实有 2.6 亿人，比 2015 年年底增加 861.2 万人，个体私营人员持续快速增长，成为解决就业的主渠道。创业主体的持续快速增长，标志着新一轮的创业浪潮正在来临。

基于国家统计局的数据以及本课题组的调查数据，在理论分析和实地考察的基础上，我们总结出当前我国创业及其带动就业呈现出以下八个特征。

1. 支持创业带动就业的政策体系逐步完善

自 2007 年党的十七大报告提出"促进以创业带动就业"以来，中央陆续出台了越来越多的政策文件，鼓励劳动者自主创业，并为劳动者自谋职业提供便利。概括起来，这些支持政策包括以下几个方面的内容：

(1)商事制度改革简化创业手续。商事制度是社会主义市场经济体系的重要组成部分。党的十八届三中全会决定对商事登记制度进行改革，由注册资本实缴登记制改为注册资本认缴登记制，取消了原有对公司注册资本、出资方式、出资额、出资时间等硬性规定，取消了经营范围的登记和审批，从以往的"重审批轻监管"转变为"轻审批重监管"。工商行政审批转向登记备案，实现零门槛准入，市场主体"井喷式增长"。

（2）简政放权为创业松绑。简政放权是指政府的自我革命，精简机构，把经营管理权下放给企业。这也是增强企业活力、扩大企业经营自主权而采取的改革措施。在"大众创业、万众创新"的背景下，政府既要清障搭台，还要严管市场，维护公平正义，才能进一步激发市场活力，为创业者插上翅膀。作为深化改革的"先手棋"，简政放权的脉络从顶层设计延伸到了基层执行；作为深化改革的"马前卒"，它更是前置般地理清了政府和市场的关系，充分尊重了市场的决定性作用。

（3）财税支持降低创业门槛。2014 年 4 月 29 日，财政部、国家税务总局、人力资源和社会保障部联合发布《关于继续实施支持和促进重点群体创业就业有关税收政策的通知》。此后，又有《关于支持和促进重点群体创业就业有关税收政策具体实施问题的公告》《关于支持和促进重点群体创业就业有关税收政策具体实施问题的补充公告》《关于支持和促进重点群体创业就业税收政策有关问题的补充通知》。2015 年 3 月 2 日，国务院办公厅发布《关于发展众创空间推进大众创新创业的指导意见》指出，发挥财税政策作用支持天使投资、创业投资发展，培育发展天使投资群体，推动大众创新创业。

除了国家层面的政策外，各地也都根据自身的特点分别推出了鼓励创业及其促进就业的支持性政策。据不完全统计，自 2008 年以来，有 27 个省份出台了约 100 项政策鼓励创业。天津市率先推出了《促进以创业带动就业的若干政策规定》（2008）、《2009—2012 年促进以创业带动就业规划纲要》（2009）和《以创业带动就业若干政策规定》（2010）。内容包括支持失业人员、在校大学生、科技人员和农民等各类人员创业，放宽市场准入条件，拓宽创业融资渠道，完善创业服务体系，加强创业培训等。天津成为全国第一个创业带动就业实验区。此后，2009 年上海市政府颁布了《鼓励创业带动就业三年行动计划（2009—2011 年）》，深圳市制定了《关于促进以创业带动就业工作意见》，北京市制定了《实施积极就业政策，全面推进以创业带动就业工作》。其他省市也相继出台了形式多样的创业带动就业政策措施，为劳动者自主创业、扩大就业提供了政策保障。

2. "众创"新时代已经到来

创业主体日益多元化、大众化，以大学生、农民工、下岗失业人员为主体的产业格局正在改变，众多的科技人员、留学归国人员也纷纷加入创业大潮之中。甚至部分机关事业单位人员也辞职下海，掀起了一股自"92 派"之后的又一波创业的新浪潮。

在大学生创业方面，根据麦可思研究院发布的《2015 年中国大学生就业报告》，近三届的比例呈现持续和较大的上升趋势。2014 届大学毕业生自主创业比例为 2.9％，比 2013 届的 2.3％高 0.6 个百分点，比 2012 届的 2.0％高 0.9 个百分点。而毕业时间越长，创业比例越高。比如 2011 届大学生毕业半年后有 1.6% 的人自主创业，三年后有 5.5% 的人自主创业，与毕业时相比提升了 2.4 倍。

在下岗失业人员方面，政府进一步完善了鼓励自主创业的相关政策。2014 年 4 月，财政部、国家税务总局、人力资源和社会保障部联合下发了未来 3 年支持创业就业税收政策，其中失业人员自主创业每户每年最高可减税 9 600 元，企业每吸纳一名失业人员就业每年最高可减税 5 200 元。此次新出台的政策主要从鼓励自主创业和吸纳就业两方面给予税收优惠，将现行政策优惠期延长 3 年至 2016 年 12 月 31 日，并扩大了受益人群范围，取消了行业限制，加大了减税力度。在鼓励自主创业方面，原先规定持《就业失业登记证》从事个体经营者，每户每年可按 8 000 元为限额扣减其当年实际应缴纳的营业税、城市维护建设税、教育费附加和个人所得税。在此基础上，新政策将税率为 2% 的地方教育费附加纳入减扣范围，并增加"地方政府可根据情况最高上浮 20%"的规定，即最高可扣减 9 600 元。受益人群由原先下岗失业人员和城镇少数特困群体，扩大到所有登记失业半年以上人员、年度内高校毕业生、零就业家庭、低保人群等。

在海归人员方面，为了吸引海归人员回国发展，政府有关部门出台了大量政策法规鼓励留学人员回国创新创业。教育部留学服务中心的数据显示，2014 年在留学服务中心办理了就业登记的"海归"多达 37 万人，与 2013 年相比，回国人数增长了 3.2%。我国留学回国人员年龄分布在 22～34 岁区间，占全部留学回国人员的 95%，有接近七成的留学回国人员年龄分布在 22～26 岁区间。63% 的留学回国人员具有硕士学位，30% 为学士学位，具有博士学位的人数仅占 6%。

在农民工创业方面，在大众创业、万众创新这一系列政策措施的激励下，农村劳动力也受到激励和影响，一大批农民工带着项目、资金、经验回乡创业。2015 年 6 月，国务院办公厅印发了《关于支持农民工等人员返乡创业的意见》，提出了支持返乡创业的五方面政策措施。国家统计局的监测数据显示，到 2015 年 6 月末，监测的农村劳动力中自主创业的有 1.3 万人，同比增长 3.1%，高于总体转移就业人数的增幅。人力资源和社会保障部的调研发现，在一些劳务输出大省，返乡创业的人数更多，如贵州省 2015 年上半年返乡创业人数同比增长 58%，达到 7.2 万人。①

此外，随着中央"八项规定"的出台和反腐力度的不断加大，机关公务员辞职创业的人数出现比较大的上升。改革开放以来，我国出现过三次大的公务员离职潮，第一次公务员离职潮出现在改革开放之初。作为一般"干部"，大多是因为"学非所用"，或感觉个人能力难以发挥，于是选择辞职寻找更广阔的天地。第二

---

① 人力资源和社会保障：《农民工创业人数增加就近就业趋势更明显》，http://news.xinhuanet.com/politics/2015-06/21/c_1115681937.htm。

次是 1992 年邓小平"南方谈话"之后，很多人停薪留职，下海创业。当时下海失败，还可以重新回到原来的单位工作。第三次是 2003 年前后，政府部门合并，也有一批人以一次性买断工龄等形式下海。目前，公务员队伍再现第四次离职创业潮，智联招聘发布的《2015 春季人才流动分析报告》披露的数据表明，政府、公共事业、非营利机构行业的从业人员跨行业跳槽人数比上年同期上涨 34%。此类白领们跨界选择排名前三位的是房地产、建筑、建材、工程、互联网、电子商务、基金、证券、期货、投资行业。①

3. 创业带动就业作用日趋明显

值得注意的是，随着我国经济新常态的来临，经济增速的下滑并未削减就业扩大的动力。根据统计局发布的数据，从 2010 年到 2014 年，城镇新增就业人数每年都在递增，其中 2014 年全国城镇新增就业人员 1 322 万人，同比增加 12 万人，超额完成了 1 000 万人的就业目标。同时城镇登记失业率控制在 4.1% 这个比较低的水平上。2015 年上半年城镇新增就业人员 718 万人，完成全面目标的71.8%。调查失业率在 5.1% 左右，就业形势总体稳定。可见，就业形势总体稳定离不开创业环境的改善。2015 年以来，我国每天新增的企业数量将近 1 万家。众多的创业新型企业涌现，为广大劳动者提供了大量的就业岗位。

4. 创业显著提高就业质量

就业质量是近年来劳动部门非常重视的劳动力市场问题，也是改善劳动者关系的重大课题。从辐射范围角度，创业对就业质量的影响可以分为内部影响和外部影响，其中，内部影响是指创业对创业者个体就业质量的直接影响，包括对个体的就业环境、就业能力、工资福利等各方面的作用。外部影响主要是创业行为对于劳动力市场格局的影响和冲击，包括竞争、协作和示范效应等。

创业对就业质量的内部影响主要体现在创业行为和环境对创业者个体条件的改善上，创业让在传统就业市场上郁郁不得志、才能与岗位不匹配、寻求改变的人群有了更多的成就感和满足感，也给这个社会注入更多活力。从外部影响来看，创业会形成新的经济行业，提高劳动者的议价能力。由于创业型公司在发展阶段或者"蔓延"阶段的用人需求增多，当一定量的创业型公司同时在劳动力市场上提供需求时，劳动力市场上对于某类劳动者就会出现供不应求的情况，劳动者的议价能力就会提升，劳动者在薪酬上的可调节能力就会显现。创业与创新结合还能促进多元化经济发展，提高就业稳定性。

5. 创业促进就业结构优化

一个社会一定时期的就业结构受到创业活动影响，特别是趋势性的、大规模

---

① 《智联招聘 2015 春季人才流动分析报告》，http://news.163.com/15/0401/02/AM37FJIT00014Q4P.html。

的、有创新性的创业活动发生时，就业结构所受到的影响是连锁性、持续性和规模性的。一般性的创业活动直接引发不同领域就业规模的变化，而具有创新性的创业活动则通过技术变革影响就业层级规模。社会经济发展以及创业活动改变了就业结构，而就业结构对经济发展和创业活动有反作用力，与社会经济发展以及创业活动相适应。

目前，我国大多数行业的城市创业活跃度高于农村，且更多集中于第三产业，城市企业吸纳就业人口数逐年增加，城市向农村辐射，城市包围农村现象明显。农村地区创业活动的高涨，也有利于将更多的农业劳动力转向非农业劳动力。而创业活动集中于第三产业，也成为拉动第三产业快速发展的重要动力。围绕着互联网、现代物流、新技术、新业态的劳动力队伍越来越庞大，特别是随着创新驱动型创业活动的日益活跃，大大加快了我国就业结构转型升级的步伐。目前我国互联网创业就业的总人数已经超过了千万，而物流业较为典型的劳动密集型产业，据测算物流业每增加 1 个百分点，增加的就业人数应该在 10 万人以上。[1]

6. 技术创新引领创业潮流

以创新促进创业、以创业推动创新是本轮创业浪潮最典型的特征之一。根据世界知识产权组织发布的全球专利报告，中国发明专利申请数量已经超过美国，位居世界第一，2012 年来自中国的发明专利数量，包括国家知识产权局接受的来自全球 140 多个国家和地区的专利申请数量总和，已占全球上年新专利申请的近 30%。创新能力的提高为创业奠定了良好的基础，随着各项优惠和扶持政策的出台，创新拉动创业的趋势已经形成。据科技部的统计数据，截至 2014 年年底，全国科技企业孵化器超过 1 600 家，在孵企业 8 万余家，就业人数超过 175 万人；目前批准建立的国家高新区 115 个，园区注册企业超过 50 万家，仅中关村 2014 年新增科技企业达 1.3 万家；全国创业投资机构 1 000 余家，资本总量超过 3 500 亿元。

互联网技术领域是创新的高发区，正展现着前所未有的影响力。一方面，它延伸到了以"云计算""大数据""移动互联网"等为代表的新技术领域，为后者提供了无限的可能性；另一方面，"无时不在，无处不在"的网络连接性能使社会生活变得更为高效和简捷。互联网是所有行业、所有企业、所有组织的新运行平台和操作系统，提供了某种前所未有的可能性，把旧有的经济和社会形态中的某些因素激发出来，既潜藏了无数企业被颠覆、被冲击的巨大风险，也蕴含着无数企业发力、蜕变的机会。

---

① 《物流业每增加 1 个百分点　增加的就业人数在 10 万人以上》，中国物流与采购网，http://www.chinawuliu.com.cn/zixun/201406/13/290714.shtml。

7. 新生代创业者主导创新驱动型创业

我们的调查表明，新生代创业者普遍具有学历高、技能高、创业志向高的"三高"特点。从创业时点看，专科学历以上（含专科）为 92.33％。其中，专科为 19.27％，本科为 42.32％，研究生为 19.68％，博士（含博士后）为 11.05％。从调研时点看，本科以下学历（含本科）在下降，研究生和博士（含博士后）提高了 6.82％，从 30.73％提高到 37.55％；高中以下学历则下降了 5.86％，从 7.87％下降为 2.01％。创业者经验丰富，大多是工作几年再辞职创业，比例占到 91.8％。相反，毕业即创业的学生比例为 4.31％，创业前没有职业的比例为 4.99％。决定创业前，创业者对即将创业的行业了解度达到 87.97％，49.59％非常了解，38.38％比较了解。创业经验的获取途径主要是"行业沉浸"（46.92％）和"创业实践"（37.97％），两者合计 84.89％。可见，绝大多数创业者选择毕业后创业，通过"行业沉浸"和"干中学"积累了丰富的经验。从我们的调查来看，对"放弃就业、选择创业"的满意度为 85.19％，不满意为 1.5％。同时，创业者对身体素质的满意度为 85.07％，性格健康的满意度为 90.35％，个人幸福感的满意度为 80.71％，家庭幸福感的满意度为 83.01％。可见，对大多数创业者而言，创业作为人生难得的历练过程，具有积极的正向效应，选择创业无怨无悔。

8. 创业教育体系基本形成

2015 年 5 月，国务院办公厅印发《国务院办公厅关于深化高等学校创新创业教育改革的实施意见》，提出了创新创业教育总体目标："2015 年起全面深化高校创新创业教育改革。2017 年取得重要进展，形成科学先进、广泛认同、具有中国特色的创新创业教育理念，形成一批可复制可推广的制度成果，普及创新创业教育，实现新一轮大学生创业引领计划预期目标。到 2020 年建立健全课堂教学、自主学习、结合实践、指导帮扶、文化引领融为一体的高校创新创业教育体系，人才培养质量显著提升，学生的创新精神、创业意识和创新创业能力明显增强，投身创业实践的学生显著增加。"经过多年的创业教育发展，中国高校创新创业教育不断加强，取得了积极进展，对提高高等教育质量、促进学生全面发展、推动毕业生创业就业、服务国家现代化建设发挥了重要作用。目前，人才培养成为创新创业教育主旋律，创新创业教育课程体系不断健全，教学方法和考核方式持续改革，校内校外教师队伍建设取得进展。创业教育的覆盖面不断扩展，已覆盖了大学生、农民工、失业下岗人员等群体。创业教育还不断向纵深发展，一些中小学也纷纷开设创业课程。

虽然我国的创业及其就业工作取得了很大的成绩，但也应该清醒地看到，创业就业工作仍存在着诸多困难和问题。比如创业环境有待改善、创业成本居高不下、创业融资渠道不畅、创业精神有待培育、创业能力有待提高等。基于此，我们提出的建议是：实施五大转变全面推进创业就业工作。具体包括以下内容：

一是从着眼于政策制定向制定与执行并重转变。近些年来，无论是中央政府还是各级地方政府，都出台了更多更有针对性的举措来推动"大众创业、万众创新"。但有一个不容忽视的问题是，政策的制定与执行往往脱节，无法落地。为此，当前的首要任务就是要实现从着眼于政策制定向制定与执行并重转变：一方面，要按照《关于大力推进大众创业万众创新若干政策措施的意见》的要求，坚持政策协同，实现落地生根。加强创业、创新、就业等各类政策统筹，部门与地方政策联动，确保创业扶持政策可操作、能落地；另一方面，要因地制宜，鼓励各级地方政府根据各地条件和比较优势制定有针对性的扶持政策。在这方面，无论是多地推行的"15分钟公共就业服务圈"建设，还是中西部多个省份推出的鼓励农民工就地就近创业就业的政策，都值得借鉴。

二是从注重政府扶持向政府力量和市场力量并重转变。我们强调从注重政府扶持向政府力量和市场力量并重转变，就是强调虽然要大力推动"大众创业、万众创新"，但仍需划清政府力量和市场力量作用的边界。对于创业就业而言，政府的作用主要应体现在两点：其一是持续打造一个良好的创业环境，例如更低的创业门槛和更好的基础设施，从而推动创业活动发展，这是政府应该不断完善的一项工作。其二是要通过适当的政策干预，支持创业。例如，人力资源和社会保障部门推进的支持创业的小额贷款，以及通过财政贴息的办法鼓励原本不愿意向初创企业融资的商业银行提供资金支持。

三是从注重国内创业向国内国际创业并重转变。目前，我们对创业的关注仍停留在国内层面，政府出台的一系列政策也主要针对国内创业。实际上，鼓励创业者"走出去"，实现海外创业也是一条可行之路。例如，随着国内人工成本的上涨，大量劳动密集型企业需要向人工成本更低的国家和地区转移，这就会给海外创业带来很多机会；随着新常态下经济发展的动力将从要素驱动、投资驱动转向创新驱动，那么，利用多种融资平台鼓励创业者"走出去"，去发达国家创业以获取先进的技术，进而再向国内输入，也会有利于创新驱动的实现；在国家实施"一带一路"战略的有利条件下，海外创业同样有很大的盈利空间。因此，我们认为，立足长远，应出台相应举措支持海外创业，实现从注重国内创业向国内国际并重转变。

四是从生存型创业向机会型创业转变。在我国当前阶段，生存型创业占比仍远高于机会型创业。因此，为实现从生存型创业向机会型创业的转变，必须做到两点：其一，继续打造一个拥抱创业者的友善的创业环境；其二，出台更为细化的政策，推动科研人员、大学生、境外人才加入创业大军，推动机会型创业特别是创新型创业的发展。如果能引导更多的科研人员、大学生、境外人才加入创业大军，那么势必会推动机会型创业尤其是创新型创业的发展，从而能在很大程度上推动我国创业质量的提升。

五是从单一创业教育向立体创业教育转变。创业能力不足，已经在很大程度上制约了我国创业者开展创业活动，也加大了初创企业失败的风险。为此，必须将创业教育纳入国民教育体系，在各级各类学校中开展创业教育，使我国的创业教育制度化、体系化。这就要求改变我国传统的单一教育模式，由单一教育向立体教育转变。为此，应做到以下四点：第一，要把创业教育置于与目前的学术型教育和职业型教育同等重要的地位；第二，加快完善创业课程设置，加强创业实训体系建设；第三，在我国各级各类教育中，都要加快由应试教育向素质教育的转变；第四，要注重对受教育者配置能力的培养。配置能力与创新创业能力有着直接的关系。配置能力强的人一定是创新创业能力强的人，或者说，创新创业型人才一定是配置能力强的人。从这个意义上说，在各级各类教育中注重对配置能力的培养，是实现对创新创业型人才培养的关键一环。

第一篇

经济新常态背景下的
创业与就业

第一章
第四次创业浪潮已经来临

2014 年 5 月，习近平主席在考察河南的行程中第一次提及"新常态"。在当年 11 月的亚太经合组织（APEC）工商领导人峰会上，习近平阐述了什么是经济新常态、新常态的新机遇、怎么适应新常态等关键点。在 12 月 9 日举行的中央经济工作会议上，他又提出了经济新常态的九大特征。中国经济开始进入新常态，也意味着"创业就业新常态"正在逐步形成。

第一节　经济新常态下的就业形势及其挑战

>>一、当前我国的就业形势及其特点<<

目前，我国的就业形势依然十分严峻，就业"三碰头"的问题错综复杂。其中突出表现在：一是大学生就业难问题突出。自大学扩招以来，我国大学生的毕业人数每年快速增长，2015 年的规模已经接近了 750 万人。但根据教育部门的统计，大学生的初次就业率不到 80％，这就意味着有 100 多万大学生在走出校门的时不能顺利找到工作。二是农村劳动力转移就业的任务艰巨。现在每年需要从农村转移出来的农民工大约近千万，但农民工就业质量比较低下，工资水平不高、社会保障不全、工作环境恶劣的状况亟待解决。三是下岗失业人员再就业难题未解。特别是"4050"人员和零就业家庭的就业途径狭小，缺乏一技之长，如何实现再就业困难重重。

就业是民生之本，没有就业就没有收入，就业问题极容易引发各种社会问题，并有可能成为导致经济社会不稳定的"定时炸弹"。从当前的情况看，我国的经济增速正在放缓，企业经营状况不容乐观，这就给扩大就业带来了更大的困难。在这种情况下，实施就业优先的发展战略，将解决就业问题作为经济社会发展的头等大事就显得十分必要。概括来说，我国当前的就业状况呈现出以下几个特点。

（一）劳动力市场出现"供需双降"

从劳动力供给来看，2015 年，我国城镇新成长劳动力有 1 500 万人左右。其中高校毕业生 749 万人，另外还有中专、技校和初中高中毕业生。而在总量需求方面，2015 年中国的目标是城镇新增就业 1 000 万人左右。这就意味着，劳动力市场中的供需缺口大约在 500 万人。

值得注意的是，由于经济减速和人口拐点的到来，我国劳动力市场上出现了"供需双降"的情况。根据人力资源与社会保障部的统计，2015 年 1～3 月，全国城镇新增就业 324 万人，同比减少 20 万人。一季度末城镇登记失业率为 4.05%，同比和环比均小幅下降。按照惯例，春节之后的 3 月是招工高峰，但根据公共就业服务机构上报的数据，一季度进行招聘的企业数以及企业招聘的工人数都出现了下降，有些地区下降的幅度甚至达到了 15%。中国人力资源市场信息监测中心对全国主要城市的监测显示，2015 年一季度，用人单位通过公共就业服务机构招聘各类人员约 525 万人，进入市场的求职者约 469 万人。与去年同期相比，需求人数减少了 91.9 万人，下降了 15.7%；求职人数减少了 78.6 万人，下降了 15.1%。① 新增就业同比减少和劳动力市场的"供需双降"为近年来一季度用工旺季少见的情况，显示出经济下行压力正向就业端传导。

（二）显性失业与隐性失业并存

从公开的数据看，近些年来，我国的城镇登记失业率始终保持在 4% 的平稳水平，城镇登记失业人数则是缓慢上升的态势。即使是从已经公布的调查失业率来看，失业率也仅为 5% 左右。应该说，和我国的经济发展速度以及欧美大多数国家相比，该失业率可以说是一个较低的水平。据统计，2014 年，美国失业率为 6.2%，日本和欧元区失业率分别为 3.6% 和 11.5%，而希腊和西班牙失业率均高于 20%，法国、意大利和葡萄牙的失业率也超过 10%。②

虽然公开失业率不高，但隐性失业现象却广泛存在。特别是随着经济增速的不断下降，隐性失业问题开始逐渐凸显出来。根据学者的估算，自 1978 年以来，我国的隐性失业人口数量从 3 902.8 万人呈波浪式增加，到 2002 年达到 21 598.4 万人的高峰，此后隐性失业人口开始迅速下降，直至隐性失业人口总体消除；隐性失业率在 2003 年之前基本在 9%～30% 之间呈波浪式、缓慢增加的趋势波动，

① 《一季度劳动力市场求大于供》，人力资源和社会保障部官网，http://www.mohrss.gov.cn/SYrlzyhshbzb/dongtaixinwen/buneiyaowen/201504/t20150421_156677.htm。

② 《2014 年世界经济形势回顾与 2015 年展望》，http://www.stats.gov.cn/tjsj/zxfb/201502/t20150227_686531.html。

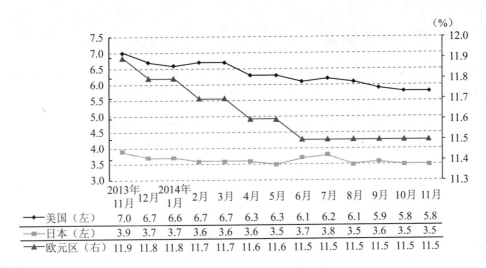

	2013年11月	12月	2014年1月	2月	3月	4月	5月	6月	7月	8月	9月	10月	11月
美国（左）	7.0	6.7	6.6	6.7	6.7	6.3	6.3	6.1	6.2	6.1	5.9	5.8	5.8
日本（左）	3.9	3.7	3.7	3.6	3.6	3.6	3.5	3.7	3.8	3.5	3.6	3.5	3.5
欧元区（右）	11.9	11.8	11.8	11.7	11.7	11.6	11.6	11.5	11.5	11.5	11.5	11.5	11.5

图 1-1　美国、日本和欧元区失业率

第一个波峰在 1982—1984 年，第二个波峰在 1990—1991 年，第三个波峰在 2001—2002 年，此后隐性失业率快速下降，自 2004 年以来隐性失业率几乎为零，[①] 而这种情况也与同时出现的劳动力市场"用工荒"紧密相关。

　　与传统的隐性失业主要分布在农村地区不同，当前的隐性失业主要集中在城镇地区。产生的原因也与过去有较大差别，以往的隐性失业主要是因为农村劳动力严重过剩所致，而隐性失业既有统计方法上的问题，也有劳动力市场政策进行托市和保护的问题。目前，我国仍主要采取的是城镇登记失业率的统计方法，农村流动劳动力在很大程度上被排除在外。虽然一些调查研究均表明，农民工的失业率均比平均的城镇失业率要低，但农民工职业不稳定、工作不充足却十分严重。此外，城镇失业或无业青年（包括大学毕业生在内）不登记的现象很普遍。西南财经大学"中国家庭金融调查与研究中心"的相关研究表明，2012 年 6 月中国城镇失业率为 8.05%，外来农村人口总体失业率为 6.0%，均大大高于官方公布的数据。[②] 值得注意的是，近两年来由于经济形势恶化，为了维护劳动力市场稳定和社会和谐，许多地方政府还出台了一系列补贴性政策，对不景气企业不解雇员工甚至多雇员工进行补贴，导致部分企业冗员增多。这就意味着，即使简单地以官方公布的城镇登记失业率与实际失业率之间的差额类似于隐性失业的话，那么隐形失业率在 4% 以上，涉及隐性失业者上千万人。假如以国家统计局公布的城镇登记失业率与调查失业率之间的差距来衡量的话，那么隐性失业率也要超过 1%，隐形失业人员达到 300 万人以上。

　　① 柏培文：《1978—2008 年中国隐性失业人口估算及影响因素分析》，载《中国经济史研究》，2011 年第 4 期。

　　② 《中国城镇失业报告》，财新网，http://economy.caixin.com/2012-12-10/100470461.html。

（三）就业质量不高

在许多情况下，劳动者并非是找不到工作，而是找不到工资待遇和工作环境较好的岗位。当前，我国劳动力市场中就业质量不高主要表现在：

一是工作时间过长。研究表明，我国九成行业周工时超过 40 小时，过半数行业每周要加班 4 小时以上。从城镇数据来看，除农林牧渔业之外，所有行业的周工时均超过了 40 小时。另外，大多数行业的周加班时间（按标准工时 40 小时计算）在 3～5 小时之间，超过 50％ 的行业的平均周工时超过了《劳动法》规定的"无特殊需求企业"应遵守的最高工时限制 44 小时。[①]

二是社会保障不全。以农民工为例，根据国家统计局的监测报告，2014 年，农民工参加五险一金的比例分别为：工伤保险 26.2％、医疗保险 17.6％、养老保险 16.7％、失业保险 10.5％、生育保险 7.8％、住房公积金 5.5％。总体而言，参保比例偏低。

三是就业歧视严重。劳动力市场的就业歧视现象表现在多个方面：首先是户籍歧视。户籍歧视主要针对流动人口，许多岗位只对本地户籍或非农业户籍开放，外地户籍和农民工会因此遭受歧视。目前，北京市的农民工总量接近 400 万人，其中约有 220 万的 16～35 岁的新时代农民工。根据共青团北京市委 2012 年的一项调查，新时代农民工的月平均工资为 2 558 元，仅及同期北京市城镇职工月平均工资 7 109 元的 36％。农民工不仅工资水平较低，而且还经常遭受工资拖欠情况。据统计，截至 2013 年 11 月底，北京劳动监察机构共查处各类用人单位拖欠农民工工资案件 5 004 件，为 34 977 名农民工追发工资 2.86 亿元人民币。其次是性别歧视。由于身体条件的限制以及生育需要中断工作等，女性在劳动力市场遭受歧视现象比较严重。李长安、王琦（2013）对北京市青年白领阶层的一项调查发现，在每月收入 5 000 元以下的区间，女性白领明显多于男性，女性白领的比例为 59.78％，高出男性白领 48.27％ 的 10 多个百分点；而在每月收入 5 001 元及以上的区间，男性白领的比例高于女性白领，尤其是在 8 000 元以上的收入区间，男性白领高出女性白领接近 8 个百分点。[②] 此外，就业歧视还表现在身体歧视（比如招聘要求一定身高，拒绝乙肝、艾滋病病毒携带者）、学历歧视（招聘时要求"985""211"高校等）、地域歧视（招聘时明确不招聘某些省份的人或限定只招聘某些地区的人）、年龄歧视（招聘中设立年龄限制，但又缺乏必要的理由）等。

四是缺乏职业培训。国家统计局农民工监测报告数据显示，在全部农民工

---

① 赖德胜等：《2014 中国劳动力市场发展报告——迈向高收入国家进程中的工作时间》，北京：北京师范大学出版社，2014。

② 李长安、王琦：《青年白领劳动关系评价及影响因素分析》，《青年研究》，2014 年第 5 期。

中，接受过技能培训的农民工仅占34.8％，其中接受非农业职业技能培训的占32％，接受过农业技能培训的占9.5％，而农业和非农业职业技能培训都参加过的占6.8％。分性别看，男性农民工接受过农业和非农业职业技能培训的占36.4％，女性占31.4％。

五是职业病频发。由于工作环境恶劣、超长时间加班等原因，我国一直是职业病的高发地区。根据国家卫计委披露的《2013年全国职业病情况报告》显示，当年共报告职业病26 393例，其中尘肺病23 152例，急性职业中毒637例，慢性职业中毒904例，其他类职业病1 700例。从行业分布看，煤炭、有色金属、机械和建筑行业的职业病病例数较多，分别为15 078例、2 399例、983例和948例，共占报告总数的73.53％。职业病不仅会损害劳动者的健康，也是国民经济的一大损失。

（四）结构性失业特征明显

结构性失业是因为劳动力市场中的供求结构失衡所引发的，即劳动力市场的变化与产业结构的变化不相匹配。而投资结构是影响产业结构、就业结构的关键因素。一般来讲，资金向哪些行业倾斜，哪些行业就能得到优先发展，从而影响了产业结构及产业布局。劳动力需求是产业发展的引致需求，有什么样的产业结构，就有什么样的就业结构。这就意味着，投资结构直接影响的是产业结构，间接影响的则是就业结构。

在我国，结构性失业最为典型的就是大学生"就业难"与农民工"招工难"现象的存在。目前，制造业、建筑业、房地产业吸纳了50％以上的投资，其就业人数也出现了较为明显的增长，但就业人员的平均受教育程度并没有发生太大的变化，而且平均受教育年限仍未达到高中以上，其中房地产业甚至还出现了下降。这就是说，这几个获得大量投资的产业吸纳大学生的就业能力十分有限。这也从另一个侧面说明，我国的经济发展方式依然停滞在依靠大量投资拉动的阶段，传统产业的发展并没有转到依靠人力资本素质提高、依靠内涵式发展的道路上来，并且由于劳动力长期处于"无限供给"状态，使得经济发展产生"劳动力依赖性"，表现出一定程度"技术排斥"的特点。这样对劳动力市场产生的结果就是：在大量投资的驱动下，引发了对大量以农民工为代表的低端劳动力的巨大需求，在农村可转移劳动力逐渐减少、劳动力出现"刘易斯拐点"的情况下，导致了"民工荒"现象的日益严重；另外，传统产业的发展依然停留在粗放型发展阶段，并未引发对以大学生为代表的较高素质劳动力的更多需求，在大学扩招的背景下，大学生就业难就不可避免。此外，第三产业历来被认为是吸纳就业能力最强的产业，但从最近十余年的发展情况看，第三产业不仅在全社会固定资产投资中的比重不断下降，第三产业就业的劳动者比重也出现了持续性下滑。这显然会进一步加剧大学生就业难的问题。

>>二、经济新常态对就业的影响<<

在 2014 年 12 月召开的中央经济工作会议上，我国的经济新常态被概括出四个典型特征，即我国经济正在从高速增长转向中高速增长；经济发展方式正从规模速度型粗放增长转向质量效率型集约增长；经济结构正从增量扩能为主转向调整存量、做优增量并存的深度调整；经济发展动力正从传统增长点转向新的增长点。因此，认识新常态，适应新常态，引领新常态，是当前和今后一个时期我国经济发展的大逻辑。相应地，如何认识经济新常态对就业的影响和冲击，是进一步做好就业工作的基础和前提。

(一)扩大就业从依赖经济增速转向依赖产业结构升级

传统上，我国就业扩大主要依赖的是经济增长速度。但在经济增速逐渐下滑的情况下，开始更加依赖于经济结构的升级和优化。从经济增速来看，1978 年改革开放的刺激效应带来了当年经济总量 11.7% 的增长，在此之后经历过 20 世纪 80 年代中期通货膨胀导致的名义经济增长率虚高，以及 20 世纪 90 年代末期亚洲金融危机带来的经济短暂减速，30 多年间我国经济年均增长达到近 10%，其中"十一五"时期高达 11.2%。但是，进入"十二五"以来，我国经济增速回落至两位数以下。2010 年，我国的 GDP 增速为 10.6%，到 2012 年下降到 7.7%，2014 年的经济增速仅为 7.4%。进入 2015 年，经济增速下滑趋势仍未得到遏制，一季度的经济增速进一步下降到 7%。

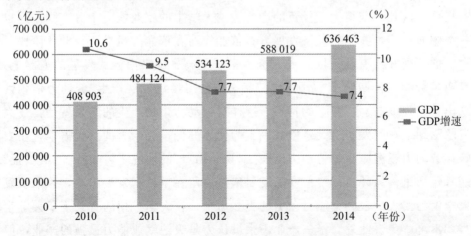

图 1-2　2010—2014 年国内生产总值及其增速

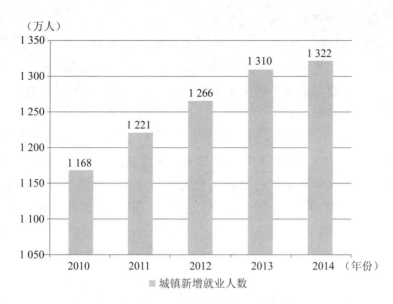

图 1-3　2010—2014 年城镇新增就业人数

但是，经济增速的下滑并未削减就业扩大的动力。从 2010 年到 2014 年，城镇新增就业人数每年都在递增，其中 2014 年全国城镇新增就业 1 322 万人，同比增加 12 万人，超额完成了 1 000 万人的就业目标。同时城镇登记失业率控制在 4.1％这个比较低的水平上。其中的原因，就在于产业结构的优化和升级，大大抵消了经济增速下滑对就业带来的冲击。事实上，由于产业结构的调整，使得第三产业的就业吸纳能力大大增强了。

（二）化解产能过剩对就业的影响是一项长期任务

产能过剩指的是产业的潜在生产能力超过了市场的实际需求所形成的供大于求的状况。目前，国际上还没有建立对产能过剩定性、定量的科学评价标准。在欧美一些国家，一般用产能利用率或设备利用率作为产能是否过剩的评价指标。如果设备利用率的正常值在 79％～83％之间，超过 90％则认为产能不够，意味着可能有超过设备能力发挥的现象。如果设备开工率低于 79％，则说明可能存在产能过剩的现象。

对中国而言，产能过剩并不是一个新问题。自 20 世纪 90 年代中期开始，我国就告别了长期的短缺经济时代，开始步入产品相对丰富的时期，产能过剩的字眼就此频现报端。而到 2004 年以后，抑制产能过剩一直是管理层宏观调控的一项重要内容。2008 年年底，全球金融危机对中国开始产生了明显的影响。为了应对金融危机的冲击，我国出台了 4 万亿元的经济刺激计划。经济刺激计划在取得缓解金融危机的积极效果的同时，产能过剩问题却更加突出，而国家发改委也多次发布警示，提醒产能过剩可能带来的风险。

在 2013 年国务院发布的《关于化解产能严重过剩矛盾的指导意见》提出，受国际金融危机的深层次影响，国际市场持续低迷，国内需求增速趋缓，我国部分产业供过于求矛盾日益凸显，传统制造业产能普遍过剩，特别是钢铁、水泥、电解铝等高消耗、高排放行业尤为突出。2012 年年底，我国钢铁、水泥、电解铝、平板玻璃、船舶产能利用率分别为 72％、73.7％、71.9％、73.1％ 和 75％，明显低于国际通常水平。此后几年，这种情况并未得到实质性的化解。从国家发改委、国家统计局、中国人民银行等相关部委披露的有关数据来看，截至 2014 年上半年，我国工业企业产能利用率只有 78.3％，处于 2006 年以来的历史低位，其中钢铁、水泥、电解铝、平板玻璃、焦炭这些传统产业的产能利用率只有 70％～75％，光伏利用率更低一些，只有不到 60％，风机的产能利用率不到 70％。

在这种情况下，化解产能过剩就成为宏观调控的一项重要任务。在《2014 年政府工作报告》中，提出了要淘汰钢铁 2 700 万吨、水泥 4 200 万吨、平板玻璃 3 500 万标准箱等落后产能，确保"十二五"淘汰任务提前一年完成。[1] 这一决策涉及河北、山东、湖南等多个省份、多个行业。大量关厂将会分流出不少需要安置的职工。以河北省为例，五年内，我国要压缩钢铁产能 8 000 万吨以上，其中 6 000 万吨任务落在河北。仅这一个省，钢铁一项，就会直接影响 20 万人，间接影响 40 万人就业。

（三）人口红利衰减对提高劳动力素质提出了迫切要求————

人口红利是一国劳动年龄人口占总人口比重大，为经济发展创造了有利的人口条件，经济呈高储蓄、高投资和高增长的态势。但是，随着国民经济的迅速发展，再加上严格的计划生育政策的抑制作用，我国人口增长率快速下降，劳动年龄人口增长在近些年也出现了"拐点"，这表明维持了多年的推动国民经济增长的"第一次人口红利"逐渐衰减。

第一次人口红利在推动中国经济快速发展的同时，也存在诸多问题。目前，超过 2.6 亿农民工已占到我国产业工人队伍的 70％ 左右，是名副其实的"主力军"。然而，这支庞大的产业工人队伍的素质却令人担忧。国家统计局监测报告显示，迄今仍有 76.2％ 的农民工只有高中以下文化水平，65.2％ 的农民工从未接受过任何技能培训。如果横向进行国际比较，在 G20 国家中，中国的人力资本构成指数（反映一国劳动力素质）一直徘徊在倒数三四位，指数值仅是美国的 1/12，日本的 1/10，差距明显。其结果是，中国制造业虽产出量大，但真正具有国际竞

---

① 李克强：《政府工作报告》，中国政府网，http://www.gov.cn/zhuanti/2014gzbg_yw.htm。

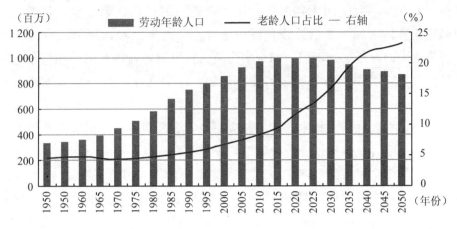

图 1-4　中国劳动年龄人口及老龄人口占比

资料来源：《联合国人口展望》2008 修订版。

争力的产品不多。不仅如此，低素质产业工人队伍还容易导致产品质量不高、资源浪费严重等问题。

近些年，我国第一次人口红利正在逐渐消失。在这种情况下，尽快挖掘第二次人口红利就成为社会各界普遍关注的问题。尽快提高劳动力素质，以质量取代数量，已经成为大家的共识。要达到这个目的，一方面需要大力加强教育和培训，这既包括对基础教育的加强和均等化，也包括强化对现有产业工人的职业技能培训；另一方面需采取多种措施鼓励更多大学生加入产业工人队伍，这既能在相对较短时间内优化产业工人队伍素质，还能起到缓解大学生就业难和农民工招工难的"两难"困境。

随着第一次人口红利的消失，我们也要进入人口和劳动力的"新常态"。若能抓住机遇，在提高劳动力素质方面取得实效，那么第二次人口红利就会提早涌现出来。这不仅是中国经济继续保持长期稳定增长的坚实动力，也是从"经济大国"向"经济强国"迈进的可靠保证。

（四）技术替代工人趋势日渐明显

经济发展从传统的要素驱动向创新驱动转变，是经济新常态的一项重要内容。随着以信息化、智能化为主要特征的新技术革命浪潮的到来，对劳动力的需求结构也会产生重要影响。当前全球新一轮产业技术革命的主战场是美国、德国、日本和中国。德国提出了工业 4.0，美国提出了"工业互联网"，中国提出了信息化和工业化高层次深度结合的"两化深度融合"战略。2015 年 5 月，国务院发布了《中国制造 2025》，提出了创新驱动、质量为先、绿色发展、结构优化、人才为本的基本方针，并描绘了力争通过"三步走"实现制造强国的战略目标。主要内容包括：第一步，力争用十年时间，迈入制造强国行列。第二步，到 2035 年，我国制造业整体达到世界制造强国阵营中等水平。第三步，新中国成立一百年时，制造业大国地位更加巩固，综合实力进入世界制造强国前列。我国制造业主要领域具有创新引领能力和明显的竞争优势，建成全球领先的技术体系和产业体系。

这其中，尤以机器人技术的推广和应用最为令人瞩目。中国有全球最大规模的制造业，产业升级换代任务十分紧迫，中国能否在机器人革命和产业发展上有所作为，将对未来经济发展产生极其深远的影响。正如习近平在 2014 年 6 月两院院士大会讲话中提出的："机器人革命有望成为第三次工业革命的一个切入点和重要增长点，将影响全球制造业格局。"2013 年 12 月 30 日，工业和信息化部正式发布了《关于推进工业机器人产业发展的指导意见》，提出到 2020 年，要形成较为完善的工业机器人产业体系，培育 3 到 5 家具有国际竞争力的龙头企业和 8 到 10 个配套产业集群；工业机器人行业和企业的技术创新能力和国际竞争能力明显增强，高端产品市场占有率将提高到 45% 以上。

中国以技术取代工人既有转变经济发展方式的客观要求，也有"用工荒""招工难"现象日益加剧所导致的"倒逼机制"。但是，以机器人为代表的新技术在弥补用工短缺的同时，也势必会对低技能工人产生排斥。比如美国的数据显示，进入新千年后，中产阶级的信息处理工作职位日渐下滑。从 2000 年到 2010 年，有 1 100 万个秘书职位被互联网服务所取代，后者让维护日历、计划行程这样的事情十分容易。同一时期，电话接线员减少 64%，旅游代理减少 46%，会计减少 26%，美国并非个案。在欧洲，7 600 万个中产阶级职位中的 2/3 成为技术的牺牲品。在我国，国际机器人联合会发布的最新全球机器人统计数据显示：2013 年中国共买入 36 560 台工业机器人，占全球销售量的 1/5，同比增幅达 60%，已经取代日本成为世界最大机器人买家。广东东莞大朗镇被誉为世界毛织之都，这里 3 年前有 50 万工人。随着数控织机等大批智能生产装备的普及，机器设备换人在这里发挥了巨大作用。如今 50 万工人，仅剩下 5 万人，近 9 成工人被机器替代了。①

---

① 《机器人代替人工 企业三年 50 万工人仅剩下 5 万》，中国新闻网，http://finance.chinanews.com/cj/2014/09-05/6565962.shtml。

第二节　创业是解决就业的重要途径

>>一、第四次创业浪潮正在来临<<

改革开放以来，我国共经历了四次创业浪潮。特别是近年来，在政府各种扶持政策的鼓励下，大众创业、万众创新的局面正在形成，并具有了新的特点。

(一)第一次发端于改革开放之初

由于数以千万计的城镇知识青年返城，加上城镇新增劳动力，我国城镇失业率一度超过5%。在这种情况下，中央提出了在国家统筹规划和指导下，劳动部门介绍就业，志愿组织起来就业和自谋职业相结合的"三结合"就业方针，打开了就业的"三扇门"。在该项政策的鼓励下，创业型就业如雨后春笋般涌现。统计数据显示，从1979年到1984年，全国共安置4 500多万人就业，城镇失业率从1979年的5.9%迅速下降到1984年的1.9%，在短短的几年内缓解了城镇的沉重失业压力。这其中，鼓励以创业带动就业的就业政策可谓功不可没。

(二)第二次是在20世纪90年代初，并一直持续到中期

1992年，国民经济经历三年治理整顿的短暂低速徘徊后，由于社会主义市场经济体制改革目标的确立而再次出现爆发性的增长。与此同时，以"全民下海"为特征的创业活动达到了一个新的高潮。统计表明，1992年，私营企业的数量比上年增长了28.8%，就业人数首次突破了200万人；到1994年，全民创业活动达到整个90年代的顶峰，私营企业户数比上年猛增81.7%，从业人数增长74.0%。直到1996年，私营企业户数的增长率仍高达25.2%，就业人员增长22.5%，并首次突破了1 000万人。1997年，亚洲金融危机爆发。一年后，"三年国企脱困"攻坚开始。从1998—2000年，约2 100万国企职工被分流下岗。不过，该时期的就业政策侧重企业内部化解和强调社会保障制度的建设，属于典型的防御型就业政策。因此，除了在1998年创业活动略显活跃外，依靠职工自己自主创业来解决就业问题的做法并没有形成一股浪潮。

(三)第三次是2002—2004年

这三年私营企业的户数增长率再次跃上20%的阶梯。2001年年底，我国正式加入WTO，这意味着我国的经济与就业环境发生了根本性变化。2002年，我

国政府开始把就业问题作为宏观经济的重要指标,实施了"积极的就业政策"。一方面,该政策非常明确地把就业问题作为各级政府的重要考核指标,要求地方各级政府抓好就业工作;另一方面制定了各项配套政策,比如对下岗失业人员自主创业提供小额担保贷款、创业培训、税费减免以及对安置吸纳下岗失业人员服务型企业实施优惠政策等。积极就业政策的实施是激发劳动者创业热情的有益措施和有效的制度保障。

(四)第四次是 2012 年至今

2008 年全球金融危机爆发后,虽然我国采取了多种刺激经济的措施,但经济增速逐渐减缓的态势已经形成,国民经济正在由过去的高速增长开始向中高速增长的新常态转变。在经济增速不断下降的压力下,就业问题也日渐凸显。据测算,2015 年我国城镇新成长劳动力 1 500 万人左右,其中高校毕业生 749 万人,还有中专、技校和初高中毕业生,以及需要转移就业的农村富余劳动力。总量压力仍然非常巨大,结构性矛盾更加突出。2012 年党的十八大后,我国经济逐渐进入新常态,经济增长速度持续下滑,结构调整力度不断加强,就业的总量压力和结构性问题更加突出。

在此背景下,鼓励大众创业、万众创新就成为宏观政策的必然选择。近些年来,我国为鼓励创业出台了一系列政策措施,涉及注册登记、税收贷款、创业培训等方方面面。客观地说,这些政策对鼓励大众创业起到了明显的效果。创业者群体越来越多元化,大学生、农民工、失业下岗者、海归人员,以及传统行业的人们都加入到这波创业浪潮中来。国家工商总局数据显示,2014 年,全国新登记注册市场主体 1 292.5 万户,注册资本 20.66 万亿元。新登记注册企业 365.1 万户,同比增长了 45.88%。仅从 2014 年 3 月 1 日到 2015 年 5 月底,新登记的企业就有 485.4 万户,平均每天新登记注册企业 1.06 万户。截至 2015 年 3 月底,全国个体私营经济从业人员实有 2.6 亿人,比 2014 年年底增加 861.2 万人,新增个体私营人员持续快速增长,成为解决就业的主渠道。① 创业主体的持续、快速增长,标志着新一轮的创业浪潮正在来临。

---

① 《3 至 11 月平均每天新注册企业逾万户》,中国经济网,http://www.ce.cn/xwzx/gnsz/gdxw/201412/09/t20141209_4076513.shtml。

>>二、我国创业浪潮具有的三个特征<<

(一)每次创业活动高潮均出现在宏观经济政策发生重大改变的时期

第一次出现在改革开放开始时期,第二次出现在社会主义市场经济体制目标的确立时期,第三次出现在我国加入 WTO 和积极就业政策的实施时期,第四次出现在我国经济开始由高速增长向中高速增长的新常态时期。这就说明合理有效的政策对创业活动会产生明显的正面效应。

(二)创业周期与经济增长周期具有较高的拟合度

第一次创业高潮的宏观经济背景是:经历了"文化大革命"的破坏,国民经济已经陷入崩溃的边缘。而随着 1978 年开始实施改革开放后,国民经济出现了较为强劲的复苏状态,并在 1984 年实现了 15.3％的三十多年来最高的经济增长率;第二次创业高潮是在我国国民经济经历了三年治理整顿,经济增长率降到 4％左右(1989 年和 1990 年)之后,随着邓小平南方谈话和社会主义市场经济体制改革目标确立,经济增长再次步入"快车道"。从 1992 年到 1994 年,我国的经济增长速度连续三年跃上两位数;第三次高潮出现在我国又一轮经济扩张周期的起始阶段。由于前几年扩大内需政策的累积效应开始释放,以及加入 WTO 后中国制造业的蓬勃发展,经济增长再次步入"快车道",并一直持续到 2008 年。第四次创业浪潮则是在我国国民经济经历了三十多年高速增长之后,开始步入强调经济发展质量、加快经济结构优化和升级的背景下出现的。目前这个阶段尚未完成,但大多数经济学家预计,在稳增长、调结构任务完成之后,中国经济仍将在未来若干年内保持 7％左右的中高速增长势头。

(三)创业活动与失业状况有密切关系

创业活动在失业问题严重的时候往往趋于活跃,又成为削减失业高峰的有效途径。四次创业高潮的出现,基本上都是在经济走出低谷、开始复苏并走向稳定增长的阶段,这个时期由于经济政策失当或者紧缩政策导致的失业情况比较严重,大量失业现象的存在逼迫劳动者走向自谋职业、自主创业的道路,政府也会因为就业压力巨大而适时地推出鼓励创业的优惠政策。两方面的合力,容易促成新一波创业的高潮。由此可见,越是经济困难、就业形势严峻的时期,实施促进以创业带动就业的发展战略就显得格外迫切。

>>三、创业带动就业的效应分析<<

从各国的经验来看，鼓励劳动者自主创业缓解就业问题是一种行之有效的方法。比如 20 世纪 70 年代中期以来，欧盟各国长期遭受高失业困扰。为了解决日益严重的失业问题，欧盟各国在 20 世纪 90 年代末期开始，从片面地强调劳动者就业保护的"就业抑制"战略开始转向鼓励创业精神、激活劳动力市场和维护就业平等的"就业激励"战略，并取得了显著成效。在 1997—2001 年短短的五年期间，欧盟的就业岗位总量增长超过 1 000 万人，失业人数减少超过 400 万人，劳动力参与人数增长近 500 万人。[①] 金融危机爆发后，在美国新任总统奥巴马的经济振兴计划中，解决就业问题被当作头等大事，该计划将产生 400 多万个就业岗位，而新增岗位中有 90% 将产生在民营企业，只有 10% 产生在公共领域。

创业型就业的最大特点，就是突破了传统的"一人一岗"的就业模式，形成"一人带动一群岗位"的就业模式。根据全球创业观察的报告称，每增加一个机会型创业者，当年带动的就业数量平均为 2.77 人，未来 5 年带动的就业数量为 5.99 人。创业行为之所以能够在带动就业方面起到巨大作用，主要原因是创业企业大多数设立门槛低、创设成本小，而且具有普适性，即适合各类群体的劳动者。从规模来看，中小企业往往是创业型企业的起点。而相对来说，小规模的企业就业吸纳能力要比大规模的企业强得多。

表 1-1　不同规模企业净就业创造占本规模总就业人口的年平均百分比

国别	时间	总和	企业规模（人）			
			1～19	20～99	100～499	大于 500
加拿大	1983—1991 年	2.6	2.2	0.6	0.1	−0.3
法　国	1987—1992 年	0.9	0.4	0.4	0.3	−0.2
瑞　典	1985—1991 年	1.3	2.6	−0.2	−0.5	−0.6
英　国	1987—1991 年	2.7	1.6	0.4	0.3	0.4

数据来源：OECD，1994. The Measurement of Scientific and Technological Activities：Using Patent Data as Science and Technology Indicators-Patent Manual.

从表 1-1 我们可以看出，各国企业规模在 19 人以下的企业就业创造的能力最强，而规模大于 500 人以上的大企业则除英国外几乎都是负数，这反映出大企业越来越走向资本密集和技术密集的趋势。

从我国的情况来看，目前中小企业吸纳了 75% 以上的城镇就业人口，在不

---

① 赖德胜、李长安：《以创业促进就业：化解中国经济发展的大悖论》，载《上海证券报》，2007 年 12 月 17 日。

少中小企业集中的地区，吸纳的就业人口超过了 80%。劳动保障部门近年来组织创业培训的实践证明，目前在我国的经济结构下，1 个职工创业一般可以带动 5 个职工实现就业。根据中华工商联合总会等多部门组成的"中国私营企业研究"课题组在 2006 年上半年实施了第七次全国私营企业抽样调查，2005 年私营企业全年雇佣人数为 45 人、下岗工人 7 人、农民工 15 人。而据有关调查显示，我国个体工商户的平均雇用人数为 2 人左右。简单来说，创立一个成功的私营企业，可以容纳 45 个劳动者就业，而注册成为一名个体工商户，则可以提供两个就业岗位。

从地区经济发展来看，凡是创业活动比较活跃的地区，其失业问题也相对较轻。比如在私营企业和个体工商户比重较高的北京、江苏、浙江、广东等地，失业率相对较低，而在大多数私营企业和个体工商户不太发达的地区，失业问题则显得较为突出。这其中的原因，除了私营个体经济自身能够为劳动者提供更多就业岗位之外，还在于它们能够活跃经济、刺激经济更快增长、从而提高经济增长吸纳就业。

第三节　第四次创业浪潮的主要特征

鼓励大众创业、万众创新，已成为当前我国摆脱经济下行压力、尽快适应经济新常态的重要政策措施之一。在社会各界的共同努力下，我国的第四次创业浪潮正在迅速形成。但是，也应该客观地看到，在鼓励大众创业的过程中，我国的创业环境仍存在着诸多需要改善的地方。因此，只有不断地在优化创业环境方面下工夫，广大劳动者的创业热情才能更加充分地被激发出来。

>>一、政府引领性<<

与历次的创业浪潮相比，第四次创业浪潮的到来，政府的支持力度更大，引领作用更为明显。概括起来，政府对创业的支持性政策包括以下几个方面：在收费政策方面，国家和各省规定收取的规费有浮动限额的，一律按最低限额收缴。在税收政策上，一是就业困难人员自主创业从事个体经营的，凭有关证件，免收税务登记证工本费；二是登记失业人员创办的中小企业，按照国家有关税收政策规定，给予税收优惠；三是帮扶残疾人员自主创业，按照国家有关政策给予税收优惠。在扶持奖励政策上，一是外出务工经商人员返乡投资加工业、旅游业、农业产业化项目等经济实体的，比照招商引资各项优惠政策执行；二是失业人员在领取失业保险金期间自主创业并办理工商登记的，可按规定一次性领取应享受的失业保险金。在金融政策上，一是健全创业信用担保体系；二是积极发展新型融资机构；三是激活民间资本，探索建立民间金融机构，发展民间借贷，形成推动创业的多元化融资渠道；四是将小额担保贷款政策的覆盖范围扩大到有创业愿望和创业能力的城镇劳动者和进城创业的农村劳动者，小额担保贷款额度个人最高可达5万元。在人事政策方面，一是对登记失业的高校毕业生从事个体经营创办经济实体的，免费求职登记、参加创业指导、进入人才库等；二是在公务员招录方面予以政策倾斜；三是自主创业的专业技术人才可以申报评审各类专家，创业业绩突出的，可纳入人事部门管理服务范围。在土地政策方面，把民营经济发展用地纳入城乡建设用地总体规划。对创业主体的生产性服务业项目用地，可区别不同情况依法采取出让、租赁等方式供地。

2015年6月4日，国务院第93次常务会议审议通过了《关于大力推进大众创业万众创新若干政策措施的意见》（以下简称《意见》），这是推进大众创业、万众创新的一个系统性、普惠性政策文件，是迎接"创时代"、推进"双创"工作的顶层设计。《意见》从创新体制机制、优化财税政策、搞活金融市场、扩大创业投资、发展创业服务、建设创业创新平台、激发创造活力、拓展城乡创业渠道8个领域、27个方面提出93条具体政策措施。《意见》的定位是"一条主线""两个统筹""四个立足"。"一条主线"即以加快政策执行传导进程为主线，确保政策措施具有系统性、可操作性和落地性。"两个统筹"即统筹做好已出台与新出台政策措施的衔接协同，统筹推进高端人才创业与"草根"创业。"四个立足"即立足改革创新，体现"放"与"扶"相结合；立足加强协同联动，形成政策合力；立足创业需求导向，推动创业、创新与就业协调互动发展；立足加强执行督导，确保政策落地生根。

>>二、参与大众性<<

创业主体日益多元化、大众化，以大学生、农民工、下岗失业人员为主体的产业格局正在改变，众多的科技人员、留学归国人员纷纷加入创业大潮之中。甚至部分机关事业单位人员也辞职下海，掀起了一股自"92派"之后的又一波创业新浪潮。

在大学生创业方面，根据麦可思研究院发布的《2015年中国大学生就业报告》，近三届的比例呈现持续和较大的上升趋势。2014届大学毕业生自主创业比例为2.9%，比2013届高0.6个百分点，比2012届高0.9个百分点。而毕业时间越长，创业比例越高。比如2011届大学生毕业半年后有1.6%的人自主创业，三年后有5.5%的人自主创业，与毕业时相比提升了2.4倍。如果按国家统计局发布的2014年普通本专科毕业生659.4万人估算，2014届大学生中约有19.1万人选择了创业，其中本科毕业生创业者主要分布在长江三角洲区域，创业类型集中在销售类，排在前两位的是教育类和零售商业。此外，在校大学生休学创业也呈现增长势头。2014 年 12 月，教育部正式公布的《关于做好 2015 年全国普通高等学校毕业生就业创业工作的通知》中指出，允许高校在校生开设网店等多种创业形态，并要求高校建立弹性学制，允许在校学生休学创业。2015 年 5 月国务院办公厅印发的《关于深化高等学校创新创业教育改革的实施意见》中提出，实施弹性学制，允许保留学籍，休学创新创业。

在下岗失业人员方面，政府进一步完善了鼓励自主创业的相关政策。2014 年 4 月，财政部、国家税务总局、人力资源和社会保障部联合下发了未来 3 年支持创业就业税收政策，其中失业人员自主创业每户每年可最高减税 9 600 元，企业每吸纳一名失业人员就业每年可最高减税 5 200 元。此次新出台的政策主要从鼓励自主创业和吸纳就业两方面给予税收优惠，将现行政策优惠期延长 3 年至 2016 年 12 月 31 日，并扩大了受益人群范围，取消了行业限制，加大了减税力度。在鼓励自主创业方面，原先规定持《就业失业登记证》从事个体经营者，每户每年可按 8 000 元为限额扣减当年实际应缴纳的营业税、城市维护建设税、教育费附加和个人所得税。在此基础上，新政策将税率为 2% 的地方教育费附加纳入减扣范围，并增加"地方政府可根据情况最高上浮 20%"的规定，即最高可扣减 9 600 元。受益人群由原先下岗失业人员和城镇少数特困群体，扩大到所有登记失业半年以上人员、毕业年度内高校毕业生、零就业家庭、低保人群等。

在海归人员方面，为了吸引海归人员回国发展，政府有关部门出台了大量政策法规鼓励留学人员回国创新创业。教育部留学服务中心的数据显示，2014 年在留学服务中心办理了就业登记的"海归"多达 37 万人，与 2013 年相比，回国人数增长了 3.2%。我国留学回国人员年龄分布在 22～34 岁，占全部留学回国人员的 95%，有接近七成的留学回国人员年龄分布在 22～26 岁。63% 的留学回国人员具有硕士学位，30% 为学士学位，具有博士学位的人数仅占 6%。据调查，海归创业主要集中在高新技术密集型行业，以新一代电子信息技术行业（39.7%）和新生物、新医药行业（18.2%）为最多。互联网、IT 和通信等高新产业领域创业成功的海归占 70% 以上，还有 20% 的海归集中在咨询、法律服务和教育等领域，只有 5% 左右是在制造领域。[①]

在农民工创业方面，在大众创业、万众创新这一系列政策措施的激励下，农村劳动力也受到激励和影响，一大批农民工带着项目、资金、经验回乡创业。2015 年 6 月，国务院办公厅印发了《关于支持农民工等人员返乡创业的意见》，提出支持返乡创业的五方面政策措施：一是降低返乡创业门槛。二是落实定向减税和普遍性降费政策。符合政策规定条件的，可享受减征企业所得税、免征增值

---

① 王辉耀、苗绿：《中国海归创业报告（2013）》，北京：社会科学文献出版社，2013。

税、营业税等税费减免政策。三是加大财政支持力度。对符合条件的企业和人员，按规定给予社保补贴；具备享受支农惠农、小微企业扶持政策规定条件的纳入扶持范围；经工商登记注册的网络商户从业人员，同等享受各项就业创业扶持政策；未经工商登记注册的，可同等享受灵活就业人员扶持政策。四是强化返乡创业金融服务。运用创业投资类基金支持农民工等人员返乡创业；加快发展村镇银行、农村信用社和小额贷款公司，鼓励银行业金融机构开发有针对性的金融产品和金融服务；加大对返乡创业人员的信贷支持和服务力度，对符合条件的给予创业担保贷款。五是完善返乡创业园支持政策。国家统计局的监测数据显示，到2015 年 6 月末，监测的农村劳动力中自主创业的有 1.3 万人，同比增长 3.1％，高于总体转移就业人数的增幅。人力资源和社会保障部的调研发现，在一些劳务输出大省，返乡创业的人数更多，如贵州 2015 年上半年返乡创业人数同比增长58％，达到 7.2 万人。①

此外，随着中央"八项规定"的出台和反腐力度的不断加大，机关公务员辞职创业的人数出现比较大的上升。改革开放以来，我国出现过三次大的公务员离职潮，第一次公务员离职潮出现在改革开放之初。作为一般"干部"，大多是因为"学非所用"，或感觉个人能力难以发挥，于是选择辞职寻找更广阔的天地。第二次是 1992 年邓小平南方谈话之后，很多人停薪留职，下海创业。当时下海失败，还可以重新回到原来的单位工作。第三次是 2003 年前后，政府部门合并，也有一批人以一次性买断工龄等形式下海。目前，公务员队伍再现第四次离职创业潮，智联招聘发布的《2015 春季人才流动分析报告》披露的数据表明，政府、公共事业、非营利机构行业的从业人员跨行业跳槽人数比上年同期上涨 34％。此类白领们跨界选择排名前三位的是房地产、建筑、建材、工程、互联网、电子商务、基金、证券、期货、投资行业。②

>>三、创新驱动性<<

以创新促进创业、以创业推动创新是本轮创业浪潮最典型的特征之一。根据世界知识产权组织发布的全球专利报告，中国发明专利申请数量已经超过美国，位居世界第一，2012 年来自中国的发明专利数量，包括国家知识产权局接受的来自全球 140 多个国家和地区的专利申请数量总和，已占全球上年新专利申请的

---

① 人力资源和社会保障部：《农民工创业人数增加　就近就业趋势更明显》，http://news.xinhuanet.com/politics/2015-06/21/c_1115681937.htm。

② 《智联招聘 2015 春季人才流动分析报告》，http://news.163.com/15/0401/02/AM37FJIT00014Q4P.html。

近 30％。2013 年，我国的知识产权能力指数得分达到 63.57 分，较 2012 年提升 0.46 分。排名紧随美国、日本之后，保持在样本国家的第 3 位。[①]

创新能力的提高为创业奠定了良好的基础，随着各项优惠和扶持政策的出台，创新拉动创业的趋势已经形成。据科技部的统计数据，截至 2014 年年底，全国科技企业孵化器超过 1 600 家，在孵企业 8 万余家，就业人数超过 175 万人；目前批准建立的国家高新区 115 家，园区注册企业超过 50 万家，仅中关村 2014 年新增科技企业达 1.3 万家，全国创业投资机构 1 000 余家，资本总量超过 3 500 亿元。

>>四、网络依托性<<

网络创业是此次创业浪潮的一个典型特征。工业和信息化部的统计数据表明，2014 年，全国网络创业就业人数超过 1 000 万人，是"大众创业、万众创新"最重要的领域之一。随着国务院"互联网＋"行动指导意见出炉，互联网创业呈蓬勃发展之势。由新华网、蓝鲸传媒共同发布的《2015 双创白皮书》显示，2014 年互联网创业十大热地分别为：北京、上海、广东、浙江、江苏、四川、福建、湖北、山东、陕西。十大热地所覆盖的互联网创业公司合计占比达 92.7％。

互联网突破了地域、场地、身体等方面的限制，甚至还在很大程度上降低了创业的门槛，因而受到各类人群的欢迎。特别是对于残疾人而言，互联网更是开启了一道自主创业就业的大门。互联网在实现人与人之间、人与物之间、物与物之间互联互通的同时，也极大地消除了人们身体上的差异，扫除了残疾人参与社会经济活动的障碍，这是互联网成为广大残疾人实现就业创业梦想的技术基础。同时，互联网还在提高残疾人就业创业质量、消除就业歧视、实现就业平等方面具有特殊的作用。据阿里巴巴提供的数据，截至目前在淘宝上的残疾人卖家共 31.5 万人，2014 年共销售 107.7 亿元；残疾人买家共 269.2 万人，2014 年共消费 132.6 亿元。

---

① 《2014 年中国知识产权发展状况报告》，国家知识产权局官网，http://www.sipo.gov.cn/dfzz/sichuan/xwdt/ywdt/201506/t20150610_1129368.htm。

第二章
经济新常态下创业就业的特点

习近平在系统阐释"中国经济新常态"时表示，中国经济的增长动力已从要素驱动、投资驱动转向创新驱动。事实上，中国正在接近追赶式发展的边界，无可避免地遇到发展方式转变、增长动力转换的问题。新常态需要新动力，正如国务院总理李克强所强调的，"把改革的红利、内需的潜力和创新的活力叠加起来，形成推动中国经济转型新动力"，能够充分利用改革红利、挖掘内需潜力、激发创新活力的主体就是新生代企业家。从某种程度上来讲，这不是一个最好的时代，也不是一个最坏的时代，不过对创业者来说却是最好不过的时代。2014 年 6 月，中国手机上网比例首次超过 PC 机上网比例，这是一个拥有超过 6 亿用户的移动互联网时代。移动互联网带来的这一波新商业变革，却再也找不到对应的同龄人了。因为人类正从 IT 时代走向 DT（Data Technology）时代，而 DT 时代最典型的特征就是社会发展已经到了"后喻时代"。即在当今高科技时代的某种条件下，晚辈（或学生）由于掌握了一定的新知识新技能，给先辈（或教师）传授知识和培养能力的时代。因此，在这个时代创业不分年龄、不分行业，甚至有没有经验也不重要，"大众创业、万众创新"的时代已经来临，创业就业出现了新的特点。

第一节　支持创业带动就业的政策体系逐步完善

创业带动就业是我国实施积极就业政策的重要内容，也是我国实现科学发展、转型发展的重要举措。我国是世界上劳动力人口最多的国家，鼓励创业带动就业对于解决国计民生的就业问题具有非常重要的战略意义。

2007 年 10 月，胡锦涛在十七大报告中首次提出，"实施扩大就业的发展战略，促进以创业带动就业"，"使更多的劳动者成为创业者"，并且"建立统一规范的人力资源市场，形成城乡劳动者平等就业的制度"。这一举措充分尊重了市场的决定性作用，有利于完善市场就业机制，扩大就业规模，改善就业结构。

2008 年 9 月，国务院办公厅转发人力资源和社会保障部等部门《关于促进以创业带动就业工作指导意见》的通知，在全社会掀起了广泛创业的浪潮，越来越多的劳动者选择自主创业，为社会提供了更多的就业岗位。

2012 年 11 月，党的十八大报告又提出："要贯彻劳动者自主就业、市场调节就业、政府促进就业和鼓励创业的方针，实施就业优先战略和更加积极的就业政策。"进一步明确了创业带动就业的政策意义。

李克强总理在 2015 年《政府工作报告》中指出，打造大众创业、万众创新和增加公共产品、公共服务成为推动中国经济发展调速不减势、量增质更优，实现中国经济提质增效升级"双引擎"。早在 2014 年 9 月 10 日的达沃斯论坛开幕式上，李克强总理就发表讲话称，要借改革创新的"东风"，推动中国经济科学发展，在 960 万平方公里土地上掀起"大众创业""草根创业"的新浪潮，形成"万众创新""人人创新"的新态势。随后，总理多次对大众创新、创业做出重要指示，强调要将此作为新常态下经济发展的新引擎。此次将"大众创业、万众创新"写入政府报告中，体现出政府对创业和创新的重视，以及创业带动就业对中国经济的重要意义。

>>一、商事制度改革简化创业手续<<

商事制度是社会主义市场经济体系的重要组成部分。十八届三中全会决定对商事登记制度进行改革，由注册资本实缴登记制改为注册资本认缴登记制，取消了原有对公司注册资本、出资方式、出资额、出资时间等硬性规定，取消了经营范围的登记和审批，从以往的"重审批轻监管"转变为"轻审批重监管"。工商行政审批转向登记备案，实现零门槛准入，市场主体"井喷式增长"。

2014 年是商事制度改革年，对新一轮的创业热潮起着重要推动作用。北京大学中国社会科学调查中心 2015 年年初完成了一项对商事制度改革与小微企业发展的调查报告，为这一改革"打了高分"：不仅点燃了创业热情、激发了市场活力，而且转变了政府职能。[①] 调查数据显示，改革前注册的小微企业一个月内拿到营业执照的企业比例占 63.8%，改革后这一数据攀升至 87.45%。个体商户的状况也大致相似：改革前一个月内办齐所有证件的个体工商户占 77.5%，改革后这一比例猛增至 90.17%。新登记企业数量呈现"井喷式增长"的趋势，不难看出，商事制度改革正在激发市场主体的创业热情，一大批小微企业、个体工商户以及资本在 2014 年注入市场中，大大激发了市场的活力。从商事制度改革开始到 2014 年年底，全国个体私营经济从业人员已经达到 2.5 亿人，这个总体数量相比较于 2013 年年底，增长了 14.26%，约有 3 100 多万人 1 年内通过小微企业实现

---

① 《商事改革助力创业春天》，http://business.sohu.com/20150327/n410439393.shtml。

了就业。

2015 年 3 月 20 日，李克强总理考察工商总局，了解商事制度改革进展，并召开座谈会，推进"大众创业、万众创新"。李克强指出，推行"双创"不是喊喊口号，而是真刀真枪地进行改革。增加市场活力，降低准入门槛，工商部门是先行官。推行"一证一号"，实现"三证合一"是商事制度改革着力解决的问题。所谓"三证合一"，即工商、税务、质监的三证合一。目前，全国已有 24 个省份在推进这项工作。其中，有 19 个省区市推行的是"一照三号"模式，即将营业执照注册号、组织机构代码、税务登记号统一记载于工商营业执照上，实现三证合为一照。① "三证合一"能有效减少注册时间，提高服务效能，降低创业成本，提高创业热情。

来自国家工商总局的统计显示，2015 年一季度，全国新登记市场主体 272 万户，比上年同期增长 14.3％；注册资本（金）5.2 万亿元，增长 78.3％。截至 3 月底，全国实有各类市场主体 7 125 万户，同比增长 15.3％，增速较上年同期提高 3.2 个百分点，注册资本（金）138.4 万亿元，增长 30.1％。商事制度改革持续激发市场活力，新增企业继续保持增长，产业结构调整优化，从业人员稳步增加。整体来看，社会投资创业热情和信心依然较高。一季度全国新登记企业 84.4 万户，比上年同期增长 38.4％，注册资本（金）4.8 万亿元，增长 90.6％。②

商事制度改革以来，投资创业更加便利，新增个体私营经济人员持续快速增长，成为解决就业的主渠道。截至 2015 年 3 月底，全国个体私营经济从业人员实有 2.6 亿人，比 2014 年年底增加 861.2 万人，增长 3.5％。其中，第三产业个体私营经济从业人员增加最多，实有 1.8 亿人，比 2014 年年底增加 677 万人。③

>>二、简政放权为创业松绑<<

简政放权是政府的自我革命，指精简政府机构，把经营管理权下放给企业。这也是增强企业活力，扩大企业经营自主权而采取的改革措施。在"大众创业、万众创新"的背景下，政府既要清障搭台，还要严管市场，维护公平正义，才能进一步激发市场活力，为创业者插上翅膀。作为深化改革的"先手棋"，简政放权的脉络从顶层设计延伸到了基层执行；作为深化改革的"马前卒"，它更是前置般

---

① 《商事改革推开创业闸门》，载《华夏时报》，2015 年 3 月 26 日。
② 《一季度商事制度改革持续激发市场活力》，中国经济网，http://news. china. com. cn/live/2015-04/16/content_32304294. htm,2015-04-16。
③ 《社会投资创业热情和信心提高》，人民网，http://finance. ifeng. com/a/20150416/13637341_0. shtml, 2015-04-16。

地厘清了政府和市场的关系，充分尊重了市场的决定性作用。

2013 年 3 月 14 日，《国务院机构改革和职能转变方案》发布，成为改革开放以来我国推进的第七次政府机构改革。5 月 13 日，国务院召开全国电视电话会议，动员部署国务院机构职能转变工作，新一轮转变政府职能的大幕拉开。短短一个月内，国务院三次提及简政放权。"简政放权"是我国行政审批制度改革的核心，能激发市场主体的创造活力，释放改革红利、激发内需潜力、形成新动力，促进经济稳定增长。自 2013 年 4 月 24 日首批取消和下放 71 项行政审批事项起，国务院分批取消和下放了 416 项行政审批等事项。①

2014 年 6 月 4 日，国务院常务会议出台的三项改革措施进一步简政放权促进创业就业。这些新举措充分调动了企业和社会创业、创新、创造的积极性，让政府更好归位、市场更大发力、群众更多受益，实现更多就业。

第一，取消下放行政审批事项，鼓励创业优惠政策"落地"。在取消和下放新一批共 52 项行政审批事项中，"享受小微企业所得税优惠核准""对吸纳下岗失业人员达到规定条件的服务型商贸企业和对下岗失业人员从事个体经营减免税审批"等 34 项审批事项直接关系到投资创业。取消这些有关税收优惠政策落实过程中的行政审批事项，有利于减少中间不必要环节，为优惠政策真正落地创造条件，能更好释放市场活力，促进扩大就业。"高等学校博士学科点专项科研基金审批"等涉及事业单位、社会组织业务的 10 项审批事项，将扩大高校办学研究自主权，推动科研创新；涉及资质资格的 8 项审批事项，有助于降低执业门槛，促进扩大就业。② 继续减少审批项目，简化办事手续，让从行政审批"马拉松"到"马上办"，才能吸引更多的大学生不安于现状，立于创业，才能让更多小微企业涌现出来，从而激励投资创业，促进就业。

第二，减少职业资格许可，提高人力资源配置效率。国务院常务会议提出，为进一步提高人力资源配置效率，在保持资质资格水平不降的前提下，减少部分职业资格许可和认定。凡没有法律法规依据和各地区、各部门自行设置的各类职业资格，不再实施许可和认定。在完善鉴定制度的基础上同时强化监督管理，清理和整顿不规范鉴定项目，对国家职业分类大典中未收录的职业和未制定职业技能标准的职业，一律取消鉴定。逐步建立由行业协会、学会等社会组织开展水平评价的职业资格制度。这一政策降低了很多领域大众创业的门槛，实现更多民众对创业创新的参与，带动了就业。

---

① 陶瑞刚：《简政放权是创业就业的有效之举》，中国经济网，http://views.ce.cn/view/ent/201406/05/t20140605_2926801.shtml. 2014-06-05。

② 李克强：《确定进一步简政放权措施促进创业就业》，人民网，http://edu.people.com.cn/n/2014/0604/c1006-25104778.html，2014-06-04。

第三，"先证后照"改为"先照后证"，进一步降低创业"门槛"。现行制度下，创办一个企业要先到主要部门取得行政许可证，才能到工商部门申办营业执照，这就是所谓"先证后照"。在等待许可过程中，因为不具有企业法人资格，创业者往往难以开展招工、洽谈、签约、贷款等前期筹备工作。为促进投资创业便利化、优化营商环境，国务院常务会议提出，将废弃电器电子产品回收处理许可、农业机械维修技术合格证书核发、自费出国留学中介服务机构资格认定等36项工商登记前置审批事项改为后置审批；下一步，还要将现有前置审批事项中的大多数改为后置审批，由"先证后照"改为"先照后证"，为创业争取了充分的时间和资源。

>>三、财税支持降低创业门槛<<

为扩大就业，鼓励以创业带动就业，经国务院批准，2014 年 4 月 29 日，财政部、国家税务总局、人力资源和社会保障部联合发布《关于继续实施支持和促进重点群体创业就业有关税收政策的通知》。第一，对持《就业失业登记证》（注明"自主创业税收政策"或附《高校毕业生自主创业证》）人员从事个体经营的，在 3 年内按每户每年 8 000 元为限额依次扣减当年实际应缴纳的营业税、城市维护建设税、教育费附加、地方教育附加和个人所得税。限额标准最高可上浮20%，各省、自治区、直辖市人民政府可根据本地区实际情况在此幅度内确定具体限额标准，并报财政部和国家税务总局备案。第二，对商贸企业、服务型企业、劳动就业服务企业中的加工型企业和街道社区具有加工性质的小型企业实体，在新增加的岗位中，当年新招用在人力资源和社会保障部门公共就业服务机构登记失业一年以上且持《就业失业登记证》（注明"企业吸纳税收政策"）人员，与其签订 1 年以上期限劳动合同并依法缴纳社会保险费的，在 3 年内按实际招用人数予以定额依次扣减营业税、城市维护建设税、教育费附加、地方教育附加和企业所得税优惠。定额标准为每人每年 4 000 元，最高可上浮 30%，各省、自治区、直辖市人民政府可根据本地区实际情况在此幅度内确定具体定额标准，并报财政部和国家税务总局备案。[①]

此后，又有《关于支持和促进重点群体创业就业有关税收政策具体实施问题的公告》《关于支持和促进重点群体创业就业有关税收政策具体实施问题的补充公告》《关于支持和促进重点群体创业就业税收政策有关问题的补充通知》出台。

2015 年 3 月 2 日，国务院办公厅发布《关于发展众创空间推进大众创新创业

---

① 财政部、国家税务总局、人力资源和社会保障部《关于继续实施支持和促进重点群体创业就业有关税收政策的通知》财税[2014]39 号。

的指导意见》指出，发挥财税政策作用支持天使投资、创业投资发展，培育发展天使投资群体，推动大众创新创业。

2015年3月13日，中共中央国务院发布的《关于深化体制机制改革加快实施创新驱动发展战略的若干意见》中指出，提高普惠性财税政策支持力度，坚持结构性减税方向，逐步将国家对企业技术创新的投入方式转变为以普惠性财税政策为主。统筹研究企业所得税加计扣除政策，完善企业研发费用计核方法，调整目录管理方式，扩大研发费用加计扣除优惠政策适用范围。完善高新技术企业认定办法，重点鼓励中小企业加大研发力度。3月20日，李克强总理在国家工商行政管理总局召开座谈会上指出，要切实落实好财税、金融等扶持政策，对准初创小微企业经营中的难点、"痛点"加力出招，让千百万新企业健康成长，在市场中更加活跃。

2015年4月8日，广东省科技厅官网公布了《广东省科学技术厅、广东省财政厅关于科技企业孵化器创业投资及信贷风险补偿资金试行细则》，对于科技企业在孵化器内创业投资失败的项目，省、市两级财政的创业投资风险补偿资金，将按项目投资损失额的50%给予补偿。如果首次贷款项目出现坏账，坏账项目贷款本金将由银行、省、市财政三方分担全部损失。这个利好政策4月1日起实施，有效期3年。文件规定，创业投资风险补偿资金的支持对象为：具有融资和投资功能，投资于科技企业孵化器内初创期科技型中小微企业的公司制或有限合伙制创业投资机构。由此可见，越来越多的地方政府紧跟中央政策，出台具体措施为创业企业提供财税支持，极大地激发了市场活力，带动地区就业。

>>四、创业投资为创业者提供孵化器<<

我国从1984年开始探索发展创业投资。1999年，在全球新经济浪潮的推动下，在国内"科教兴国"战略的鼓舞下，我国曾掀起过一次短暂的创业投资热潮。2000年，受网络泡沫破灭的影响，加之缺乏必要的法律制度和政策扶持的支撑，我国的创业投资业很快进入寒冬。从2001年到2004年，创业投资机构数量和创业投资资本数量几乎是持续性地负增长。2005年11月，国家发展改革委等十部委联合发布《创业投资企业管理暂行办法》，不仅为创业投资基金提供了特别法律保护，而且为制定一系列配套政策提供了法律依据。

遵照国务院领导"要抓紧制定配套政策"的批示要求，在国家发展改革委和科技部的参与下，财政部和国家税务总局经过一年多的研究论证和反复修改，终于在2007年2月15日联合下发了《关于促进创业投资企业发展有关税收政策的通知》。该文件指出，创业投资企业采取股权投资方式投资于未上市中小高新技术企业2年以上(含2年)，符合规定条件的，可按其对中小高新技术企业投资额的

70％抵扣该创业投资企业的应纳税所得额。《税收政策通知》作为《创投企业管理办法》的重要配套政策之一，对我国创业投资业发展产生了积极而深远的影响，中国创投行业从此迎来了蓬勃发展的春天。

2015 年 3 月 2 日，国务院办公厅发布《关于发展众创空间推进大众创新创业的指导意见》，通过财税政策支持天使投资：

第一，加强财政资金引导。通过中小企业发展专项资金，运用阶段参股、风险补助和投资保障等方式，引导创业投资机构投资于初创期科技型中小企业。发挥国家新兴产业创业投资引导基金对社会资本的带动作用，重点支持战略性新兴产业和高技术产业早中期、初创期创新型企业发展。发挥国家科技成果转化引导基金作用，综合运用设立创业投资子基金、贷款风险补偿、绩效奖励等方式，促进科技成果转移转化。发挥财政资金杠杆作用，通过市场机制引导社会资金和金融资本支持创业活动。发挥财税政策作用支持天使投资、创业投资发展，培育发展天使投资群体，推动大众创新创业。

第二，完善创业投融资机制。发挥多层次资本市场作用，为创新型企业提供综合金融服务。开展互联网股权众筹融资试点，增强众筹对大众创新创业的服务能力。规范和发展服务小微企业的区域性股权市场，促进科技初创企业融资，完善创业投资、天使投资退出和流转机制。鼓励银行业金融机构新设或改造部分分（支）行，作为从事科技型中小企业金融服务的专业或特色分（支）行，提供科技融资担保、知识产权质押、股权质押等方式的金融服务。

>>五、众创空间为创业提供辅助服务<<

为加快实施创新驱动发展战略，适应和引领经济发展新常态，顺应网络时代大众创业、万众创新的新趋势，营造良好的创新创业生态环境，激发亿万群众创造活力，打造经济发展新引擎，2015 年 3 月 2 日，国务院办公室发布《关于发展众创空间推进大众创新创业的指导意见》，提出加快构建众创空间，降低创新创业门槛，鼓励科技人员和大学生创业，支持创新创业公共服务，营造创新创业文化氛围。

（一）加快构建众创空间

总结推广创客空间、创业咖啡、创新工场等新型孵化模式，充分利用国家自主创新示范区、国家高新技术产业开发区、科技企业孵化器、小企业创业基地、大学科技园和高校、科研院所的有利条件，发挥行业领军企业、创业投资机构、社会组织等社会力量的主力军作用，构建一批低成本、便利化、全要素、开放式的众创空间。发挥政策集成和协同效应，实现创新与创业相结合、线上与线下相结合、孵化与投资相结合，为广大创新创业者提供良好的工作空间、网络空间、社交空间和资源共享空间。

(二)降低创新创业门槛

深化商事制度改革，针对众创空间等新型孵化机构集中办公等特点，鼓励各地结合实际，简化住所登记手续，采取一站式窗口、网上申报、多证联办等措施为创业企业工商注册提供便利。有条件的地方政府可对众创空间等新型孵化机构的房租、宽带接入费用和用于创业服务的公共软件、开发工具给予适当财政补贴，鼓励众创空间为创业者提供免费高带宽互联网接入服务。

(三)鼓励科技人员和大学生创业

加快推进中央级事业单位科技成果使用、处置和收益管理改革试点，完善科技人员创业股权激励机制。推进实施大学生创业引领计划，鼓励高校开发开设创新创业教育课程，建立健全大学生创业指导服务专门机构，加强大学生创业培训，整合发展国家和省级高校毕业生就业创业基金，为大学生创业提供场所、公共服务和资金支持，以创业带动就业。

(四)支持创新创业公共服务

综合运用政府购买服务、无偿资助、业务奖励等方式，支持中小企业公共服务平台和服务机构建设，为中小企业提供全方位专业化优质服务，支持服务机构为初创企业提供法律、知识产权、财务、咨询、检验检测认证和技术转移等服务，促进科技基础条件平台开放共享。加强电子商务基础建设，为创新创业搭建高效便利的服务平台，提高小微企业市场竞争力。完善专利审查快速通道，对小微企业急需获得授权的核心专利申请予以优先审查。

(五)加强财政资金引导

通过中小企业发展专项资金，运用阶段参股、风险补助和投资保障等方式，引导创业投资机构投资于初创期科技型中小企业。发挥国家新兴产业创业投资引导基金对社会资本的带动作用，重点支持战略性新兴产业和高技术产业早中期、初创期创新型企业发展。发挥国家科技成果转化引导基金作用，综合运用设立创业投资子基金、贷款风险补偿、绩效奖励等方式，促进科技成果转移转化。发挥财政资金杠杆作用，通过市场机制引导社会资金和金融资本支持创业活动。发挥财税政策作用支持天使投资、创业投资发展，培育发展天使投资群体，推动大众创新创业。

（六）完善创业投融资机制

发挥多层次资本市场作用，为创新型企业提供综合金融服务。开展互联网股权众筹融资试点，增强众筹对大众创新创业的服务能力。规范和发展服务小微企业的区域性股权市场，促进科技初创企业融资，完善创业投资、天使投资退出和流转机制。鼓励银行业金融机构新设或改造部分分（支）行，作为从事科技型中小企业金融服务的专业或特色分（支）行，提供科技融资担保、知识产权质押、股权质押等方式的金融服务。

（七）丰富创新创业活动

鼓励社会力量围绕大众创业、万众创新组织开展各类公益活动。继续办好中国创新创业大赛、中国农业科技创新创业大赛等事活动，积极支持参与国际创新创业大赛，为投资机构与创新创业者提供对接平台。建立健全创业辅导制度，培育一批专业创业辅导师，鼓励拥有丰富经验和创业资源的企业家、天使投资人和专家学者担任创业导师或组成辅导团队。鼓励大企业建立服务大众创业的开放创新平台，支持社会力量举办创业沙龙、创业大讲堂、创业训练营等创业培训活动。

（八）营造创新创业文化氛围

积极倡导敢为人先、宽容失败的创新文化，树立崇尚创新、创业致富的价值导向，大力培育企业家精神和创客文化，将奇思妙想、创新创意转化为实实在在的创业活动。加强各类媒体对大众创新创业的新闻宣传和舆论引导，报道一批创新创业先进事迹，树立一批创新创业典型人物，让大众创业、万众创新在全社会蔚然成风。

>>六、政策体系构筑创业支持网<<

自 2007 年党的十七大报告提出"促进以创业带动就业"以来，中央陆续出台了越来越多的政策文件，鼓励劳动者自主创业，并为劳动者自谋职业提供便利。还有《关于加强普通高等学校毕业生就业工作的通知》（2009 年）、《国家中长期教育改革和发展规划纲要（2010—2020 年）》等政策文件都强调了鼓励大学生自主创业，促进创业带动就业。2011 年《"十二五"中小企业成长规划》强调，把激发创业创新活力，促进市场主体发展作为扩大就业、改善民生的重要举措，鼓励创办小企业，开发更多的就业岗位。报告梳理了 2008 年以来，中央直属机构出台的"创业带动就业"相关政策的文件 43 项，从中也可以看到我国创业制度的变迁。

表 2-1　2008 年以来中央发布的"创业带动就业"相关政策文件

发布时间	发布部门	文件名称	文件编号
2008-10-22	人力资源和社会保障部	关于推动建立以创业带动就业的创业型城市的通知	人社部发[2008]87 号
2008-12-02	国务院办公厅	国务院办公厅转发人力资源和社会保障部等部门关于促进以创业带动就业工作指导意见的通知	国办发[2008]111 号
2009-03-24	人力资源和社会保障部办公厅	关于公布首批国家级创建创业型城市名单的通知	人社厅发[2009]14 号
2009-06-03	人力资源和社会保障部办公厅	关于开展创建创业型城市摸底调查工作的通知	人社厅明电[2009]22 号
2009-08-17	财政部　人力资源和社会保障部　中国人民银行　中华全国妇女联合会	《关于完善小额担保贷款财政贴息政策推动妇女创业就业工作的通知》问答　关于完善小额担保贷款财政贴息政策推动妇女创业就业工作的通知	财金[2009]72 号
2009-09-03	人力资源和社会保障部办公厅	关于加强创业项目库建设有关问题的通知	人社厅发[2009]110 号
2009-09-09	中国就业培训技术指导中心　中国就业促进会创业专业委员会	关于召开创业项目库建设工作专题研讨会的通知	中就培函[2009]104 号
2009-09-23	国务院	国务院关于进一步促进中小企业发展的若干意见	国发[2009]36 号
2010-01-08	人力资源和社会保障部	关于印发创业型城市评价指标体系(试行)的通知	人社部函[2009]304 号
2010-05-17	人力资源和社会保障部	关于实施大学生创业引领计划的通知	人社部发[2010]31 号
2010-11-02	财政部　国家税务总局	关于支持和促进就业有关税收政策的通知	财税[2010]84 号
2010-11-17	工业和信息化部　国家发展和改革委员会　科学技术部　财政部　人力资源和社会保障部　环境保护部　国家质量监督检验检疫总局	关于促进中小企业公共服务平台建设的指导意见	工信部联企业[2010]175 号

发布时间	发布部门	文件名称	文件编号
2011-02-10	人力资源和社会保障部	关于创建创业型城市工作绩效评估有关问题的通知	人社部函[2011]31号
2011-04-15	中共中央组织部 人力资源和社会保障部	中共中央组织部、人力资源和社会保障部印发《关于支持留学人员回国创业意见》的通知	人社部发[2011]23号
2011-05-31	就业促进司 职业能力建设司 中国就业培训技术指导中心	关于创建创业型城市工作绩效评估不与任何软件产品挂钩的通知	
2012-04-09	科学技术部	科技部印发加快农村科技创新创业意见	国科发农[2012]156号
2012-04-18	人力资源和社会保障部	关于深入开展创业型城市创建工作绩效考核评估的通知	人社部函[2012]113号
2012-10-16	人力资源和社会保障部办公厅	人力资源和社会保障部办公厅关于推荐认定首批国家级创业孵化示范基地有关问题的通知	人社厅发[2012]82号
2012-10-30	人力资源和社会保障部办公厅	人力资源和社会保障部办公厅关于举办全国小额担保贷款工作业务培训班的通知	
2012-11-01	人力资源和社会保障部	人力资源和社会保障部关于推荐认定首批国家级创业孵化示范基地有关问题的通知	人社厅发[2012]82号
2013-08-02	财政部 国家税务总局	关于暂免征收部分小微企业增值税和营业税的通知	财税[2013]52号
2013-10-08	财政部 人力资源和社会保障部 中国人民银行	财政部 人力资源和社会保障部 中国人民银行关于加强小额担保贷款财政贴息资金管理的通知	财金[2013]84号
2013-10-23	人力资源和社会保障部办公厅	人力资源和社会保障部办公厅关于贯彻加强小额担保贷款财政贴息资金管理通知的意见	人社厅发[2013]105号
2014-03-25	人力资源和社会保障部办公厅	人力资源和社会保障部办公厅关于推荐第二批全国创业孵化示范基地有关问题的通知	人社厅发[2014]36号
2014-05-14	国务院办公厅	国务院办公厅关于做好2014年全国普通高等学校毕业生就业创业工作的通知	国办发[2014]22号

续表

发布时间	发布部门	文件名称	文件编号
2014-06-03	人力资源和社会保障部 国家发展改革委员会 教育部 科学技术部 工业和信息化部 财政部 中国人民银行 国家工商行政管理总局 共青团中央	人力资源和社会保障部等九部门关于实施大学生创业引领计划的通知	人社部发[2014]38号
2014-06-19	国家税务总局 财政部 人力资源和社会保障部 教育部 民政部	国家税务总局 财政部 人力资源和社会保障部 教育部 民政部关于支持和促进重点群体创业就业有关税收政策具体实施问题的公告	国家税务总局公告2014年第34号
2014-08-14	国务院	国务院关于取消和调整一批行政审批项目等事项的决定	国发[2014]27号
2014-08-18	人力资源和社会保障部办公厅	人力资源和社会保障部办公厅关于下达大学生创业引领计划任务指标的通知	人社厅函[2014]269号
2014-09-17	人力资源和社会保障部办公厅	人力资源和社会保障部办公厅关于进一步加强高校毕业生就业创业政策宣传工作的通知	人社厅函[2014]312号
2014-11-02	人力资源和社会保障部	人力资源和社会保障部关于确定第二批全国创业孵化示范基地的通知	人社部发[2014]70号
2015-01-29	国家知识产权局	关于知识产权支持小微企业发展的若干意见	国知发管字[2014]57号
2015-01-29	财政部 工业和信息化部 科技部 商务部	关于印发《中小企业发展专项资金管理暂行办法》的通知	财企[2014]38号
2015-01-29	国务院	国务院关于促进市场公平竞争维护市场正常秩序的若干意见	国发[2014]20号
2015-01-29	国务院	国务院关于加快科技服务业发展的若干意见	国发[2014]49号
2015-01-29	国务院	国务院印发关于深化中央财政科技计划(专项、基金等)管理改革方案的通知	国发[2014]64号
2015-01-29	国务院	国务院关于国家重大科研基础设施和大型科研仪器向社会开放的意见	国发[2014]70号

续表

发布时间	发布部门	文件名称	文件编号
2015-01-29	国务院	国务院关于印发注册资本登记制度改革方案的通知	国发[2014]7 号
2015-02-27	人力资源和社会保障部	人力资源和社会保障部关于做好 2015 年全国高校毕业生就业创业工作的通知	人社部函[2015]21 号
2015-03-11	国务院办公厅	国务院办公厅关于发展众创空间推进大众创新创业的指导意见	国办发[2015]9 号
2015-03-24		中共中央　国务院关于深化体制机制改革加快实施创新驱动发展战略的若干意见	
2015-04-03	人力资源和社会保障部办公厅	人社部办公厅关于印发"中国创翼"青年创业创新大赛总体方案通知	人社厅函[2015]42 号

资料来源：中国就业网，http://www.chinajob.gov.cn/InnovateAndServices/node_820.htm。

　　为了深入贯彻落实国家的"以创业带动就业"的发展战略，自 2008 年以来，各地方政府陆续制定并实施了鼓励创业带动就业的政策措施。据不完全统计，自 2008 年以来，有 27 个省市出台了约 100 项政策鼓励创业。天津市率先推出了《促进以创业带动就业的若干政策规定》(2008)、《2009—2012 年促进以创业带动就业规划纲要》(2009)和《以创业带动就业若干政策规定》(2010)。内容包括支持失业人员、在校大学生、科技人员和农民等各类人员创业，放宽市场准入条件，拓宽创业融资渠道，完善创业服务体系，加强创业培训等。天津成为全国第一个创业带动就业实验区。此后，2009 年上海市政府颁布了《鼓励创业带动就业三年行动计划(2009—2011 年)》，深圳市制定了《关于促进以创业带动就业工作意见》，北京市制定了《实施积极就业政策　全面推进以创业带动就业工作》，其他省市也相继出台了形式多样的创业带动就业政策措施，为劳动者自主创业、扩大就业提供了政策保障。

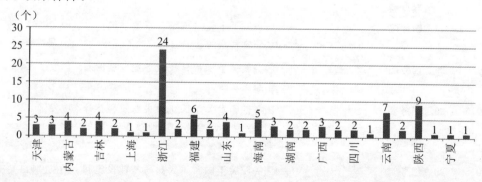

图 2-1　2008 年以来各省份创业带动就业政策文件发布情况

第二节 "众创"新时代已经到来

2014年9月10日，李克强总理在达沃斯论坛开幕式上首次提出了大众创业、万众创新的战略性构想。2014年，国务院和相关部委共出台了13个关于促进创业创新的文件，包括了工商登记制度改革、减税降费等简政放权和金融支持等多方面政策。2015年6月4日，国务院常务会议研究了全面推进大众创业、万众创新的政策措施，并审议通过了《关于大力推进大众创业万众创新若干政策措施的意见》，点燃创业创新燎原之火。在错综复杂的世界经济形势和"中等收入陷阱"的考验下，近年来中国经济增长走到了由高速转向中高速的历史拐点，创业创新成为我国当前稳增长、保就业、促转型的重要抓手。

从字面意义上理解，"大众、万众"就指明了创业创新的主体是企业和个人。大众创业、万众创新的实质就是要通过机会公平、资源开放的公共政策，充分活跃和调动千千万万名普通劳动者的能力及其积极性、主动性、创造性，倡导人人都可以成才的观念。通过鼓励和支持人民群众自主创业创新，放手让一切生产要素的活力竞相迸发，让一切创造社会财富的源泉充分涌现，让大众创业、万众创新在全社会蔚然成风。正如李克强总理在2015年《政府工作报告》中所指出的，我国有13亿人口、9亿劳动力资源，人民勤劳而智慧，蕴藏着无穷的创造力，千千万万个市场细胞活跃起来，必将汇聚成发展的巨大动能。

创业活动日益活跃，创业主体从小众变为大众。过去的创业者数量少，都是拥有一定资源的精英阶层；现在创新创业的"新四军"已经形成，数量较多。"新四军"具体包括：初入职场的年轻大学生、留学归国人员、大企业的高管和连续创业者以及科技人才。现在的"新四军"和农民工、失业者等传统草根创业者汇合，迎来了"双众双创"的新时代。国家工商总局数据显示，2014年，全国新登记注册市场主体1 292.5万户，注册资本20.66万亿元。新登记注册企业365.1万户，同比增长了45.88%。2015年3月底，全国个体私营经济从业人员实有2.6亿人，比去年底增加861.2万人，新增个体私营人员持续快速增长，这是自我雇佣型创业。截至2015年年初，海外归国留学人员的总数达到180万人，北京、浙江、广东、江苏、上海等沿海发达省市吸引了70%的海外归国人才，他们中有50%的人选择了创业。

>>一、众包开启全民参与创新的新模式<<

众包是个新兴词汇，英文为"crowd sourcing"。众包是指企业将原来由内部员工完成的工作，利用互联网通过自由、自愿的形式将工作分配给非特定的（而且通常是大型的）大众网络。众包是市场竞争日益激烈的产物，企业的创新不再局限于企业内部，开始向外部寻求创新能力，尤其鼓励消费者及用户参与价值链再造，是对传统"求全模式"的颠覆。

（一）众包体现了"生产—消费"者的共创理念

众包起源于互联网，当一些公司在网络上公开其产品源代码时，这些产品却意外地得到了大众创意的改进，这些免费的群体智慧促进了商业的飞速发展。众包利用广泛普及的互联网，充分发挥网民的创新热情和能力，实现"携手用户协同创新"的价值。它把客户看成是主动的创造者而不是被动的价值接受者，它假设人人都是艺术家、科学家、建筑师、设计师……它把企业看成是合作产生价值的促进者而不是标准化产品的生产者，它使人释放出无限潜力，得以追求职业卓越。

（二）众包采取"自下而上"的创新模式

传统模式"自上而下"，要求企业必须高薪聘请专业队伍，但是产品未必能符合消费者的需求，结果却是增加了企业的综合成本。众包采取"自下而上"，倡导差异化、多样化带来的创新潜力，依靠众多的"基层百姓"，相信"高手在民间"，充分激发每一个消费者的创新力，融合不同的教育背景以及不同的价值观，使好的创意为我所用，帮助企业解决自身难以解决的问题，增强企业的核心竞争力。

（三）众包促进组织结构的扁平化

随着信息技术的发展和互联网应用的大量出现，信息传递大大提速，简化了行政运作的环节和程序，必将减少组织管理层次。企业的组织形态也将由传统的金字塔形和树状结构向扁平化的网状结构转变，并且更加具有灵活性、有机性和适应性。众包在一定程度上加剧了金字塔型组织架构的瓦解，因为现代企业并不需要雇佣大量的人力，以防止企业人员过于臃肿，进而促进企业组织架构扁平化。同时，众包极大地促进了多元化创新的渠道，企业实际雇佣的职员并不是企业所在地的职员人数，这些职员可以来自于全球各个地方，只要中意于该企业提出的条件，或者对企业要设计的产品感兴趣，都可以参与。

（四）众包均衡了小企业与大企业的竞争态势

大公司之间、小公司之间、大小公司之间，市场竞争无时不有，无处不在。很多情况下，由于实力原因，中小公司往往处于竞争中的不利位置。通过互联网，小公司可以轻易建立起一个"全球性的公司"，"职员"来自于世界各地，它们或许互不相识，但是都在为所聘公司服务。因此，众包在某种程度上改变了传统竞争态势，使得中小企业完全可以与大公司一较高下。

>>二、众筹拥有"五位一体"的协同能量<<

什么是众筹？英文是"crowd funding"，即大众筹资或群众筹资。随着互联网金融的发展，创业者可以通过网络，向千千万万社会大众争取资金支持，这种募集资金的方式称为众筹。众筹正在掀起"大众创业，万众创新"的新浪潮，众筹参与者一般同时具备五重身份，第一个身份是项目的消费者，第二个身份是项目的传播者，第三个身份是项目的销售者，第四个身份是项目的投资者，第五个身份是项目的研发者或建议者。可见，众筹不单单是筹集资金，而是拥有五位一体的协同能量。

(一)众筹类别

根据项目回报方式，众筹有回报众筹、股权众筹、债权众筹及公益众筹四种主要形式。

1. 回报众筹

回报众筹指的是投资者出资后，众筹发起方根据投资额度给予投资者除股权、利润外相应的产品或服务作为回报，国内出现的早期众筹平台都属于回报众筹，以点名时间、追梦网及众筹网等为代表。

2. 股权众筹

股权众筹指的是公司对投资者出让一定比例的股份，投资者通过出资入股公司，获得未来收益。现在比较知名的股权众筹平台有天使汇、原始会、大家投等，但令人遗憾的是这些股权众筹平台上的投资者最终拿到回报的可能性较低。

参与股权众筹，想要获得丰厚的投资回报，前提必须是项目可靠。在国内，很多股权众酬都是从店铺众筹开始发力的。操作股权众筹较成功的是众多创业中的咖啡馆，例如 3W 咖啡、1898 咖啡馆。

3. 债权众筹

债权众筹指的是 P2P，它是靠获取利息的方式，对项目或公司进行投资，并收回本金。借助产业互联网之势，债权众筹打破了传统的线下接待模式，在国内取得惊人成就。以人人贷为例，它成立于 2010 年 5 月，是一个基于互联网的 P2P 信用借贷服务平台，采用线上线下相结合的模式，即通过线上开发投资者与线下开发信贷同步进行。截至 2014 年 11 月底，我国 P2P 平台已达 1 540 家。

4. 公益众筹

公益众筹指的是通过互联网方式发布筹款公益项目并募集资金。相对于传统的公益融资方式，公益众筹更为开放。只要网友喜欢的项目，都可以通过公益众筹方式获得项目资金，为更多公益机构提供了无限的可能。

公益众筹具有下述特点：第一，低门槛。基金会、注册机构、民间组织，只要是公益项目就可以发起项目。第二，多样性。公益众筹的方向具有多样性，公益项目类别包括助学、助老、助残、关爱留守儿童等。第三，大众力量。支持者可以是普通的草根民众，也可以是企业。

（二）众筹行业新发展[①]

据不完全统计，截至 2015 年 6 月底，全国共有 235 家众筹平台，目前正常运营的众筹平台达 211 家。自 2011 年第一家众筹平台点名时间诞生，到 2012 年新增 6 家，再到 2013 年新增 29 家，众筹平台增长较为缓慢。2014 年，随着互联网金融概念的爆发，众筹平台数量显著增长，新增运营平台 142 家，2015 年上半年新增 53 家众筹平台，较去年同期新增平台数量 68 家有所减少，众筹平台新上线速度有所下降。当然在新平台不断上线的同时，一些老平台因运营不善而倒闭，截至 2015 年 6 月倒闭的众筹平台达 24 家，其中 2014 年上线的平台倒闭最多，达 13 家，而 2013 年成立的平台倒闭的概率最高，达 34.48%。

目前正常运营众筹平台中，股权类众筹平台数量最多，达 98 家，占全国总运营平台数量的 46.45%，其次为奖励众筹平台 67 家，混合众筹平台 42 家，纯公益众筹平台最少，仅有 4 家。

目前正常运营众筹平台分布于全国 19 个省市，多位于经济较为发达的沿海地区，东北、西北和西南诸省基本属于众筹平台（不计 P2P 网贷）的空白地区。北京作为众筹行业的开拓地，平台聚集效应较为明显，一些运营时间久、较为知名的平台如天使汇、淘梦网等均诞生于此地，目前也是全国运营平台数量最多的地方，多达 58 家。广东地区则屈居第二位，运营平台数量达 49 家，由于良好的创业环境，该地区对创投资金需求量大，股权众筹平台数量居多，占据该地总众筹平台数量的 61.22%。上海则紧随广东、北京之后，目前运营众筹平台达 35 家，其中股权众筹平台数量居多。

另外，浙江、江苏、四川、山东、重庆五地众筹平台数量介于 5～15 家之间，基本为 2014 年及以后成立的平台，运营时间相对较短。河南、安徽、天津、福建等地也存在个别众筹平台。

---

① 资料来源：http://www.wangdaizhijia.com/news/baogao/21251-all.html.

在众筹金额上，全国众筹平台 2015 年上半年总筹资金额达 46.66 亿元。其中北京以 16.46 亿元的筹资金额位居榜首，排在其次的是广东省，达 13.03 亿元。浙江和上海分居三、四位，筹资金额分别达 6.17 亿元和 5.89 亿元。上述四个省市筹资金额占全国总筹资金额的 89.05%，而全国其他省市总和只占全国总筹资金额的 10.95%（5.11 亿元）。由于上述四省市经济发展处于全国的领先水平，投资意识较强并且获得地方政府政策的支持，因此，中短期内国内的众筹筹资规模还是由这些省市所决定。

>>三、众创空间孵化创客时代<<

2015 年 1 月 28 日，李克强主持召开国务院常务会议，研究确定支持发展众创空间推进大众创新创业的政策措施，这是中央文件第一次提到"众创空间"。2015 年 2 月，科技部发文指出，以构建"众创空间"为载体，有效整合资源，集成落实政策，打造新常态下经济发展新引擎。2015 年 3 月 11 日，国务院办公厅印发《关于发展众创空间推进大众创新创业的指导意见》（以下简称《意见》），此举为国家层面首次部署"众创空间"平台，支持大众创新创业。根据《意见》中的定义，众创空间是顺应网络时代创新创业特点和需求，通过市场化机制、专业化服务和资本化途径构建的低成本、便利化、全要素、开放式的新型创业服务平台的统称。一方面，众创空间包括那些比传统意义上的孵化器门槛更低、更方便为草根创业者提供成长和服务的平台；另一方面，众创空间不但是创业者理想的工作空间、网络空间、社交空间和资源共享空间，还是一个能够为他们提供创业培训、投融资对接、商业模式构建、团队融合、政策申请、工商注册、法律财务、媒体资讯等全方位创业服务的生态体系。可见，众创空间的核心价值不在于办公场地的提供，而是在于其提供的辅助创业创新的服务。

（一）众创空间在中国的发展现状

现有的孵化器、创客空间是众创空间主要的两种业态。从孵化器的视角来看，目前我国科技孵化器在大众创新创业方面有很好的基础。据国家科技部公开的数据显示，2014 年，全国科技企业孵化器数量超过 1 600 家，在孵企业 8 万余家，仅就北京市而言，各类孵化机构超过 150 家，国家级孵化机构 50 家，入驻企业超过 9 000 家。中关村创业大街目前共入孵 400 多个创业团队，获得融资的团队超过 150 个。从创客空间的视角来看，中国创客还处于发育期，数量规模都较小。据公开数据显示，全球的创客空间已达数千家，而国内只有 70 余家。

北京、上海、深圳、杭州、南京、武汉、苏州、成都等创新创业氛围较为活跃的地区，也都逐渐涌现了一大批各具特色的众创空间。其中，北京市依托国家自主创新示范区、国家高新区、科技企业孵化器、高校和科研院所等丰富的科技创新创业资源，成为我国众创空间发展最快的城市。2015 年 3 月 23 日，北京市科委对首批"北京市众创空间"中的 11 家进行了授牌，同时授予中关村创业大街"北京市众创空间集聚区"的称号。

(二)众创空间的主要业务模式[①]

与传统的孵化器相比，创新型孵化器呈现出"新服务、新生态、新潮流、新概念、新模式、新文化"的六新特征，不仅为创业者提供创业活动聚集交流的空间，而且按需提供个性化的创业增值服务。

1. 企业主导型：企业资源支持＋内/外部孵化结合

大企业主导型孵化器是指基于企业现有先进技术资源，通过技术扶持，借助企业庞大的产业资源为创业者提供高效便捷的创新创业服务。该模式孵化器的主导者通常为大型科技企业，拥有雄厚的资金实力，前期不追求初创企业为孵化器带来盈利，而着眼于鼓励创业，在其现有先进技术平台上实现突破，实现创新。目标是未来能为孵化器主导者带来新模式，为上游企业带来新技术。而主导企业在孵化器中也可寻觅有助于打造未来新型业务模式的潜力股，优先获得创新资源为主导企业实现突破。现阶段例如中国移动、中国电信、中国联通等都建立了创投公司，而腾讯、百度、阿里巴巴、360 以及小米等互联网公司更是凭借开放平台等策略吸引了大批的创业者加入。

> **典型案例：微软创投加速器(微软云加速器)**
>
> 微软创投加速器致力于做"最专业的创业服务"，为创新的早期创业团队量身打造"找钱，找人，找市场，找用户"的全方位服务。为入选的创业团队提供 6 个月的位于微软亚太研发集团大厦内部的办公空间，并得到由思想领袖、行业专家及技术专家组成的导师团的扶持与指导；同时，每个入选团队还将得到价值 300 多万元人民币的云服务等多种资源。创业团队一旦入选，所有资源均为免费提供，并有机会享受微软在全球包括西雅图、北京、伦敦、巴黎、柏林、班加罗尔、特拉维夫在内的 7 个城市的免费办公空间。

---

① 王彦彬：《六类创业空间，创客快到碗里来》，http://www.ccidcom.com/html/hulianwang/guona/201508/31-244097.html。

2. 媒体依托型：　媒体支撑孵化器

媒体类创新型孵化器是指依托自身庞大的媒介平台，以为创业者提供多维度宣传为亮点，同时凭借对创业环境以及科技型企业的长期跟踪报道而积累的经验对创业者提供扶持帮助的孵化器。现阶段较成功的包括创业邦旗下孵化器 Bang Camp 和 36 氪旗下孵化器氪空间等。他们通过成熟的媒体平台为创业项目在极短的时间内造势，吸引眼球扩大用户群。同时对接各路投资人，形成线上至线下的一种约谈及投资的模式。

> **典型案例：创业邦**
>
> 创业邦孵化器（Bang Camp）具有矩阵式媒介宣传功能。创业邦本身作为一个媒体平台有着成熟的线上线下的宣传资源，为创业者提供矩阵式媒介宣传。线上依靠创业邦网站和快鲤鱼精准的用户群定位，及其拥有的高流量，可以为创业项目提供充足的媒体曝光度，以满足创业者对传播报道的迫切需求，加速孵化优秀的项目。线下则包括致力于成为中国创业类杂志的第一品牌，关注和报道成长中的中小企业家和即将创业者，以及一年一度的创业类项目秀比赛，如创新中国 Demo China。这一系列的媒体宣传服务以及 Demo 比赛可以帮助创业者拓展知名度，吸引客户与投资人，因此也吸引了一大批用户量依赖度较高的创业项目进驻创业邦孵化器。

3. 开放空间型：　活动丰富，　门槛较低

办公空间类孵化器的孵化模式，是在孵化器 1.0 的基础上进行了全面的包装和完善，更注重服务质量和品牌效应，致力于打造创业生态圈。该模式的孵化器为创业者提供基础的办公空间，并以工位计算收取低廉的租金，同时提供共享办公设备及空间。孵化器会定期邀请创业导师来举办沙龙或讲座为创业者答疑解惑，指点迷津。在资金支持方面，该类孵化器虽不提供创业投资基金，但与各个创投机构保持着非常密切的联系，有的甚至邀请创投机构长期驻场，以便节省创业者的时间提高融资效率。当下为了打造独具特色的孵化器品牌，该类孵化器正积极营造创业生态圈，为创业者提供一个积极交流的氛围，例如在某一创业项目落地时，共同办公的创业者们互相成为了第一批用户，给予帮助和意见，实现快速试错。为了避免同行恶性竞争，该类孵化器也会有意避免将类似的创业项目安排在同一办公空间下。当前如车库咖啡、3W 咖啡、科技寺、Soho 3Q 等都已成功孵化了大批的创业项目。

> **典型案例：3W 孵化器**
>
> 　　3W 咖啡旗下的 3W 孵化器成立于 2013 年 8 月，主要为互联网创业者提供全方位孵化服务。通过空间、人才、资金三合一的模式，3W 自创始至今已经发展出了一套完整的创业生态链，主要由三部分构成：3W 咖啡、拉勾网和孵化器 NextBig。3W 咖啡在经历了一段时间的亏损之后现已总体实现收支平衡。借助拉勾网这个互联网垂直招聘平台，3W 每天都在为创业者以极快的速度解决着互联网企业找人难的问题。3W 旗下的孵化器 NextBig 则专注于为创业者提供创业空间和一系列解决方案、专业的办公区域、一个 1 500 万元的创业基金、寻找创业导师以及一些琐碎的行政支持等。3W 孵化器依靠中关村为扶持创业而出台的政策，允许仅凭一个工位号就可以注册公司，同时为创业者提供各项优惠措施以降低创业者的成本。

4. 垂直产业型： 基金＋基地， 产业导向

　　产业技术平台模式孵化器是指针对某一产业进行定向孵化，提供现有先进产业技术，同时提供孵化基金帮助特定领域创业者将技术落地，产业化发展。该类孵化器一般由政府或产业协会主导，招揽特定行业创业者，同样依托庞大的人脉以及行业资源提供除资金和技术以外的增值服务。这类孵化器能够扎实地把具有地方特色或带有政府倾向性的产业发展起来，营造出品牌性的产业氛围。加之政府做引导与专业股权投资基金合作，政府从而实现资金回报，产业实现实质性飞跃。真正实现政府的战略引导、专业公司的运营、龙头公司的带动、公共平台的支撑，聚集产业链各个环节的核心企业，健全产业创新生态系统，完成新标准创制、新业态孵化、新领军企业培育的功能要求。我国正大力发展产业基金＋专业技术平台型孵化器，如位于北京市中关村和亦庄、重庆市江津双福新区、上海市北高新技术服务业园区等多个云计算产业孵化器和专注网页游戏的石谷轻文化产业孵育基地等。

> **典型案例：北京云基地**
>
> 　　北京云基地创立了"基金＋基地"的创新发展模式："基金＋基地"作为一个商业实体，具有投资、孵化、服务、管理和拓展的功能，通过自有基金引导政府资金和风险资本，充分利用国家对战略性新兴产业的政策支持，吸纳云计算的前沿技术和人才，整合市场资源和品牌力量，创建和支持一系列创新型的创业公司，以建设完整的云计算产业链并形成经济聚合效益为目标，最终为技术创新、产业和自主品牌的发展开拓出一种新的商业与运营模式。

北京云基地是由北京市经济和信息化委员会、北京经济技术开发区与中国宽带产业基金联合创建，于 2010 年 8 月 16 日在北京经济技术开发区正式挂牌成立。此后，上海云基地、中关村云基地相继挂牌建成。目前，在全国 14 个省市、香港、台湾地区以及美国硅谷等地设有分公司或办事处。

5. 新型地产型： 租赁空间灵活， 靠工位盈利

新型地产类孵化器诞生的时间不长，模式较单一，靠出租办公位，并且提供共享办公设备、网络以及出租办公空间为盈利模式。主导机构一般都为大型地产商。然而在创业产业链条当中，房地产服务处于最底层、最基础的位置。房地产开发企业为地产严重供过于求所拖累，不得不转型探索新模式，而在国家大力鼓励创新创业的政策下，地产商背景孵化器的专业性仍处于摸索阶段。当前阶段以 Soho 3Q、优客工场为代表，其提供的创业环境同样是开放的，靠出租工位收费，但是缩小了一次性租赁面积，且缩短了常规型的租赁周期，为小团队创业者提高了灵活性。

典型案例：优客工场

优客工场在 2015 年 4 月 3 日注册，并在一个多月的时间内已经完成了在北京的 10 处选址，并将迅速运营这 10 个项目。优客工场新颖的运营模式已经吸引了各界的关注。优客工场欲打造一个规模化发展、网络化经营的连锁办公空间。其提出的"6＋1＋X"分别指北京、上海、广州、深圳、杭州、厦门 6 大城市，"京津冀"区域和其他具有新经济引领意义的重点城市。优客工场依托创始人毛大庆与万科的资源以及与全国的地方政府、万科集团、鸿坤集团、阳光 100 集团等大型企业的全面合作，将形成一个布局全国的最大规模附带创业加速功能的办公空间。

6. "天使＋孵化"型： "导师＋基金＋场地"

"天使＋孵化"模式主要是效仿美国等发达国家孵化器的成功模式。该类孵化器通常由民间资本或教育类机构，例如各大创投机构或高校主导，为创业者引进成功创业者，大型企业高管或创业投资人等具有丰富行业或创业经验人士作为导师，传授创业者运营管理、产品设计、发展策略等经验，意在预估创业障碍，降低创业风险，提升投资成功率，为创业者和投资人实现双赢。该类孵化器对项目的筛选倾向于具有创新科技或创新服务模式的企业，入孵后对看好的企业会进行天使投资，并在毕业后的后续融资中退出实现股权溢价。该模式下较典型的孵化器包括创新工场、启迪之星孵化器、洪泰创新空间、联想之星等。

> **典型案例：创新工场**
>
> 创新工场是一家致力于早期阶段投资，并提供全方位创业培育的投资机构，从 2009 年 9 月成立以来一直是业界关注的焦点。创新工场通过针对早期创业者需求的资金、商业、技术、市场、人力、法律、培训等提供一揽子服务，帮助早期阶段的创业公司顺利启动和快速成长，同时帮助创业者开创出一批最有市场价值和商业潜力的产品。

>>四、创客成为"众创时代"的主角<<

随着互联网热潮和 3D 打印技术、微控制器等开源硬件平台日益成熟，创客正在掀起一股席卷全球的创新浪潮。虽然创客至今还没有一个正式的官方定义，但创客的理念已日趋成熟。"创客"一词来源于英文单词"Maker"，原意是指"制造者"。现在，创客用于指代利用网络、3D 打印以及其他新兴科技，把创意转换成现实，勇于创新的一群人，他们代表着自由创造、个性释放和社会协同。安德森在《长尾理论》一书的最后，给我们描绘了这样一幅图景："一台 3D 打印机就是一个家庭工厂，可以生产出任意型号的任何产品……今天我们已经摆脱了货架和频道的容量限制，没多久我们就会摆脱大规模生产的容量限制。明天数字化的神奇效率所引发的品种大爆炸将拓展到生活中每一个角落。"

在工业社会，历史上几乎所有重大革新均来自于公司。个人可以有一种新的想法，但是要把这种新想法变成商业化的、有思想价值的、为社会所接受的产品，需要通过公司的力量推动。在互联网时代，公司将变得不那么重要，革新创造商业均可以离开公司开展。个体的创造、生产与劳动不再从属于一个商业组织，个人与公司之间从雇佣关系转变为平等的合作关系，利益分配则从工资变成分成。

在互联网时代，"需求产生—需求分析—产品生产—产品销售"的 C2B 模式日益流行。这意味着传统的以技术发展为导向、科研人员为主体、实验室为载体的科技创新活动正转向以用户为中心、以社会实践为舞台、以共同创新、开放创新为特点的用户参与的创新模式。在这种新的模式里，创客们只需对自己的目标负责，在把点子变为现实的过程中，开展募集资金、整合资源、寻求专业支持、建立虚拟组织、进行生产制造等商业活动都不再是难题。

第三节　创业带动就业作用日趋明显

在国民经济中，就业问题一直以来都是国家战略的重要组成部分，就业问题，不仅仅是社会经济问题，同样也是重大的政治问题，就业问题作为关系民生民情的重要环节，具有重要性、紧迫性、长期性等特征。随着第四次创业浪潮的到来，以及产业结构的不断调整，包括电子、IT、制造业等行业从东部沿海地区到中西部地区的产业转移，尤其是以"互联网＋"为代表的创业型企业快速发展，使得目前国内创业环境不断变化，向着好的方向发展，就业形势也随着"大众创业、万众创新"的全面展开而日趋好转。

>>一、创业带动就业具有倍增效应<<

就业，在形式上来说，有"雇佣就业"以及"创业就业"两种形式。雇佣就业是双方通过契约约定，"被雇佣者"为"雇佣者"（雇主、雇佣人）工作（出卖劳动），并由雇佣者提供报酬的一种法律关系；而创业型就业则是通过创业来实现就业，创业型就业最大的特点，就是能够突破传统的"一人一岗"就业模式，形成"一人带动一群人就业"的模式。[1] 面临经济新常态的宏观背景、经济增速减缓、就业压力依然很大的局面，创业作为一种最积极、最主动的就业形式，大力促进以创业带动就业，鼓励支持劳动者自谋职业和自主创业，对缓解我国的就业压力具有重要的现实意义。

创业如何带动就业，研究者们提出了两种理论假说：难民效应假说和企业家效应假说。难民效应假说认为创业受失业影响，创业者是劳动力市场排挤出来的难民，这类创业难以增加随后的就业或降低失业；企业家效应假说认为创业由经济机会拉动，创业的目的主要是创造、发现和利用市场机会赚取利润，若经济中不存在过度创业，则此类"企业家"型创业将促进就业。[2]

难民效应假说认为，创业行为主要受失业影响。失业对创业的影响会产生两种影响。一方面是失业会推动创业，Blanchflower 和 Meyer 在 1994 的研究表明，当劳动力个体总是在失业、受雇就业和自雇创业之间进行选择，由于失业水平高涨将会降低受雇就业的机会和工薪收益，加之政府在高失业率时期通常也会采取

---

[1]　边文霞：《中国大学生就业状况与面临困境动因研究成果综述》，载《现代财经》，2010 年第 4 期。

[2]　董志强、魏下海、张天华：《创业与失业——难民效应与企业家效应的实证检验》，载《经济评论》，2012 年第 2 期。

减税或提供补贴刺激自主就业或自谋职业，结果势必会有更多的劳动者为谋取生计选择自主创业。另一方面是失业会抑制创业，即高失业率时期创业水平反而比较低下。根据 Johanson 等人的研究结果，其内在原因是，高失业率常常伴随着经济衰退，衰退期信贷紧缩导致难以获取创业资本，这就会导致创业风险更大而成功机会更小，正是因为创业维艰，若不是迫不得已的原因，个人在选择这样的时期创业时会非常谨慎，因此创业的浪潮是与宏观经济背景密切相关的。之所以都叫作难民效应，是因为这两种效果都是创业作为失业影响的结果出现，都是一种失业促进的就业，但无论哪种作用产生的影响，都很难促进随后的就业。这些失业者本身就像"难民"一样，在劳动力市场上是竞争的弱者，并且根据 Fiess 的研究，"难民"也意味着他们大多只拥有较少的人力资本，也不具备开办和经营企业所需的企业家才能，难以提出具有较高创新性的创业项目，也就难以对随后的就业产生促进作用，还可能对随后的就业产生抑制作用。

企业家效应假说认为创业可以由过去的创业家（或企业家）所推动，并会促进随后的就业而降低随后的失业。Thurik 认为企业家是一群富有创新精神的群体，企业家们会努力发现、创造并捕捉市场机会，现代经济增长的动力正是基于企业家们对于市场机会的追求，才创造出源源不断的财富。企业家效应假说认为这些具备企业家才能的创业是一种顺经济周期的形式，会极大地促进就业形势。

在第四次创业浪潮来临之际，伴随着政府提出"大众创业、万众创新"，国内创业环境得到了不断改善，在 2015 年两会期间，李克强总理谈到了政府在鼓励与支持创业方面获得的成绩指出"新登记注册企业增长 45.9%"。新增注册企业数目的增长，根据倍增效应分析，对于就业的促进作用将是巨大的。与此同时，在 2015 年政府工作部署中，李克强总理更是多处提及创业，创业的引擎作用被李克强总理多次强调："推动大众创业、万众创新，既可以扩大就业，增加居民收入，还可以促进社会纵向流动，促进公平正义。"李克强总理的讲话是对于目前"大众创业、万众创新"的肯定，也是当前政府对创业的有力肯定，客观说明了创业环境在政府支持下发生的积极变化。

在经济新常态的背景下，第四次创业浪潮深度结合移动互联网的发展，以"互联网＋"作为手段，这带动了一大批互联网企业的创立与发展，这正是一种企业家效应的创业方式，这种创业对于就业的倍增效应显著。

根据全球创业观察的报告称，每增加一个机会型创业者，当年带动的就业数量平均为 2.77 人，未来 5 年带动的就业数量为 5.99 人。可以说，创业带动就业倍增效应显著。

>>二、第四次创业浪潮带动就业更加明显<<

自从李克强总理提出"大众创业、万众创新"以来,我们可以看到,在"双创"精神的引领之下,大众创业、万众创新正在以星火燎原之势在全国各地蔓延,借助"互联网＋"的平台,把握新一轮创新创业浪潮的特征,不仅有利于把握我国经济结构顺利实现转型,同时也会发现这一轮创业浪潮带动的就业比之前更加明显。

第一次创业浪潮正值改革开放之初,数以千计的知识分子返城,加上城镇新增劳动力,我国城镇失业率一度超过5％,因此国家鼓励创业以安置劳动力。第二次创业高潮自20世纪90年代初至中期,因为社会主义市场经济体制的确立而实现了"全民下海"的局面。第三次是在2001年我国正式加入WTO之后,我国的经济与就业形势发生了根本变化,实施积极的就业政策来带动就业。前三次创业活动都出现在宏观经济环境发生重大改变的时期,以及国民经济从一个低谷走向另一个高潮的时期,还有创业与就业之间的联系非常密切。[①]

相比于前三次创业浪潮,此次创业浪潮处于经济新常态的大背景之下,我国经济增速从之前的高速增长转变为中高速增长,劳动力成本不断提升,就业压力增大。面对经济新常态的宏观经济环境,政府在简政放权与商事制度改革方面使得创业的成本大大降低;同时以"互联网＋"为代表的移动互联网的发展和互联网金融的密切融合,引领了互联网创业的浪潮,诞生了一批像小米科技、蚂蚁金服为代表的一大批新型企业,这些企业在自身吸纳就业的同时,布局相关生态链企业,带动另一批企业吸纳就业。第四次创业浪潮的特征使得创业带动就业比以往更加明显,具体表现在以下几方面。

(一)政府在简政放权、商事制度改革方面取得了实质性进展

早在2008年10月就出台了《关于促进以创业带动就业工作的指导意见》,李克强总理在2014年11月20日首届世界互联网大会上提出"大众创业、万众创新"的观点,之后李克强总理又提出了"互联网＋"概念。"互联网＋"实际上是创新2.0下的互联网与传统行业融合发展的新形态、新业态,是知识社会创新2.0推动下的互联网形态演进及其催生的经济社会发展新形态。同时总理不断到访一

---

① 赖德胜、李长安:《创业带动就业的效应分析及政策选择》,载《经济学动态》,2009年第2期。

些创业企业考察参观，给创业者信心与支持，引发了全民对于"大众创业、万众创新"的关注。从被动型就业向主动型就业转变，这是我国劳动力市场中就业环境的一次重大战略调整。尤其是以创业带动就业的新思路，会大大改变我国的就业格局。创业作为经济活动中最具活力的部分，促进就业的作用非常强烈。据国家工商总局全国市场主体发展报告显示：截至 2014 年 12 月底，全国实有各类市场主体 6 932.22 万户，比上年底增长 14.35%，增速较上年同期增加 4.02 个百分点，注册资本（金）129.23 万亿元，增长 27.70%。企业 1 819.28 万户，比上年底增长 19.08%，注册资本（金）123.57 万亿元，增长 27.55%。其中，私营企业 1 546.37 万户，增长 23.33%，注册资本 59.21 万亿元，增长 50.60%。个体工商户 4 984.06 万户，比上年底增长 12.35%，资金数额 2.93 万亿元，增长 20.57%。农民专业合作社 128.88 万户，比上年底增长 31.18%，出资总额 2.73 万亿元，增长 44.15%。可以看出，主体总量是稳中有升。①

（二）市场对于"双创"的反映强烈

以风险投资来说，风险投资是指以高新技术为基础，对生产与经营技术密集型产品的投资，风险投资数目与创业数目有着密切的正相关性，根据道琼斯风险资源的资料，中国风险投资一直较为活跃，尤其是在 2014 年，中国风险投资总额达到了 155 亿美元，这不仅仅是国内创业环境改变的结果，这也说明了在"互联网＋"的大背景之下，风险投资市场的迅速繁荣正值 IPO 市场重新开闸之际，为投资者提供了更好的变现前景，是市场作用下激发出来的创业活力。

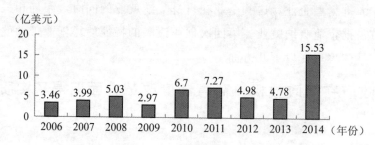

图 2-2 2006—2014 年中国历年风险投资总额

资料来源：道琼斯风险资源。

（三）以互联网企业为代表的新型企业带动就业作用显著

移动互联网时代的到来，作为一个新的市场，移动互联网的发展为中小创业

---

① 数据来源：国家工商总局统计资料。

团队的发展带来了非常有利的机遇。创业企业大多数设立门槛低、创设成本小，而且具有普适性，即适合各类群体的劳动者，使得创业行为能够在带动就业方面起到巨大作用。从规模来看，中小企业往往是创业型企业的起点。而相对来说，小规模的企业就业吸纳能力要比大规模的企业强得多。对于能够快速崛起的移动互联网企业，对就业的带动效果更是显著。比如小米科技，成立5年就已经成长为估值约450亿美元的巨型企业，同时小米科技吸纳了超过4 000人的就业，小米科技创始人雷军表示，要投资100家相关的生态链企业，整合制造业，目前已经投资有40余家，这100家生态链企业布局完成之时，我们会看到小米科技作为一家创业型公司，从最初的7个联合创始人到数千名员工，以及100家相关企业，这对于就业的促进作用是多么强大。

根据波士顿咨询公司最近发布的报告《互联网时代的就业重构：互联网对中国社会就业影响的三大趋势》显示，我国互联网行业经济规模在2011—2014年维持了50%的年均复合增长率。波士顿咨询公司测算，行业规模的快速增长带来了新的就业机会，2014年互联网行业在中国直接创造了约170万个就业机会。随着行业的进一步发展，就业规模将继续扩大，预计2020年有望直接为约350万人带来就业机会。报告还显示，互联网行业对就业的影响还在于就业方式的变化。在互联网时代，就业呈现出"平台型就业"和"创业型就业"两种趋势。报告以58到家平台为例说明，用户通过手机可就近寻找家政阿姨、搬家师傅、美甲师等服务人员提供到家服务。对于服务人员来说，他们可以通过这个平台接触到更丰富的客户资源，打破了以往依附于固定中介的区域限制。此外，得益于平台的技术支持，服务人员可以实现时间利用最大化，提高接单效率，从而获得更高收入。互联网行业与传统行业的就业面貌产生了非常大的差别，如就业人员年龄低、工龄短、学历高等互联网就业特点。并且，伴随着"平台型就业"方式的出现，政府的就业压力在一定程度上得到了缓解。而"创业型就业"在移动互联网快速发展的今天，对于就业的倍增效应更加明显。

（四）区域产业转移持续推进，中西部经济增长明显，全国就业形势稳定

中国产业转移正在步入全面优化产业链布局、转移和转型协调的新阶段。一是东部地区向中西部转移的产业结构不断提升。二是东部地区在转移劳动密集型传统产业的同时，也加快向东北和中西部地区转移电子信息、机械、医药和汽车等高端产业，比如成都、重庆近几年的快速发展，正与此相关。三是中西部产业结构得到了快速发展。四是产业链条式、整体式和集群式转移的特征日趋明显。

五是合作共建园区成为地区之间开展产业转移和合作的重要方式。①

据人力资源和社会保障部统计公报显示：2014 年全国就业人员 77 253 万人，比上年末增加 276 万人；其中城镇就业人员 39 310 万人，比上年末增加 1 070 万人。全国就业人员中，第一产业就业人员占 29.5％；第二产业就业人员占 29.9％；第三产业就业人员占 40.6％。2014 年全国农民工总量达到 27 395 万人，比上年增加 501 万人，其中外出农民工 16 821 万人。

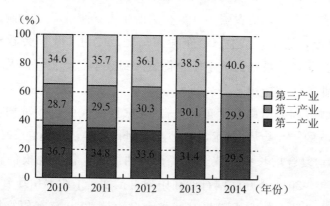

图 2-3　2010—2014 年全国就业人员产业构成情况

全年城镇新增就业人数 1 322 万人，城镇失业人员再就业人数 551 万人，就业困难人员就业人数 177 万人。年末城镇登记失业人数为 952 万人，城镇登记失业率为 4.09％。全年全国共帮助 5.8 万户零就业家庭实现每户至少一人就业。组织 2.7 万名高校毕业生到农村基层从事"三支一扶"工作。

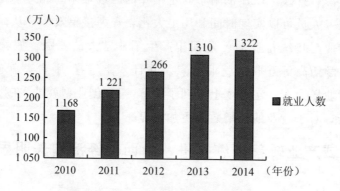

图 2-4　2010—2014 年城镇新增就业人数

---

① 陈雪琴：《中国产业转移呈现新特征：大迁移》，http://finance.ifeng.com/a/20150228/13519743_0.shtml。

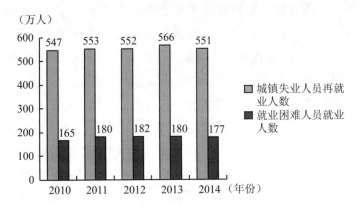

图 2-5　2010—2014 年城镇失业人员再就业人数

通过以上数据可以看出，新增企业数目与新增就业人数都稳中有升。根据统计局发布的数据，2015 年上半年城镇新增就业 718 万人，完成全面目标的 71.8％。调查失业率在 5.1％左右，就业形势总体稳定。[①] 可见，政府扶持对于创业环境的改善起到了一定的作用，同时，就业形势总体稳定离不开创业环境的改善。

第四节　创业显著提高就业质量

在"大众创业、万众创新"的背景下，创业是当下的主流。创业是一种有效的资源更新和技术革新方式，通过创业可以分散社会资源，进行社会资源的再分配，也可以辐射带动就业人群，通过提供更多的就业机会改善雇员的就业质量。

就业质量是近年来人力资源和社会保障部非常重视的劳动力市场问题，也是改善劳动关系的重大主题。根据赖德胜等（2011）的研究，一个好的就业质量应该包含六大维度：就业环境、就业能力、就业状况、劳动者报酬、社会保护、劳动关系，本节将结合就业质量的六个维度介绍创业对就业质量的影响。同时，从辐射范围角度，将创业对就业质量的影响可以分为内部影响和外部影响，其中，内部影响是指创业对创业者个体就业质量的直接影响，包括对个体的就业环境、就业能力、工资福利等各方面的作用。外部影响主要是创业行为对于劳动力市场格局的影响和冲击，包括竞争、协作和示范效应等。

在经济腾飞的过程中，各国都要面临劳动者权益保障问题，国家也逐渐认识到只是把"就业率"保证在可接受范围内是远远不够的，低质量的就业不仅会挫败劳动者的工作积极性，而且会引发严重的社会矛盾，不利于一国劳动关系的和

---

① 　数据来源：《2014 年人力资源与社会保障事业发展统计公报》。

谐。一般而言，高质量就业是指劳动者工作稳定性较强、劳动环境较好、社会保护较充分、劳动关系较和谐、就业能力不断提升的就业状态。[1] 关于就业质量的研究源于 19 世纪末，但是真正对此问题进行深刻探讨是从国际劳动组织 1999 年的报告开始，国际劳工组织明确提出"体面劳动"的概念，将其定义为"在自由、平等、安全和尊严条件下的生产性工作"[2]。此后，中国的学者开始针对中国劳动力市场的情况进行研究。第一，学者(刘素华，2005[3]；杨河清，2007[4]；赖德胜等，2011[5])借助国际劳工组织的框架，结合中国的情况构建中国就业质量的基本维度和基本指标，虽然建立的就业质量标准不同，但基本都涵盖了是否能够就业，就业稳定性或者保障、劳动关系等方面。第二，针对区域和行业间就业质量的异同进行研究，赖德胜、石丹淅[6](2013)研究表明：当前我国就业质量呈现出明显的区域特征，东部优于西部，西部略好于中部，苏丽锋[7](2013)研究表明：国有部门的就业质量比非国有部门更高。第三，对不同人群，尤其是各类弱势群体的就业质量异质性做了细致分析，研究表明下岗职工(赖德胜、孟大虎，2006[8])、农民工(程蹊等，2003[9])、非正规就业者(李实等，2009[10]；多丽梅，2007[11])、外地户口人员(苏丽锋，2013[12])、女性就业者(张抗私、盈帅，2012[13]；

---

① 赖德胜、石丹淅：《我国就业质量状况研究：基于问卷数据的分析》，载《中国经济问题》，2013 年第 9 期。

② 赖德胜、石丹淅：《我国就业质量状况研究：基于问卷数据的分析》，载《中国经济问题》，2013 年第 9 期。

③ 刘素华：《就业质量：概念、内容及其对就业数量的影响》，载《人口与计划生育》，2005 年第 7 期。

④ 杨河清、李佳：《大学毕业生就业质量评价指标体系的建立与应用》，载《中国人才》，2007 年第 15 期。

⑤ 赖德胜、苏丽锋、孟大虎、李长安：《中国各地区就业质量测算与评价》，载《经济理论与经济管理》，2011 年第 11 期。

⑥ 赖德胜、石丹淅：《我国就业质量状况研究：基于问卷数据的分析》，载《中国经济问题》，2013 年第 9 期。

⑦ 苏丽锋：《我国新时期个人就业质量研究——基于调查数据的比较分析》，载《经济学家》，2013 年第 7 期。

⑧ 赖德胜、孟大虎：《专用性人力资本、劳动力转移与区域经济发展》，载《中国人口科学》，2006 年第 1 期。

⑨ 程蹊、尹宁波：《浅析农民工的就业质量与权益保护》，载《农业经济》，2003 年第 11 期。

⑩ 李实、邓曲恒：《中国城镇失业和非正规再就业的经验研究》，载《中国人口科学》，2004 年第 4 期。

⑪ 多丽梅：《我国非正规就业者的就业质量分析》，载《经济视角》，2007 年第 10 期。

⑫ 苏丽锋：《我国新时期个人就业质量研究——基于调查数据的比较分析》，载《经济学家》，2013 年第 7 期。

⑬ 张抗私、盈帅：《中国女大学生就业搜寻研究——基于 63 所高校的数据分析》，载《中国人口科学》，2012 年第 1 期。

妇联，2010)等就业人群由于受教育水平低、社会资本匮乏、社会保障制度不健全等原因存在明显的就业质量偏低问题。

总之，从文献中我们可以得出一致结论：我国劳动者整体就业质量不高。然而，我们从文献中还没有看到关于创业对就业质量的理论研究和实证研究，也没有对创业带来的外部效应进行系统分析，接下来我们将讨论创业对就业质量会产生什么样的影响。

>>一、创业对就业质量的内部影响<<

创业对就业质量的内部影响主要体现在创业行为和环境对创业者个体条件的改善上，创业让在传统就业市场上郁郁不得志、才能与岗位不匹配、寻求改变的人群有了更多的成就感和满足感，也给这个社会注入更多活力，具体表现在以下几方面。

(一)就业状况全面改善，就业人数和就业稳定性显著提高，就业结构趋于合理

1. 就业数量

随着国家经济结构的调整和产业结构升级，以及国家优化创业结构、提供创业帮扶等政策的出台，我国的创业人数激增，根据《中国统计年鉴》的统计，2013年年底，我国的个体就业人员[①]总数已经达到 9 335.7 万人。

从创业人员类型来区分，我们可以简单把创业人员分为主动型创业者和被动型创业者。主动型创业者原本具有创业能力和企业家精神，往往为了更好地展现自我能力，改善就业质量而主动创业，其创业企业主要是科技类行业。被动型创业者往往是低技能就业者，他们在传统就业市场上需要花费更多精力去搜寻工作。我国的创业人员中被动型创业者占主要部分。以淘宝网为例，2010年，淘宝每日新开店铺近 1.5 万个，2007 年到 2013 年淘宝网平台上的创业人员增长了329 万人。其中，创业的在校学生、大学毕业生、下岗人员、待业及无业人员等，约占全部店主数量的 1/4。[②]

2. 就业结构

就业结构是一国产业结构的直接体现，也是不同行业、职业、所有制类型等市场结构的投射。我国就业结构面临的主要挑战之一是城乡就业结构的不均衡，

---

① 从研究角度，经济学研究一般把"个体就业人员"作为创业。
② 《阿里巴巴集团 2008 年度社会责任报告》，http://www.aliresearch.com/。

城乡二元经济结构和激进的城市化发展战略挤占了农村劳动者的就业空间,迫使大量的农村劳动力转化为廉价的农民工,却留给农村劳动者更少的创业机会,从图 2-6 可以看出我国农村创业者相对于城市创业者的比例在逐年降低。另一方面,随着交通运输和信息范围的扩展,农村劳动者有了更多的创业机会和选择,大量农村闲置的经济资源被发掘出来。截至 2011 年年末,淘宝全网的农民网商注册人数占比达到 10.33%,即每 10 个网商中就有 1 个是农民网商。另外,电子商务所引发的跨区交易,在一定程度上也降低了区域经济发展的不平衡,与农村电子商务一起推动欠发达区域经济的发展。

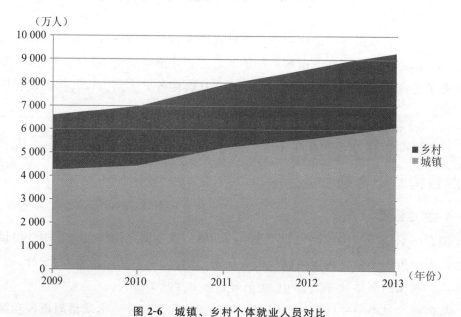

图 2-6 城镇、乡村个体就业人员对比

数据来源:《中国统计年鉴》(2010—2014)。

3. 就业稳定性

就业稳定性是指员工是否有在较长时期内保持稳定工作的权利,各国的就业主管部门都把"保证劳动者工作的稳定性"作为重要的工作目标。我国现有 8 500 多万残疾人,2012 年残疾人家庭人均可支配收入为 9 364.3 元,仅相当于全国居民家庭人均可支配收入的 56.2%。对于残疾人来说,创业比就业的难度更小,网络创业尤其明显,主要体现在:就业形式灵活多样,就业门槛低,就业地点不受时间和空间限制。同时,我们还要认识到我国的残疾人伤残类型复杂,许多人丧失了在传统市场上就业的基本能力,就业素质较差,高中及以下学历的残疾人占总数的 60% 以上,[1] 因此,创业能让残疾人获得基本稳定的就业机会,并且通过工作赢得社会认可和尊重。

---

① 《网络创业就业统计与社保研究项目报告》,2013。

> **典型案例：浙江省嘉兴毛衫网销创业项目**[①]
>
> 史某，女，24岁，嘉兴市秀洲区洪合镇人，出生时脑性瘫痪导致肢体一级残疾，无行动和其他劳动能力，上肢有一定活动能力。只读过小学的她一直以来靠母亲在家照顾和教育，自学掌握了电脑和网络操作基本技能。2010年，在母亲和姐姐的支持指导下，以万元启动资金开了自己的第一家淘宝网店，主要销售当地的特色产品——针织毛衫。几年来，她利用网络的便利弥补因自身残疾而带来的诸多不便，以秀洲区洪合镇中外闻名的中国毛衫第一镇作为货源地、知名度等优势来扩大销售，不仅保持了生意的平稳发展，月平均销售额在万元左右，还提升了自己的就业质量和收入。

（二）就业能力得到更大发挥空间，特殊群体的就业能力增强

就业能力是培训和受教育水平在劳动力市场上的直接反映，高素质的劳动者更容易从竞争中获得高质量的工作岗位。创业让一部分能力出众的人才有了更加全面展现自己才华的机会，相对于其他就业形式，能够更好地体现广义教育（教育、培训、志愿活动、社团活动等）提高人力资本活动在工作中的作用。我们正在步入数字化时代，信息经济占国民收入的比重增加，其中，增加最明显的就是电子商务，电子商务服务业涉及金融、人才、第三方物流、信息服务、教育培训等多种行业，它和传统服务业的显著区别有两个方面：一是服务于电子商务的服务业；二是以信息技术为核心，这就为高技能者提供了更多的机会。但是，我国的高等教育体制与劳动力市场的用工需求脱节，导致大量受过高等教育的人才无法找到与其能力相符的工作。因此，创业能够满足部分创业者实现自我、展现能力的需求，使其才能和岗位相匹配。

对于大学生创业者来讲，我国大学生失业率稳定在10%左右，每年大概有170多万大学生难以在传统劳动力市场上找到合适的工作，形成了庞大的高技能人力资本储备。为了消化人才储备，缓解大学生就业压力，国家鼓励大学生投入创业浪潮中是必然的选择。近五年来，连续发布的《教育部关于做好全国普通高等学校毕业生就业工作的通知》《关于做好全国普通高等学校毕业生就业工作的通知》和《关于进一步做好新形势下就业创业工作的意见》等文件中都有关于帮扶大

---

① 《残疾人网络创业十大典型案例》，http://www.citnews.com.cn/pioneering/201402/209170.html，2014-02-25。

学生创业的通知。各地方政府和部分高校建立针对大学生的创业园区、创业教育培训中心等，为学生创业提供场地和资金支持。许多大学生把自己专业所学或者好的创业项目转化为创业公司。同时，部分教育收益率较低的专业和院校的大学生在准确接收市场信号的基础上选择通过创业取得更高的收益率。

对于女性创业者来讲，创业相对于就业行为的主要区别在于：第一，创业活动让女性有了更多的就业机会，有大量研究（刘斌、李磊，2012；赖德胜、孟大虎、王琦，2015）证明：由于劳动力市场分割、岗位灵敏度、第二轮班等要素制约了女性在劳动力市场上搜寻到与其能力相匹配的工作机会，而创业则没有这些制约，相反，给予女性更多的自由和发挥空间。在强调去中心化和情感体验为核心的信息经济时代，感性化、乐于分享等特性成为女性的创业优势，另外，由于女性在工作岗位中面临更高的竞争，在过去的十几年，越来越多的女性转向创业，根据世界各国经济金融数据库（The Global Entrepreneurship Monitor，GEM）的统计，2012 年，全球 67 个国家的 1.26 亿女性正在开创或经营自己的企业。

（三）创业的群体化效应促进国家对创业群体的社会保护——

社会保护是就业质量中最能体现一个国家对于弱势群体的态度，某种程度上代表了一个国家的社会关系导向，是一个国家劳动关系的重要指标。在我国人均收入不断逼近高收入国家水平的同时，我国还有近 2 亿贫困人口的生活和就业有待改善。一般而言，社会保护包括社会保险和社会保障，其中，社会保险主要由国家和社会承担，而社会保障由国家、社会和个人共同承担。创业对社会保护的主要体现是在社会保障上，创业是一种有效的社会保障手段。应该看到，创业对我国妇女、青年、残疾人等各类劳动力市场上的弱势群体的社会保护都有显著改善作用，其中，对残疾人的社会保护作用最为显著。

随着互联网技术和电子商务的快速发展，截至 2014 年 6 月，电子商务服务企业直接从业人员超过 250 万人。目前由电子商务间接带动的就业人数已超过 1 720 万人。当我们进行"互联网＋"等技术革命的同时，必须认识到隐藏在网络平台后面的庞大人群正以一种挑战传统的姿态面对劳动力市场，他们或许是低技能或许是低学历，但他们作为一个复杂的创业和就业群体，正成为一种不可忽视的力量。但是，这些网络创业者及就业者却难以纳入社会保障体系当中。2012年中国就业促进会与阿里巴巴集团共同完成的《网络创业就业统计和社保研究项目报告》就是专门针对网络创业就业人员统计困难、社保体系难以纳入的问题展开的研究，这是第一次把数千万的网络就业者作为一个独立的群体进行分析和研究。从中我们可以看到，当创业群体集聚的时候，人力资源和社会保障、财政、税务等主管部门就会对现有就业政策进行充实完善，加大资金扶持力度，落实税费减免、项目补贴和信贷支持等优惠政策，完善社会保障体系，扩大政策的覆盖范围，为新兴劳动群体提供更好的社会保护。

(四)创业者的长期报酬高于就业人员，非物质报酬显著提高

Jovanovic(1994)[1]的职业选择模型表明，更多的理性个人将会选择成为雇员而非企业家。Oxenfenldt(1943)提出"难民效应"的概念，指出如果个人不是觉得难以寻找到一份有薪水的工作，是不会考虑创业的。经济利益的趋势是个体做出选择行为的直接动因，因此，劳动者追求更高的经济报酬成为了劳动者创业的重要动因。在传统形态下，劳动者只能在有限的空间范围内寻找择业机会，但是由于劳动力空间限制和劳动力市场制度的分割，劳动者只能在较高的"信息成本"下搜寻有限的劳动机会。其中，一些传统的低技能劳动者受制于年龄、户籍、身体残疾、性别等因素，一般只能获得低于其能力的工作。

而对创新型创业者来说，虽然不排除部分能力和运气出众的创业者在非常短的时间就能获得高昂收入，但即便是带着优秀项目进行创业的创业者，也要面临一段"阵痛期"，即从项目的搭建、运营、盈利到赚取净收入的过程。调查显示，大学生创业者的生存状况并不乐观，有接近七成的人目前创业月均收入在 3 000元以下，还有17.3%的创业项目处于亏损状态，而通过创业能够收入过万的人仅占1.6%。[2] 那么，为什么还有那么多大学生愿意投入到创业当中呢？创业具有较高的启动与退出率、较高的研发投入和人力资本投资、较高的经济增长等特征。换句话说，驱动创业的不是传统资本，而是基于企业家精神的创意、引领行业发展方向的愿景，是对个人能力的充分展现，创业者会获得更高的非物质报酬。麦可思的调查显示，从长期来看，毕业 3 年内一直在创业的毕业生，平均月收入比较高，其中本科生达到 9 500 元，高职高专生为 7 782 元，其平均收入是略高于就业工资的。[3]

---

① Jovanovic B. Firm Formation with Heterogenous Management and Labor Skills. *Small Business Economics*，1994(6).

② 《调查：近七成大学生创业月收入不足 3 000 元》，http://news.163.com/15/0305/11/AJUIP0JT000146BE.html，2015-03-05。

③ 《大学生创业"钱景"怎么样？创业 3 年的本科生月均收入近万元》，http://jiangxi.jxnews.com.cn/system/2015/02/09/013615224.shtml，2015-02-09。

>>二、创业对就业质量的外部影响<<

一方面，创业会提高某一产业或某一行业的生产效率，提高技术上的经济效益，降低产品的平均成本。除了传统意义上的信息成本、营销成本及渠道成本之外，创新型创业在信用成本、物流成本与交易时间成本的降低上也具有显著作用。此外，创业会形成协力优势，创业企业的联合能以较低的生产成本或更有效率的生产方式进行生产，降低生产成本，重构传统产业价值链，提升效率，并提高客户价值，进而带来产业的转型升级和创新。另一方面，新型创业会为社会产生新技术、新理论和新方法以提高生产效率，而效率的提升会导致一些行业的用工需求降低，部分就业岗位被机器所替代。

既然创业导致效率提升，而效率提升又导致用工需求降低，那么创业对就业质量是否有促进作用呢？从经济学的角度来看，这种创业对就业质量的作用如浮士德式的交易[①]（Faustian Bargain）般有利有弊，具体如下。

(一)创业会创造新行业和新就业类型，增加就业数量和就业机会

从经济发展的角度讲，创业之所以会成为国家战略层面的词汇，主要是因为创业会创造新行业和新就业类型，短期内形成众多的中小企业，这些中小企业并不会快速成长为大企业或者消亡，而大企业对经济的驱动作用正在消亡。根据美国的经验，创业型的中小企业是吸纳社会主要就业人口的驱动力。对 OECD 国家的实证统计分析（Audretsch 和 Thurik，2004）也表明，那些小企业数量较多的国家具有较高的经济增长率和较低的失业率，而小企业数量较少的国家则增长率较低、失业率较高。

创业型公司对就业的推动效应和拉动效应主要体现在"增值性"上，公司往往会面临很多的转机和增长点，当创业型公司的增长点到来时，公司的用人需求会急剧增长。相反，大公司的发展已经到达瓶颈，如果短时期内公司没有进行业务重组或者大的部门结构调整，公司的员工总量往往稳定在一定水平上。以淘宝网为例，截至 2010 年 10 月底，基于淘宝网的大中型衍生电子商务服务商数量高速增长，其中仅通过淘宝高标准严格认证的大中型服务商就达到 159 家，同比 2009年增长了近 8 倍。

---

① ［美］爱德华·迪克：《电子商务与网络经济学》，大连：东北财经大学出版社，2006。

表 2-2 基于淘宝网的大中型衍生电子商务服务商数量 （单位：家）

服务类型	运行类	营销类	IT 服务类	仓储/物流类
2009	8	4	3	2
2010	70	32	21	25

数据来源：IDC，2012。

（二）创业会形成新的经济行业，提高劳动者的议价能力

经济行业①的蓬勃发展是创业企业在同一领域结合形成的集聚效应，在五年前，没有人能够想到我国会有超过 1 000 万的网络就业者。② 以阿里巴巴为例，1998 年年底成立的阿里巴巴在过去的十几年间迅速成长为国际著名的电子商务公司，旗下的淘宝网、阿里云、支付宝等更是业内顶尖的公司。阿里巴巴所创造的不仅仅是数亿元的利润和几百个千万富豪，更主要的是充分带动了就业人员。图 2-7 表明，淘宝网借助互联网平台优势，充分带动了近 1 000 万个就业岗位。从行业上细分，淘宝网不仅创造了直接和间接就业人员，还包括 IT 服务商、营销服务业以及第三方物流业，从就业容纳空间上看，电子商务的衍生行业创造的就业总数接近于电子商务平台直接就业人数。同时，为了满足淘宝平台上超过 200 万个卖家对于经营管理方面的各种个性化需求，众多衍生电子商务服务蓬勃发展。例如淘宝网通过开放平台数据吸引了大量的草根开发团队，到 2013 年 10 月底，开发团队总体数量超过 10 万人。

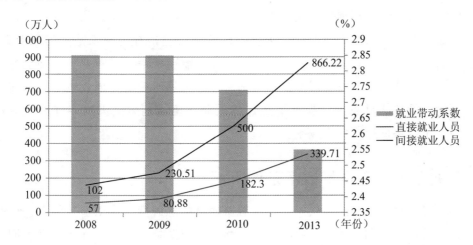

图 2-7 淘宝网就业人员总量

数据来源：据 IDC（2009—2011）和《阿里巴巴集团 2008 年度社会责任报告》（2008—2010）整理得到。

注：就业带动系数是指平均 1 个直接就业可带动的间接就业数量。

---

① 生产那些消费者视为相似产品或替代产品的企业的集合。

② 根据《网络创业就业统计和社保研究项目报告》统计，2013 年，仅淘宝网一个平台就产生了 866.22 万人。

由于创业型公司在发展阶段或者"蔓延"阶段的用人需求增多，当一定量的创业型公司同时在劳动力市场上提出需求时，某类劳动者就会出现供不应求的情况，劳动者的议价能力就会提升，劳动者在薪酬上的可调节能力就会显现。

（三）创业会促进多元经济的形成，增强社会的就业稳定性

创业与创新结合将促进多元化经济发展，提高就业稳定性。创业对创新的作用主要体现在创业者往往能够更加准确地把握传统与创新的结合，更好地实践"创造性破坏"。创业企业要盈利，就要寻找有利可图的新商业模式、新产品、新市场和新创意，通过主动捕捉这些机会和缺口来寻找商机。以互联网企业为例，最初的互联网仅为支持国防和科学交流所设，而当网络技术和浏览器出现后，一批最早接触互联网的年轻创业者（网景、苹果、微软等）开始把这项技术转化为生产力，并在近二十年里把互联网技术延展到电子商务、网络服务、云技术、"互联网＋"等新领域。在云计算、移动互联网等基础设施的推动下，围绕消费者多元化的需求，信息服务与传统产业结合萌生了无数以消费者为中心，由消费者驱动的独特的创业环境。不仅如此，由于创新型公司的发展更多的是依靠技术、创新、效率驱动，其平均发展速度更快，短期内的就业需求高于生存型公司。以京东为例，2011 年京东员工数量为 2.1 万人，到 2015 年员工数量增长到 8 万人，短短 4 年时间增长了 300％，对于拉动就业做出了巨大贡献。

同时，我们还要看到多元化经济对就业稳定性的显著作用。从广义上讲，所有的自雇人员都可以称为"创业"，因此，创业不仅包括有企业家精神的创业者，也包括大量街头服务者、散工、店主、批发商、流动摊贩及私营业主，他们并没有很高的就业技能，不被正规经济部门和劳动力市场所接纳，创业所产生的多元经济环境为低技能自雇人员提供了更好的就业环境和能力范围内多样的就业选择，降低了经济低迷时的失业率。

（四）创业具有良好的示范作用

创业者在挑选员工的时候，往往会看重雇员的忠诚度、专用型技能等。但是由于初创阶段在薪酬、奖金、保险等生存性人力资源指标上没有优势，又有明显的高风险与高不确定性。因此，创业型企业面临更高的人才流失可能性，迫使其把更多心思花在人员留任上，各种新型人力资源技能被创业公司开发并被更多的公司吸收使用。近年来，越来越多的研究人员（Block 和 Ornati，1987；MacMillan，1987；Bryant 和 Allen，2009）开始承认创业型的中小企业也需要人力资源管理，为了鼓励员工为企业创业做出贡献，并且提高他们的风险承受能力，企业应该通过设计合理的薪酬体系来营造创业氛围，并在一定程度上着力改

善企业的"内创业人力资源管理"（陈鹏、刘保平，2015）。

总之，创业行为带动了公司发展，公司发展为经济发展提供动力，而经济发展又推动了消费需求，消费需求则推动了供给，这是创业改善就业质量的基本逻辑。但是，我们也要清晰地认识到，并不是所有的创业行为都会带动就业的，现在已经有一些发展迅速的电子商务公司明确释放出"不再进人"的信号，这也意味着和传统市场一样，创新型公司在人力资本领域正在向传统市场靠拢，创业对就业质量的改善也在向传统市场趋同。从长期来看，创业对就业质量的改善作用还有待观察，具体包括：第一，不同的创业公司类型对就业质量的影响还不明确，尤其是生存型公司对就业质量的影响不甚明了。已经有研究（Baptista 和 Madruga，2008；《全球创业观察》，2001 等）发现：知识型或者创业型的企业在提供就业机会、就业岗位等方面优于生存型公司。第二，公司规模的影响作用方向不显著，卢亮、邓汉慧(2014)[1]发现公司规模并非越大越好，公司规模与就业岗位基本呈现"倒 U 形"关系，公司规模大概在"创业中期"对就业质量的影响进行最大。第三，我们在强调创业对就业环境、就业能力、就业状况等指标的正向作用时，要时刻警惕"恶霸"的出现，由于许多借助第三方平台进行创业的创业者没有进行工商注册或者加入工会，已经出现第三方平台肆意通过搜索排名和篡改购买量等方式变相加收"管理费"而投诉无门的情况，或者网络平台就业者状告店主却无法通过第三方平台和仲裁机构调解或仲裁的情况。第四，我们应该反思创业与就业质量的稳定性问题，我国现有法律体系和税收体系都不甚完善，这给一些创新型企业，尤其是互联网企业很大的发展空间，但是随着国家体系的完善，这些享有"溢价"利润的公司是否还有生存发展能力有待进一步观察，创业对就业质量的长期作用应谨慎看待。

第五节　创业促进就业结构优化

"十三五"期间，经济发展进入"新常态"，"大众创业、万众创新"的局面开始打开，创业有了广覆盖、多层级、走出去等新特征，这些创业活动不仅影响就业数量，而且影响就业结构。本报告认为"十三五"期间的很多创业活动属于创新性创业，这种创业对就业结构的影响是双方面的，因势利导、趋利避害，有利于促进就业结构优化。

从创业活动的特征来看，创业大致分为两类：一类是一般性创业，另一类是创新性创业。一般性创业是指那些利用成熟技术，投入资本、人力进行的企业创办活动，比如一些简单日用品的生产、某些传统原材料的生产等。一般性创业风

---

[1]　卢亮、邓汉慧：《创业促进就业吗——来自中国的证据》，载《经济管理》，2014 年第 3 期。

险较低，产品和服务已经为很多消费者所熟悉，是经济处在繁荣期、产品市场成熟度高的体现。这种创业活动对就业结构的冲击小。创新性创业是指那些利用源发技术，投入高风险资本、高层次人力资本进行的企业创办活动，比如生产具有新功能的智能机器人等。一般情况下，创新性创业产品和服务的市场占有率不一定高，但市场前景占优。这种创业活动对就业结构的冲击大，一方面带来新兴领域就业量的提升，另一方面导致相关传统产业的就业量下降。

因此，创业对就业结构的影响是双方面的，一方面，一般性的创业活动在中短期内能够提升就业数量，通过绝对量的积累影响就业结构。另一方面，创新性创业活动则在中短期内可能摧毁一部分就业岗位，同时形成新的就业岗位，通过相对量的变动影响就业结构。本节报告研究发现，就业结构的变化由两个因素决定：一是各层级结构内部生产技术构成的不同；二是各层级结构的规模不同。

就业结构也被称为劳动力配置结构，本报告所称就业结构即不同就业人口之间及其在总就业人口中的比例关系，它表明了劳动力资源的配置状况或变化特征。具体的，就业结构根据以下标准分类。

第一，城乡。就业人口以城乡为依据可分为城镇就业人口和农村就业人口。对"城镇就业人口"和"农村就业人口"的概念阐释可以有户籍地和居住地两种。一般情况下，在不存在大量劳动力流动的情况下，按户籍地和居住地分是没有显著差异的。但是，当一国存在大量劳动力迁移的情况下，两种划分方式就会出现不同的就业人口结构特征。

第二，区域。就业人口也可以按照国家或者行政区划分。比如在中国，按照东、中、西部的地理界限，可以分为东部就业人口、中部就业人口和西部就业人口。同样，对区划的分类定义可以有户籍地和居住地两种方式。中国东、中、西部经济和产业结构特征有着显著差异，所以分区域进行讨论有其积极意义。

第三，产业结构。就业人口按照产业结构可以分为第一产业就业人口、第二产业就业人口和第三产业就业人口，不同产业就业人口的数量、比例和相互关系就是就业人口的产业结构特征，这种划分方式考察了就业人口在第一、第二、第三产业的分布情况。

第四，国民核算部门或者行业。这一结构划分方式有利于考察就业人口在国民经济各部门的分布。一般按国家统计局划分行业的统计口径，可划分为农林牧渔业、制造业、建筑业、运输邮电业、科教文、金融保险业等。[①]

第五，职业。职业是按劳动者所司职能划分的社会分工，例如各类专业、技术人员，国家机关、党群组织、企事业单位的负责人，办事人员和有关人员，商

---

① 这种分类方法根据国家统计局行业分类标准，详见 http://www.stats.gov.cn/zjtj/tjbz/hyflbz/。

业工作人员，服务性工作人员等。① 所谓职业结构，也就是就业人口在不同职业之间的分布。

第六，经济类型。按经济类型划分的就业人口结构是指在没有国有资本（含国有独资、国有控股、有限责任公司、股份有限公司、合伙企业和个人独资企业等）的企业单位就业的劳动人口的分布情况。其划分口径可以根据国家统计局经济类型划分标准确定。

一般来讲，从创业活动对不同类型就业结构的影响路径来看，就业结构的变化由两个因素决定，一是各层级结构内部生产技术构成的不同；二是各层级结构的规模不同。一方面，生产技术构成的不同决定着不同就业层级、就业机会的相对量；另一方面，各就业层级的规模不同进一步决定了各就业层级所能提供就业机会的绝对量，从而最终决定了就业结构。创新性创业活动可能会造成层级结构内部生产技术构成变化，最终影响就业结构；基于创新性创业活动的一般扩张性，创业活动又进一步引发层级内部整体规模变化，最终影响就业结构。更具体的，不妨从就业结构的分类方式入手考量创新活动对不同类型就业结构的影响路径。

第一，创业活动对城乡就业结构的影响呈现从城市向农村辐射的特征。从城市和农村内部生产技术构成来看，在一个发展中国家，城市的产生技术层级一般高于农村。在现代化农业还没有完全建成之前，城市和乡村的生产技术流向是单方向的，即从城市流向农村。因此，如果用生产技术层级来对应描述就业结构层级，那么城市的就业结构层级水平要高于农村。另外，伴随着农村人口向城市的流动，这种辐射特征还体现在城市化进程中的农业就业人口减少以及农业就业人口素质的提升，即从农民向农场主的转型。

第二，创业活动对不同产业层级、不同行业、不同职业的影响从技术构成开始，逐步扩展到影响就业规模。随社会分工的发展、职业种类的增加、行业的延展都促进了第一、第二、第三产业内部就业结构的变化。职业结构的变化是社会经济发展的一种反映，有些职业在社会经济发展中逐步被淘汰，许多新职业又随社会经济发展不断产生。职业变化引发行业就业结构变化，进而影响产业层面就业结构的变动。虽然从分类上看，以职业类型、行业、产业结构层级为依据划分就业结构都具有理论意义，但是从技术构成的角度来概括三个分类方式下，创新活动通过技术冲击对细分行业产生影响，进而引发创业活动的增加，最终影响整个产业层级的就业结构，这种基本路径是一致的。

---

① 这种分类方法根据国家统计局、国家标准总局、国务院人口普查办公室制定的《职业分类标准》，依据在业人口所从事的工作性质的同一性进行分类，将全国范围内的职业划分为大类、中类、小类三层，即 8 大类、64 中类、301 小类。

第三，创业活动对不同经济类型就业人口规模的影响受市场环境和政府政策两方面约束。之所以说不同经济类型就业结构受到市场和政府两方面影响，原因在于中国发展环境的特殊性。中国政府逐步放开对市场的控制，市场的"决定性"作用逐步显现，随着顶层设计的调整，大趋势发生变化，城镇集体经济单位、私营经济、其他经济的创新活力和创业动力迸发，吸纳的就业人口越来越多。另一方面，政府对国有经济的规范化管理也有利于国有部门的机构"瘦身"和工资合理化，这也为创新性企业的创业、迅速成熟、规模扩展以及就业结构的优化提供了有力支撑。

另外，需要特别说明的是就业结构对创业活动有反作用力。创业活动会对就业结构提出新的要求，但是职业培训、人力资本积累没跟上，许多新职业没有合格的劳动者去从事，就会出现就业结构与创新活动不匹配的局面。除此之外，这种反作用力还体现在外围经济和政策环境的变化，如果旧的产业没有顺利、及时完成转型，制度设计不符合新的发展需要，人才配置出现偏差，同样会影响创新活动的推进。

总而言之，一个社会一定时期的就业结构受到创业活动影响，特别是趋势性的、大规模的、有创新性的创业活动发生时，就业结构所受到的影响是连锁性、持续性和规模性的。一般性的创业活动直接引发不同领域就业规模的变化，而具有创新性的创业活动则通过技术变革影响就业层级规模。社会经济发展以及创业活动改变了就业结构，而就业结构对经济发展和创业活动有反作用力，与社会经济发展以及创业活动相适应。厘清这些规律性的问题对促进创新创业、改善就业结构有积极意义。

为了更清晰地表达上述作用关系，这里特别用示意图加以补充说明。

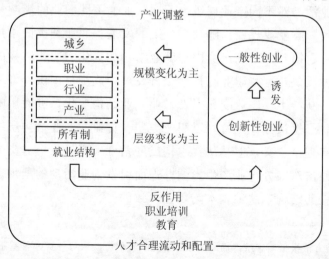

图 2-8　创业活动和就业结构影响路径

就业结构有不同的分类方式，本报告为了更清晰地体现各个层次创业活动对就业结构的影响，特别针对不同分类方式下的创业活动进行交叉分析，以期更全面了解中国创业活动与就业结构特征之间的深层次关联。具体来看，在中国，创业活动对就业的促进作用主要体现在以下几个方面。

>>一、民营企业成为中国创业活动"集中地"和就业拉动"大本营"<<

民营企业①成为中国创业活动的主要集中地，是影响就业结构发生变化的重要因素。2008 年经济危机后，经济逐渐走出萧条期，加之政府对创业创新的高度重视，注册企业数有所增加。不过变化最明显的是民营企业，《工商行政管理统计汇编》中的"公司数"指标显示：2008 年，公司数在内资企业中的比重是43%，到了 2013 年，该占比达到了 49%。而国有企业和集体企业数的占比都有所下降，其中，国有企业数占比从 2008 年的 20%下降到 2013 年的 17%，而集体企业数占比则从 30%下降到 25%。

与之相对应的是民营企业就业人口数的连年增加，从 2004 年到 2013 年的城镇数据来看，私营企业的城镇就业人数呈现稳健增长态势，从 2004 年的 2 994 万人增加到 2013 年的 8 242 万人，增加了 1 倍多。另外，随着股份制改革的不断深化，股份有限公司的从业人员数也出现了较快增长。如下图所示，股份有限公司的城镇就业人员从 2004 年的 625 万人增加到 2013 年的 1 721 万人，净增加量约1 200 万人。

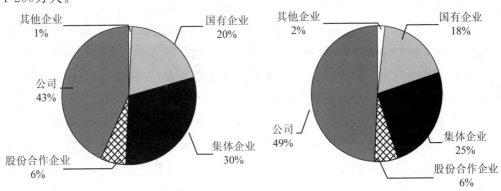

图 2-9　2008 年(左)、2013 年(右)分经济类型全国内资企业基本情况

数据来源：《工商行政管理统计汇编》，北京师范大学劳动力市场研究中心整理。

---

① 民营企业，除"国有独资""国有控股"外，其他类型的企业只要没有国有资本，均属民营企业。事实上，民营企业的主要组成部分是私营企业(私企)，由于传统共产主义反对私有制，中国政府便将它们命名为"民营企业"，事实上，公司、私营企业都是非国有经济的范畴。

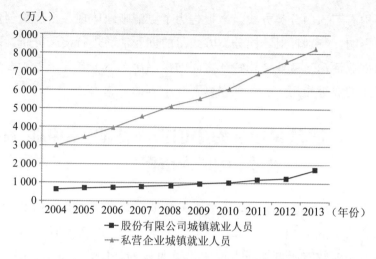

（万人）

图 2-10　2004—2013 年公司和私营企业城镇就业人员情况

数据来源：《中国统计年鉴》，北京师范大学劳动力市场研究中心整理。

>>二、城市第三产创业活跃，
"城市包围农村"就业特征明显<<

　　大多数行业的城市创业活跃度高于农村，且更多集中于第三产业，城市企业吸纳就业人口数逐年增加，城市向农村辐射，城市包围农村现象明显。就横向数据来看，一方面，80％以上的外商投资和国有企业大多分布在大中城市，这些企业吸纳了一部分本地户籍人口和流动人口就业。另一方面，个体工商业的分布情况也呈现城市高于农村的现象，城市企业占比高。如图 2-11 所示，2013 年《工商行政管理统计汇编》数据显示，城市的个体工商户数占全部个体工商户数的比重超过了 65％，是农村的 1.8 倍多。只有农、林、牧、渔业和采矿业的个体工商户数在农村的占比过半，其他行业都呈现城市占比超过农村的现象。其中，金融和房地产业的个体工商户数在城市的占比更是达到了 90％，远远高于农村。

　　随着城市化进程的推进，不同行业创业和就业活动的"阵地"发生着转变。农村以现代化农业、采掘业为主，产业结构升级不断推进，大型机械代替人工的现象在农村地区显现。相应地，城市就业人口增加，城乡就业结构发生改变。如下图所示，2004—2013 年，城镇就业人员占比从 38％增加到 55％。

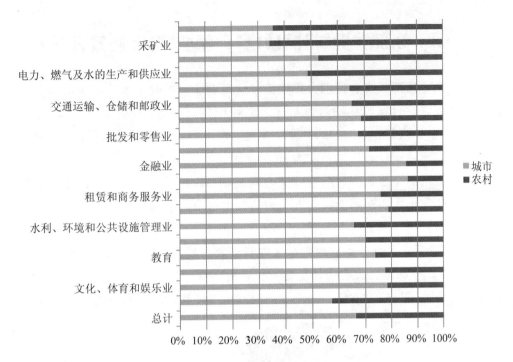

图 2-11 分行业和城乡全国个体工商业登记基本情况

数据来源:《工商行政管理统计汇编》,北京师范大学劳动力市场研究中心整理。

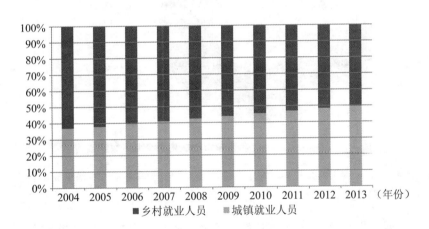

图 2-12 2004—2013 年城镇和乡村就业人员占比情况

数据来源:《中国统计年鉴》,北京师范大学劳动力市场研究中心整理。

事实上,与其说城市创业活动比农村多,不如说诸多新兴行业和城市特征更加匹配,现代化农村经济的发展促使农村剩余劳动力向城市转移,而城市中优质的公共服务、良好的金融基础设施、扩展的产品和服务需求等为这些农村剩余劳动力提供了工作岗位,促使其补充到城市的新增企业中去。城市化进程、城市第二和第三产业中细分产业的增加、农村劳动力转移、城乡劳动力结构的改变,这几个过程本身就是相互联系、互相影响的结果。

>>三、东部企业"量减质增"，就业"量、质双升"<<

中、东、西部资本、劳动力配比需求使得企业资本成为推动就业结构发生变化的重要因素。目前，从绝对分析来看，中国东部企业"量减质增"，就业"量、质双升"，中、西部企业"量增质增"，就业"量、质双升"。从相对分析来看，中西部地区的就业质量有待进一步提升。

东部地区的企业数占比略有缩减，但就业人数相对量略有上升；地区单位企业资本金变化不大，东部地区在五年内的资本密集度维持高水平。

一方面，从区域结构上来看，2013 年，东部地区内资企业户数占比为 49%，比 2008 年降低 4 个百分点；西部地区内资企业户数占比为 31%，比 2008 年增加 4 个百分点；中部地区没有明显变化。国家对西部地区的支持政策促使西部地区创业活动增加，另外，东部地区产业向西部地区转移，激发西部地区创业活力。

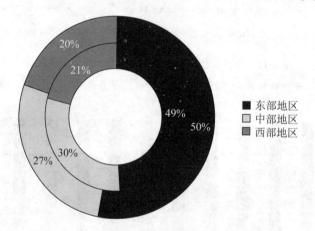

图 2-13　2013 年、2008 年东中西地区内资企业户数构成情况

数据来源和说明：《工商行政管理统计汇编》，北京师范大学劳动力市场研究中心整理。内圈表示 2013 年，外圈表示 2008 年。

另一方面，虽然从企业户数上看，东部地区企业数量占比在降低，但是从资本金上看，东中部地区的变化并不是很明显，东部地区的企业依然主要是"吸金"力量。如下图所示，2013 年、2008 年东部地区内资企业注册资本金占比分别为 73% 和 74%，东部地区略有下降。另外，中西部地区变化也不大。结合数据不难得出结论，尽管西部创新活动增加明显，但是东部地区的资本密集型企业更多。

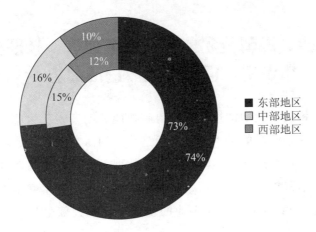

图 2-14　2013 年、2008 年东中西地区内资企业注册资本金构成情况

数据来源：《工商行政管理统计汇编》，北京师范大学劳动力市场研究中心整理。内圈表示 2013 年，外圈表示 2008 年。

上述数据表明，虽然西部地区的企业数量占比在增加，但是这些企业的资本密集度并不是很高。从就业结构上对比中西部地区的情况不难发现，就业人员的构成情况和企业构成比呈现反向变动特征，和企业资本构成比成正向变动特征。从区域结构上来看，2013 年，东部地区登记注册类型城镇就业人员年末构成比为 47％，比 2008 年上升 3 个百分点；西部地区登记注册类型城镇就业人员年末构成比为 31％，比 2008 年减少 3 个百分点；中部地区没有明显变化。

尽管西部地区企业数量在近几年内有所增加，但基本以小型私人企业为主，加之与东部地区工资差异显著，因此，单位数量企业拉动劳动增加的效果比东部地区要低。东部地区以规模大、资本密集型企业见多。尽管在有些新兴行业中，单位资本需要的劳动力数量并不高，但是由于企业资本金绝对量较高，需要配以适当数量的人力投入，资本、企业规模对就业结构的影响超过了企业绝对数量增加对就业结构的影响，所以呈现企业数量占比减少，但是就业人员数占比增加的结果。

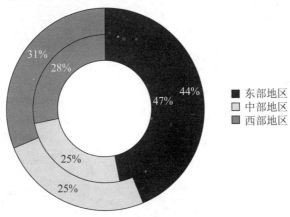

图 2-15　2013 年、2008 年东中西地区登记注册就业人员年末构成情况

数据来源：《工商行政管理统计汇编》，北京师范大学劳动力市场研究中心整理。内圈表示 2013 年，外圈表示 2008 年。

>>四、高科技企业集聚发达地区，技能型、知识型、创新型就业已成趋势<<

　　发达地区高科技企业增加迅猛，使得高技能劳动者占比大幅增加。高科技企业实际上并不是一个严格的学术划分，但是从应用研究的角度，我们不能避开这一热词，只强调高科技产业的经济性质。从数据上看，似乎只能观测到东部地区的创业大多以资本密集型为主，但是从本质上看，很多资本密集型的企业都是技术密集型的。比如 IT 企业，这些企业的初创成本中大部分是研发成本，包括研发人员成本、技术革新或者技术使用成本。以技术密集度高为特征的创业活动进一步影响这些地区的就业结构，劳动者提升劳动技能之后涌向收入更高、工作环境更优的高技术产业。

　　在重点关注不同地区各行业劳动力结构之前，不妨以案例分析的方式对部分地区的高科技创业政策和创业实践活动进行简单汇总，以厘清目前发达地区的创业就业背景。如下表所示，在各项高科技创新政策的引导下，中国不少地区都出现了高科技企业集群，这种创业文化、集群企业之间的创业小生态促进该地就业增加，[①] 也影响着就业结构的特征。

表 2-3　部分省市高技术产业扶持政策和实践情况

地　区	政　策	实　践
上海	关于加快本市高科技产业发展的若干意见 关于经济特区和上海浦东新区新设立高新技术企业实行过渡性税收优惠的通知 "3310"引才计划 大学生创业三年行动计划	大学科技园、科技孵化基地、大学生创业公共实训基地、大学生科技创业基金会、软件和信息服务产业基地、云计算创新基地
北京	中关村国家自主创新示范区条例 北京市孵化基地优惠政策 北京市关于进一步促进高新技术产业发展的若干规定 北京市吸引高级人才奖励管理规定实施办法	清华科技园、北大科技园、丰台科技园、中关村科技园、望京科技园、昌平科技园、电子城科技园
山东	高新区科技计划项目验收暂行管理办法 高新区管委会关于加快创新创业发展的若干规定实施细则 关于高新技术企业如何适用税收优惠政策问题的通知	中国-乌克兰高科技合作园、红帆低碳高新技术工业园、济南高新技术创业服务中心

---

① 李新春、宋宇、蒋年云：《高科技创业的地区差异》，载《中国社会科学》，2004 年第 3 期。

续表

地　区	政　策	实　践
广东	广东省自主创新促进条例 关于促进科技服务业发展的若干意见 关于促进以创业带动就业工作意见 深圳市发展改革委关于组织实施国家 2015 年电子信息产业振兴和技术改造专项的通知	广州科学城、深圳市高新技术产业园区服务中心、深圳高新科技园、深圳科技金融服务中心
浙江	浙江省关于大力推进高新技术产业化的决定 浙江省人民政府关于加强技术创新发展高科技实现产业化的若干意见	浙江省高科技农业示范园区、杭州高新技术产业开发区、浙江大学科技园

数据来源：《2014 年国家火炬计划重点高新技术企业评选结果的通知》。

　　如上文所述，高科技企业并非有统一的标准和界定，显然，部分行业对高技术人才的需求量大，所以对典型行业劳动者技能水平进行比较研究是有价值的。另外，为了实现数据呈现的划一性，根据教育经济学理论对人力资本的阐释，受教育程度是衡量人力资本水平的重要指标，这里重点关注在经济较为发达的城镇中，批发和零售业，住宿和餐饮业，金融业，科学研究、技术服务和地质勘查业，信息传输、计算机服务和软件业受教育程度的构成。如下表所示，在科学研究、技术服务和地质勘查业，信息传输、计算机服务和软件业工作的高学历劳动者占比最高，研究生及以上学历占比都超过了 35％。显然，不同类型的创业活动与不同专业技能的劳动者是相匹配的，高科技行业需要高技能、高学历劳动者。

表 2-4　典型行业城镇劳动者受教育程度构成

学　历	批发和 零售业	住宿和 餐饮业	金融业	科学研究、 技术服务 和地质勘 查业	信息传输、 计算机服务 和软件业
未上过学	8.15％	9.85％	0	0	0.75％
小　学	13.89％	15.86％	0.45％	0.50％	0.87％
初　中	21.24％	28.36％	1.97％	1.47％	2.80％
高　中	27.37％	26.84％	10.88％	5.92％	10.79％
大学专科	14.30％	10.37％	32.28％	13.30％	21.50％
大学本科	9.34％	5.20％	33.11％	27.80％	27.61％
研究生及以上	5.73％	3.51％	21.30％	51.01％	35.68％

数据来源：《中国劳动统计年鉴》，北京师范大学劳动力市场研究中心整理。

　　从上文分析不难发现，分类别来看，创业活动的影响是多层面的。

　　第一，创业活动，特别是创新性创业活动更多在经济发达的城市集聚，这就形成城市产业多样化、农村单一化的局面，进而造成城市就业结构分层多、农村就业结构分层少的现象。这与行业的城乡分布有关，从宏观上对就业的消极影响不大。但是，一个可能的负面影响也不容忽视，创新性创业活动的集聚造成了城市产业内部升级快，农村产业内部升级慢的结果。大量流动人口流入城市，农林牧渔业劳动力匮乏，农民积极性低，劳动力不足，农村经济与农业机械、农业种植等方面的科学研究工作不配套，就会加剧上述问题。

第二，在中国，东中西部地区的产业结构特征差异显著，各个地区创业活动特征迥异，对就业结构的影响不同。依托当地资源进行的特色创新活动显然对增加就业、优化就业结构有积极影响，比如云贵川一带借助自然资源禀赋发展旅游业、特色产品加工业带动当地劳动者就业。但是，缩小东中西地区经济在基础上的绝对差异并非"一日之功"，中西部地区或者正在承接东部地区转移过来的一般性创业活动，或者效仿东部地区开展重复性的创业活动。从企业户数据上可以发现，西部地区创业活动虽然有所增加，但是资本密集型、技术密集型的活动较少。

第三，国家的市场放开政策，给中小企业的一般性创业活动带来了活力。尽管《公司法》是按照企业的资本组织形式来划分企业类型的，主要有：国有独资、国有控股、有限责任公司、股份有限公司、合伙企业和个人独资企业等，但是为了分析方便，这里主要针对公有制经济和非公有制经济进行区分，目的在于从宏观上把握市场主导与政府主导作用下，创业活动对就业结构的影响。

国家统计局、国家工商行政管理局的《关于划分企业登记注册类型的规定》（国统字（1998）200号）第9条规定："私营企业是指由自然人投资设立或由自然人控股，以雇佣劳动为基础的营利性经济组织。包括按照《公司法》《合伙企业法》《私营企业暂行条例》规定登记注册的私营有限责任公司、私营股份有限公司、私营合伙企业和私营独资企业。"1988年4月，《宪法》确立了私营经济的合法地位，同年6月国务院出台了《私营企业暂行条例》。1989年，国家工商行政管理局根据《宪法》和《私营企业暂行条例》，开始了私营企业的登记注册工作，当年共登记私营企业90 581户。1992年邓小平南方谈话使得适应企业的发展步入新阶段，随后的十年间，私营企业年均增长接近30%。这样的一系列政策使得一半以上的劳动者有机会在私营企业工作，从绝对量上促进了就业结构的优化。

第四，国家对高科技企业的支持由来已久，资金支持、服务支持促进了本来就具有竞争优势的发达地区占优，使得发达地区呈现高科技企业集聚现象。以火炬计划为例，它于1988年8月经由科学技术部（原国家科委）组织实施。火炬计划的宗旨是：实施科教兴国战略，贯彻执行改革开放的总方针，发挥我国科技力量的优势和潜力，以市场为导向，促进高新技术成果商品化、高新技术商品产业化和高新技术产业国际化。如下表所示，2014年，国家对发达地区的高技术产业力度支持依然显著多于对中西部地区。当然，火炬计划希望对那些有资质的企业进行支持，但是不可否认的是，择优式的政策倾斜对树立典范、激励先进意义重大，并且起到了快速提升国家总体科技创新水平、带动发达地区劳动力结构优化的作用，同时该方式也在一定程度上加大了城乡、地区间差距。

可以说，高科技引领下的技术转移、产业转移与优质劳动力转移任重而道远，优化区域间不同层次人力资本结构将随着创业结构的改善而改善。也就是说，高科技引领计划完全可以继续实施，但是相关"补短"措施的配套与跟进也不可或缺。

表 2-5　2014 年国家火炬计划重点高新技术企业数

地区	企业数（家）	地区	企业数（家）	地区	企业数（家）
江苏	130	湖北	12	黑龙江	3
浙江	81	河北	10	海南	3
广东	81	陕西	10	贵州	3
山东	52	广西	9	甘肃	3
北京	50	重庆	9	大连	2
安徽	30	辽宁	7	吉林	2
福建	26	江西	5	山西	1
湖南	25	四川	5	内蒙古	1
上海	22	云南	4	青海	1
天津	16	新疆	4	宁夏	1
河南	12				

数据来源：《2014 年国家火炬计划重点高新技术企业评选结果的通知》。

第六节　技术创新引领创业潮流

技术史表明，"技术域不是单体技术的加总，它们是连贯的整体（Coherent Wholes），是关于设备、方法、实践的族群"[1]，决定"技术域的有效性一半来自于它的范围，即它能开启的可能性，另一半则来自于它能够为不同目的进行反复的、相似的组合，以便使用起来更加方便和有效"[2]，这样的"垫脚石技术域常常定义时代及其边界"[3]。互联网技术域即是如此，它的触角很长，正展现着前所未有的影响力。一方面，它延伸到了以"云计算""大数据""移动互联网"等为代表

---

[1]　［美］布莱恩·阿瑟：《技术的本质》，曹东溟、王健译，杭州：浙江人民出版社，2014，第 163 页。

[2]　同上。

[3]　同上。

的新技术域，为后者提供了无限的可能性；另一方面，"无时不在，无处不在"的网络连接性能使社会生活变得更为高效和简捷。因此，互联网技术域不应简单视为工业时代的一种延伸，而应被视为信息社会的技术标志。正如《第四次科技革命》作者扎克·林奇说：互联网是一切技术的基础。互联网是所有行业、所有企业、所有组织的新运行平台和操作系统，提供了某种前所未有的可能性，把旧有的经济和社会形态中的某些因素激发出来，既潜藏着无数企业被颠覆、被冲击的巨大风险，也蕴含着无数企业发力、蜕变的机会。

面对新技术革命中无数新选择，创业者不能再墨守成规，简单地在既有商业模式上开发新的增量业务，而要勇于再造新的商业模式和服务。当代计算机芯片的发明人之一，卡佛·米德（Carver Mead）曾说过，我们应该听听技术的话，去探寻它试图告诉我们的信息。巧合的是，被视为网络文化的观察者、预言家及发言人的凯文·凯莉（Kevin. Kelly）也同样提出："想象一下技术需要的是什么，我们就可以想象出我们未来的路。"毫无疑问，"技术改变商业，商业改变生活。"互联网时代或许将完成整个人类商业和社会的全面数字化，并将深刻改变人类的生活方式、生产方式、社会方式、商业模式乃至思维模式。

>>一、云计算提供新的 IT 服务模式<<

"云"是一种公共服务。"云计算"就是通过互联网向用户提供的公共 IT 服务，如计算、存储、应用，等等。根据美国国家标准与技术研究院（National Institute of Standards and Technology，NIST）的定义，云计算是一种使用户能通过互联网便捷地根据需要，从可分配的资源共享池中获取计算资源（如网络、服务器、存储、应用和服务）的模式，这些资源能被快速分配并释放出来，管理资源的工作量与服务提供商的交互被降到最低限度。

"云计算"的本质是基于互联网的 IT 服务供给、消费和交付模式。如今，"云计算"已经呈现出三种不同的服务模式：软件即服务（Software as a Service，SaaS）、基础设施即服务（Infrastructure as a Service，IaaS）、平台即服务（Platform as a Service，PaaS）。它们的一个共同特性就是都可以基于互联网，通过客户端来完成原本需要大量存储或是运算资源的计算任务。云服务提供商，不仅提供所有网络基础设施及软件、硬件运作平台，还负责所有前期的实施，后期的维护等一系列服务，从而切实为用户带来价值增值。用户越来越希望能将自己的各类应用程序及基础设施服务转移到云平台上。根据工信部电信研究院发布的《2014 年云计算》白皮书显示，我国公共云计算服务市场仍处于低总量、高增长的产业初期阶段。2013 年，我国公共云服务市场规模约为 47.6 亿元人民币，同比增长 36%，远高于全球平均水平。虽然中国"云计算"服务市场规模总体较小，目前只占全球的 3％左右（美国独占 60％的市场份额），但潜在的庞大市场需求，将促使中国"云计算"产业日益高度发展。据清科研究中心测算，中国"云计算"服务市场规模正以年平均50％的速度增长。预计到"十二五"末，中国"云计算"服务市场规模将达到 136.69 亿美元。IDC 最新发布的报告预测，全球用于"云计算"服务上的支出在接下来的 5 年时间可能会出现 3 倍的增长，其增长速度将是传统IT 行业增长率的 6 倍。到 2014 年，全球"云计算"将达到 420 亿美元的市场规模，占据 IT 支出增长总量的 25％。从 2009 年年底到 2014 年年底，"云计算"能为中国带来超过 1.1 万亿元的净业务收入。

作为新模式的"云计算"虽然有待进一步成熟、优化与完善，个人和组织可能要在很长一段时间内面对业务分别存在于传统及云两种平台上的状况，但是我们坚信"云计算"将成为推动中国经济发展的新引擎。"云计算"的引入将更进一步提高企业的信息化水平，带动传统产业的升级改造，有效调整经济结构，全面带动产业转型，还将孵化出许多新的产业，从而有力促进我国产业转型和升级。

>>二、大数据成为信息时代的核心生产要素<<

人类社会的各项活动与信息（数据）的创造、传输和使用直接相关。信息技术的不断突破，都是在逐渐打破信息（数据）与其他要素的紧密耦合关系、增强其流动性，以此提升使用范围和价值，最终改进经济、社会的运行效率。

信息（数据）成为独立的生产要素，历经了近半个世纪的信息化过程，信息技术的超常规速度发展，促成了信息（数据）量和处理能力的爆炸性增长，人类经济社会也进入了"大数据时代"。大数据的特点可以归纳为四个"V"：第一个是"Volume"，数据体量巨大，从 TB 级别，跃升到 PB 级别。第二个是"Variety"，数据类型繁多，表现为网络日志、视频、图片、地理位置信息等。第三个是"Value"，商业价值高。以视频为例，在连续不间断监控过程中，可能有用的数据仅有一两秒。第四个是"Velocity"，处理速度快。

"大数据"的本质不是"大"，而是跟互联网相通的一整套新思维。表现为：(1)在线。首先大数据必须是在线的，在线的意义并不是放在磁盘里，而是随时能调用，马上能计算的。(2)实时。大数据必须实时反映。淘宝网被使用时，十多亿件商品、几百万个卖家、上亿名消费者之间的无缝匹配，必须瞬间完成并呈现出来。(3)全貌。它不再是样本思维，而是一个全体思维。人们要的是所有可能的数据，一个全貌。

大数据要求人们在海量数据中挖掘事物的特征和发展规律，以快速捕捉到有价值的信息。数据挖掘是从大量的、不完全的、模糊的、随机的、实际应用的数据中提取潜在有用的信息和知识的过程，是大数据改变商业世界的入门钥匙，可以帮助决策者找到规律、预测趋势、防范疏漏，等等，势将成为决定各个行业中胜负成败的核心生产要素。根据国际知名权威机构 IDC 对欧洲和北美 62 家采用了数据挖掘技术的企业的调查分析发现，这些企业的 3 年平均投资回报率为 401%，其中 25 家企业的投资回报率超过 600%。

今天，只要你用 PC 上网或用手机浏览信息，你便在网络上"处处留名"了，性别、年龄、爱好、踪迹、信用等被大数据刻画的一览无余——恭喜你已经成为数字透明人！或许你都不知道自己下一步要干什么，通过搜索引擎、电子商务平台、旅游网站上记录的你的浏览行为，你的行为习惯和喜好已被挖掘，产品经销商们可能已经在为你张罗生日、餐饮、旅游、结婚、生子、购房、购车了，特价机票、婚纱、尿不湿、奶粉、海景房等广告也已为你设计好了。

总之，大数据的核心就是预测。大数据将为人类的生活创造前所未有的可量化的维度，大数据已经成为新发明和新服务的源泉。

>>三、移动互联网促发指尖上的商机<<

移动互联网，通俗地讲，就是把移动通信和互联网二者结合起来，成为一体。狭义的移动互联网是指用户使用各种移动终端（手机、便携式 PC 或者其他手持设备），通过移动通信网（如 GSM、CDMA、3G、4G 网络等）介入互联网业务，智能手机是我们最熟悉也是目前应用最广泛的移动终端。如果说 PC 互联网代表"过去和现在"，那么移动互联网则代表着"现在和未来"。

(一)移动互联网的特点

相对传统互联网，移动互联网的特点表现为：(1)用户携带的方便性。移动互联网因其终端的可移动性，用户能随意携带，随时随地使用，甚至可以做到永远在线。大量碎片化的时间得到充分利用，信息得以快速、广泛、大范围传播。这种远比 PC 设备更方便的沟通与信息获取方式，真正体现了互联网"anytime，anywhere"的特点，也使即时传递媒介、内容、传播和消费等领域的应用创新成为可能。(2)用户身份的唯一性。移动互联网时代，手机的电话号码成为一种身份识别，手机不再只是一种通信设备，更是一种社会关系的载体。和 PC 相比，手机和个人身份绑定，信息的传播也更多地依据社会关系，比如自己的同事、同学、朋友、其他关联成员，等等，因而具有天然的信誉优势。与传统 PC 互联网相比，移动互联网不仅具有点对点、端对端、人对人的传播特点，还更适合建立基于个人的移动个性化社交网络，并基于此进行更精准、更有效的营销服务。(3)用户位置的可追踪性。手机的携带性使其与地理位置有了天然的联系。随时移动的智能手机、GPS卫星定位以及通过基站进行定位,第一次使手机具有了定位功用。由于手机与使用者密切捆绑,这些定位功能意味着使用者的位置信息可以被追踪。无论是微博、微信,还是手机拍摄的照片,都携带了位置信息。这些位置信息使传播的信息更加精确,同时也产生了众多基于位置的服务(Location Based Services,LBS)。

(二)移动互联网的商业应用

指尖点向手机屏幕,这是移动互联网时代。用户规模越来越大,应用场景越来越多,与传统互联网深度融合和渗透,使得指尖上的商机无处不在。

1. 用户规模越来越大

由于移动设备便于携带、使用方便、容易操作、购买门槛低等因素,在全球范围内出现了移动互联网用户爆发性普及的态势。每一部手机都将成为移动互联网产业的入口。工业和信息化部电信研究院《移动互联网》白皮书指出:移动智能终端已成为全球最大的消费电子产品分支。全球移动智能终端在2010年年末首次超过PC同期出货量,约为PC同期出货量的3倍,2014年出货量约12亿部,成为当年市场容量最大的电子产品分支。移动终端智能化进程带动计算机与电视设备革新,2014年平板电脑全球年出货量达到2.65亿台。中国已成为全球智能终端增长的绝对主导力量,并引领全球移动市场智能化演进。2014年中国智能手机出货量达到4.52亿部,对全球份额的贡献逼近40%,中国互联网已进入移动互联网时代。

2. 移动应用、使用场景越来越多

移动社交、手机游戏、移动电子阅读、手机电视、移动支付、移动购物、移动搜索等几乎成为日常生活中最熟悉的内容。市场调研发现,中国的移动互联网用户每个月超过40%的人下载APP。由于移动互联网用户特有的携带便捷性、身份唯一性以及用户位置的可追踪性,以LBS为基础的定位开始风靡,在此基础上延伸出基于位置的精准服务和精准营销。基于LBS和移动支付的O2O模式,以及基于"4G+社交+视频+网络电话+移动终端网络"相结合的远程监控,远程即时回忆、商务导航等商务应用也正在兴起,移动应用生态链渐渐形成。

3. 融合与碰撞

移动互联网本身就是融合的产物,3G、4G的到来进一步助推移动互联网向前发展,不断涌现的技术创新与商业模式创新,规模越来越大的并购与渗透,让产业融合的态势更加显著与猛烈。

从整体来看,移动互联网畅通、即时的信息交流减少了中间环节,增加了市场透明度,改善了信息不对称,提高了市场效率,有利于整体社会福利的增加。

特别是由于其终端设备价格低廉，不需要庞大的基础设施建设与支出，不发达地区可能会跨越 PC 互联网时代直接进入移动互联网时代，享受移动互联网带来的福利。

因此，移动互联网正在改变我们习以为常的生活方式、休闲方式和工作方式，改变我们的金融行业、医疗行业、图书出版行业、娱乐影音行业甚至社交方式。

>>四、"互联网＋"催生商业变革<<

"互联网＋"代表一种新的社会形态，即充分发挥互联网在社会资源配置中的优化和集成作用，将互联网的创新成果深度融合于经济、社会各领域之中，提升全社会的创新力和生产力，形成更广泛的以互联网为基础设施和实现工具的经济发展新形态。

(一)C2B 模式渐成主导

互联网改变了消费者的信息能力，其角色、行为和力量正在发生根本变化：从孤陋寡闻到见多识广，从分散孤立到群体互动，从被动接受到主动参与，消费者潜在的多样性需求被激发，供求力量正向消费者发生着重大转移。

在工业社会，消费者购买行为只和商家产生关系，而且在实体空间场所发生；如今，互联网独有的社交链接方式缩短了迂回、低效的生产链条，使消费者彼此之间也产生了联系，互联网通过网络平台打破了传统渠道垄断格局，提供大量丰富的长尾商品供个性化的新一代消费者选择。

各种智能终端设备帮助消费者实现了沟通的"瞬间无缝连接"，一旦这种连接发生，消费者便不再以"孤家寡人"的个体形式存在，而是以"同好聚合"的"社群"形式存在，"社群"内部沟通方式是一种基于消费者之间的平等交流。

消费者基于同好聚合而产生的碎片化需求，包括消费者的消费习惯、偏好等，商家通过大数据技术实现对"端"表现出的特征进行归纳、计算和输出，使得需求得以向市场供给端输送。这些经技术手段精细处理的碎片化需求，最先传导至营销流通环节，再到设计生产环节、物流仓储环节、原材料供应环节。消费者基于互联网所在的虚拟空间产生的自发聚合与互动形成新的社会力量，这就是消费者端力量的崛起，这种崛起重构了商家与消费者之间的关系，即消费者主导的C2B(Customer to Business)倒逼式传导模式逐渐形成。

(二)企业组织网络化

互联网时代，企业实际上有三张正在形成中的"网"：消费者社区网、企业间的协作网以及企业内部以流程为核心的扁平化结构网。只有这三张网的相互协同，才能真正有效地感知、捕捉、响应和满足消费者的个性化需求。这一点在海尔得到了系统的实践。为满足互联网时代个性化的需求，海尔把8万多名员工努力转变为自发的2 000多个自主经营体；将组织结构从"正三角"颠覆为"倒三角"；继之以进一步扁平化为节点闭环的动态网状组织。在海尔的变革中，每个节点都是一个开放的接口，连接着用户资源和海尔平台上的全球资源。

从组织规模来看，尽管存在"大平台＋小前端"的大企业，但"小微化"却是趋势。组织规模下降的原因有社会化物流成本的下降、流通业效率的提升、产品模块化程度的提高、政策法规的开放等。如今，随着平台技术、商业流程、数据集成度的不断提高，"大而全"的价值链企业已经越来越低效和冗余。与此相反，"多品种、小批量"的范围经济正在很多行业不断扩展自己的空间，组织规模也就逐步走向小微化了。

（三）实时协同是趋势

商业组织的组织方式，传统上有"公司"和"市场"两种主要业态。前者依赖看得见的"科层制"组织架构，伴随的是内部管理成本；后者依赖看不见的市场机制（价格、竞争和供求），付出的是外部交易成本。在工业社会，"公司化"成为商业组织的主要形式。大部分成员，不是在这家企业，就是在那家公司，个人必须借助公司这个平台，才能更好地参与市场价值的交换。在信息社会，互联网使得外部交易成本的下降远快于企业内部的管理成本。这种内外下降速度的不一致，带来了一个重要的结果："公司"这种组织形式的效率大打折扣，"公司"与"市场"的"边界墙"也因此松动了，跨越企业边界的大规模协作成为可能。

从价值链的视角来看，研发设计、加工制造、营销销售、售后服务、物流配送、咨询建议等业务环节，都出现了突破企业原有边界、展开大规模协作的大趋势，表现为行业生态圈的形成。

从企业与消费者的关系来看，在C2B模式下，消费者越来越深度参与企业的价值发现、价值创造和价值获取的流程。小米手机就是这方面的典范。小米品牌最早定位于"手机发烧友"，从产品的早期概念设计、功能研发、产品预售和售后服务等各个环节，都允许用户全程参与其中。通过开发者社区和用户社区，小米可以随时搜集到"手机发烧友"关于产品和应用的设想及用户使用体验。小米的开发者每隔一段时间都会根据用户的反馈和设想，发布新的系统版本或应用。这种互动式的产品研发既能给消费者带来全新的服务体验，也能够提升产品本身的竞争力。

（四）与员工联盟：互联网时代的人才变革[①]

在工业时代，"终身雇佣制"和"自由雇佣制"是主流。"终身雇佣制"非常适合处于稳定期的公司。在稳定期中，公司不断壮大追求规模经济和范围经济，通过提供终身工作以换取员工的忠诚服务。"自由雇佣制"适用于处于变化期的公司。随着股东资本主义的兴起，公司和管理层重点在于实现短期财务目标提升股价上，长期投资让位于短期成本削减措施，通过"裁人"实现"规模优化"。同时，通信革命和商务全球化使得适应力和企业家精神成为实现和维持商业成功的关键。为了应对外部竞争压力，大部分公司将雇主与员工的关系简化为有约束力的合同雇佣制，以期提高自身的灵活性。然而，自由雇佣制——将员工看作自由人——无法建立创新所需的高度信任与合作的关系。

互联网时代，年青一代经由网络，利用外包方式，更加喜欢自我雇佣带来的自由感，充分安排自己的工作时间和地点，同期为多家企业提供服务。因应这种需求，雇主和员工之间从商品交易的雇佣思维转向互惠关系的联盟模式将引领互联网时代的人才革命。打造任期制，将非终身雇佣制的员工变为公司的长期人脉，并吸收员工的高效人脉情报。企业只有与员工结成强大的联盟，共同拥有持续的创新与丰富的智慧宝库，员工、团队、企业，乃至整个经济才能繁荣发展。

第七节　新生代创业者主导创新驱动型创业

世界经济论坛的《全球竞争力报告》根据人均 GDP 以及初级产品占出口份额的情况，把经济体分为三个层次：要素驱动型经济体、效率驱动型经济体和创新驱动型经济体。当前，我国面临由效率驱动向创新驱动转型。依靠"直接推动需求扩大""加大原有要素投入"和"政府过多介入经济"这类手段，难以维持经济的长期、可持续发展。我国在人口红利消失后，驱动经济增长的动力源泉就是依靠技术革命和制度创新，充分提高全要素生产率。

顺应现阶段经济转型趋势的是创新驱动型创业。这类创业是指那些依靠技术和制度创新，创造并抓住机会，将新的产品或服务引入市场，追求庞大市场价值，改变行业生态或者消费者习惯的行为。相比那些追求生活方式的创业以及谋求一份薪水的工薪创业，创新驱动型创业者是新生代，他们好胜心更强、创业更具创新性和成长潜力。2014 年年初，我们网络调查了 2014 年中国创新创业大赛

[①]　［美］里德·霍夫曼、本卡·斯诺曼、克里斯·叶：《联盟——互联网时代的人才变革》，路蒙佳译，北京：中信出版社，2015。

的企业参赛选手，收集有效样本数 740 余份，男性创业者占 90.7%，女性创业者占 9.3%。该项大赛是由科技部、教育部、财政部和中华全国工商业联合会共同指导举办的一项以"科技创新，成就大业"为主题的全国性创业比赛，能够比较全面地观察创新驱动型创业者的基本情况。

>>一、创业者禀赋更具"高富上"特征<<

经济进入新常态，创业进入新阶段。概括而言，创业者的商业禀赋泛指创业者的商业能力，包括知识、技能、经验和态度四个维度。调研表明，新生代创业者学历高、技能高、经验丰富以及创业立志高远。

(一)创业者学历高

创业时点，专科学历以上(含专科)为 92.33%。其中，专科为 19.27%，本科为 42.32%，研究生为 19.68%，博士(含博士后)为 11.05%。调研时点，本科以下学历(含本科)都在下降，研究生和博士(含博士后)提高了 6.82%，从 30.73% 提高到 37.55%；高中以下学历则下降了 5.86%，从 7.87% 下降为 2.01%。可见，静态来看，创业者学历偏高；动态来看，不少低学历创业者持续学习来提高学历水平。

表 2-6 创业者学历分布

选项	个体		比例	
	创业时点	调研时点	创业时点	调研时点
小学	2	1	0.27%	0.13%
初中	7	3	0.94%	0.40%
普通高中	26	11	3.50%	1.48%
职业高中	22	16	2.96%	2.15%
专科	143	124	19.27%	16.55%
本科	314	310	42.32%	41.72%
研究生	146	194	19.68%	26.11%
博士(含博士后)	82	85	11.05%	11.44%
样本数	743	743		

(二)创业者技能高

技能是指知识的应用能力，包括技术技能和商业技能。技术技能比如工程、计算、设计等，商业技能比如商机敏感性、资源整合能力、财务技能、营销技能、组织技能等。调研发现，创业者拥有的技能优势依次为核心技术（33.74%）、商业眼光（26.36%）、人脉资源（18.46%）、行业运作（11.59%），合计为91.15%。

表 2-7　创业技能优势

选项	小计	比例
行业运作	179	11.59%
核心技术	521	33.74%
商业管理	98	6.35%
资源整合的人脉资源	285	18.46%
资金充足	27	1.75%
商业眼光	407	26.36%
其他	27	1.75%
本题有效填写人次	1 544	

（三）创业者经验丰富

创业者大多是工作几年再辞职创业，比例是91.8%。其中，企业雇员为71%、事业单位职员为18%，公务员比例为1.89%。相反，毕业即创业（学生）比例为4.31%，创业前没有职业比例为4.99%（表2-8）。决定创业前，创业者对所创行业了解度达到87.97%，49.59%非常了解，38.38%比较了解（表2-9）。创业经验的获取途径主要是"行业沉浸"（46.92%）和"创业实践"（37.97%），两者合计84.89%（表2-10）。可见，绝大多数创业者选择毕业后创业，通过"行业沉浸"和"干中学"积累了丰富的经验。

表 2-8　创业前的职业

选项	小计	比例
没有职业	37	4.99%
学生	32	4.31%
企业雇员	526	70.89%
政府公务员	14	1.89%
事业单位职员	133	17.92%
本题有效填写人次	742	

表 2-9　创业前对创业行业的了解

选项	非常了解	比较了解	一般	了解少	不太了解	根本不了解
小计	367	284	59	15	12	3
比例	49.59%	38.38%	7.97%	2.03%	1.62%	0.41%

表 2-10 创业经验的获取途径

选项	小计	比例
学校创业教育	51	4.30％
创业计划大赛	103	8.69％
在特定行业工作几年	556	46.92％
摸索中学习	450	37.97％
其他	25	2.11％
本题有效填写人次	1 185	

(四)机会拉动型创业是主流

从创业动机来看，有生存推动型和机会拉动型创业两种类型。创业者中主动创业的比重占 63.03％。其中，发现机会占 40.21％，不安于现状占 23.82％。相反，迫于生存压力被动创业者仅占 3.79％。另外，21.02％的创业者喜欢创业这种生活方式，8.27％的创业者认为创业是为了赚钱，2.88％的人认为创业为了出人头地。

表 2-11 创业初期的动机(或目的)

选项	小计	比例
赚钱	109	8.27％
生存压力，被迫创业	50	3.79％
不安于当前工作，主动创业	314	23.82％
发现机会，主动创业	530	40.21％
出人头地	38	2.88％
喜欢创业这种生活方式	277	21.02％
本题有效填写人次	1 318	100％

>>二、创业行为更为理性<<

大多数人会选择适合自己的公司及岗位就业，这是本分。相反，创业是件很难的事，需要持久作战，只适合少数人，需要在自己的爱好、特长和市场之间寻求平衡，做出理性决定。从"创业决定的影响因素""项目选择""行业选择"以及"创业效应"来看，新生代创业者创业行为则更为理性。

(一)创业决定更为可信

创业决定需要综合考虑主客观条件，条件越成熟，创业决定就越可信。调研发现，创业决定的关键因素中，首要的主观因素是"具有创业者的能力"
(35.30%)而不是"改变现状"(8.56%)；首要的客观因素是"有利的外部环境"
(19.23%)而不是"榜样示范"(5.61%)；"发现了市场机会进入的恰当时机"
(31.3%)兼顾了主、客观因素。

表 2-12　创业决定的最关键因素

选项	小计	比例
改变现状	122	8.56%
榜样示范	80	5.61%
具备创业者的能力	503	35.30%
有利的外部环境	274	19.23%
发现了市场机会进入的恰当时机	446	31.30%
本题有效填写人次	1 425	

（二）行业选择富有吸引力

创业行业的选择非常重要，广阔天地才能大有可为。"男怕入错行女怕嫁错
郎"，一旦选择的行业不具有吸引力，不管创业者如何努力，其结果都会陷入"鸡
肋"状态，正如巴菲特所言"行业比企业家的才能更为重要"。创业者选择的行业
主要集中于信息传输与计算机和软件业（33.12%）、科学研究和技术服务业
（19.51%）、环境和公共设施管理业（5.56%）（表 2-13），这三大行业属于成长型
的朝阳产业。

表 2-13　企业所属行业

选项	小计	比例
信息传输与计算机服务和软件业	245	33.20%
批发和零售业	16	2.17%
教育文化业	10	1.36%
金融业	0	0%
房地产业	1	0.14%
租赁和商务服务业	3	0.41%
科学研究和技术服务业	144	19.51%
环境和公共设施管理业	41	5.56%
居民服务和其他服务业	11	1.49%
休闲娱乐业	2	0.27%
其他	265	35.91%
本题有效填写人次	738	

(三)选择项目综合考虑创始人专长和用户需求

创业时最常犯的一个错误是"会啥做啥",扬长避短当然是对的,但是在选择项目时,必须要综合考虑用户需求、自己的爱好和特长三大要素,找到一个平衡点,幸运的人可以兼顾三个方面。首先,要考虑自己的个人爱好,爱好是最好的老师。如果选择了一个自己爱好的事情来创业,就会激发无限的活力和创造力。其次,要考虑自己的特长,最大限度发挥特长有助于获取竞争中的比较优势。最后还必须考虑用户需求,如果没有用户需求就没有市场,自然也就不会成功。调研发现,创业项目的主要来源为技能和经验(32.59%)、市场调研(26.04%)、爱好和兴趣(15.58%)、政府引导(12.35%)。其中,"技能和经验"可细分为"个人特长""市场调研"及"发现现有市场需求";"政府引导"体现"需求趋势",它们都可称为"用户需求"。

表 2-14 创业项目来源

选项	小计	比例
爱好和兴趣	280	15.58%
技能和经验	591	32.89%
模仿别人	21	1.17%
顾客的抱怨	39	2.17%
政府引导	222	12.35%
大众传媒	30	1.67%
商品展销会	24	1.34%
市场调研	429	23.87%
头脑风暴	161	8.96%
本题有效填写人次	1 797	

一般来讲,创业项目是用户需求和创始人专长的匹配。如果两者匹配度越高,创业者坚守原有创业项目的可能性就越大;反之,创业者就会或多或少地转换创业项目。创业过程中没有换过项目的比例为 73.82%,换过项目比例为 26.18%。其中,换过 1 个的项目占 38.84%,2 个项目的占 37.95%。

表 2-15 是否换过创业项目

选项	小计	比例
是	194	26.18%
否	547	73.82%
本题有效填写人次	741	

表 2-16　换过创业项目总数

选项	小计	比例
1	76	38.84％
2	74	37.95％
3	33	17.41％
4	8	4.02％
5	1	0.45％
6	2	0.89％
7	1	0.45％
本题有效填写人次	194	

（四）法律形式符合现代企业治理结构

创业者选择的主要法律形式为有限责任公司（84.43％）和股份有限公司（8.05％）。相对其他法律形式，这两种企业组织形式规范程度更高，符合现代企业的治理结构。

表 2-17　企业性质

选项	小计	比例
有限责任公司	629	84.43％
股份有限公司	60	8.05％
合伙企业	11	1.48％
个人独资企业	28	3.76％
其他	17	2.28％
本题有效填写人次	745	

（五）创业效应正向积极

从结果来看，对"放弃就业、选择创业"的满意度为 85.19％，不满意不到 1.5％。同时，创业者对身体素质满意度为 85.07％，性格健康满意度为 90.35％，个人幸福感满意度为 80.71％，家庭幸福感满意度为 83.01％。可见，对大多数创业者而言，创业作为人生难得的历练过程，具有积极的正向效应，选择创业无怨无悔。

表 2-18 创业者满意度

	身体素质		性格健康		个人幸福度		家庭幸福度		选择创业/放弃就业的决定	
	小计	比例	小计	比例	小计	比例	小计	比例	小计	比例
非常满意	236	32.02%	256	34.78%	230	31.25%	229	31.11%	264	35.87%
比较满意	391	53.05%	409	55.57%	364	49.46%	382	51.90%	363	49.32%
一般	87	11.80%	64	8.70%	111	15.08%	91	12.36%	99	13.45%
不太满意	21	2.85%	7	0.95%	30	4.08%	32	4.35%	9	1.22%
很不满意	2	0.27%	0	0%	1	0.14%	2	0.27%	1	0.14%

>>三、创业面临"融资""人才""市场"困难<<

创业不会一路坦途走到底，不管是创业初期，还是后续经营期，创业者都回避不了资金筹集、人才短缺和市场销售三道难关。

表 2-19 创业初期的主要困难

选项	小计	比例
内部管理	157	8.16%
场地选择	83	4.32%
产品/服务的技术瓶颈	176	9.15%
人才短缺	436	22.67%
市场销售	348	18.10%
资金筹集	506	26.31%
政府关系处理	126	6.55%
无序竞争	91	4.73%
本题有效填写人次	1923	

表 2-20 经营过程中的主要困难

选项	小计	比例
内部管理	242	13.21%
场地选择	56	3.06%
产品/服务的技术瓶颈	178	9.72%
人才短缺	418	22.82%
市场销售	361	19.71%
资本融资	449	24.51%
政府关系处理	128	6.99%
本题有效填写人次	1832	

（一）融资难

现代社会是一个资本和实业紧密结合的时代，只有借助资本的力量才可能大成。不要让自己的企业输在起跑线上，创业者必须学会和资本打交道。谁更了解资本，谁能用好资本，谁就能让自己的企业占据先机。调研发现，创业者对我国融资环境总体满意度略过 30％。

表 2-21　创业融资环境的总体评价

选项	小计	比例
非常满意	34	4.61％
比较满意	197	26.69％
一般	304	41.19％
不太满意	146	19.78％
很不满意	57	7.72％
本题有效填写人次	738	

企业成立时，近 80％的企业注册资本超过 50 万元。其中，"50 万～100 万元"占 52.22％。注册资本主要来源于个人资金（40.75％）、合伙集资（25.64％）、家人和亲戚（16.06％），三项合计为 82.45％；从银行贷款、政府支持资金、天使投资和风险投资获取的比例不超过 17％。

表 2-22　注册资本

选项	小计	比例
小于 10 万元	22	2.96％
10 万～20 万元	43	5.79％
20 万～50 万元	90	12.11％
50 万～100 万元	164	22.07％
100 万～500 万元	224	30.15％
500 万～1 000 万元	98	13.19％
1 000 万元以上	102	13.73％
本题有效填写人次	743	

表 2-23　注册资本来源途径

选项	小计	比例
个人资金	553	40.75％
家人和亲戚	218	16.06％
合伙集资	348	25.64％
银行贷款	79	5.82％
政府支持资金	74	5.45％

续表

选项	小计	比例
天使投资	36	2.65%
风险投资	40	2.95%
其他	9	0.66%
本题有效填写人次	1 357	

创业者对银行贷款的满意度不超过 24%，银行融资的主要问题有手续复杂（26.34%）、条件苛刻（27.05%）和成本过高（21.30%）；对风险投资的满意度不超过 42%，主要问题有条件苛刻（30.67%）、手续复杂（24.59%）和成本过高（27.63%）；对股市融资的满意度不超过 33%；创业扶持基金的满意度最高，达到 57%。

表 2-24　融资途径满意度评价

选项	扶持基金	银行贷款	风险投资	股市融资
非常满意	11.92%	2.17%	4.88%	4.48%
比较满意	45.66%	21.57%	37.18%	28.26%
一般	30.08%	40.57%	44.78%	53.94%
不太满意	8.27%	21.30%	9.36%	8.83%
很不满意	4.07%	14.38%	3.80%	4.48%

表 2-25　银行贷款融资的主要问题

选项	小计	比例
条件苛刻	486	26.34%
手续复杂	499	27.05%
成本过高	393	21.30%
信用担保	244	13.22%
金额少	205	11.11%
其他	18	0.98%
本题有效填写人次	1 845	

表 2-26　风投融资的主要问题

选项	小计	比例
条件苛刻	434	30.67%
手续复杂	348	24.59%
成本过高	391	27.63%
信用担保	176	12.44%
其他	66	4.66%
本题有效填写人次	1 415	

（二）人才难

股东是企业的所有者，为企业注入资金以及提供资源支持，一定程度上代表企业的整体实力，甚至关系企业的成败。调研发现，在创业成功的关键因素中，团队得力位居第一，占 23.81％；在创业失败的关键因素中，团队纷争占 16.29％。

表 2-27　创业成功的关键因素

选项	小计	比例
项目好	514	22.49％
创始人强	220	9.63％
团队得力	544	23.81％
资源够用	170	7.44％
行业好	233	10.20％
政府国家创业环境	328	14.35％
风险控制	149	6.52％
资金管理	115	5.03％
其他	12	0.53％
本题有效填写人次	2 285	

表 2-28　创业失败的关键因素

选项	小计	比例
创业准备不充分，创业项目市场前景暗淡	111	22.89％
创业团队纷争	79	16.29％
重大风险导致	59	12.16％
资源有限，难以坚持	132	27.22％
市场竞争激烈，行业前景暗淡	68	14.02％
其他	36	7.42％
本题有效填写人次	485	

选择股东一定要非常谨慎，宁缺毋滥。一般来讲，股东要具备三个资质：(1)志同道合，大家对公司发展的方向以及核心价值观一致，这是前提。(2)认同合作规则，股东之间必须按照游戏规则来合作，不诚信的股东是公司发展的"定时炸弹"。(3)出资，不给干股。创业期公司应该优先选择能够带给公司资源或者经营经验的人做股东，慎重接纳单纯的财务投资人和家人朋友。调研发现，近一半的创业者家人（或亲戚朋友）参与其创业活动，主要原因是忠诚可信、合作伙伴或成本较低。家人（或亲戚朋友）参与创业的关键在于平衡好"投资人"和"亲朋好友"角色冲突。

表 2-29 家人(或亲戚朋友)是否参与创业

选项	小计	比例
是	375	50.68%
否	365	49.32%
本题有效填写人次	740	

表 2-30 安排家人(或亲戚朋友)参与创业经营的主要原因

选项	小计	比例
忠诚可信	194	45.54%
合作伙伴	137	32.16%
成本较低	66	15.49%
外部引进困难	29	6.81%
本题有效填写人次	426	

员工是企业的经营者,不管是经营层还是普通员工,大家的工作创造了企业的产品和服务。初创企业,员工管理中存在的主要问题是员工归属感不强(35.22%)、执行力差(36.61%)和合作能力差(18.52%)。公司内的大学生员工平均工资不低于市场同期工资占比 87.05%(表 2-33),但其更看重的是发展前景(49.01%)、工作平台带来的独立感(19.28%)和工作环境(18.85%)。

表 2-31 员工管理存在的主要问题

选项	小计	比例
员工文化层次低	111	9.65%
执行力差	421	36.61%
企业归属感不强	405	35.22%
团队合作能力差	213	18.52%
本题有效填写人次	1 150	

表 2-32 大学生员工平均工资水平与市场同期相比

选项	小计	比例
非常高	20	2.71%
略高	294	39.78%
持平	333	45.06%
略低	73	9.88%
较低	17	2.30%
很低	2	0.27%
本题有效填写人次	739	

表 2-33　大学生员工就业看重选项

选项	小计	比例
工资水平	158	11.54%
发展前景	671	49.01%
工作环境	258	18.85%
工作平台带来的独立感	264	19.28%
其他	18	1.31%
本题有效填写人次	1 369	

（三）市场难

从宏观层面看，创业者对创业市场环境的满意度略超 45%，对"反垄断"的法律法规的评价满意度超过 50%，对市场竞争情况的满意度达 45%，对国内市场进入途径和国际市场进入途径的满意度分别为 45% 和 38%。对政府介入市场程度的评价满意度为 35%，对政府采购制度的评价满意度为 36%。从微观层面看，影响市场销售的最大因素是无序竞争严重（42.5%）和假冒伪劣产品冲击（28.79%）。

表 2-34　创业宏观市场评价

选项	市场环境	反垄断	政府介入市场程度	政府采购制度	市场竞争	国内市场进入	国际市场进入
非常满意	5.69%	7.87%	4.76%	5.01%	4.89%	4.75%	4.48%
比较满意	40.65%	42.88%	31.93%	31.71%	41.85%	41.52%	33.38%
一般	42.95%	39.62%	46.74%	42.28%	43.21%	45.05%	57.12%
不太满意	7.86%	6.11%	11.55%	14.77%	7.47%	7.19%	4.21%
很不满意	2.85%	3.53%	5.03%	6.23%	2.58%	1.49%	0.81%

表 2-35　市场销售的最大影响因素

选项	小计	比例
无序竞争严重	533	42.50%
假冒伪劣产品冲击	361	28.79%
产品市场小	119	9.49%
贸易壁垒	197	15.71%
其他	44	3.51%
本题有效填写人次	1 254	

创业初期需要解决三大问题：找人、找钱和找市场，爬过这三座大山企业就基本度过危险期了。这三座大山原则上要靠创业者自己爬，不能指望"外来的和尚"，"外来的和尚"你不一定请得起，请来了他们也不一定能念好创业经。

第八节 创业教育体系基本形成

2015年5月，国务院办公厅印发《国务院办公厅关于深化高等学校创新创业教育改革的实施意见》（以下简称《意见》），《意见》提出创新创业教育总体目标，"2015年起全面深化高校创新创业教育改革。2017年取得重要进展，形成科学先进、广泛认同、具有中国特色的创新创业教育理念，形成一批可复制可推广的制度成果，普及创新创业教育，实现新一轮大学生创业引领计划预期目标。到2020年建立以健全课堂教学、自主学习、结合实践、指导帮扶、文化引领融为一体的高校创新创业教育体系，人才培养质量显著提升，学生的创新精神、创业意识和创新创业能力明显增强，投身创业实践的学生显著增加。"诚然，经过中国10多年的创业教育发展，高校创新创业教育不断加强，取得了积极进展，对提高高等教育质量、促进学生全面发展、推动毕业生创业就业、服务国家现代化建设发挥了重要作用。但是，高校确实存在着《意见》中指出的那些不容忽视的突出问题，表现为"一些地方和高校重视不够，创新创业教育理念滞后，与专业教育结合不紧，与实践脱节；教师开展创新创业教育的意识和能力欠缺，教学方式方法单一，针对性实效性不强；实践平台短缺，指导帮扶不到位，创新创业教育体系亟待健全。"目前，《意见》要求的九大任务中在"人才培养""课程体系""教学方法""创新创业实践"以及"师资培养"五方面已有示范，为全面深化高校创新创业教育改革提供了参照。

>>一、人才培养成为创新创业教育主旋律<<

《意见》要求，深化高等学校创新创业教育改革，是国家实施创新驱动发展战略、促进经济提质增效升级的迫切需要，是推进高等教育综合改革、促进高校毕业生更高质量创业就业的重要举措。各地区、各高校要主动适应经济发展新常态，加快培养规模宏大、富有创新精神、勇于投身实践的创新创业人才队伍。鉴于此，《意见》要求相关部门、科研院所、行业企业从制定教学国家标准、修订专业人才评价标准以及改革人才培养方案来完善人才培养质量标准。同时，《意见》要求创新人才培养机制从"结构调整新机制""协同育人新机制""交叉培养新机制"三方面入手。其中，"结构调整新机制"要求建立需求导向的学科专业结构和创业就业导向人才培养类型结构，"协同育人新机制"要求校校、校企、校地、校所及国际合作来协同推进；交叉培养新机制需要建立跨院系、跨学科、跨专业培养的制度。

典型案例：清华 X-LAB：发现和培养创意创新创业人才[①]

2013 年 4 月，由清华经济管理学院、机械工程学院、信息科学技术学院等 14 个院系合作共建的清华 X-LAB 成立，X-探索未知、学科交叉、LAB-体验式学习、团队工作。它定位于创意创新创业人才的发现和培养，仅面向清华的学生、校友和老师开展从创意到初创公司阶段的创新创业项目，提供包括免费场地、创意活动、创业培训、驻校企业家或驻校投资人指导、创业 DNA 基金、[①]工商注册等多种服务。截至 2015 年 5 月，有超过 1 万人次的学生参与了清华 X-LAB 组织的各类讲座、比赛、交流、实践活动，有 600 多个项目加入清华 X-LAB，注册公司的项目融资额突破 3 亿元，直接带动就业超 5 000 人。北京市科委授牌的第一批"众创空间"，中关村管委会认定为"创新型孵化器"。

清华 X-LAB 的独特优势和价值有：(1)仅向清华学生、校友开放，入驻门槛低。要求项目已完成团队组建且核心团队中至少有一个成员来自清华，已展开实际项目开发。(2)重基础，注重项目前期的创意到初创公司阶段的培育。传统孵化器以接受公司为起步，做的是从 1 到 10，核心能力是风投引入和项目甄别；而清华 X-LAB 做 0 到 1，即从项目创意到成立公司这一阶段，更注重把系统创新创业的理论和思维传授给团队。(3)以"创业 DNA 基金"解决团队面临的资金问题。(4)在启动期(公司注册前)，项目得到风险投资的难度大，由校友出资成立的清华 X-LAB"创业 DNA 基金"则帮助初创团队解决了启动资金难题，同时将基金的盈利投入到 X-LAB 的运营中。

总之，作为依托高校资源建立起来的新型孵化器，清华 X-LAB 将关注点聚焦在清华学生、校友的创意、创新项目早起阶段，着重对学生进行系统创新创业理论和思维培育，全力打造创意创新创业人才的发现和培养平台。

≫二、健全创新创业教育课程体系，改革教学方法和考核方式≪

《意见》要求，调整专业课程设置，加强创新创业教育；开发开设创新创业必修课、选修课，纳入学分管理；在线课程学分认定以及优质课程体系化建设，推出在线课程。同时，鼓励学科带头人、行业企业优秀人才联合编写创新创业教育重点教材。《意见》要求，改革教学方法和考核方式。培养学生批判性、创造性思维；运用"大数据"为学生提供教育资源；改革考试考核内容和方式。

---

① http://www.x-lab.tsinghua.edu.cn/。

典型案例：温州大学创业教育课程体系

温州大学立足独特地域文化，以大学生创新创业能力发展为核心，以创业教育与专业教育深度融合为主线，充分挖掘温州人创业精神，积极融合温州创业资源，以创新人才培养模式、优化课程体系、贯通人才培养环节为重点，构建分层分类、深度融合、协同递进的创业教育新体系，加大学生实践创新和自主创业支撑力度，强化学校创业教育办学特色，培养具有温大特质的创新创业人才。该校在课程教学方面的具体做法如下：

第一，构建多层次的创业通识教育体系。立足于培养"重实践、强创新、能创业、懂管理、敢担当"、具有创新精神、创业能力和社会责任感的高级应用型人才，把创业教育有效纳入专业教育和文化素质教育教学计划和学分体系，建立创业教育公共课、公选课、跨专业选修课等通识教育课程模块；结合始业教育与专业教育，构建创业宣讲、创业沙龙、创业论坛、创业大赛等通识教育活动模块，形成多层次的创业通识教育体系，在全校精心培育创客精神与创业文化，让学生创业创新蔚然成风。

第二，加强特色化的创业教育课程体系建设。建设具有地域元素的创业教育课程与教材、案例集；建设公共类创业课程群和专业类创业课程群，满足不同类型学生的学习需求；加快创业教育优质课程信息化建设，开设1~2门具有国内影响力的慕课；改进创业课程教学与评价方法，系统推进"创业孵化式教育"和"企业运营式"教学改革，注重参与式、体验式、项目式、讨论式、混合式的教学方法，注重考查学生运用知识分析、解决问题的能力，引导学生更加"接地气"，寻找并发现身边的创业项目，并运用创业思维加以实践。

第三，强化实务课程做强创业特色班。对接创业热点做活创业先锋班，整合企业资源，办好各类满足学生需求、形式多样的创业先锋班，如电子商务班、企业家接班人班、大学生村官创业班等；强化创业实务做强创业管理班，进一步优化课程体系，改革教学方法，推进班级导师制，采取小班化精英培养。做好创业专业试点班，探索创业教育与专业教育深度融合机制，2015年启动试点调研，形成人才培养方案，2016年启动试点工作，确保三年内有3个专业参与试点。

>>三、强化创新创业实践<<

《意见》要求各高校要加强专业实验室、虚拟仿真实验室、创业实验室和训练中心建设，促进实验教学平台共享。各地区、各高校科技创新资源原则上向全体在校学生开放，开放情况纳入各类研究基地、重点实验室、科技园评估标准。鼓励各地区、各高校充分利用各种资源建设大学科技园、大学生创业园、创业孵化基地和小微企业创业基地，作为创业教育实践平台，建好一批大学生校外实践教育基地、创业示范基地、科技创业实习基地和职业院校实训基地。完善国家、地方、高校三级创新创业实训教学体系，深入实施大学生创新创业训练计划，扩大覆盖面，促进项目落地转化。举办全国大学生创新创业大赛，办好全国职业院校技能大赛，支持举办各类科技创新、创意设计、创业计划等专题竞赛。支持高校学生成立创新创业协会、创业俱乐部等社团，举办创新创业讲座论坛，开展创新创业实践。

典型案例："创青春"全国大学生创业大赛[①]

为了适应大学生创业发展的形势需要，在原有"挑战杯"中国大学生创业计划竞赛的基础上，共青团中央、教育部、人力资源和社会保障部、中国科协、全国学联决定，自 2014 年起共同组织开展"创青春"全国大学生创业大赛，每两年举办一次。

以党的十八大和十八届二中、三中全会精神为指导，以"中国梦，创业梦，我的梦"为主题，以增强大学生创新、创意、创造、创业的意识和能力为重点，以深化大学生创业实践为导向，着力打造权威性高、影响面广、带动力大的全国大学生创业大赛。

以此为带动，将大学生的创业梦与中国梦有机结合，打造深入持久开展"我的中国梦"主题教育实践活动的有效载体；将激发创业与促进就业有机结合，打造整合资源服务大学生创业就业的工作体系和特色阵地；将创业引导与立德树人有机结合，打造增强大学生社会责任感、创新精神、实践能力的有形工作平台。

大赛下设三项主体赛事：第九届"挑战杯"大学生创业计划竞赛、创业实践挑战赛、公益创业赛。其中，大学生创业计划竞赛面向高等学校在校学生，以商业计划书评审、现场答辩等作为参赛项目的主要评价内容。创业实践挑战赛面向高等学校在校学生或毕业未满 5 年的高校毕业生，且已投入实际创业 3 个月以上，以经营状况、发展前景等作为参赛项目的主要评价内容。公益创业赛面向高等学校在校学生，以创办非营利性质社会组织的计划和实践等作为参赛项目的主要评价内容。

此外，在符合大赛宗旨、具有良好导向的前提下，将设立 MBA、移动互联网创业等专项竞赛。

---

① http://cpc.people.com.cn/gqt/n/2014/0221/c363174-24430860.html。

典型案例："互联网＋"大学生创新创业大赛①

为贯彻落实《国务院办公厅关于深化高等学校创新创业教育改革的实施意见》(国办发〔2015〕36号)，进一步激发高校学生创新创业热情，展示高校创新创业教育成果，定于2015年5月至10月举办首届中国"互联网＋"大学生创新创业大赛。

一、大赛主题

"互联网＋"成就梦想　创新创业开辟未来

二、大赛目的与任务

旨在深化高等教育综合改革，激发大学生的创造力，培养造就"大众创业、万众创新"的生力军；推动赛事成果转化，促进"互联网＋"新业态形成，服务经济提质增效升级；以创新引领创业、创业带动就业，推动高校毕业生更高质量创业就业。

重在把大赛作为深化创新创业教育改革的重要抓手，引导各地各高校主动服务创新驱动发展战略，创新人才培养机制，切实提高高校学生的创新精神、创业意识和创新创业能力。

三、参赛项目要求

参赛项目要求能够将移动互联网、云计算、大数据、物联网等新一代信息技术与行业产业紧密结合，培育产生基于互联网的新产品、新服务、新业态、新模式，以及推动互联网与教育、医疗、社区等深度融合的公共服务创新。主要包括以下类型：

1."互联网＋"传统产业：新一代信息技术在传统产业(含第一、第二、第三产业)领域应用的创新创业项目；

2."互联网＋"新业态：基于互联网的新产品、新模式、新业态创新创业项目，优先鼓励人工智能产业、智能汽车、智能家居、可穿戴设备、互联网金融、线上线下互动的新兴消费、大规模个性定制等融合型新产品、新模式；

3."互联网＋"公共服务：互联网与教育、医疗、社区等结合的创新创业项目；

4."互联网＋"技术支撑平台：互联网、云计算、大数据、物联网等新一代信息技术创新创业项目。

参赛项目内容须健康、合法，无任何不良信息。参赛项目所涉及的发明创造、专利技术、资源等必须拥有清晰合法的知识产权或物权，报名时

① http://www.moe.edu.cn/publicfiles/business/htmlfiles/moe/s5672/201506/xxgk_188568.html。

需提交完整的具有法律效力的所有人书面授权许可书、项目鉴定证书、专利证书等。抄袭、盗用、提供虚假材料或违反相关法律法规一经发现即刻丧失参赛相关权利并自负一切法律责任。对于已注册运营的项目，在报名时需提交单位概况、法定代表人情况、组织机构代码复印件等相关证明材料。

四、参赛对象

大赛分为创意组和实践组。

创意组参赛条件：申报人是团队负责人或创业企业法人，为普通高等学校在校生(不含在职)；团队尚未正式注册或注册时间晚于2015年5月1日。

实践组参赛条件：申报人是创业企业法人，为普通高等学校在校生(不含在职)或毕业5年以内的毕业生；创业企业在2015年5月1日前已注册。以创新创业团队为单位报名参赛。允许跨校组建团队。

>>四、加强教师创新创业教育教学能力建设<<

《意见》要求，各地区、各高校要明确全体教师创新创业教育责任，完善专业技术职务评聘和绩效考核标准，加强创新创业教育的考核评价。配齐配强创新创业教育与创业就业指导专职教师队伍，并建立定期考核、淘汰制度。聘请知名科学家、创业成功者、企业家、风险投资人等各行各业优秀人才，担任专业课、创新创业课授课或指导教师，并制定兼职教师管理规范，形成全国万名优秀创新创业导师人才库。将提高高校教师创新创业教育的意识和能力作为岗前培训、课程轮训、骨干研修的重要内容，建立相关专业教师、创新创业教育专职教师到行业企业挂职锻炼制度。加快完善高校科技成果处置和收益分配机制，支持教师以对外转让、合作转化、作价入股、自主创业等形式将科技成果产业化，并鼓励带领学生创新创业。

典型案例：国际劳工组织 KAB 项目高校讲师培训[①]

为适应创新创业的时代要求，满足青年就业的现实需要，培养青年的创业意识和创业能力，共青团中央、全国青联与国际劳工组织合作，自2005年8月起在中国大学中开展KAB创业教育（中国）项目（Know about Business）。这是共青团中央、全国青联通过国际合作推进中国创业教育发

① http://www.kab.org.cn。

展的一项尝试，旨在吸收借鉴国际经验的基础上，探索出一条具有中国特色的创业教育之路。

KAB 创业教育项目目前已在全球 40 多个国家开展。其核心内容是国际劳工组织为培养大中学生的创业意识和创业能力而专门开发的课程体系，与已经在各国广泛实施的"创办和改善你的企业"项目（Start and Improve your Business）共同构成一个完整的创业培训体系。该课程一般以选修课的形式在大学开展，学生通过选修该课程可以获得相应的学分。

为了解决高校创业讲师短缺的问题，KAB 项目专门设立了标准规范的师资开发体系，共分五个层级，从低到高依次为 KAB 讲师、KAB 培训师、KAB 高级培训师、KAB 国际级区域培训师以及 KAB 国际级全球培训师。经过 10 年推广，KAB 项目覆盖高校 1 400 多所，培训 KAB 讲师7 600 多人、KAB 培训师 35 人、KAB 高级培训师 23 人、KAB 国际级区域培训师 3 人，该批师资已经成为高校开展《创业基础》普及课的主要力量。

典型案例：教育部高校创业指导师培训

高校创业指导师，是教育部全国高等学校学生信息咨询与就业指导中心 2012 年开始的培训项目，旨在帮助各高校创业教育教师和负责人，掌握创业知识、方法、创业流程，提升其教授创业课程、开展创业指导工作的能力，推进中国高校创业教育的开展与深化。高校创业指导师（IEEM）五大亮点：（1）立足教育。以国家政策为导向，针对高校创业教育需求，重点落实教育与指导实施流程。（2）专业高度。聚合国内顶尖创业教育领域专家，传授行业领先成果，交流一线授课心得。（3）体系全面。线下培训与线上服务有效互补，持续提升培训效果。其中，线下培训为期 4 天，共分为 8 个模块，32 个学时。每一模块内容有序衔接，构成相对完整的课程体系。（4）形式多元。结合游戏、讨论、实地调研等丰富多样的教学形式，增强教学趣味与实效性。（5）权威认证。培训结束后颁发全国高等学校学生信息咨询与就业指导中心认证的证书。

该项目推行三年来，受到高校就业中心的普遍欢迎，累计培养创业指导师近 4 000 人，有效提高了负责创业就业的行政师资的创业指导水平。

第三章

经济新常态下促进创业与就业的政策选择

当前，我国正掀起改革开放以来的第四次创业高潮，创业就业局面也展现出了不同以往的新特征和新趋势，但是，我们仍需清醒地认识到，我国的创业与就业依然面临着一些突出问题。这些问题，有些是属于根植于既有体制中长期存在的，有些则跟随全球化、技术进步以及改革与发展的深入而新近出现的，同时，伴随我国经济进入新常态，又会对当前及未来一段时期的创业就业带来何种机遇与挑战，都是需要我们特别关注的。基于上述理解，本章首先归纳和总结当前我国创业与就业面临的突出问题，然后致力于判断经济新常态对当前及未来一段时期创业与就业带来的机遇和挑战，最后给出我们的基本政策主张——实施五大转变，全面推进创业就业。

第一节　当前我国创业与就业面临的突出问题

近些年来，得益于经济快速增长，得益于国家大力实施就业优先战略，城乡居民的创业热情被不断推高，创业带动就业倍增效应不断释放，我国正掀起改革开放以来的第四次创业高潮。然而，一个不容忽视的现象是，与许多发达国家甚至一些发展中国家相比，我国的创业活动仍然偏少，创业活跃度偏低。[①] 在适龄劳动人口中，希望创业、愿意创业、敢于创业的人数也比较少，城镇居民创业意愿不到5%。[②] 如果考虑到我国庞大的经济体量和居世界第一的劳动年龄人口，

---

① 李长安、苏丽锋、谢远涛：《影响城市创业活跃度的成本因素分析》，载《山西财经大学学报》，2012 年第 10 期。

② 王亚栋：《我国大学生创业比例低于发达国家源于创业环境》，载《人民日报》，2010 年 9 月 9 日。

则创业活跃度偏低的现象就更为明显。不仅如此，我国创业者的创业质量也有待提高，主要体现在两点：其一，生存型创业占比远高于机会型创业；其二，我国大学生的创业比例不到 1%，大大低于发达国家 20% 左右的大学生创业比例。[①] 创业活跃度和创业质量不高，势必影响创业带动就业倍增效应的进一步释放。我们认为，我国创业就业活动中面临的以下五个突出问题，是导致当前创业活跃度和创业质量不高现象出现的主要原因。

>>一、创业环境有待改善<<

2014 年发布的《全球创业观察中国报告：创业环境与政策》指出，创业环境的衡量指标有 9 个维度，分别是金融支持、政府政策、政府项目、教育和培训、研究开发转移、商业环境、市场开放程度、有形基础设施、文化和社会规范。中国的创业环境在参加全球创业观察的 69 个国家和地区中排在第 36 位，居于中游水平。该报告认为，虽然近十多年中国创业环境条件总体上在逐步提升，但是创业环境还是没有得到有效改善。创业环境是影响创业活动的综合因素的体现，一个好的创业环境，一方面会促进更多的创业者开展创业活动，从而带来创业活跃度的提高，另一方面，还会在很大程度上提高创业活动的预期收益，降低创业活动失败的风险——甚至对创业失败提供一定的保险，从而诱导更多的机会型创业和高学历创业者的出现，这势必又会提高创业活动的质量。如果上述逻辑是成立的，那么我们就有理由推测：在很大程度上，正是由于我国的创业环境还未得到有效改善，导致了当前还未出现创业的"最优状态"。实际上，对中关村案例的分析也清楚地表明，中关村成为创新创业发展高地的一个关键原因，就是坚持不懈地打造最优创新创业生态环境。[②] 这也提醒我们，对于创业而言，政府的重要职责就是推动建立一个拥抱创业者和适于开展创业的环境，使得创业者在这个良好环境下能够专注地从事生产和谋利活动。

>>二、创业成本居高不下<<

创业成本居高不下是导致我国创业活跃度不高的直接原因。已有大量研究表明，烦琐而低效的规章制度妨碍了初创企业的顺利进入；创业成本的不同，导致

[①]　王亚栋：《我国大学生创业比例低于发达国家源于创业环境》，载《人民日报》，2010 年 9 月 9 日。

[②]　赵淑兰：《打造最优创新创业生态环境——中关村何以成为创新发展高地》，载《经济日报》，2014 年 11 月 17 日。

了创业活跃度的国别或地区差异；在具有高昂的人力成本、复杂的规章制度、较大的企业税负、较高的开业资金要求的高创业成本国家中，劳动者个人成为创业者的可能性更小。[1] 创业成本之所以显得格外重要，是因为居高不下的创业成本严重挤压了企业的盈利空间，极大地影响了创业者对未来的盈利预期。初创企业大多处于起步阶段，利润微薄，高昂的创办成本不仅会遏制劳动者的创业热情，而且即使开办成功，也有可能导致初创企业在很短的时间内因为资金运行不畅而倒闭。[2] 我国政府目前正在力推的深化行政审批制度和商事制度改革，无疑是降低创业成本，推动大众创业、万众创新的有力举措。

>>三、创业融资渠道不畅<<

创业融资渠道不畅，也是阻碍创业活动得以开展、导致初创企业创业失败和影响创业规模扩展的一个重要原因。众所周知，由于我国金融体系的城市偏向、大企业偏向长期存在，中小企业很难获得正式的商业银行系统的融资支持，这在很大程度上影响了中小企业的转型与发展。例如，民建中央发布的《后危机时代中小企业转型与创新的调查与建议》调研报告指出，由于中小企业融资困难，不能扩大规模，每年全国损失约 800 万个就业机会。而且，民建中央的调研还进一步发现，在中小型企业中，中型企业的资金问题基本可以得到解决，真正需要在融资方面进行扶持的是小型企业，尤其是微小型企业——我国小微企业占中小企业总数的 90％以上，却只获得了中小企业贷款总额的 8％。而初创企业无疑绝大多数是小微企业，如果没有政府相关政策的干预和扶持，出于交易成本高、抵押难、风险大等多种因素的考虑，商业银行是不愿意主动开展对初创企业的融资支持的。2015 年发布的《全球创业观察中国报告》也指出，正是由于通过正式的商业银行系统渠道很难获得融资支持，我国青年创业者往往依赖个人的社会资本渠道和社会网络来获得资金，其三个主要资金来源依次是朋友、家庭和亲戚，分别占 36％、34.7％和 16％。令人欣慰的是，创业融资渠道不畅问题已经得到我国各级政府的重视，很多地方都在鼓励引导有实力的国有企业、基金公司、风险投资公司、金融机构建立创业风险投资基金以为创业者提供融资支持，与此同时，人社部门推进的支持创业的小额贷款、支持草根创业的各类专项基金等各项举措

① Djankov S. et al. The Regulation of Entry, *Quarterly Journal of Economics*，2002，107：1-37；Fonseca R. Entrepreneurship, Start-Up and Employment, *European Economic Review*，2001，45：92-105.

② 李长安、苏丽锋、谢远涛：《影响城市创业活跃度的成本因素分析》，载《山西财经大学学报》，2012 年第 10 期。

也都在积极推进中，其目的就是建立完善的创业企业的融资体系，解决创业融资渠道不畅问题。

>>四、创业精神有待培育<<

国民缺乏创业精神，也是导致我国创业活跃度和创业质量不高的一个突出问题。国务院新近发布的《关于大力推进大众创业万众创新若干政策措施的意见》，将创业精神归纳为三点：敢为人先，追求创新，百折不挠。实际上，创业精神与熊彼特意义上的追求创新的企业家精神十分类似，就是一种敢于开展"创造性破坏"活动的精神。创业精神之于创业活动的开展十分重要，如果没有创业精神，人类无法走出非洲，也不会有张骞的凿空西域和郑和下西洋，更不会有哥伦布"发现"新大陆。当然，创业精神的培育，不是一朝一夕就能完成的，它需要通过教育和宣传等手段来厚植创新文化，不断增强国民的创业创新意识，使创业创新成为全社会共同的价值追求和行为习惯，尤其是在我国已处于中等收入国家阵营正在向高收入国家迈进的当前阶段，更需要倡导不安于现状、勇于创新创业的价值观。同时，我们还需认识到，有市场才有创业，在一个主要依赖"看得见的手"来进行资源配置的市场机制发挥空间有限的环境中，没有创业的空间，创业精神自然无法培育；只有在一个市场在资源配置中起决定性作用的环境中，创业机会不断出现的环境中，才有利于创业精神的培育。在这个意义上可以说，不断深化改革，不断推进市场在资源配置中发挥决定性作用，才会在很大程度上有利于创业精神的培育。

>>五、创业能力有待提高<<

创业能力不足，是影响我国劳动者开展创业活动尤其是开展机会型创业活动的一个突出问题，这可能也是导致我国大学生创业比例偏低、创业型人才不足的一个关键所在。创业能力的提升有两个途径：创业教育和创业培训。从我国的情况来看，许多创业者在创业之前和之初，根本没有接受过正规有效的创业教育和创业培训，企业的发展完全是靠创业者个人的潜质、悟性、奋斗和机遇成长起来的，这就大大影响了我国多数创业企业生存和发展能力的提高。[1] 我们认为，在开展创业教育和创业培训活动中，要区别对待，即实施主体应有所不同。创业教育主要由正规教育体系中的各级各类学校来开展，而创业培训则应主要依赖市场

---

[1]　刘军、赖德胜、李长安：《就业：以制度创新夯实民生之本》，载《上海证券报》，2006年2月6日。

来完成。联合国教科文组织曾提出了教育的"第三本护照",即创业教育的问题,要求把创业教育提高到与目前的学术型教育和职业型教育同等的地位。而在国务院发布的《关于大力推进大众创业万众创新若干政策措施的意见》中,也明确要求将创业教育纳入国民教育体系,使我国创业教育制度化、体系化。在开展创业教育活动中,尤其要重视高校创业教育工作,要大力解决目前高校创业教育实施主体不明确、创业教育学科建设不完善、创业教育竞赛组织不成熟以及创业教育实施效果不明显等诸问题,[①] 推动大学生创业能力不断提高。

第二节　经济新常态下创业就业的机遇与挑战

在上一节内容中,针对当前我国创业活跃度和创业质量不高的现象,我们归纳总结出了我国创业就业活动中面临的五个突出问题予以解释。应该说,这五个突出问题并不是新出现的问题,而是伴随我国三十多年改革开放历程长期存在的,有些问题的出现甚至可以追溯到更为久远之前,政府、社会和学界对于这些问题的治理与解决也进行了努力的探索和实践,随着我国经济进入新常态,随着经济新常态对于经济社会发展方方面面的影响逐渐深入,新常态又会对我国的创业就业活动造成何种影响,进一步,我们更关心新常态会对这五个突出问题的治理与解决带来何种影响,即会带来更多的机遇还是会有更多的挑战?对于上述问题,无疑都需要我们予以考虑和加以判断,只有基于准确的判断,才能确保未来的政策选择具有正确的方向和很好的针对性。

>>一、经济发展方式的实质性转变将给
创业活动的开展带来新机遇<<

在经济新常态下,伴随经济发展方式的实质性转变,经济发展的动力也将"从要素驱动、投资驱动转向创新驱动"。[②] 创新驱动的主体是人,其中需要高技能劳动者的参与,需要广大高素质劳动者的智力投入,更需要企业家、创业者的参与,需要企业家和创业者通过"创造性破坏"来打破旧的低水平的生产状态,建立新的更高水平的生产状态。为什么强调要从要素驱动、投资驱动转向创新驱动?就是因为前两种驱动方式已经无法推动生产率的增长甚至也无法维持现有的生产率水平,仅靠制度学习、技术模仿、技术引进已经无法确保向世界前沿靠

---

① 温雅:《我国高校创业教育的现状、问题及完善——基于 25 所高校〈2014 年毕业生就业质量报告〉的分析》,载《江西社会科学》,2015 年第 3 期。

② 《习近平首次系统阐述"新常态"》,新华网,2014-11-10。

近，而只有依靠创新——制度创新、技术创新、管理创新等途径才能继续推动生产率的平稳增长。因此，在经济发展方式的实质性转变中，创业活动，尤其是机会型创业和创新型创业将获得广阔的发展空间。

>>二、创业创新之于经济增长和转型重要性的增强也会给创业活动带来新机遇<<

李克强总理在 2015 年的《政府工作报告》中指出，打造大众创业、万众创新是实现中国经济提质增效升级的"双引擎"之一。的确如此，在新常态下，尤其是我国正处于经济增长速度的换挡期、经济结构调整的阵痛期、前期刺激政策的消化期的"三期叠加"时期的这一阶段，经济增速不断放缓，就业面临很大压力，而要保持经济的中高速增长，同时推动产业链和价值链从低端转向中高端的加速转型，必须通过大众创业、万众创新，唤醒社会资本投向新技术、新产品、新业态和新商业模式，加速中国经济结构转型升级。不断产生的创业活动和新企业，不仅给经济增长带来持续活力，也将为经济增长和转型增添持久动力。[①] 可以预期，随着创业创新活动之于经济增长和转型重要性的不断增强，可供创业的空间和机会必将增加，一个欢迎创业者的友善环境也必将形成，这些变化必将给创业活动带来新机遇。

>>三、市场力量的不断增强将极大改善创业环境、降低创业成本<<

可以预期，在经济新常态下，伴随改革的深化，伴随"市场在资源配置中起决定性作用"局面的逐步形成，那些阻碍创业活动开展、不利于改善创业环境、导致创业成本居高不下的各种束缚将不断被解除。目前，我国政府正在主动加速去除各种影响经济发展与转型的不合时宜的管制，其中，对很多管制的解除直接有利于创业环境的改善和创业成本的降低。例如，2015 年 7 月 15 日李克强总理主持国务院常务会议决定，"在去年以来已取消 149 项职业资格的基础上，再取消网络广告经纪人、注册电子贸易师、全国外贸业务员、港口装卸工等 62 项职业资格，同时进一步加大工作力度，继续集中取消职业资格许可和认定事项"，"以改革释放创业创新活力"。对上述职业资格许可的取消，无疑会在很大程度上降低与之相关领域的创业门槛，提高创业活跃度。类似的改革举措的实施，必然会带来行政力量和市场力量的此消彼长，同时，改革必然也会带来垄断程度的降

---

① 徐绍峰：《总理何以三提"创新创业"》，载《金融时报》，2015 年 7 月 17 日。

低，这同样会增强市场的力量。市场在资源配置中起决定性作用的局面一旦形成，那么市场的力量就会自动实现对低生产率企业的清理，同时，也会创造出更多的可创业机会，相应地，这又会促进创业创新活力的释放。

>>四、经济结构加速调整和产业转型快速
升级将给创业活动带来新机遇<<

在新常态下，我国经济结构将加速调整，产业转型升级速度也会加快。而国内外经验都表明，伴随经济结构的调整和产业转型的升级，一方面，劳动力市场对低技能岗位的工作破坏会加速，从而使得低技能劳动力的就业面临阻碍，另一方面，对高技能劳动力的需求会持续增长，这会有利于高技能劳动力特别是高新技术领域的高技能劳动力谈判能力和议价能力提高，这是对就业的双重影响。而对于创业活动而言，经济结构的加速调整和产业转型的快速升级显然会创造出更多的不均衡——旧世界被打破，新世界需建立，这会出现很多的创业机会和空间。发现不均衡的能力正是一个优秀企业家和创业者所具备的能力，他会迅速充分地抓出不均衡带来的机会，填补这些新出现的创业空间，开展创业活动。

>>五、劳动者受教育程度的普遍增加和劳动力供求的
新变化，既会给创业活动带来新机遇也会有新挑战<<

始于 1999 年的新一轮高等教育大规模扩展，使得我国劳动年龄人口尤其是青年就业人口的受教育程度大幅度提高，随着劳动者受教育程度的提高，他们要求为已积累的人力资本投资争取合理的经济回报，对就业质量更为看重，那么，一方面，当他们预期在受雇状态下无法实现个人价值时，创业的冲动更为强烈，尤其是对青年群体而言更是如此；另一方面，劳动者受教育程度的普遍增加，由此造成的"拥挤效应"也将会导致雇佣这些劳动者比以往更为便宜，这将会大大降低雇佣高技能劳动者的人工成本，从而推动机会型创业和创新型创业的发展。另外，新生代农民工现在是产业工人以及低技能劳动者的主体，与父辈相比，他们的受教育程度更高，与城市同龄人有着同质的需求取向，在全国各地普遍出现"招工难"的劳动力市场环境下，他们的诉求已从基本权利转向了利益诉求，以要求更高的工资水平和争取有尊严的体面劳动为目标。[①] 如果是这样，那么对于创业者来说，雇佣低技能劳动者的人工成本将不断增加，这种情况会给创业活动的

---

① 路军等：《我国劳动关系转型与集体劳动关系治理——中国人力资源开发研究会劳动关系分会 2010 年年会观点综述》，载《中国人力资源开发》，2011 年第 1 期。

开展带来挑战，尤其是对于在劳动密集型行业创业的创业者来说更是如此。

综合以上分析，我们认为，经济新常态总体上将会给我国的创业就业活动带来更多的机遇，不但会推动我国创业者活跃程度的提高，也会推高创业质量，更为重要的是，新常态还十分有利于对影响我国创业就业活动面临的一些突出问题的治理和解决。

第三节　实施五大转变　全面推进创业就业

在本章前两节内容中，我们归纳总结了当前我国创业就业活动面临的五个突出问题，分析了经济新常态给我国的创业就业带来的机遇和挑战，而本节的任务，就在于根据前两节的判断以及本报告第二章对当前创业就业新特征新趋势的总结，给出我们的政策主张。我们的基本政策主张是：实施五大转变，全面推进创业就业。

>>一、从着眼于政策制定向制定与执行并重转变<<

自党的十七大提出"实施扩大就业的发展战略，促进以创业带动就业"以来，应该说我国已经制定了一系列政策来推动创业与就业，尤其是近些年来，无论是中央政府还是各级地方政府，都出台了更多更有针对性的举措来推动"大众创业、万众创新"。但一个不容忽视的问题是，政策的制定与执行往往脱节，无法落地。为此，当前的首要任务就是要实现从着眼于政策制定向制定与执行并重转变：一方面，要按照《关于大力推进大众创业万众创新若干政策措施的意见》的要求，坚持政策协同，实现落地生根。加强创业、创新、就业等各类政策统筹，部门与地方政策联动，确保创业扶持政策可操作、能落地；另一方面，要因地制宜，鼓励各级地方政府根据各地条件和比较优势制定有针对性的扶持政策。在这方面，无论是多地推行的"15分钟公共就业服务圈"建设，还是中西部多个省份推出的鼓励农民工就地就近创业就业的政策，都值得借鉴。

>>二、从注重政府扶持向政府力量和市场力量并重转变<<

我们强调从注重政府扶持向政府力量和市场力量并重转变，就是强调虽然要大力推动"大众创业、万众创新"，但仍需划清政府力量和市场力量作用的边界。对于创业就业而言，政府的作用主要体现在两点：一是持续打造一个良好的创业环境，例如更低的创业门槛和更好的基础设施，从而推动创业活动发展。这是政府应该不断完善的一项工作。就连创业环境远好于中国的美国，最近也在启动"一天创业"(Start Up In a Day)计划，这是因为，在美国创业者平均需要跨过六道不同的法律和监管障碍，才能创立一家公司；而在新西兰和加拿大仅需要一道程序。二是要通过适当的政策干预，支持创业。例如，人力资源和社会保障部门推进的支持创业的小额贷款，以及通过财政贴息的办法鼓励原本不愿意向初创企业融资的商业银行提供资金支持。

>>三、从注重国内创业向国内国际创业并重转变<<

目前，我们对创业的关注仍停留在国内层面，政府出台的一系列政策也主要针对国内创业。实际上，鼓励创业者"走出去"，实现海外创业也是一条可行之路。例如，随着国内人工成本的上涨，大量劳动密集型的企业需要向人工成本更低的国家和地区转移，这就会给去海外创业带来很多的机会；随着新常态下经济发展的动力将从要素驱动、投资驱动转向创新驱动，那么，利用多种融资平台鼓励创业者"走出去"，去发达国家创业以获取先进的技术，进而再向国内输入，也会有利于创新驱动的实现；在国家实施"一带一路"战略的有利条件下，海外创业同样有很大的盈利空间。因此，我们认为，立足长远，应出台相应举措，支持海外创业，实现从注重国内创业向国内国际并重转变。

>>四、从生存型创业向机会型创业转变<<

在我国当前阶段，生存型创业占比仍远高于机会型创业。与生存型创业相比，由于机会型创业能带动更多数量的就业、给创业者带来更高的收入、具有更好的创新特质和更大的发展潜力，那么我国机会型创业占比偏低的状况，不但形成了我国创业质量不高的局面，也影响了创业带动就业倍增效应的进一步释放。究其原因，主要是因为相比于生存型创业，机会型创业要求的条件更为苛刻——更友善的创业环境、更高的创业能力、更强的创业精神、更高的融资要求、更大的创业失败风险，这会导致敢于涉足机会型创业的创业者更少，也更为谨慎。因此，为实现从生存型创业向机会型创业的转变，必须做到两点：其一，继续打造一个拥抱创业者的友善的创业环境；其二，出台更为细化的政策，推动科研人员、大学生、境外人才加入创业大军，推动机会型创业特别是创新型创业的发展。2015 年发布的《全球创业观察中国报告》显示，中国青年创业者的受教育程度是：没有受过高等教育的占 60%，拥有本科学历的创业者仅占 12.2%。而美国的情况却与中国相反，创业者 51.7% 拥有本科学历，高中以下学历的创业者不到 15%。由此可以看出，我国创业者的受教育程度偏低，可能是机会型创业占比偏低的一个重要原因。相应地，如果引导更多的科研人员、大学生、境外人才加入创业大军，势必会推动机会型创业尤其是创新型创业的发展，从而能在很大程度上推动我国创业质量的提升。

>>五、从单一创业教育向立体创业教育转变<<

创业能力不足，已经在很大程度上制约了我国创业者开展创业活动，也加大了初创企业失败的风险。为此，必须按照《关于大力推进大众创业万众创新若干政策措施的意见》的要求，将创业教育纳入国民教育体系，在各级各类学校中开展创业教育，使我国的创业教育制度化、体系化。这就要求改变我国传统的单一教育模式，由单一教育向立体教育转变。为此，应做到以下四点：第一，要把创业教育置于与目前的学术型教育和职业型教育同等重要的地位；第二，加快完善创业课程设置，加强创业实训体系建设；第三，在我国各级各类教育中，都要加快由应试教育向素质教育的转变；第四，要注重对受教育者配置能力的培养。什么是配置能力？简单来说，是指适应变化的环境，使资源得到优化配置，从而实现价值增值的能力。配置能力与创新创业能力有着直接的关系。配置能力强的人一定是创新创业能力强的人，或者说，创新创业型人才一定是配置能力强的人。[①] 从这个意义上说，在各级各类教育中注重对配置能力的培养，是实现对创新创业型人才培养的关键一环。

---

① 赖德胜：《教育、劳动力市场与创新型人才的涌现》，载《教育研究》，2011年第9期。

第二篇

多视角下的创业就业问题研究

第四章
中国创业促进就业效果的实证研究

创业一直被各界人士认为是解决就业的重要途径。本章首先通过回顾总结国内和国外关于创业和就业关系的文献，以相对收入的创业理论为基础提出了一个分析创业与就业关系的框架。接着，我们用全国 1995 年到 2010 年的数据进行了实证检验，得到如下结论：创业对就业有积极的正向促进作用；在不同的时期，创业对就业促进作用是不同的。最后，本章对创业如何促进就业提出了政策建议，并分析了未来研究需要关注的问题。

第一节 创业对促进就业有积极作用

创业对于就业的促进作用一直被国外学者们关注，不仅如此，各国政府也提出了很多政策来支持创业活动，以此解决就业问题。以美国为例，过去的 20 年间，小企业创造了美国 2/3 的新增就业。美国 2 800 万家小企业雇用了 6 000 万人，占到私营部门就业量的一半。金融危机来临之后，美国政府通过采取各种措施加大对中小企业和创业活动的扶持，自 2009 年以来的 26 个月里，美国在私营部门创造了 425 万个就业岗位，其中大部分就业岗位是由小企业和创业企业提供的，这一数字是其在 2002—2004 年经济复苏时期新增就业量的 3 倍。[1]

在国内，自从党的十七大提出"实施扩大就业的发展战略，促进以创业带动就业"政策方针以来，各地方政府和相关部门为此制定和实施了不少具体的落实措施，最近结束的十八届三中全会再次强调了"健全促进就业创业体制机制"。来自人力资源和社会保障部的资料显示[2]：2008 年至 2010 年，中国 90 个创业型城

---

① National Economic Council. Moving America's Small Businesses & Entrepreneurs Forward—Creating an Economy Built to Last，2012. http://www.whitehouse.gov/sites/default/files/docs/small_business_report_05_16_12.pdf.

② 徐博、李亚楠：《"创业带动就业"成为中国就业新增长点》，载《新华财经》，2011 年 11 月 11 日。

市的创业者人数累计超过 1 000 万人，年均增长率超过 15％。然而，我们还要注意的是：在创业人数不断增加的同时，就业岗位数量增加了多少？创业是否能够真正促进就业？在中国面临金融危机和社会转型的今天，转轨就业、青年就业和农村转移的就业压力接踵而至，例如据国务院发布的就业报告，[①] "十二五"期间，仅仅解决每年进城的农村劳动力就业需要创造 800 万个就业岗位。如果希望通过创业带动就业的话，研究上述两者之间的关系就很有意义了：比如创业活动带动就业的内在机制是什么，创业在多大程度上促进就业等，有助于有关部门完善相应的管理措施从而更好地发挥创业的作用。

目前，国内研究创业与就业关系的文献不多，实证研究文献主要关注创业活动降低失业率的影响，[②] 理论综述主要是对国外的创业活动和就业数量、就业质量的关系进行了回顾，[③] 以及高建等人所撰写的系列创业观察报告。[④] 本章以相对收入的创业理论为基础，在借鉴前人研究的基础上进行改善并提出一个分析创业与就业关系的理论框架，利用中国 1995 到 2010 年的各省市面板数据，首次探讨了全国范围内的创业活动对就业的影响，实证分析的结果表明：创业对就业有积极的正向促进作用；创业在不同的时期，对就业的促进作用是不同的。

>>一、创业与就业关系的理论<<

Knight(1921)在其著作《风险、不确定性与利润》中所提出来的相对收入理论成为创业和就业关系的理论渊源，他认为个人会在失业、自雇和受雇这三种状态之间做出选择，其选择的标准就是上述三种状态的相对收入的比较。[⑤] 这一观点启发了 Oxenfeldt(1943)，他把创业和失业联系在一起，认为当个人面临失业，并对受雇就业感到前景暗淡的时候，就会把创业作为可靠的选择。[⑥] 在此基础上，学者们提出了萧条时期的推动效应假说和企业家的拉动效应假说来解释创业

---

① 韩俊：《农民工市民化：现状，前景与路径选择》，中国发展研究基金会研究项目，载《中国发展报告 2010——背景报告》，2010 年 1 月。

② 董志强、魏下海、张天华：《创业与失业：难民效应与企业家效应的实证检验》，载《经济评论》，2012 年第 2 期。

③ 卢亮、邓汉慧：《当代创业的就业价值的研究述评》，载《衡阳师范学院学报》，2013 年第 1 期。

④ 高建、姜彦福、李习保：《全球创业观察中国报告：基于 2005 年数据的分析》，北京：清华大学出版社，2006；高建：《全球创业观察中国报告(2007)：创业转型与就业效应》，北京：清华大学出版社，2008。

⑤ [美]弗兰克·H. 奈特：《风险、不确定性与利润》，安佳译，北京：商务印书馆，2010。

⑥ 汤灿晴、董志强、李永杰：《国外创业于就业关系研究现状探析与未来展望》，载《外国经济与管理》，2011 年第 9 期。

和就业之间的关系。萧条时期的推动效应，即难民效应，是指当经济萧条，就业率下降时，个人会觉得很难寻求到一份有薪水的工作，这时候，自我雇佣变得相对有吸引力，创业的人数就会增多，导致失业人数减少。[①]企业家的拉动效应，也被称为熊彼特效应（schumpeter effect）或者企业家效应，[②]就是指那些具有经营才能和商业头脑的创业者通过创办企业，不仅雇佣了自己，也雇佣了他人，从而拉动了就业。

>>二、国外实证研究的归类和评价<<

国外的实证研究不仅对上述理论假说进行了验证，而且还从其他方面来扩展了就业和创业关系的研究，通过整理所收集的文献，[③] 本章根据其所使用的研究方法和数据的不同，大致归纳为以下三类：

一是采用总体数据。在这种研究框架下，Johansson（2005）以 1994—1998 年瑞典 IT 企业为例，建立了企业平均规模与就业增长率之间的 U 型关系，在企业规模达到 240 名雇员时就业增长率最低。Shaffer（2006）不仅证实了在美国创业可以促进本部门的就业，而且还发现了创业所带来的就业外部效应，即创业也可以带来其他部门就业数量的增长。[④] Neumark 等人（2008）通过研究整体经济发现，平均规模不到 100 名员工的企业占到了 1992 年到 2002 年这十年间总就业率的

---

① Blau D. M. A Time-series Analysis of Self-employment in the United States. *Journal of Political Economy*，1987，95（3）：445-467. Steinmetz G. E. O. Wright. The Fall and Rise of the Petty Bourgeoisie：Changing Patterns of Self employment in the Postwar United States. *American Journal of Sociology*，1989，94（5）：973-1018. Blanchflower D. G. B. Meyer. A Longitudinal Analysis of Young Entrepreneurs in Australia and the United States. *Small Business Economics*，1994，6（1）：1-20. Haapanen M. H. Tervo. Self-employment Duration in Urban and Rural locations. *Applied Economics*，2009，41（19）：2449-2461.

② Thurik et al. Does Self-employment Reduce Unemployment? *Journal of Business Venturing*，2008，23（6）：673-686. Fiess et al. Informal Self-employment and Macroeconomic Fluctuations. *Journal of Development Economics*，2010，91（2）：211-226.

③ 本章外文研究文献来源于荷兰蒂尔堡大学所列出的核心权威的经济学期刊和管理学期刊，请见 http://www. tilburguniversity. edu/research/institutes-and-research-groups/center/research/publications/top-journals；核心权威的创业经济学期刊和创业管理学期刊，例如 Small Business Economics，Journal of Business Venturing 等；各大知名学术网站，如：NBER，IZA，CEPR 等，以确保研究的权威性；其次确定文献的年限，主要以 2000 到 2011 年为主，以确保研究内容的前沿性，共收集关于就业与创业数量关系的相关研究文献 19 篇。

④ Shaffer. S. Establishment Size and Local Employment Growth. *Small Business Economics*，2006，26（5）：439-454.

70％，但规模不到 20 人的企业占 50％。[①] Thurik 等（2008）认为高失业率可能会导致个人的创业行为（难民效应），但更多的自我雇佣行为也许暗示了创业企业经过一定时期的增长后会减少失业（企业家效应），他们发现企业家效应显然要强于难民效应。[②] 然而 Golpe 和 Avan（2008）发现在西班牙低收入地区难民效应发挥了作用，企业家效应却没有发挥作用，可是高收入地区这两种效应都发挥了作用。[③]

近年来，在使用总体数据方面出现一种新的研究趋势，即用地区层面的数据来分析创业活动的直接和间接效应如何影响就业增长。由于直接和间接效应作用机制存在差异，那么就会产生如下问题：在不同的经营期间内产生的就业效果是否相同？André van Stel 和 David Storey（2002）的研究显示：对英国而言，20 世纪 90 年代比 80 年代的短期就业效应要强烈，长期的就业效应在第五年最为强烈，第十年后消失。[④] Mueller 等（2008）将英国每年的创业率或每 1 000 名员工的新企业数量与区域就业变化（两年以上）联系在一起，高的创业率与高的就业数量相关。若干年后，由于竞争压力导致裁员或倒闭使得创业率与就业增长成负相关，所以只有提高竞争力才能使得两者的关系保持正相关。[⑤] Acs 和 Mueller（2008）发现只有在美国多元化的都市地区，那些大于 20 人，少于 500 人的创业企业才有持久的就业效应。[⑥] Baptista 等（2008）使用葡萄牙数据的研究显示间接效应在新企业创立后第八年才显现出来，而且在产业更为集聚的地区，知识型的企业比其他类型的企业对未来长期的就业能施加更大的影响。[⑦] Carree 和 Thurik（2008）基于国家级的数据，也得出了相类似的结论：创业的增加与就业量的增长相关，短期效应较小，中期为负面效应，长期为积极效应。[⑧]

---

① Neumark D. J. Zhang, B. Wall. Business Establishment Dynamics and Employment Growth. *Hudson Institute Research Paper*, 2005, No. 05-02.

② Thurik et al., Does Self-employment Reduce Unemployment? *Journal of Business Venturing*, 2008, 23(6): 673-686.

③ Golpe. A. S. Avan. Self-Employment and Unemployment in Spanish Regions in the Period 1979—2001. *In Measuring Entrepreneurship: Building a Statistic System*, 2008, 16: 191-204.

④ André Van Stel, David Storey. The Relationship between Firm Births and Job Creation: Did This Change in Britain in the 1990s. *SCALES-paper*, N200202.

⑤ Mueller. P. A. Van Stel, D. Storey. The Effects of New Firm Formation on Regional Development Over Time: The Case of Great Britain. *Small Business Economics*, 2008, 30(1): 59-71.

⑥ Acs. Z. J. P. Mueller. Employment Effects of Business Dynamics: Mice, Gazelles and Elephants. *Small Business Economics*, 2008, 30(1): 85-100.

⑦ Baptista. R. V. Escaria, P. Madruga. Entrepreneurship, Regional Development and Job Creation: The Case of Portugal. *Small Business Economics*, 2008, 30(1): 49-58.

⑧ Carree. M. A. Thurik. A. R. The Lag Sructure of the Impact of Business Ownership on Economic Performance in OECD Countries. *Small Business Economics*, 2008, 30(1): 100-101.

二是采用调整的吉伯特法则来分析非总体数据。一般来说，吉伯特法则是假定所有的企业具有同样的平均增长率，这样，企业规模从大到小调整的时候，对就业不会产生影响。然而，现实中，这样的推论并不成立，于是在研究创业企业的就业效应时，对该项前提条件做了修改，假设所有企业具有不同的增长率，并采用非总体数据来检验企业规模或成立时间和相应数量的就业岗位之间的关系。公式如下：

$$\ln q_{it+1} = \alpha_i + \beta \ln q_{it} + \mu_{it+1}$$

如果企业规模用就业人数 q 来测量，估计 q 前面的系数 β 就知道企业成长的速度以及是否和就业数量相关。

通过上述改进，Calvo(2006)对西班牙[1]，Oliveira 和 Fortunato(2006)[2]对葡萄牙的研究发现：创业企业有较高的成长率，能比大企业创造更多的就业，就业数量会随创业企业的规模和时间的不同存在显著性差异，Kathrin(2009)的研究也证实[3]：处于不同分位水平上的创业企业提供的就业增长数量存在显著差异。

三是采用 Davis 和 Haltiwanger 所设计的框架。上述两种研究方法没有考虑到企业的退出和进入的影响，Davis 和 Haltiwanger(1992)设计了一种新方法来弥补上述不足：首先把企业分为成长和新进入的企业（能创造新的职位），退出市场和衰退的企业（会造成职位的消失），其次定义职位创造率和职位消失率两个指标，两者之差就是职业净增长率，即就业增长率，最后计算出企业规模大小和其职位创造或者职位损失的比例关系。[4] 遵循上述思路，Satu Hohti(2000)以芬兰制造业 1980 到 1994 年的数据为例，发现在此期间，人数少于 100 人的小型企业的就业份额增加了 5 个百分点，但是人数大于 500 人的企业的就业份额减少了 6 个百分点。[5] Nikolaj 等人(2009)专门研究了新建立企业的就业贡献，它们为丹麦提供了 8％的就业份额。[6] 这种方法还有一种好处，就是能用来评估创业企业所

① Calvo J. L. Testing Gibrat's Law for Small, Young and Innovating Firms. *Small Business Economics*，2006，26(2)：117-123.

② Oliveira B A. Fortunato. Firm Growth and Liquidity Constraints：A Dynamic Analysis，*Small Business Economics*，2006，27(2-3)：139-156.

③ Kathrin Muller. Employment Growth in Newly Established Firms-Is There Evidence for Academic Entrepreneur's Human Capital Depreciation? *Centre for European Economic Research Discussion Paper*，2009，No. 09-050.

④ Davis. S. J Haltiwanger. J. Gross Job Creation，Gross Job Destruction and Employment Reallocation. *Quarterly Journal of Economics*，1992，107(3)：819-863.

⑤ Satu Hohti. Job Flows and Job Quality by Establishment Size in the Finnish Manufacturing Sector 1980-94. *Small Business Economics*，2000，15(4)：265-281.

⑥ Nikolaj，Malchow-Møller，Bertel Schjerning，Anders Sørensen. Entrepreneurship，Job Creation，and Wage Growth. *Centre for Applied Microeconometrics Working Paper*，2009，No. 2009-01.

引发的就业波动。Neumark(2005)以美国加州的数据为例，得到的结论是：新进入的小企业创造的职位相当于扩张中的大企业创造职位的 3 倍，而退出市场的小企业所损失的职位也是惊人的，相当于衰退大企业的 4 倍。[①] 由此可见，创业企业所创造的就业量不稳定，容易发生波动。

这些研究从不同的角度，采用不同的研究方法分析了创业与就业的关系，既有优点，也存在一定的不足。例如，如果采用整体数据，就有可能遗漏掉与就业创造相关的一些重要影响因素。如果使用改善的吉伯特法则，一定要注意企业的存活率和企业规模之间的关系在不同行业的差别。如果使用 Davis 和 Haltiwanger 等人设计的方法，要注意对成长和新进入的企业，以及退出市场和衰退的企业的归类和划分，以避免出现"回归谬误"。

>>三、国内的学术研究<<

尽管政府各部门重视创业对就业的拉动作用，但是学术界对此问题的研究似乎缺乏足够多的热情，特别是实证研究的文献并不多见。董志强(2012)等人利用广东省 21 个地区 1991—2007 年面板数据，使用 VAR 分析方法，对自雇创业率与失业率所产生的难民效应和企业家效应进行了探究，其分析结果支持创业可降低失业的企业家效应假说，并不支持高失业率会影响自雇创业率的难民效应。[②]

但是付宏(2007)的结论恰恰相反，他利用中国 1991—2006 年自我雇佣人数和失业人数的数据，通过回归分析发现我国的创业活动和就业增长之间存在难民效应，不存在企业家效应。[③]

从已有的研究结论来看，创业确实对就业有部分或者总体拉动作用，但是也存在一定的局限性，例如就整体数据的分析来看，由于各地的经济发展水平、社会、文化等众多环境条件的差异，使用简单的线性回归得出的结果是值得商榷的，可能会漏掉与就业创造相关的一些重要影响因素。不仅如此，上述研究对创业和就业关系微观层次机制的关注不够，比如一些验证难民效应和企业家效应的文章，缺乏创业与就业关系的理论分析，因此创业如何推动就业的内在机制也就相对欠缺。

---

① Neumark. D. J. Zhang B. Wall. Business Establishment Dynamics and Employment Growth. *Hudson Institute Research Paper*，2005，No. 05-02.

② 董志强、魏下海、张天华：《创业与失业：难民效应与企业家效应的实证检验》，载《经济评论》，2012 年第 2 期。

③ 付宏：《中国的创业活动与就业增长："难民效应"还是"熊彼特效应"》，第五届(2010)中国管理学年会——创业与中小企业管理分会场论文集。

第二节 创业带动就业的计量分析

>>一、模型构建与理论假设<<

本章力求通过理论和经验研究来探讨创业和就业的关系，我们利用奈特提出的相对收入理论，借鉴 Layard-Nickel-Jackman(1991)[①]和 Stefan(2000)[②]的研究思路，提出一个简单的微观分析理论框架，以此作为宏观分析和实证验证的基础。

在劳动力市场中，尤其在中国的劳动力市场中，由于"强资本和弱劳动"以及劳动力供给大于需求的情况，因此我们假设就业量由资方决定，即企业主根据市场平均工资水平来决定雇佣多少劳动力，就业量 $e_{i,t}$ 是工资水平 $w_{i,t}$ 的负函数。由于本章采用面板数据，各个地区 i 和各段时间 t 都有一个观察值，所以就业方程为：

$$e_{i,t}=a_i+a_t+\beta w_{i,t}+u_{i,t} \tag{1}$$

$u_{i,t}$ 为随机的正态分布误差项。

对于创业者而言，由于每人的创业天赋和把握机会的能力不同，创业人员获取的利润是不同的，而且随着创业人员的增多，创业人员所获取的平均利润逐步下降。假设 $\pi_{i,t}$ 为边际创业人员的利润，它是创业人员就业数量 $s_{i,t}$ 的减函数，那么创业人员的利润方程为：

$$\pi_{i,t}=b_i+b_t+\delta s_{i,t}+v_{i,t} \tag{2}$$

b_i，b_t，$v_{i,t}$ 和(1)式中的 a_i，a_t，$u_{i,t}$ 类似。

按照奈特的相对收入理论，追求利益最大化的个人会在就业(获得工资 w)和自我创业(获得创业利润 π)之间做出选择。这样，当市场出清条件满足(3)式的时候，创业人员的数量就会确定下来。对于那些获得创业利润 $\pi \geqslant \dfrac{w}{\theta}$ 的人，假定他们会一直成为创业人员。

$$\pi_{i,t}=\frac{w_{i,t}}{\theta} \tag{3}$$

由(1)，(2)，(3)式得到(4)式，

---

① Layard. R. R. Jackman S. Nickell，*Unemployment*，Oxford：Oxford University Press，1991.

② Stefan. Folster. Do Entrepreneurs Create Jobs. *Small Business Economics*，2000，14(2)：137-148.

$$s_{i,t} = \frac{e_{i,t}}{\theta\beta\delta} - \frac{(a_i + a_t)}{\theta\beta\delta} - \frac{(b_i + b_t)}{\delta} + \mu_{i,t} \qquad (4)$$

把(4)式进行变化，就得到(5)式，

$$e_{i,t} = (a_i + a_t) + \theta\beta(b_i + b_t) + \theta\beta\delta s_{i,t} + \mu_{i,t} \qquad (5)$$

除了(1)式受到工资水平的影响，从(5)式可以看出，就业还会受到创业的影响，比如创业人员本来就是自我雇佣就业人员或者创业者能雇佣更多的人员就业。同时，创业者更有积极性进行技术创新从而提高生产率；在中国的创业企业里，创业者很少受到行业工会或者企业工会的制约，在劳资谈判中，资方处于有利的地位，其雇佣的员工可能不会像工会成员要求较高的工资和较好的劳动条件从而降低了劳动雇佣成本，这些情况都可能会促使创业者雇佣更多的员工。不仅如此，当创业者开始雇佣劳动者的时候，当期的就业可能会对下期的就业产生影响，因此需要加入就业的滞后变量 $e_{i,t-1}$。

综上所述，再结合从理论推导中得到的(1)和(5)式，实证研究的模型如下：

$$e_{i,t} = c_i + c_t + u_{t-1}e_{i,t-1} + \eta w_{i,t} + \lambda s_{i,t} + z_{i,t} \qquad (6)$$

从上文的理论假定中可以得知(1)式中 β 和(2)式中 δ 为负值，那么(5)式中的 $\theta\beta\delta$ 便为正值，也就是说(6)式中的 η 和 λ 分别为负值和正值，因此理论假设如下：

在其他条件不变的情况下，工资水平与就业负相关，η 的估计系数应该为负值。(假设1)

在其他条件不变的情况下，创业与就业正相关，λ 的估计系数应该为正值。(假设2)

>>二、变量说明和研究方法<<

本章使用的数据主要来自《中国统计年鉴》《中国劳动统计年鉴》和《中国人口统计年鉴》，涵盖 1995—2010 年中国 29 个省市（不包括港、澳、台、重庆、西藏）的数据。另外关于各省实施创业政策的情况来自全民创业政策汇编。[①]

从方程(6)中可以看到，因变量 $e_{i,t}$ 代表就业数量，定义为 1995—2010 年全国各省市就业总量（不包含第一产业的就业总量），取自然对数。

自变量：$e(-1)_{i,t}$ 为 $e_{i,t}$ 滞后一期。$w_{i,t}$ 为 1995—2010 年全国各省市平均工资水平，并经过各年居民消费物价指数处理，取自然对数。$s_{i,t}$ 为创业变量，"创业"在不同的学科看来，有不同的含义。有研究者建议为了不同背景的研究者有基础

---

① 中国产业集群研究院，全民创业政策汇编，http://www. org/brand/ShowArticle. asp? ArticleID=465。

的交流平台，[①] 提出创业就是创办新企业，但经济学家一般把自我雇佣者称为创业，并得到了学界的广泛承认，我们采用经济学研究里通常的做法，[②] 用自我雇佣人数来衡量创业水平，即为 1995—2010 年全国各省市个体就业数量，取自然对数。为了保证计量结果的稳健性，还将进行稳健性检验，分别定义了 $s'_{i,t}$ 和 $w'_{i,t}$，$s'_{i,t}$ 为全国各省市个体户单位数量，取自然对数；$w'_{i,t}$ 设定为全国各省市实际平均工资与全国实际平均工资的比值。

我们还使用工具变量，$w^*_{i,t}$ 是 1995—2010 年全国平均工资水平，经过各年居民消费物价指数处理，取自然对数。zc 表示为各省是否实施鼓励创业就业政策，实施之前取 0，实施之后取 1。经分析，检验工具联合有效性的萨甘统计量的 P 值为 0.99，不能拒绝工具联合有效的原假设，因此，我们选取的工具变量是合适的。

表 4-1 变量的描述性统计

Variable	Obs	Mean	Std. Dev.	Mix	Max
因变量					
$e_{i,t}$	464	6.772 000	0.874 970	4.492 000	8.365 000
自变量					
$s_{i,t}$	464	4.821 198	0.981 834	2.208 000	6.565 000
$w_{i,t}$	464	9.440 731	0.645 419	8.166 000	11.069 000
$s'_{i,t}$	464	4.209 504	0.892 746	1.840 000	5.810 000
$w'_{i,t}$	464	0.985 429	0.285 852	0.718 500	2.003 800
工具变量					
$w^*_{i,t}$	464	9.375 625	0.601 772	8.410 000	10.380 000
zc	464	0.306 034	0.461 342	0.000 000	1.000 000

在上述实证检验模型中，由于引入了就业的滞后变量，导致解释变量和随机扰动项相关，使用 OLS 回归会导致估计结果偏差，这种偏差可能会导致 η 被高估，λ 被低估。我们采用两阶段最小二乘回归和动态面板估计办法来解决上述问题。

第一种两阶段最小二乘回归法使用就业 $e_{i,t}$ 的二阶滞后变量作为工具变量，

---

① Low. M. B. MacMillan. I. C. Entrepreneurship: Past Research and Future Challenge. *Journal of Management*，1988，14(2)：139-161. Singh. R. A Common on Developing the Field of Entrepreneurship through the Study of Opportunity Recognition and Exploitation. *Academy of Management Review*，2001，(26)：20-12.

② Thurik et al. Does Self-employment Reduce Unemployment? *Journal of Business Venturing*，2008，23（6）：673-686. Baptista. R. V. Escaria，P. Madruga. Entrepreneurship, Regional Development and Job Creation：The Case of Portugal. *Small Business Economics*，2008，30(1)：49-58.

来替代就业的滞后变量。在第二种两阶段最小二乘回归法中，采用工具变量法，来解决联立性偏误和延迟效应设定问题，对于 $w_{i,t}$，使用全国平均工资水平和 $w_{i,t}$ 的二阶滞后变量作为其工具变量；对于 $s_{i,t}$，使用各省是否实施了支持创业政策和 $s_{i,t}$ 的二阶滞后变量作为其工具变量。

同时，还使用动态面板（GMM）方法来估计，除了解决上述滞后变量和联立性问题外，GMM 还可以解决异方差和自相关问题。

>>三、模型结果分析<<

表 4-2　1995—2010 年就业的回归方程估计

自变量	OLS(1)	2sls(2)	2sls(3)	GMM(4)
$e(-1)_{i,t}$	0.824 870**	0.799 466**	0.818 354**	0.848 691**
	(0.320 960)	(0.025 779)	(0.026 799)	(0.030 707)
$s_{i,t}$	0.044 810**	0.045 373**	0.008 648	0.008 884
	(0.008 133)	(0.008 903)	(0.014 932)	(0.013 172)
$w_{i,t}$	−0.011 389	−0.009 169	0.063 063	0.062 630
	(0.028 769)	(0.030 331)	(0.047 238)	(0.041 769)
地区哑变量	是	是	是	是
时间哑变量	是	是	是	是
R^2-adj	0.998 474	0.998 494	0.998 387	0.998 388
Ljung-box Q-stata	3.271 3	6.662 7	6.408 4	6.442 9

注：(1)括号里的是标准误差。

(2)方程(2)里用就业的第二期滞后值作为就业滞后值的工具变量。

(3)方程(3)和方程(4)的工具变量是就业的第二期滞后值，个体就业数量的二期滞后值，各省市平均工资的二期滞后值，创业政策实施与否的哑变量，全国工资水平值。

(4)** ,* 分别表示 1% 和 5% 水平显著。

我们首先进行 Hausman 检验，检验结果拒绝了原假设，采用固定效应模型（FEM）效果更好。表 4-2 的分析结果表明，自我创业确实能够促进就业，工资水平 $w_{i,t}$ 的估计系数在方程(1)和(2)中为负值，在方程(3)和(4)中为正值，只是部分支持了假设 1；$s_{i,t}$ 的估计系数在 4 个方程中都为正号而且显著，系数值在 0.044 8 和 0.008 9 之间，支持本章所提出的理论假设 2。从自我创业 $s_{i,t}$ 的系数值变化来看，与 OLS 估计方法相比，在方程(3)和方程(4)中引入多个外生工具变量后，λ 值，也就是自我创业 $s_{i,t}$ 的估计系数应该增加；η 值，也就是工资水平 $w_{i,t}$ 的估计系数应该变小，因为原有的 OLS 估计偏差可能会导致 η 被高估，λ 被低估。然而豪斯曼设定检验显示，各解释变量和方程误差项之间没有显著的相关关系，这说明变量的内生性已得到解决。我们的估计可能是模型设定出现了一定的问题，于是采用间隔 3 年的水平值来分析，结果如下：

表 4-3　1995—2010 年就业的回归方程估计(3 年间隔，水平值)

自变量	OLS(1)	2sls(2)	2sls(3)	GMM(4)
$e(-1)_{i,t}$	0.543 474**	0.482 055**	0.411 600*	0.414 158*
	(0.046 869)	(0.092 120)	(0.200 746)	(0.168 447)
$s_{i,t}$	0.130 645**	0.116 290**	0.220 518*	0.222 274**
	(0.018 894)	(0.027 528)	(0.103 463)	(0.074 079)
$w_{i,t}$	−0.028 875	−0.074 229	−0.231 430	−0.216 282
	(0.068 645)	(0.081 547)	(0.592 994)	(0.482 193)
地区哑变量	是	是	是	是
时间哑变量	是	是	是	是
R^2-adj	0.997 052	0.997 299	0.996 612	0.996 620
Ljung-box Q-stata	0.312 8	2.908 1	0.622 1	0.642 1

注：(1)括号里的是标准误差。

(2)方程(2)用就业的第二期滞后值作为就业滞后值的工具变量。

(3)方程(3)和方程(4)的工具变量是就业的第二期滞后值，个体就业数量的二期滞后值，各省市平均工资的二期滞后值，创业政策实施与否的哑变量，全国工资水平值。

(4)**,*分别表示 1% 和 5% 水平显著。

从表 4-3 中可以看到，当使用间隔 3 年的数据进行分析后，所有方程中的 $s_{i,t}$ 和 $w_{i,t}$ 的估计系数分别为正值和负值，很好地支持了本章所提出的假设 1 和假设 2，即工资水平与就业水平负相关；自我创业能够促进就业增长，$s_{i,t}$ 系数值在 0.11 到 0.22 之间波动，而且在 4 个方程中都显著。与方程(1)相比，方程(3)和方程(4)中 $s_{i,t}$ 的系数值变大了，$w_{i,t}$ 的系数值变小了，说明方程的联立性偏差已经得到了改善。由于模型中存在滞后的因变量 $e(-1)_{i,t}$，本章使用滞后三阶的 Ljung-box Q 值而不是 DW 值检验自相关，结果显示上述方程设定中不存在任何的序列自相关。

我们还进行了稳健性检验，结果如表 4-4 和表 4-5 所示：

表 4-4　稳健性检验 $w_{i,t}$：1995—2010 年就业的回归方程估计(3 年间隔，水平值)

自变量	OLS(1)	2sls(2)	2sls(3)	GMM(4)
$e(-1)_{i,t}$	0.543 259**	0.479 541**	0.372 324	0.372 757
	(0.047 404)	(0.094 477)	(0.275 775)	(0.234 905)
$s_{i,t}$	0.130 643**	0.116 653**	0.245 040*	0.243 094**
	(0.018 917)	(0.027 543)	(0.109 272)	(0.084 266)
$w_{i,t}$	−0.024 461	−0.074 963	−0.323 058	−0.314 803
	(0.068 006)	(0.081 874)	(0.745 088)	(0.624 200)

自变量	OLS(1)	2sls(2)	2sls(3)	GMM(4)
地区哑变量	是	是	是	是
时间哑变量	是	是	是	是
R^2-adj	0.997 051	0.997 301	0.996 135	0.996 186
Ljung-box Q-stata	0.300 4	2.909 1	0.305 6	0.324 5

表 4-5　稳健性检验 $s_{i,t}$：1995—2010 年就业的回归方程估计(3 年间隔，水平值)

自变量	OLS(1)	2sls(2)	2sls(3)	GMM(4)
$e(-1)_{i,t}$	0.516 815**	0.474 144**	0.337 029	0.337 210
	(0.046 856)	(0.090 145)	(0.218 801)	(0.196 596)
$s_{i,t}$	0.154 272**	0.147 964**	0.267 059*	0.266 742*
	(0.020 869)	(0.031 358)	(0.137 001)	(0.115 054)
$w_{i,t}$	−0.071 586	−0.099 786	−0.492 227	−0.491 069
	(0.067 841)	(0.079 589)	(0.646 894)	(0.577 153)
地区哑变量	是	是	是	是
时间哑变量	是	是	是	是
R2-adj	0.997 175	0.997 463	0.996 228	0.996 235
Ljung-box Q-stata	0.698 6	3.782 7	0.172 1	0.175 2

稳健性检验结果显示，表 4-4 和表 4-5 中 $s_{i,t}$ 回归系数的符号和显著性与 $s'_{i,t}$ 回归系数的方向和显著性一致，$w_{i,t}$ 和 $w'_{i,t}$ 的回归系数的符号一致，这说明本章所提出的假设再次得到了验证。

为了更加全面地了解创业和就业的关系，我们还做了两者的格兰杰因果检验。①

表 4-6　创业和就业的格兰杰因果检验

	一阶滞后	二阶滞后	三阶滞后	四阶滞后
$s_{i,t}$ does not Granger Cause $e_{i,t}$	6.444 79	7.296 14	1.413 42	3.292 14
	(0.011 5)	(0.121 5)	(0.238 5)	(0.011 5)
$e_{i,t}$ does not Granger Cause $s_{i,t}$	17.176 3	12.015 5	15.780 6	13.178 0
	(4. E−05)	(9. E−06)	(1. E−09)	(5. E−10)

从检验结果可以看出，就业是引起自我创业的格兰杰原因，而创业只在第一阶和第四阶滞后期是就业的格兰杰原因，其他的滞后期则拒绝了原假设。如果再

---

①　两者都通过了 5% 的水平单位根检验。

深入分析的话，我们认为，就业是引起自我创业的格兰杰原因实际上就是创业的推动效应（或者难民效应），而引起自我创业的格兰杰原因也就是创业的拉动效应（或者企业家效应），这两种效应都得到了证实，只不过创业增加就业在不同的阶段会有不同的表现，上述的检验结果和国际上大多数的研究结论类似[①]：即创业对就业的影响一般分为 3 个时期，在创业的初期，创业对就业有积极的促进作用；在创业中期，创业会摧毁就业岗位；在创业末期，创业又会起到带动就业的作用。

第三节　提高创业带动就业的建议

为了破解就业难题，中国政府出台了包括奖励支持全民创业的措施，但是国内对此问题研究的匮乏制约了人们对创业和就业关系的深入了解，从而影响了就业难题的解决。本章首先在前人微观理论的框架上，探讨了宏观层面上创业对就业的影响，得到的研究结论是：创业对就业有积极的正向促进作用，创业每提高 1 个百分点，就业会相应地增加 0.11 到 0.22 个百分点，但是 Stefan(2000)对瑞典的研究显示，其创业对就业的促进系数为 0.5 到 0.57 左右。[②] 董志强等(2012)的研究也表明，中国广东地区创业对失业的累积效应为-0.93%，即在设定的研究范围内，广东的创业上升 1 个百分点只能降低失业 0.93 个百分点[③]，Thurik(2008)的研究显示，23 个 OECD 国家创业对失业的累积效应为 1.29%[④]，因此和外国的同类研究相比，我国创业促进就业的比例略微低了一些。2011 年年底，我国个体就业人数占总就业人数的比例约为 10.4%，城镇个体就业人数占城镇就业总人数的比例为 14.6%左右，但是 2011 年欧盟 27 个国家的自雇就业人数占总就业人数的比例已达到 15.1%，其中有 13 个国家超过了欧盟的平均水平，特

① Fritsch. M. How Does New Business Formation Affect Regional Development? *Small Business Economics*，2008，30(1)：1-14. Baptista. R. V. Escaria，P. Madruga. Entrepreneurship，Regional Development and Job Creation：The Case of Portugal. *Small Business Economics*，2008，30(1)：49-58. Arauzo-Carod. J-M，D. Liviano-Solis，M. Martin-Bofarull. New Business Formation and Employment Growth：Some Evidence for the Spanish Manufacturing Industry. *Small Business Economics*，2008，30(1)：73-84. Carree. M. A.，Thurik. A. R. The Lag Sructure of the Impact of Business Ownership on Economic Performance in OECD Countries. *Small Business Economics*，2008，30(1)：100-101.

② Stefan. Folster. Do Entrepreneurs Create Jobs? *Small Business Economics*，2000，14(2)：137-148.

③ 董志强、魏下海、张天华：《创业与失业：难民效应与企业家效应的实证检验》，载《经济评论》，2012 年第 2 期。

④ Thurik et al. Does Self-employment Reduce Unemployment? *Journal of Business Venturing*，2008，23(6)：673-686.

别是希腊(31.0％)，意大利(23.4％)，保加利亚(20.5％)和罗马尼亚(20.0％)①，这说明在促进就业方面，我国的创业活动还有改善的可能性。我们认为可以从两个方面进行完善：一是提高创业促进就业的稳定性，减少其波动。从本章的分析中已经看到：在创业初期、中期和晚期，其促进就业的作用是不同的。对于这种情况，汤灿晴、董志强(2011)②给出的解释是创业带来不同程度的技术创新和市场创新，而技术创新的不同组合和创新的不同扩张速度可以产生不同的影响地区就业的时间路径。实际上，影响的因素可能更多和更复杂，如创业者的人力资本③、产业集聚和经济周期④，结合中国的情况，可能还有政府相关政策的影响等⑤，如果能在以后的研究中对上述影响因素进行更深入的分析，那么能够提供的政策措施将更具有针对性，比如，是直接为创业者提供低息、免息贷款，补贴厂租、资金，对创业者予以奖励；还是设公共创业服务工作平台，建立创业指导服务组织等措施；或者两者兼顾更好？二是增强创业促进就业的有效性，也就是政策要扶持最能促进就业的创业类型。创业企业有不同的类型，他们对就业的影响是不同的。Baptista 和 Madruga(2008)认为知识型的企业比其他类型的企业在就业方面能发挥更大的作用；⑥《全球创业观察 2002 中国报告》⑦提出了生存型和创业型的创业企业的概念，高建等(2005)⑧的调查报告初步显示了机会型的企业在提供就业机会和就业岗位方面要优于生存型企业，可惜这种分析不够深入，比如在什么条件下，机会型创业企业创造就业的效率会比生存型企业高，而且上述绝大多数研究只注重分析上述两种类型的创业企业对就业数量的影响，缺乏对就业质量的研究。这也是我们在未来研究中要关注的问题：哪种类型的创业企业最能创造就业岗位？

---

① Source：Labour Force Survey(LFS)，Eurostat. http://epp. eurostat. ec. europa. eu/cache/ITY_OFFPUB/KS-SF-12-040/EN/KS-SF-12-040-EN. PDF.

② 汤灿晴、董志强、李永杰：《国外创业与就业关系研究现状探析与未来展望》，载《外国经济与管理》，2011 年第 9 期。

③ Baptista. R. V. Escaria，P. Madruga. Entrepreneurship，Regional Development and Job Creation：The Case of Portugal. *Small Business Economics*，2008，30(1)：49-58.

④ Acs. Z. J. P. Mueller. Employment Effects of Business Dynamics：Mice，Gazelles and Elephants. *Small Business Economics*，2008，30(1)：85-100. Mueller. P. A. Van Stel，D. Storey. The Effects of New Firm Formation on Regional Development Over Time：The Case of Great Britain. *Small Business Economics*，2008，30(1)：59-71.

⑤ 民建报告称中国中小企业平均寿命仅 3.7 年，被过重税费压垮，http://finance. ifeng. com/news/20101222/3099969. shtml.

⑥ Baptista. R. V. Escaria，P. Madruga. Entrepreneurship，Regional Development and Job Creation：The Case of Portugal. *Small Business Economics*，2008，30(1)：49-58.

⑦ 姜彦福等：《全球创业观察 2002 中国报告》，北京：清华大学出版社，2003。

⑧ 高建、姜彦福、李习保：《全球创业观察中国报告：基于 2005 年数据的分析》，北京：清华大学出版社，2006。

第五章
科技创新激发创业的机制研究

"十三五"期间，经济发展进入"新常态"，经济增速从"高挡"向"中高挡"回落，产业转型升级加速，以互联网＋、云计算、生物工程等为主导的科技创新期到来，创业形势将面临新机遇和新挑战。与此同时，在劳动力市场方面，老龄化社会的到来，大学扩招政策的滞后影响效应依然持续，劳动力年龄结构特征、人力资本结构特征都发生着动态变化，这种变化将直接影响未来五年的创业特征。本章节将集中讨论，创新驱动的大背景下，中国科技创新与创业的机制。

第一节　科技创新期中国创业形势及背景分析

"十三五"期间，科技创新期到来，创业形势将发生新变化。新常态下，政府对创业的关注度升温，"十八届三中全会"又提出了"健全促进就业创业体制机制"。随着"大众创业，万众创新"理念的提出，"三证合一"等政策的推进，中国新的创业局面已经打开。但是面临科技创新期的诸多挑战，依然有必要结合当前经济和政治形势，厘清中国创业形势特征、变化及其背后的社会现实背景，这将有利于制定适合中国国情的政策措施。

中国的创业形势有其独有特征。第一，创业更具"创新"特性。依托房地产业、低端制造业的创业模式开始"走冷"。具有创新能力、依托优质人力资本的创业者更具市场竞争力，且受到政府的支持。靠买地盖楼、粗放投资等方式带动创业的模式显然难以长期维持下去。这种模式不仅不符合一般经济发展规律，不利于经济健康发展，而且对就业的拉动也只限于短期，不利于远期创业质量的有效提高。第二，创业者范围扩大，从小众转向大众。从原来的资金持有者为主的资本推动型创业逐渐向资金持有者与技术所有者合作创业，甚至技术所有者独立创业转变，即资本与创新共同驱动以及创新驱动的创业开始出现。可以说，"草根创业"开始兴起，但亟待呵护与扶持。第三，创业的市场半径扩大。尽管依托信息产业的创业处于"易入门，难竞争"的状态，但潜力依然巨大。部分依托信息、互联网技术创业成功的企业已经从竞争期逐渐过渡到垄断竞争期，甚至垄断期，如腾讯、阿里巴巴、百度等。"互联网＋"时代到来，部分细分行业，如手机应用软件制造、网络媒体等还处于白热化竞争阶段，这些小企业主要靠高技能人力资本投入立足，创业门槛低，企业间竞争激烈。第四，创业的土壤更加肥沃。随着政府执政能力的提升，反腐工作的推进，市场决定性作用的发挥会更加明显，人力资本错配、非正当社会关系网络、体制机制的结构性障碍等形成的创业商务成本、交易成本、制度成本将会有所降低，进而促进高技术创业及科技型中小企业发展。

除此以外，"十三五"时期是贯彻创新驱动发展、推进科技强国战略的关键时期，除了要认清中国目前的创业就业特征之外，还要把握与创业就业相关的宏观形势，以在寻找创新促进创业就业途径的过程中立足大局，不僵硬化、理想化。当前我国经济社会有如下特征：

第一，产业转型升级进入关键期，第二产业产能淘汰正在逐步推进，第三产业占比持续、稳定增加。从发达国家的经验来看，以科技创新为核心的高端制造业和现代服务业具有高附加值、低污染、低能耗的优点，是产业结构转型升级的方向，也是创造大国应具备的核心产业基础。当前，我国的产业结构转型已经取得了一定的成效，2013 年第三产业占 GDP 的比重达到 46.1％，首次超过第二产业。"十三五"期间，大力发展高端制造业和现代服务业，是产业转型升级的必然选择。然而，这些产业的发展以科技创新为基础，以科技创业为动力。没有强大的科技创新驱动力并带动创业做支撑，就无法实现真正的产业转型升级。

第二，国民收入增长进入关键期，迫切需要依靠科技创新带动就业与经济增长，进而迈过中等收入陷阱、持续提高国民收入和实际生活水平。2014 年，我国人均 GDP 达到了 7 500 美元，已经跨入中等收入国家行列。从拉美国家的发展经验看，中等收入发展阶段是经济社会转型的关键期，转型不成功则容易陷入所谓的"中等收入陷阱"，增长停滞、国民收入和生活水平长期得不到提高，社会陷入动荡不安的境地。"十三五"期间，国民收入水平要继续迈上一个新台阶，人均 GDP 按照世界银行的标准接近或进入高收入国家的行列。这要求科技创新在经济发展过程中做出更大份额的贡献，科技创新成为内生经济增长的动力源泉。当前，我国的科技创新活动正处于空前活跃的阶段，科技创新成果大量涌现。然而，由于体制机制不健全，科技创新成果转换为现实生产力的效率较低，从而对经济增长的贡献作用没有得到充分体现。要提高科技创新成果的转换效率，必须要发挥科技创新促进创业的作用。

第三，创新型国家建设进入关键期，迫切需要从创新投入大国向创新产出强国转型。中国的研发创新投入力度正大幅度提升。OECD 公布的一份比较分析报告显示，2012 年欧盟研发投入占 GDP 的比重为 1.96％，而中国已经达到了1.98％。近年来，欧盟研发投入力度几乎没有增长，而中国研发投入自 1998 年来已经增长超过 3 倍。但是，中国的创新绩效与欧盟、美国相比，还有较大差距。因此，"十三五"期间迫切需要解决的一项重大课题是提高研发创新资金的投入产出效率。如何从创新投入大国转向创新产出强国，不仅需要改善科技创新投入的产出绩效，还需要加大科技创新成果的转换力度，不断发挥科技创新对创业的推动作用，更好地激发科技创新的活力。

基于此，本章主要研究科技创新促进创业的作用机制，趋利避害，提出依靠科技创新促进创业的政策措施。

第二节　内涵机制与外延机制研究

>>一、内涵机制<<

分析世界科技创新发展的新特征，首先要明确科技创新的基本特质，即科技创新形式、创新导致的企业形态可能发生变化，但是创新的周期特征和破旧立新的特征始终存在；科技创新对创业的影响也会在一项科技创新的开发、投产、产品扩展过程中客观存在，不可避免。新特征的出现是以上述基本特质为基础的，科技创新特征变化是以本质不变为基础的。

从历史的角度来看，科技的发展孵化出新企业，也淘汰掉旧企业。科技创新对创业的影响机制，取决于创造新企业与淘汰旧企业之力量的综合。工业革命以来，无数旧企业倒下，旧岗位消失，新企业建立，新工作创造，而这个看似重复的过程并没有导致企业绝对数量的减少，它带来的是人类经济的螺旋式进步和细分领域企业的大量增加。

一方面，科技创新与创业周期，在"破"与"立"的过程中不断涌现创新原动力企业和衍生企业。科技创新对创业的影响有两个方面，"破"与"立"，所谓"破"即新发明和新技术诞生，生产率提高带来的旧企业倒闭，而"立"则是新成果和新产品投入实际生产与推广，新企业诞生。如果把这种"破"与"立"的一个循环视为一个创业周期，那么在科技创新每一次的爆发过程中都涌现了大量的新企业。新企业的诞生有两种情况：第一种是基于新发明进行的生产或服务的提供；第二种是基于前一种情况的衍生企业的诞生。不妨把这两种企业分别称之为创新原动力企业和创新衍生企业（以下简称"原动力企业"或"衍生企业"）。衍生企业是指那些基于原动力企业产生的，又没有与原动力企业同属一个产业的企业。

不同历史时期，新企业的诞生模式有着显著差异，创新周期也在这一过程中发生着变化。在早期工业革命时期，原动力企业更为常见。例如纺纱机的发明为纺织工业带来巨大变化，实现了纺织业从作坊到规模化生产的飞跃，无数纺织企业在这一时期诞生。然而随着新的纺织技术的诞生，原有的纺纱机被淘汰，旧的创新周期结束，新的创新周期产生。在晚期工业革命阶段，衍生企业开始出现，虽然这些企业并没有导致细分行业门类的增加，但是新技术发明的周期性影响在扩大。在 1698 年，萨弗里制成的世界上第一台蒸汽提水机促进了采矿业的发展，这项创新在一开始促进了原动力企业——矿业企业的迅速增加。之后这种影响逐渐蔓延，矿业企业的崛起为其他行业提供了充足的燃料来源，降低了原材料成本，促进了包括电力、钢铁等在内的企业的增加。在当今时代，新的创新成果带动原动力企业与衍生企业大量涌现。以互联网为例，互联网的出现首先催生了搜索引擎、即时通信、电子商务企业的诞生，之后又带动了运输物流、大数据分析①企业的出现。前者是基于互联网本身的原动力企业，而后者则是在前者基础上出现的衍生企业。当然，运输物流企业的增加是原始产业的再扩张，而大数据分析企业的诞生则意味着细分行业的扩展。

另一方面，科技创新与创业模式，从"各自为营"到"立体式合作"。新创造发明的技术需要结合企业生产过程，形成产品或服务才能发挥促进经济发展和人民生活水平提高的作用，而发明与企业生产相结合的过程就是创业过程。从创业的参与主体来看，可以将科技创新促进创业的过程分为三类。其一，科技创新者独立地进行创业活动，将新技术新发明直接应用于企业创立或生产过程；其二，科技创新者将拥有的科技知识产权转让给资本所有者，由资方独立将新技术新发明用于企业创立或生产过程；其三，科技创新者与资本所有者或借助产权交易平台或借助金融平台，开展不同形式的合作，共同将新技术新发明用于企业创立或生产过程。

不同的经济发展阶段，科技创新推动下的创业模式也有差异。在经济发展早期，一般以第一种模式为主，因为工业化初级阶段，社会总体技术生产率比较低，创业的技术和资金门槛也不高，科技创新者能够轻易地将科技成果转换为生产力。随着经济持续发展和社会整体创业门槛的不断提高，科技发明者很难独立将科技创新应用于创业和生产过程，需要借助市场力量加以实现，因而知识产权所有者与资本所有者之间的合作模式更为普遍。工业化发展到更高阶段，社会整体的技术水平和创业门槛较高，科技创新和创业投资面临更大的市场风险，科技创新对创业的促进作用，要通过第二种模式和第三种模式的结合而体现出来。这也是科技创新与创业分工的必然结果。

---

① 随着统计分析方法研究的扩展，数据分析技术早就已经成形，但是数据来源少，互联网行业的发展使得海量数据可记录、可查询，于是大数据分析技术有了用武之地。

>>二、外延机制：影响科技创新、创业的外部力量<<

第一，金融市场的作用：创新发明与创业资本的结合速度加快，结合渠道扩展。银行的崛起促进了资金流动，使得手里有创新发明，又没有更多资产的发明者有了快速融资的机会。另外，银行的风险投资部门和独立的风险投资公司把所掌管的风险资本有效地投入富有盈利潜力的高科技企业，并通过推动后者的上市而帮助其发展壮大。金融业的崛起和发展使得那些创新发明能很快被一群投资家，而不是某一个有头脑又有金钱的企业主发现。在金融资本的快速流动下，若干创新性企业迅速成长。

另外，需要说明的是，虽然科技创新能带来劳动生产率的提高，但是科技创新和创业都是高风险活动，一个抑制性的金融市场很可能对创业产生抑制效应。中国的百度公司就是很典型的例证。百度创业初期求助国内号称四大国有股份制银行之一的某银行进行融资，但是该银行没有对互联网企业的专业评估人士，对百度未来的风险不能准确预期，导致银行没有给它提供贷款。幸运的是，百度公司有其他非国有银行可以选择，最终融资成功。显然，巨大研发投入后形成的产品和服务投入市场，经过验证之后才知道其营业能力，在许多高科技企业的无形资本难以度量的情况下，金融市场的完善性在一定程度上影响了创新拉动创业的效果。简而言之，在现代经济社会，资本融通的最大化效应是：科技创新者自己还没有意识到其发明的重要性，风险资本已经注入；工作破坏还没来得及发生或者出现不久就已经产生了企业创造，接纳这些工作破坏带来的失业者。

第二，教育和培训的作用：工人的人力资本水平提高，能迅速适应创新发明对工作的潜在冲击，给企业适时提供劳动力。首先，随着社会的进步，许多国家的教育水平提升，政府培训投入增加，私人培训机构增多，劳动者劳动技能增强。教育和培训使得科技创新带来的岗位空缺得以弥补。其次，许多国家开始意识到专业知识能力之外的配置能力对于应对失业冲击的重要性。这一方面体现在对高等教育的重视，很多国家高等教育普及率提高，这不仅提升了劳动者的专业能力，而且提升了他们的配置能力，他们可以在短时间内学习到新知识、新技能，于是能适应新岗位，企业快速投入人力资本进行生产的过程同时也是劳动者岗位迅速转换的过程。另一方面体现在对中等职业教育的设计上。在德国，即使是一般意义上的职业技术院校也有 $70\% \sim 80\%$ 的课程设计为数学、物理、外语等基础课，旨在提高劳动者的失业风险抵抗力。最后，创新创业教育已经进入课堂，教室成为孕育具备创新精神、冒险精神企业家的基地。美国的斯坦福大学、中国的清华大学等都有合作企业与其建立长期合作关系，旨在提升学生的创新创业能力。

第三，政府的作用：引导和服务，促进创新性企业创立和发展，提升劳动者就业质量。虽然政府不是科技创新的直接主体，但是政府在科技创新促进创业方面是有可发挥作用的余地的。首先，政府对科研部门和科技企业的财政性支持、人力资本投入支持、立法支持直接影响科技创业企业的发展，进而影响创业和就业，这是众所周知的规律性结论，然而政府自身的服务创新与升级则是更困难的，也是与时俱进的。以众创空间的建设为例，北京的"车库咖啡"、深圳的"柴火创客空间"、上海的"新车间"、杭州的"洋葱胶囊"等新型创业服务机构蓬勃发展。一方面，政府层面的不限制、不约束、不管制本身就是对创新、创业的正确引导和服务；另一方面，政府的积极作为、科学分类引导，为已经发展起来和即将创立的众创空间创造条件才是真正的政府服务创新。其次，政府在劳动力市场中的作用边界直接影响劳动者的创新创业动力。在劳动力市场存在制度性分割的情况下，部分部门凭借制度性垄断资源拥有超额利润或者其他利益，形成主要劳动力市场，可以吸纳优质人才，私人企业只能在次要劳动力市场招聘。在利润或利益引导下，那些有创新能力和创业能力的劳动者可能会倾向于到国有垄断部门、政府企事业单位工作，他们的人力资本被用在了创新匮乏部门、社会利润分配部门，甚至被用在了寻租上，那么科技创新对创业的影响力将会减弱。这种减弱表现在科技创新动力的减弱和科技创新带动创业动力的减弱。简而言之，有科技成果，没人愿意承担风险去投资，原因在于，存在制度性分割的情况下，在次要劳动力市场创业的预期收益减掉风险成本之后的预期利润要远低于在主要劳动力市场就业的收益，企业数量少了。

第四，中介机构的作用：辅助政府和企业的第三方。任何一个市场都不可能是信息完全对称的，只要存在利润空间和信息获取成本的降低，中介机构就会诞生，成为科技创新促进创业的润滑剂。在一个开放的市场中，曾经的科研人员或者政府管理部门中的科技官员很可能组织成立中介机构。一方面，私营中介机构了解目前最新的科技创新成果、企业和劳动者的需求，从而建立起企业、科研机构（包括高校）联系网络，成立企业和劳动者的信息平台，促成交流合作，降低交易成本，扩大企业利润，促进创业。另一方面，有些中介机构有政府背景，他们在进行信息提供的过程中可能不仅会考虑机构利益，还会考虑公共利益，所以会提供政策信息咨询服务。中介机构在地缘辽阔，科技、经济发展不均衡的地区能最大限度地发挥功能。

具体地，中介服务机构影响科技创新和创业的路径如下：首先，对技术创新成果进行设计、鉴定，这种"包装性"服务放大了科技创新信号，加快了企业技术创新成果的商业化和向现实生产力转化的速度，为吸引投资人投资企业起到了媒介作用。其次，中介机构为企业技术创新节约成本，缩短创新周期。中介机构为企业搜寻技术创新成果，投入生产节约了调查、信息和决策等成本，他们通过专业渠道提供创新成果信息，企业投资人购买这些信息的成本将比自己调查的成本低，并且节省了调查时间，缩短了技术创新的周期，进而促进新企业创立。最后，中介机构为企业提供创新产品交易服务，节约了企业交易过程中的宣传、管理和组织成本，帮助企业降低了库存过量的风险，促进更大规模投资。

毋庸置疑，从内因来看，经济发展规律表明，创新对创业的积极作用要大于消极作用，技术原因导致的企业破产和岗位破坏并没有阻止科技创新的步伐。从外因来看，在金融机构、教育和培训机构、政府部门、中介机构的联合作用下，创新科技促进创业的路径被拓宽。为了更清晰地描述各个发力方的综合作用，这里同样用图示简单刻画。

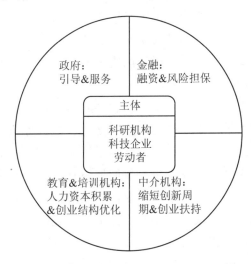

图 5-1　科技创新促进创业的发力方

第三节　双重机制作用下科技创新促进创业新特征

全球化背景下，在内涵机制和外延机制的双重作用下，科技创新的空间距离、周期、价值链条等都发生了前所未有的变化，在这种变化的影响下，科技创新对创业的作用方式也随之有了新特征。

第一，科技创新活动的空间距离在缩短，空间转移方式开始出现多样化特征，创业结构受到影响。

首先，创新人才、创新信息、创新服务在全球范围内流动导致地理空间距离对科技创新活动，特别是跨国创新合作的影响减弱，从这个意义上说，科技创新活动的相对空间距离在缩短。显然，这种趋势难以逆转，并且对创新知识交流、创新成果转化、创新产品和服务的应用都具有积极意义。同时，部分开放型国家也在这一过程中迅速提升了科技创新实力，积累了科技创新人才，优化了就业的层级结构。技术变革促使诸多劳动者为了生存需要，接受教育或参加培训，掌握和新技术相匹配的技能，进而成为企业需要的人力资本。

其次，一些不受制于空间地理特征的技术得到迅速发展，在某些领域中，创新科技从强国传入弱国的模式开始发生逆转。从传统意义上看，大多数影响人类的、具有颠覆意义的技术都是由经济发达的国家和地区向非发达国家或地区扩散。因为这些地区凭借雄厚的科研实力、对创新产品的高购买力水平以及发达的金融、保险服务设施形成了"创新高地"。但是一些新兴技术并不需要太高的成本，所以没有大型金融机构的支持也能完成前期投融资准备。① 同时，新技术打造出来的产品不要求消费者必须拥有特别高的购买力水平。其中，最具代表性的是计算机、通信和互联网技术。在这种情况下，小型高科技企业就能够迅速崛起，这为非发达国家提高创新能力带来了机会，中国和印度就是这方面的代表性国家，甚至在个别领域出现了创新成果从非发达国家向发达国家扩散的现象。

第二，科技创新周期在缩短，依托网络技术、信息技术的新一轮创新浪潮对创业的正向影响范围持续扩大、持续期延长。只需借助微观案例就可以对该结论进行阐释。如电子商务的发展"毁掉"了无数零售实体店，却创造出诸多靠低成本、优服务致胜的网络经营者，同时促进了交通、物流等行业的创业。显然，单从创业的角度来看，这一过程的利大于弊。不妨从"弊"出发进行分析，首先，部分零售实体店转而参与电子商务竞争，他们把原有实体店作为顾客体验场所，从网络上销售店内所售商品，达到了以创新促发展的目的。其次，部分零售实体店倒闭，转而进入其他创业领域。信息网络技术的发展降低了创业门槛，企业主抛弃实体经营、从事网络经营的转换成本并不高。或者说，"破旧"的成本虽然比较高，但是"立新"的成本降低了，新的创业不再困难。

科技创新对创业"破"与"立"的间隔时间在缩短，且"破"与"立"逐渐形成交织状态。根据外延机制的分析我们不难发现，创新发明与创业资本的结合速度加快，结合渠道扩展；工人的人力资本水平提高，能迅速适应创新发明对工作的潜在冲击；政府和中介机构逐渐找到各自的作用边界，对科技企业创新促进创业服务性功能逐渐增强。

第三，科技创新的价值链条在扩展。历史上，18 世纪 60 年代第一次科技革命以珍妮纺织机的发明和使用为标志，研发与研发成果的推广都只限于棉纺织业；19 世纪 70 年代第二次科技革命以电力的广泛应用为标志，创新成果主要被应用于第二产业；20 世纪四五十年代的第三次科技革命以电子计算机技术的诞生为标志，基于此扩展的 IT 技术和信息通信技术，不仅带来了第二产业的变革，而且深入到金融、保险、商务等服务领域，价值链条大大扩展。并且依托网络技术、信息技术的新一轮创新浪潮对创业的正向影响持续范围扩大、持续期延长。以互联网为例，电子商务的发展"毁掉"了无数零售实体店，却创造出诸多靠低成

---

① 最典型的例子就是百度，百度成立支出求助于某国有银行，但是因其起步低，成本小，并没有受到国有银行的优待，反而是更小型的金融投资机构帮助它发展壮大。

本、优服务致胜的网络经营者，同时促进了交通、物流等行业的创业。交通、物流等行业的扩张是信息网络技术创新的副产品，即非技术型创业，满足了部分人力资本水平略低、配置能力略差，但有管理能力的劳动者进行创业转换。

第四，需求引领创新逐渐转变为科技创新影响消费者需求，进而产生创业引致效应。人类之所以进行科技创新，显然是因为目前的产品或者服务不能满足需求或者存在改进空间，科技创新往往出于大多数人的现实需要。但随着技术革新空间的缩小、技术革新周期缩短以及科技创新价值链的变化，需求导致创新还是创新改变需求的单向影响关系开始变得模糊。比如几个 iPhone 创造者发明触屏手机的时候，大多数人并不认为传统手机有什么不足，甚至有人怀疑没有键盘的手机走不了太远。但是 iPhone 市场的火爆、竞争者的衰落、模仿厂商的创立都证实了某一项创新可以兴起甚至改变人类的生活，提升消费者的消费效用，消费者需求会迅速扩大。这种需求导致的结果促使已经成立的创新企业多雇用工人，增加生产，扩大利润率；未成立的创新企业进入竞争行列，与已有企业瓜分超额利润。这种扩张对旧企业或者旧岗位的破坏是一种快速弥补。另外，经济全球化发展导致消费者对创新科技产品的需求可以方便地通过跨国购买实现，这种跨国购买给创新科技产品匮乏国一种信号："如果有资金就投入生产，因为本土消费者热衷于这种商品。"曾经一家独大的 iPhone 迅速被中国小米效仿，于是短时间内，一个颇具实力的智能手机企业在一个发展中国家站稳脚跟。虽然两个品牌的消费者群体不同，但是这种商品需求信息的全球化共享特征同样提升了创业速度。

可以说，科技创新的第四个特征是以前三个特征为基础的，同时第四个特征的出现使得前三个特征更加鲜明。

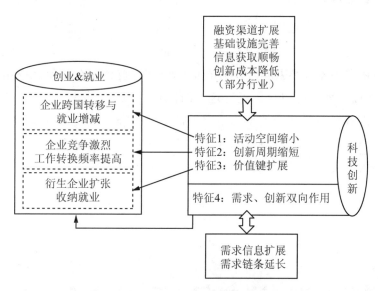

图 5-2　科技创新的新特征及对创业影响的模式变化

第四节 科技创新促进创业的趋势研判

我们对我国的科技创新促进创业的未来发展趋势，有如下的一些判断：

第一，以新技术为主导的创业型经济[1]已经到来，并将在较长时间内持续。

首先，以高科技企业为主的创业板市场在金融危机期间依然活跃，且市值增速迅猛。2013 年年底，诞生于 2009 年的中国创业板块仅仅经过 4 年成长就从开板时的 28 家公司迅速增加至 355 家。创业板公司总市值已经接近 1.5 万亿，占深市总市值的 16％左右，涌现了诸如乐视网等一批市值增长近 10 倍的优秀企业，很多传统企业的市值增速远不如这些科技创新企业，传统能源、钢铁等板块的企业市值甚至有缩水现象。不仅如此，创业板市场的区域覆盖面不断扩大，除了宁夏、西藏等省区，其他省份均有创业板上市公司。

其次，小企业活跃度飙升。2013 年，全国新登记注册企业 250.27 万户，比上年同期增长 27.63％，为金融危机以后最高。内资企业 246.64 万户，增长 28.22％，其中私营企业 232.73 万户，增长 29.98％。另外，小微企业数量占比高，截至 2013 年年底，全国各类企业总数为 1 527.84 万户。其中，小微企业 1 169.87 万户，占到企业总数的 76.57％。将 4 436.29 万户个体工商户纳入统计后，小微企业所占比重达到 94.15％。

根据熊彼特[2]的理论，那些有价值创业机会往往来自于外部变化，这些变化让人能开始做以前没做过的事情或者使人们以更有价值的方式做事，创业型经济正是这样一种经济模式的外部变化。

第二，创新参与者范围扩大，全民创业将成为趋势，草根创业开始从"神话"变成现实。首先，在中国十年内迅速成长的企业中，民众所熟悉的传统企业很少见。几年前还名不见经传甚至还不存在的"草根"科技企业在几年之内迅速成为顶尖级公司（下面的列表可以简单说明这一结论）。在成立之初，这些企业既没有垄断资源，也没有所谓的社会关系网络，凭借工资报酬所得或天使投资人的少量投资，寻找几个合伙人，租赁廉价的办公场地，就开启了创业之路，于是靠释放合伙人累积的人力资本成长起来的高科技公司开始大量涌现。

---

① ［美］彼得·F. 德鲁克：《创新与创业精神》，上海：上海人民出版社，2002，第 1～3 页。

② Schumpeter J. A. 1934. *The Theory Of Economic Development：An Inquiry into Profits, Capital Credit, Interest and the Business Cycle*. Cambridge，MA：Harvard University Press.

表 5-1 已经上市的部分高科技公司资料

公 司	成立时间	上市时间	上市地点	从成立到上市经历的时间
优酷，视频分享	2006	2010	纽约证券交易所	4 年
百度，搜索引擎	2000	2005	纳斯达克	5 年
腾讯，综合网站	1998	2004	香港联合交易所	6 年
网易，游戏	1997	2003	纳斯达克	6 年
乐视，视频分享	2004	2010	深圳证券交易所(创业板)	6 年
奇虎 360，安全软件	2005	2011	纽约证券交易所	6 年
世纪佳缘，婚恋	2003	2011	纳斯达克	8 年
京东，自营式电商企业	2004	2014	纳斯达克	10 年
易车，汽车媒体	2000	2010	纽约证券交易所	10 年
阿里巴巴，电子商务	1999	2014	纽约证券交易所	15 年

其次，创新价值链条的扩展使得各类"草根"拥有了各显神通的平台，呈现大企业与小作坊各取其利的态势，与传统模式不同，一家独大的绝对垄断优势随着信息流动的加快而变得难以为继。举案例进行简单说明。市场中最为常见的模式就是网络销售，大型卖场和一人经营的个体户都借助网络平台销售或者代售商品，各种比价软件和服务打分机制让竞争更加激烈，"草根"拥有更多成为"大佬"的机会。除此之外，还有一些"小众"模式正在兴起，虽然这些模式可能不会成为市场的主流，但是它在以往的任何模式中都没有出现过。一个典型例子是表情设计。已经拥有 2 亿用户的日本即时通信应用公司 Line 注重打造能让用户心甘情愿付费的聊天表情并从中获利，但这一形式并非为大企业所垄断，而是成为很多创作工作室甚至独立自由设计师用以谋生的手段，他们设计和出售聊天表情，与大型公司同台竞争。以上例证足以证明，在一个靠创意获得消费者的竞争时代，"草根"施展拳脚的空间将会更加广阔。

从 2013 年国际专利申请增速的数据可以发现，在专利申请增速较快的细分领域中，一方面，IT、纳米、数字化通信、环境技术、生物制药等新兴行业的创新技术成果增速较快；另一方面，运输、机床、冶金材料、家具等传统行业的创新技术成果也不断涌现。其中，后者的创新往往是前者创新的延展或者扩张。

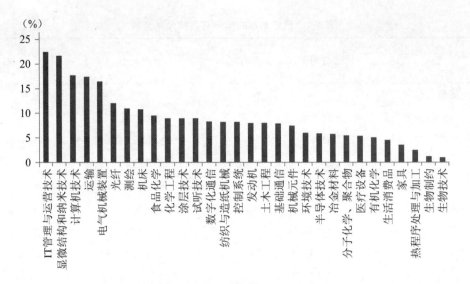

图 5-3　2013 年国际专利申请增速

数据来源：WIPO Statistics Database，March 2014。

第三，大学、企业、政府的"三螺旋"作用模式将成为未来中国科技创新促进创业的主流方式之一。

"三螺旋"模式是由美国社会学家亨利·埃茨科威兹[①]在 20 世纪 90 年代提出来的，其主要观点是在以知识为基础的社会中，大学、企业、政府之间的相互作用是改善创新条件的关键，三者都是创新要素的提供者和创新主体。尽管很多大学对高等教育机构的作用有着不同的争辩，斯坦福大学在与创业园联合进行创新研发，同时拉动本校学生创业，而芝加哥大学则依然对其象牙塔式的教学模式津津乐道。可以肯定的是，在中国，有一半以上的大学是与企业创新发生联系的，我们没有必要对这种既定存在的联系进行人为干预。这种联合方式的效益的充分体现需要政府、企业、大学的通力作用。

首先，政府的任务是给已经存在联系的大学和企业创造良好的交流平台。根据交易成本理论，大学和企业合作旨在降低交易成本，而这种合作的顺利进行需要第三方即政府的有效规制。这里的第三方规制既包括在经济中普遍适用的法律规章，还包括专用于合作的政策措施。其次，如果一个企业不是靠资源、不正当社会关系的垄断利润生存，那么科技创新是其存在和发展的基础，于是企业和大学有了一致性和合作基础。大学的知识、技术和政府的政策支持都成为企业生产的隐性投入要素，促进企业利润提升。最后，大学从企业利润中获得经济利益，投入新的科技创新活动；学生从与企业的合作中获得实践经验，激发创业热情。

第四，虽然新增企业和高科技企业已经崭露头角，但是新增企业的商业模式

---

① ［美］亨利·埃茨科威滋：《三螺旋——大学·产业·政府三元一体的创新战略》，周春彦译，北京：东方出版社，2005。

发生了变化，劳动力成本上升压力巨大，新增科技创新企业能否吸纳庞大的劳动力大军，以及劳动者队伍能否适应新的劳动市场的变化是巨大挑战。

首先是基于技术创新的商业模式发生变化，企业间的边界开始模糊。一个新技术的变革可以带来企业形态的变化，企业的边界开始模糊，企业的盈利点不再是服务项目本身，而是由服务项目引发的其他项目。如奇虎360是杀毒软件提供者，但是软件本身是免费的，借助软件使用而形成的点击率以及引发的广告收入才是它的主要利润来源。从会计核算上来看，主营业务和主营业务收入出现了非对等和不匹配现象。从就业岗位来看，广告设计、广告编辑岗位需求迅速增加，杀毒软件的销售岗位需求则为零。其次是不得不关注的劳动力成本。官方数据显示，[1] 2010年以来，在我国两大制造业中心珠三角和长三角，劳动力成本上涨了20％～25％，全国最低工资标准平均上调12％。三星等企业已经确定退出中国市场"移民"越南，iPhone7的生产任务是否继续由中国企业承担尚在斟酌，在这种情况下，本土企业承载就业的能力显得尤为重要。

为了更好顺应新一轮的创新浪潮，走上科技创新促进创业的路径，中国在未来政策的制定方面需要在借鉴创新创业大国已有经验基础上，选择适合中国的道路，为此我们在第五节中提出具体政策建议。

第五节　中国科技创新促进创业的路径选择

科技创新促进创业的路径选择不止一条，但是在厘清这些路径之前，首要明确的是，与时俱进是进行任何选择要遵循的基本原则之一。应该看到，中国目前的基本现状是，靠释放合伙人累积的人力资本成长起来的高科技公司开始涌现，全民创业的时期已经来临，为此需要进一步营造良好的创业环境，为建设创新型社会打下基础。总结建设创新创业型社会的目标，那就是使劳动者享有更多、更公平的创业机会，享受到优质高效、均等化的创业服务。

>>一、提升政府创新"嗅觉"，转变职能，建设创新型社会，激发国民创新精神<<

政府的行为变化会带来其他主体的相应反应，在科技创新促进创业的过程中，政府职能转变是从提升创新"嗅觉"开始的，这种"嗅觉"具体体现在政府面对新经济特征——创新型创业浪潮即将到来条件下的与时俱进和角色调整。

第一，政府将成为创新和创业体系的最大联络人。科技创新体系、创业体系

---

① 《中国劳动力成本，呈现明显上涨趋势》，载《深圳商报》，2013年1月21日。

不是孤立的，是相互联系，相互影响的。国家创新系统的前期创建工作已经开始，有力的基础设施网络已经基本完成并且正在优化，待基础条件满足其制度环境优化之后，创新系统内的创新合作机制就会自动形成。一旦企业极少因政策措施被强迫进行生产，其创新驱动力就会爆发出来进而激发创业体系的活跃度。政府从捆绑型的控制人变成嵌入型的联络人，其主要工作是为创新体系和创业体系的这种具体联系创造机会。具体包括：增加外国或者已经迁移的国内科学家和投资者与本地社会正式和非正式的联系；为国内科技机构、大学与企业的互动活动提供方便，搭建服务平台；吸引天使投资人到高校与有志创业的学生进行有效沟通，带动青年创新创业等。简而言之，政府在科技创新体系和创业体系中起到的是润滑剂和服务的作用。

第二，政府将从新技术的观测者变为潜力优势产业的预测者。随着政府执政能力的增强，政府开始从后知后觉者逐渐转变为先觉先发者。一个了解经济规律的政府能认识到它的作用边界，往往不会在某项创新技术或者创新模式刚刚萌芽之时对其进行肆意遏制，而是让市场去检验它的应用性和延展性以及对传统企业的冲击。而一个既了解经济学规律和科技发展规律的政府会实时把握前沿技术的发展态势，而不是等到一些所谓的"草根"企业发展壮大才意识到某项重大科技创新的重要性，才给予扶持和放开。同时，能成为潜力优势产业预测者的执政人必然也将是产业模式变革的先驱者以及劣势产业或夕阳产业的预测者。例如，一个预期到金融开放必然性和必要性的政府必然不会对拥有超额垄断利润的国有银行企业继续采取保护与"溺爱"措施，而是让它提前适应世界金融市场的变化，认识到互联网金融等其他金融模式的竞争压力，提高风险控制能力；一个预测到新能源对传统能源领域将带来冲击的政府，可能会去扶持新能源的研发与利用，而不是对传统能源实行非理性的价格保护。

第三，政府将成为影响人力资本积累的决策人。政府的教育政策将影响人力资本结构，进而影响科技创新和产业升级。首先需要说明的是，教育，特别是非义务教育属于半公共物品，政府、受教育者和其他单位承担了教育费用，所以政府对教育有干预权，其干预方式、干预内容直接影响人力资本积累的效益。从科技创新对劳动力市场的潜在影响来看，教育政策在影响人力资本结构的作用主要体现在两个方面：一是职业教育。科技创新对劳动力市场的冲击是正负两个方面的，对于岗位转换能力强、配置能力强的劳动者负向冲击较小，甚至有利于提升他们的就业质量，但是对于只在某个传统产业工作的、岗位转换能力弱的简单技术工人负向冲击大。所以政府所推崇的职业教育一定是具有一定基础知识，又具备一项专业技能的劳动者，而不是目前我国职业教育所培养的只能在传统制造业某个岗位就业的劳动者(如电焊工、摩托车修理工等)。二是创新创业教育。创新创业教育的目的不是把所有青年人都培养成企业家，而是引导部分有潜在创新创业精神，但是缺乏创新创业思维的青年如何创业，同时让其他接受过创新创业教育的学生有发掘新事物的兴趣。

第四，政府将成为企业家精神的倡导者和保护者。当政府能够胜任以上几个角色时，他才可能成为企业家精神的倡导者和保护者。因为企业家精神是植根于优质创新环境之中的，而以上几个角色对优化创新环境有着积极意义。并非所有劳动者都具备企业家精神，但是保护寥寥的企业家精神可以形成燎原之势，促成更多科技创业。企业家在经济社会中起到了活跃因子的作用，企业家的创业行为带动了就业的增加。并且一个优秀企业家的行为可能影响其他追随者，使得投资规模急剧上升进而导致劳动力需求量的增加。与此同时，高技术产业的企业家与一般的企业家又有着一定的区别。首先，高技术企业家本身不一定是发明家或技术人才，但企业家往往是发掘发明家或技术人才的伯乐，他有能力搜索创新成果、获得投产权并组织产品生产或者服务提供。其次，企业家对市场需求信号敏感，对未来的潜在需求有很强的洞察力，同时能在一定程度上引导发明家或者技术人才的研究方向。再次，尽管企业家凭借其高于一般人的洞察力可以发现潜在的市场需求，但是他们所投资的高技术企业还是有较高的不确定性和风险性。企业家是连接市场和科学研究的重要纽带，驱动企业家进行创新，扩大生产规模，雇佣更多劳动者的动力是利润本身或盈利机会。政府减少干预，给企业家创造良好的融资环境、采取合理的税收政策都是对企业家风险成本的控制，也是对企业家精神的倡导与鼓励。最后，政府对青年企业家会更加关注。与发达国家相比，中国的年轻创业者更擅长从应用着手，寻找传统产业的新应用，但是从研发入行者少，高学历创业者少。原因之一是制度性垄断机构的超额利润或者寻租利润对潜在优秀创业人才的吸纳能力过强，所以制度改革也是对企业家精神的一种变相保护。

>>二、支持中小企业创新，借其一臂之力实现创业迸发<<

中小企业既是吸纳就业的重要渠道，也是创新创业的"主战场"。目前，中国的科技创新体系依然以政府引导为特色，然而全民创业将成为未来的发展方向，创新从政府主导变为企业主导有积极意义。在把政府主导的科技创新成果交给市场转化、运营的过程中，充分调动中小企业的积极性，往往能得到更高效的预期收益。因此，有必要加大对中小企业的扶持力度，充分发挥中小企业创新创业的重要地位。一方面，在行政管理和财政政策上，政府可以从以下三个方面着手：

第一，逐步打破行业壁垒，深化垄断行业市场准入机制改革，给小型创新企业更多政策上的支持。大力发展生产性服务产业中的信息传输、计算机服务和软件业，商务服务业，科学研究、技术服务业，金融业等能够促进绿色创新和创业的行业，降低这些行业的准入门槛，给小企业进入和竞争的机会。

第二，尽快降低创新创业成本，简化科技创业程序，改善"注册难"。在中国，"三证合一"的措施已经很好地简化了创业程序。除此之外，在监管到位、技术支持可行的情况下，其他的一些方式也可渐进推进。如利用网络信息采集，针对创业审核制订统一信息表格，简化若干部门审批重复填表信息；各个部门间打造针对创业审批的"绿色通道"，通过上一个部门审批的项目直接进入下一个审批程序；最终审核完成后，创业者可以通过邮寄、自取、电子密钥等方式获得创办企业许可。

第三，借助有效的公共采购流程让政府成为中小企业创新产品的市场之一。在政府公共采购过程中，给创新型中小企业充分参与公平投标与竞争的机会。保证这些中小企业在市场开拓期有一个稳定可靠的市场和激励产品升级的利润的预期，降低技术创新过程中与市场有关的不确定性，提升这些企业的投资积极性。

另一方面，金融制度安排是促进创新创业的重要因素。优化创新创业体系，离不开金融政策的配合与支持。从金融政策方面，本课题给出以下几点建议供参考：

第一，建立适合我国现阶段中小型企业科技创业的融资机制，一是在孵化器内引入政策性中小企业信贷担保，鼓励拥有专业能力的投资商和专业基金提供创业投资；二是完善关于私募基金和收购、兼并的法规，为民间资本支持科技创业提供更多的选择渠道；还可以借鉴发达国家先进经验，比如美国的"硅谷银行"，针对不同阶段科技创业企业融资的投资机构进行纵向整合，形成客户信息和资源共享的投资、融资平台。形成较高的科技创业成功率—利润实现—创新创业风险投资的良性循环。

第二，综合利用金融手段，提高创业成功率。当创业者不能提供企业经营场所产权证明时，可凭借房产部门出具使用权证明或银行产权抵押证明办理相关手续；大学毕业生科技创业无经营场所时，毕业院校给予支持，出具证明办理相关手续；海外留学人才回国创业无经济场所产权证明时，可申请无抵押证明办理相关手续；农民创业者以私人住所为创业经营场所，无法出具产权证明时，可凭村委会出具的土地使用权证明办理相关手续。

第三，实现风险资本来源的多元化。我国目前风险投资主体主要是风险投资公司和商业银行，多为政府独资机构，发展模式为"政府主导型"，其他投资主体难以进入。政府应放开准入门槛，为创新创业提供多层次的支持，政府应该在逐步放开合作制的中小金融机构采取政府注资、企业为主、多方力量实现共赢的模式。鼓励企业接受个人投资者，允许养老金适度进入，并吸引外资注入。

第四，健康有序发展"天使投资"。在中国，随着经济的发展，一部分富人的投资方向开始发生转变，天使投资者开始出现。但与国外相比，这种模式在中国刚刚兴起，还远远无法满足国内企业的创业需求。原因在于中国缺少专业的天使投资家保障"天使投资"的健康增值。为此要培养了解中国本土的创新创业风险及盈利的专业天使投资家，保障"天使投资"健康发展。

第五，加强银行监管，提高监管效率。银行可以在确保信贷资金安全的前提下，调整科技贷款管理模式，切实增强金融机构发放创新创业贷款的积极性，但监管不容松懈，特别是政府银行在设立创新创业专项贷款，实行最优利率政策，并通过进出口信贷等方式，支持科技创新产品开拓与占领国际市场的过程中，提高监管质量和监管效率都是必不可少的环节。

>>三、加快创新创业基地建设，发挥城市集群的作用，拉动区域创业<<

创业基地是有效扶持创新企业发展的重要载体，更是有效解决企业创业初始阶段存在的规模偏小、产业层次较低、用地难和融资难等问题的重要抓手。有效推进创业基地建设，形成社会创业氛围，有利于优化产业布局，促进产业升级。

第一，建设创业基地应坚持以优化创业环境、完善创业服务、培育创业主体为重点。创业基地可以在短期内快速聚集小企业，对创造岗位作用明显。政府应该建立相应的创业基地专项基金，专门用于扶持中西部地区以及二三级城市创业基地建设，进一步平衡劳动力市场空间结构。

第二，完善创业基地服务和孵化功能，引导创业基地明确产业定位，将创建创业基地与产业集群建设有机结合起来。向进入创业基地的企业提供技术支持、人才培训、代理企业事务的服务。孵化对象也有必要突破单一的项目孵化，进行集群孵化、创业孵化。

第三，建立创业基地培育信息库，完善信息制度。按照"因地制宜、有序推进"的原则。对入库创业基地的小企业进行跟踪服务，及时掌握基地企业生产情况，以便及时调整扶持政策，增强小企业创业的成活率。

在选择城市建立创业基地的过程中，一定要关注的一个问题是，创新的集中爆发点和集散地一般是在城市，而非农村。即便是农业科技创新，农村也只是创新成果得以推开的场所，而非实现创新的主流平台。创新是与城市化特征相辅相成的，创新基地的建设一般以城市为核心，形成辐射带，之后拉动周边地区创业。具体的，创业基地的建设可以和城市化进程的推进同步，非农村剩余劳动力向特大型城市的暂时性流动不是真正意义的城市化进程，建立以大城市为辐射点、中等城市为就业吸纳点的创新创业基地会有利于创业计划的推进。

就中国目前的科技创新特征来看，以北京、南京、上海、深圳、广州、重庆为核心的辐射区正在发挥着大城市原生创新拉动周边小城市衍生创新的作用，这些城市基本都是流动人口就业的重要地。"十三五"期间，随着更加积极的科技和就业创业政策稳步实施，沈阳、兰州、郑州、西安等城市创新潜力将日益凸显。从实践角度看，特大型和大型创新城市成为了创新原生地，培育和塑造了优质的人力资本；中型和小型创新城市成为了创新辐射地，较大程度上提升了区域一般人力资本存量，这些将最终有助于扩大就业数量，改善就业结构，提升就业质量。

在具体操作过程中还要特别注意：第一，建设创业基地应坚持以创业带动就业的方针，以完善创业服务、培育创业主体为重点。第二，完善创业基地服务和孵化功能，引导创业基地明确产业定位，将创建创业基地与产业集群建设有机结合起来。第三，建立创业基地人才培育信息库，完善信息制度。第四，开展全国创业型省份、创业型城市的创业考核评估工作。

>>四、完善教育、培训体系，提高劳动者创业能力<<

随着科技创新的加速，人力资本的折旧与贬值速度不断上升，由低增值性的人力资本转变为高增值性的人力资本尤显重要。适当减少劳动者消耗在低端、重复性生产劳动上的时间，增加他们的培训时间，帮助他们缩短适应技术进步的时间，实现收入增长、技术进步和就业增加的同步化。因此，对抗科技进步对就业挤出效应的力量是对劳动力的教育与培训，提升劳动力的就业能力和适应能力。要明确创新创业教育的重要地位，明确不同创新创业教育的核心内涵，将创业教育的重点放在"创业能力"的培养，从创业者对创业机会的识别能力，创业活动的组织能力、战略能力、关系能力、承担能力和概念能力进行综合性培养，进一步提高劳动力创业活动的比例、创业企业的成活率以及机会型创业比例。

从科技创新对劳动力市场的潜在影响来看，教育政策在影响人力资本结构的作用主要体现在：

第一，针对青年人、大学生的创新创业教育。首先建立高等院校、企业以及科技孵化器"三位一体"的创业教育联动机制。从科技创新的源头开始让学生参与其中，增强大学生创业的科技含量，提高大学生创业层次。高等院校借助向企业输出科技创新成果的机会，向大学生提供科学技术交易教育，扩宽创业教育的内容。同时，依托高等学校建立的科技创业孵化器与高等院校共同承担大学生创业教育的责任。在孵化器内建立模拟公司、信息化创业实训平台，组织有创业愿望的大学生参加创业实训和创业演练，通过实际操作过程，系统性提高大学毕业生创业能力、增强大学生创业的风险应对能力和控制能力。积极会同企业、教育部等相关部门，邀请创业成功人士以及创新企业管理人士为在校大学生传授创业经验以及科技交易经验。政府会同企业、教育部等相关部门，依托高等学校建立的科技创业孵化器，借助国家允许大学老师离职从事创业活动的契机，实施"创业导师计划"，同时邀请创业成功人士以及创新企业管理人士为在校学生传授创业经验以及科技交易经验。创新创业教育的目的不是把所有青年人都培养成企业家，而是引导部分有潜在创新创业精神但缺乏创新创业经验的青年如何创业，同时让其他接受过创新创业教育的学生有发掘新事物的视角和能力。

第二，社会性的创新创业就业培训。职业教育和成人继续教育的与时俱进是实现社会性培训系统的前提，培训内容包括三类：一是主要培养与综合素质互补的高水平专业技能，面向高中毕业生的高等职业教育，或面向高等院校毕业生的职业资格认证教育；二是培养与主流技能结构互补的手工操作技能，面向城市外来务工人员和城镇就业困难群体的职业技能培训；三是培养具有高度专业化特征的专用型人力资本，由企业承担的面向员工的在职培训。随着科技进步的加速，职业教育与培训要坚持基础知识强化与岗位技能培训同时进行。在开设课程、教师水平达到市场需求的情况下，将培训范围扩大，将有创业意愿和提升技能要求的劳动者全部纳入培训范围；提高培训质量，政府部门出台培训课程技术参考标准、培训质量管理办法等，对培训过程进行监督。

第三，注重教育质量，立足长远，培养真正适应新兴战略产业的人才。科技进步的速度对教育事业的发展程度提出更高的要求，教育的质量决定劳动力的质量。立足长远，兼顾基础学科和应用型学科的发展。加大政府对高等教育的投入，并在高等教育壮大过程中，引入市场机制形成竞争、监督力量，促进高等教育质量提高，进一步加强大学毕业生人力资本与劳动力市场技能需求的匹配程度，以及适应产业结构升级对劳动技能需求的调整。目前，人才结构不合理，缺乏适应新兴战略产业人才也是中国面临的问题。1999 年扩招以来，很多大学为了尽快扩充规模，更多发展成本较低的文科类专业，使得人才培养结构和市场需求结构不合理，理科类在读学生占比从 1998 年的 60% 减少至 2012 年的 50% 左右，大学生毕业即失业问题在文科类学生群体中更为突出。就"十三五"产业特征来看，与制药与生物科技、高技术硬件和设备、汽车及零部件、软件及计算机服务、电子设备、航空航天、医疗保健设备与服务等行业的人才缺口巨大，提升学校专业设置的前瞻性才能适应未来人才需求。另外，就中国的经济体量来看，不可能放弃第一、第二产业，只专注于第三产业的发展，科技创新带来的两大趋势——第一、第二产业的优化升级以及第三产业的扩展都是不可能摒弃的，否则这样一个人口大国在某些领域终究为他国牵制，最终抑制整体创新水平的提升，所以顺应教育规律，优化文理科人才培养结构势在必行。

>>五、发挥众创空间优势，有效推进机会型创业计划<<

创新创业服务机构的升级是创业质量与创业水平升级的重要保障，更好发挥政府的作用，有效推进机会型创业计划。一般说来，与生存性创业相比，机会型创业强调创新成果的转化与生产，创业层次更高、企业成长速度更快，相应的，机会型创业对创业者自身的素质要求也更高。因此，结合众创空间建设，本课题提出了升级版的创业就业服务计划、科技人员创业支持计划以及科技成果转化计划。

第一，升级版创业服务计划。有别于以往的孵化器、大学科技园等创新创业服务机构，众创空间开启了创新创业服务的升级模式。如前文所述，各式各样的创客空间已经在主要城市发展起来，燎原之势已经形成。建设众创空间，既要充分发挥市场在资源配置中的决定性作用，也要从政府层面给予关注和支持，这直接关系创业服务水平的提升。升级版的创业服务，首先要提升基础性服务效率。基础性的服务，如场地提供、资金支持、宽带接入等要标准化，有严格、一体的程序和准则，信息公开透明，防止寻租行为出现。其次要改变具体服务项目的服务模式，从归一化服务升级为个性化服务。对于一些具体性的服务，如代理工商注册、代理纳税申报、代理知识产权申请、辅助工作搜寻等服务项目更具个性化，因为不同的创业体（如大学生、海外归国人员等）的需求是不同的，他们对国家政策和法律程序的熟知度也是有差异的，个性化服务有利于提升创业成功率。最后，要开启协同服务模式。充分发挥政府资源整合能力，运用新媒体等现代化平台实现跨地区、跨行业的有效合作与协同创新。实现大城市对中小城市的创新创业辐射，实现新兴技术、商业模式、创新文化对传统技术、商业模式和企业文化的辐射，加强创业的融合互动，推动人才有效流动。

第二，鼓励科技人员由单纯的创新人才向"创新创业复合型人才"转变，推进科技人员创业计划。鼓励科技人员创业首先需要解决研发成果产权归政府所有和个体人力资本投入收益之间的矛盾，需要把公共利益与私人利益结合起来，形成一个平衡的知识产权法律体系，既能激励所有参与者促进科技创新转化（商业化），又能满足科研机构和高等院校最大限度利用政府资助生产知识的需要。该体系首先要明确知识产权归属主体或科技成果转化的成果收益方。科技创新参与者个体可以被赋予股权激励或自主创业完成科技成果转化。另外，有必要健全科技成果转化者的评价机制，职称评定中承认科技成果转化绩效，确保参与成果转化的人能获得一定比例收益，调动创新者参与后期技术创新工作的积极性。

在此基础之上，完善国有科研机构、高等学校科技人员在企业兼职兼薪办法，科技人员可以在完成本职工作和不侵害本单位技术经济权益的前提下，在其他企业从事研究开发和成果转化活动并依法获得相应报酬。兼职创办科技型企业或与他人合作创办企业的，可参照单位实施或者与他人合作实施技术成果转化的办法，由科技人员与本单位协商约定利润分配比例或薪酬待遇。离岗创办企业或到其他企业任职的，应与本单位签订书面协议，约定离岗期间的工资、医疗、意外伤害等待遇和各种保险，可重新竞争上岗或由原单位安排相应工作。

第三，新的科技成果转化计划。除基础性研究之外，国家注资研发投入的追加条件是科技创新成果申请专利并加快专利技术商品化。国家研发投入追求的目标不仅是科技创新成果，还包括科技创新成果转化，要让国家支持的科技创新活动真正服务于创业，提高科技创新创业的比例。科技机构和高等学校建立科技成果转化办公室，专门负责科技成果转化活动；设立科技创新评价机构，雇佣高技能劳动力对研究机构、科研项目等实施评估；加强项目实施过程的监管和项目完成后的评估来保证研究经费的使用和成果产出效率；进一步根据评估结果，决定对研究项目的审批以及研究机构的经费支持。同时对国家科研机构和高等学校的科技创新经费、运行效率以及科技成果转化进行定期评估，并参照评估结果投入下一阶段科研经费。

另外，让众创空间也成为科技成果交流、转售的平台，通过各项活动推动成果转化，例如以科技成果开发为依托的创业沙龙、科技成果推广讲堂、专利互换与销售服务等。于此同时，加强众创空间的科技成果统计监测，及时掌握行业发展情况，并对其进行分类引导，让科技信息更加透明，传播更加便捷，使得行业领军企业家、天使投资人、社会组织迅速、有效地发现商业价值。

事实上，科技创新促进创业的路径选择并不是唯一的，选择顺应科技创新趋势、遵循市场运行规律、符合经济发展阶段特征、适合中国国情的路径是本课题研究的重点，在对未来创业形势进行预期基础上，本课题提出了中国科技创新促进创业的路径选择模式，给出了六个基于宏观和微观层面的建议，这其中包括转变政府职能、驱动中小企业创新、建设城市集群创新基地、改革教育培训体系、优化人才配置结构、借众创空间优势推进机会型创业等多个层面。尽管这些方面可能还不够全面，但需要特别指出的是，这些层面并不是彼此孤立的，它们是互相影响和制约的，一个环节的滞后很可能会拖累其他环节的推进。

第六章

互联网对创业就业影响的研究：
以阿里巴巴为例

  互联网技术的发展让人们在"大数据"中找到适合自己的全新而又便捷的生活方式，开创了网络创业促进就业的新时代，并且已经改变了 17 个行业。互联网技术的发展促进了网络经济和电子商务的迅猛增长，即使在 2008 年年底全球陷入经济危机时期，网络经济和电子商务的增长速度不减反增。几年来中国网络经济的年增长率一直保持在 30％以上，远高于我国国内生产总值（GDP）的增长，也高于国家财政收入和人均国民收入的增长。2011 年网络商业交易额达到 5.8 万亿元人民币，2012 年达到 8.2 万亿元人民币，比 2011 年增长了 41％，占 2012 年全国 GDP 总量的 15％。[①] 例如 2012 年 11 月 11 日淘宝天猫创下单日网络交易额 191 亿万元人民币的全球最新、最高纪录。[②] 淘宝网数据显示，阿里巴巴 2012 年"双十一"交易额为 191 亿元，2013 年为 350 亿元，2014 年内 571 亿元，有人预测 2015 年为 844 亿～860 亿元。马云每次致辞，都说自己要做一个感恩的人，感恩这个国家，感恩这个时代。他总不忘记补充的是"感谢互联网"，没有互联网，没有互联网给这个时代、这个国家带来的巨大变化，就没有马云的成功。而且，网络经济和电子商务也不断创造出新的产业和新的企业活动领域，尤其在"大众创业、万众创新"的政策支持和"互联网＋"时代的大趋势下，将互联网与传统产业相结合，创造出了许多新职业、新工种和新的就业岗位。越来越多的劳动力从传统产业和传统就业岗位转移到网络产业和网络就业岗位。

  2013 年 2 月 4 日人力资源和社会保障部首次向社会发布的《网络创业促进就业研究报告》指出，年青人成创业就业主力，截至 2011 年，中国网络经济活动累

---

① 陈宇：《电子商业引领我国创业就业》，载《中国就业》，2013 年第 9 期。

② 张小建、马永堂：《我国网络创业就业发展状况和对策研究》，载《中国劳动》，2013 年第 6 期。

计创造的直接和间接就业岗位超过 1 000 万个，有效缓解了就业压力！网络经济和电子商务已成为创业与就业新的增长点。人力资源和社会保障部有关司局和中国就业促进会历经 8 个月的调研结果显示，目前网络就业主要集中在中东部地区和地级以上城市的智力密集型、劳动密集型和技术密集型企业。分别占抽样总数的 57.4％和 85％；网络创业就业创新的"特质"明显。据阿里巴巴平台统计，在 2011 年淘宝网直接创造的就业岗位中，东部地区占 57.4％（其中广东占 23.5％、上海占 17.7％、浙江占 17.2％），阿里巴巴网络创业的地区分布特点与其相一致。

值得强调的是淘宝网在 2010 年的电子商务成交额中，虽然东部地区商家仍占领先地位，但部分中西部省份的交易额增速已开始超出沿海地区。从中不难看出，阿里巴巴电子商务打破了传统交易的时间和空间局限，为受地域限制的中西部地区提供了较大的发展空间！据阿里巴巴平台统计，在 2011 年淘宝网直接创造的就业岗位中，客户服务占 89％，打包占 73％，网店设计或美工占 53％，网店的管理和运营占 47％，销售占 33％，财务占 30％，生产加工则占 15％，网络创业促进就业效果显著。阿里巴巴平台的统计结果与人力资源和社会保障部、中国就业促进会的调研报告所公布的统计结果相一致。

众所周知淘宝网归属于阿里巴巴集团，因此，淘宝网的成功同样标志着阿里巴巴集团的成功。汇通网 2015 年 1 月 23 日报道：阿里巴巴直接和间接创造了 4000 万个就业岗位，每天的买家有 1 亿人。阿里巴巴作为互联网时代的创业楷模、网络创业促进就业的典范，值得我们深入的研究和思考。

第一节　阿里巴巴的网络创业之路

在"大众创业、万众创新"的大环境和大背景下，很多人都想创业，但似乎又有一个不去创业的理由：我没有钱，否则我一定成功。可是马云的创业经历告诉我们：没钱，同样可以创业，甚至可以创业促进就业，为国家缓解就业压力，成为具有社会责任感和历史使命感的企业家。2007 年 11 月 6 日，阿里巴巴在香港上市，首日涨幅近 200％，一跃成为中国第一家市值超过了 200 亿美元的互联网公司，排名亚洲第一、全球第五。新经济观察家认为，阿里巴巴的崛起代表了世界经济发展的趋势。过去，人们总把日本的丰田奉为亚洲经济发展的经典模式，如今阿里巴巴的上市成为中国经验取代日本经验的标志性事件，向世界推出了"中国经济崛起的样本"。而仅用了九年时间就缔造了这一创业奇迹的正是创业型企业阿里巴巴的灵魂人物：马云，家喻户晓的"互联网教父"。

>>一、阿里巴巴之灵魂人物：马云<<

（一）坚韧不拔、保持本我

《福布斯》的封面文章曾这样介绍马云：凸出的颧骨，扭曲的头发，淘气的露齿而笑，拥有一副五英尺高、一百磅重的顽童模样，这个长相怪异的人有拿破仑一样的身材，同时也有拿破仑一样的伟大志向……马云说："我们是群平凡的人，但在做不平凡的事。"他一直宣称，我是电子技术、网络经济的外行人，但我有梦想、有追求、有意志，所以我才克服了一个又一个天大的困难，一步一步走到了今天。

马云也曾说："我们50万元起家，几个人挤在我家一间小小的房子里，饿了就吃口东西，累了就睡上一会儿，当我们的账上只有两万元的时候，我急了，跑到美国去找投资商，与人交流，告诉别人我们的理想、我们的追求、我们的做法、我们的未来，终于，我们得到了第一笔投资额，阿里巴巴走出了成长困境。"他又说："一群搞电子商务的公司在爬山，有些人在半山腰的时候看到了散在那里的碎金子，就急着去捡，我们却还在攀登，越来越多的公司跑去捡金子了，我们还是控制着自己的欲望，爬啊爬，现在我们还在爬，但我们看到了山上的曙光，我们看到了山尖上的金山。"这两段话充分表明了马云坚韧不拔的个性，即使面临再大的困难，也要坚持本我，坚持自己的目标，还要有强烈的使命感和长远的发展观与战略眼光。

多年来，有许多IT界的精英们都去抓短、平、快的机会，有的依赖通信运营商的平台，很容易就赚到了钱，且只要平台不倒，钱就源源不断。这样的诱惑对马云也不是没有，但是他坚持自己的追求，不为小利而动，坚定地走着自己的路。马云常说："心中无敌，无敌天下。"他一直致力于自我内功的修炼，坚持走自己的道路，他认为：只有自己的强大，才能够战胜对手，只有明确自己想做什么，才会有积累，慢慢强大起来。这也是运作一个有东方的智慧、西方的商业理念，参与世界性市场竞争的中国企业所必需的。笔者认为这是马云能走向今日成功的关键。都说性格决定命运，态度决定成败，马云就是最好的证明。

（二）披荆斩棘、浴火重生

1974年，刚满10岁的马云在其他小孩还在玩泥巴的年龄，却经常出现在西湖边的杭州望湖宾馆门口，这个身材瘦小的小男孩一直耐心地守候在这里，为入住的外籍客人提供导游服务，却从来分文不取，只为寻找学习英语的机会，学习新的东西。正因如此，马云认识了改变他人生的贵人和亲人，在马云办公室的墙上，一直挂着马云与一对澳大利亚夫妇的合影，照片上年迈的夫妇，正是马云在宾馆门口求学时所认识的夫妇，后来成为了马云的义父、义母，同时也是他西方文化的启蒙恩师和生命导师。他们教会了马云一套完整的西方思维，让他学会了西方人如何看待人生和世界，如何看待人与人之间交往的态度以及思维方式，这种思维逻辑带来的帮助，不仅仅是有效改进马云第二语言学习的方式那么简单，而是让马云在做管理决策时终身受益。

1984 年，马云幸运地考入杭州师范大学外语系。大学毕业后，在杭州电子工业学院教英语，成为一名英语教师。还组织了杭州第一个英语角，同时成为全院课程最多的老师。1991 年，马云初涉商海，和朋友成立"海博翻译社"，这是杭州成立的第一家专业翻译社。马云办此翻译社的初衷很淳朴："我在学校里接触的都是书本上的知识，很想在实践中辨明是非真假。所以我打算花 10 年工夫创办一家公司，再回学校教书，把更全面的东西传授给我的学生。"然而创业初始的结果却不尽如人意，第一个月的收入仅 700 元，房租 2 000 元，不可避免地遭到许多人的讥讽和揶揄。但在大家都开始动摇、举棋不定的时候，马云却坚信：只要做下去，一定有前景。于是他一个人背着个大麻袋到义乌、广州进货，翻译社开始卖礼品、鲜花，贩卖小商品、图书、衣服，他要用这些收入来缓解翻译社入不敷出的艰难状况。两年时间，马云不仅养活了翻译社，"海博翻译社"还成了杭州最大的专业翻译社。可这远非马云全部的能量，而只是"小荷才露尖尖角"。初次创业给马云的感受是："我一直的理念，就是真正想赚钱的人必须把钱看轻，如果你脑子里老是钱的话，一定不可能赚钱的。"

1995 年初，发生了一件改变马云命运的曲折事件。杭州市政府准备修建一条高速公路，一家美国的投资方跟杭州方面谈判了一年，钱却一直没有到位。双方认为谈判时翻译有问题，于是请精通英语、功底深厚的马云帮忙。让马云意想不到的是，投资者居然是个地地道道的诈骗犯。只是当时的马云并不知情，还受杭州市政府委托去美国进行调查。然而，所谓的美国"投资者"发现马云知道了自己诈骗的实质，就把马云软禁了起来。马云只好假装和那个美国人合作，表示要投资互联网，这才赢得了美国人的信任，准许他回国看看。可笑的是当时的马云，只是偶然从一个外教那儿听过互联网这个东西而已，并不知道互联网为何物。逃离苦海的马云连行李箱都顾不上拿，就怀揣着曾在拉斯维加斯赌场赢来的 600 美元直奔机场。受到巨大惊吓的马云并没有立即回国，而是悄悄从洛杉矶飞到了西雅图。正是在这里马云最早接触到了互联网技术，这对电脑一窍不通的马云来说完全是一个全新的领域，像一个初涉新奇事物的孩子，接受着新生事物的洗礼和冲击。他发现当时网上没有任何关于中国的资料，完全是一个空白，出于好奇，便请人做了一个自己翻译社的网页，没想到，3 个小时就收到了 4 封业务需求邮件。此时的马云 30 岁，正当而立之年，凭着出色的工作表现，已被评为杭州十大杰出青年教师之一，他已经敏锐地意识到：互联网必将改变整个世界！看好互联网的未来、看到互联网技术发展的巨大潜能，马云开始毅然决然筹备创业。于是，1995 年 4 月，马云垫付 7 000 元，联合妹妹、妹夫、父母和亲戚朋友凑了 2 万元，创建了中国最早的互联网公司之一"海博网络"，并启动了"ChinaPage"项目——日后著名的"中国黄页"。马云曾说："当时觉得互联网不错，就找了 24 个人到我家里，对着他们讲了 2 个小时，他们没听懂，我自己也没讲明白，最后说到底怎么样？其中 23 个人说算了吧，只有一个人说你可以试试看，不行赶紧逃回来。想了一晚上，第二天一早我还是决定继续做，于是成立了中国黄页。其实我知道，即使 24 个人都反对，我也会做下去！"但是马云也坦言："决定创业的最大决心并不是我对互联网有很大的信心，而是我觉得做一件事，经历就是一种成功，你去闯一闯，不行你还可以调头；但是如果你不做，就像晚上想千条路，早上起来走原路，一样的道理。"每天出门对人讲互联网的神奇，请人家心甘情愿同意付钱把企业的资料放到网上去。但是却没有人相信他，不说 1995 年的杭州，就是整个中国，又有几人知道互联网是什么东西？又有几人能预见到互联网即将带给世界的震撼。在那段时间里，马云回忆自己那一段经历，仿佛过的是一种被人视为骗子的生活。但是，事实胜于雄辩，马云的网站为那些肯在黄页上网的企业带来了客户，他的网站开始盈利了。马云幸运地看到了互联网技术的应用所带来的价值。

1996 年，"中国黄页"开始在圈子里小有名气。在马云的坚持下，望湖宾馆、钱江律师事务所、杭州第二电机厂、无锡小天鹅、北京国安足球俱乐部等相继成为中国黄页的早期客户。就在 1997 年年底，黄页网站的营业额不可思议地做到了 700 万元。在国家外经贸部的邀请下，马云带着自己的创业班子挥师北上，建立了外经贸部官方网站、网上中国商品交易市场、网上中国技术出口交易会、中国招商、网上广交会、中国外经贸等一系列国家级网站。马云更加坚定了自己的选择。当马云回顾这段经历时也不禁感慨："在这之前，我只是一个杭州的小商人。在外经贸部的工作经历，我知道了国家未来的发展方向，学会了从宏观上思考问题，我不再是井底之蛙，而要弃鲸鱼抓虾米为中小企业芝麻开门。弃鲸鱼而抓虾米，放弃那 15％大企业，只做 85％中小企业的生意。""如果把企业也分成富人穷人，那么互联网就是穷人的世界。因为大企业有自己专门的信息渠道，有巨额广告费，小企业什么都没有，他们才是最需要互联网的人。而我就是要领导穷人起来闹革命。"这就是马云在开始涉足网络经济和电子商务领域时所做的杀伐决断，开始了他的网络创业型企业的旅程。

1999 年 3 月 10 日，马云再次做出惊人之举，决定在家中创业，阿里巴巴公司由此诞生。当时国内正是互联网热潮涌动的时刻，但无论是投资商还是公众，注意力始终放在门户网站上。马云在这个时候建立电子商务网站，在国内是一个逆势而为的举动，在整个互联网界开创了一种崭新的模式，被国际媒体称为继雅虎、亚马逊、ebay之后的第四种互联网模式。《亚洲华尔街日报》总编曾在当时去过阿里巴巴，感慨道"只有没日没夜的工作，地上有一个睡袋，谁累了就钻进去睡一会儿"。他笑称："阿里巴巴是中国电子商务的阿里妈妈。"马云总能知道自己最需要什么，在拒绝了38家风险投资之后，接受了高盛为首的投资集团500万美元的投资，即使在大环境经济不景气的情况下，仍然平稳度过了创业初期的寒冬。当提到为何网站以神话故事的名字命名时，马云说："因为最早创立这家公司的时候，我们希望他能成为全世界的十大网站之一，也希望全世界只要是商人一定要用我们。你既然有这样一个想法，你就需要有一个优秀的品牌、优秀的名字让全世界的人都记得住，没有想在中国做一个网站，是想在全世界做一个网站，那时候就想了好多天，想个什么名字比较好，最后觉得阿里巴巴这个名字很好，第一人家记得住，全世界的发音都一样。然后我觉得阿里巴巴是一个比较善良正直的青年，他希望把财富给别人而不是自己抓财富。所以我们后来说这英文叫open sesami，给中小型企业网上芝麻开门。"

马云在创业过程中一路披荆斩棘，如同一只浴火中的凤凰，涅槃重生。

（三）砥砺前行、终铸辉煌

马云的创业经历并非一帆风顺，但他在砥砺奋进中执着前行，最终缔造了网络创业的神话，铸造辉煌人生。

阿里巴巴成立以来，全球十几种语言400多家著名新闻传媒对阿里巴巴的追踪报道从未间断，被传媒界誉为"真正的世界级品牌"。《福布斯》数次将阿里巴巴评选为全球最佳B2B商业站点，阿里巴巴多次被相关机构评为全球最受欢迎的B2B网站、中国商务类优秀网站、中国百家优秀网站、中国最佳贸易网，被国内外媒体、硅谷和国外风险投资家誉为与Yahoo，Amazon，eBay，AOL比肩的五大互联网商务流派代表之一。2001年至今，马云一直受邀到美国哈佛、耶鲁、斯坦福和英国沃顿等著名商学院邀请，在全球培养MBA的顶尖"摇篮"演讲，哈佛商学院也多次将阿里巴巴"业绩优秀"的运营模式和经营之道选为MBA教学的经典案例。2001年，马云当选"非官方的国际经济最高级论坛"世界经济论坛的"未来领袖"，美国亚洲商业协会还在好莱坞把年度"商业领袖奖"颁给了马云。"马云以他的远见和努力，不仅在很短的时间内使阿里巴巴成为一家成功的国际性公司，而且帮助许多亚洲企业走上全球化之路。"马云在海外舆论中被认为是一个奇迹。马云也曾作为2004年CCTV中国经济年度人物为中国中小企业创造了一个芝麻开门的神话，成为影响中国经济的人物。

2007 年 11 月 6 日，阿里巴巴在香港上市，首日涨幅近 200％，一跃成为中国第一家市值超过 200 亿美元的互联网公司，排名亚洲第一、全球第五。2014 年 9 月阿里巴巴赴美上市，全球化是阿里巴巴 2014 年上市后制定的公司未来三大战略方向之一（农村、全球化、大数据云计算）。2015 年年初，马云更新阿里巴巴十年目标：要服务 1 000 万个中小企业，帮助全球 20 亿消费者在线购买全世界产品。各国政要更是频繁约见马云，希望阿里巴巴帮助当地中小企业获得全球更广阔的市场。目前，阿里巴巴拥有进出口、云计算、移动业务等多个国际化平台，并陆续与英国、意大利、法国、韩国、巴西等国签署合作备忘录，和 20 国驻华大使馆展开合作，推动海外特色商品进入中国。

阿里巴巴的成功已近乎神话，无需世人评说，马云也正用国际化的标准要求自己和阿里巴巴，而没有丝毫的懈怠和满足，相信辉煌终将继续。

>>二、阿里巴巴之梦幻创业团队<<

（一）亲密伙伴、情比金坚

马云的创业之路并非一帆风顺，1996 年人们对互联网技术不再陌生，而且在中国持续升温。马云的"中国黄页"在一夜之间冒出许多竞争者，其中最大的竞争者当属杭州电信。杭州电信注册资本 3 亿多元，马云注册资本仅 2 万元，实力悬殊。马云最终无奈向对方出让了 70％ 的股份，失去了决策权。1997 年，外经贸部向马云伸出了橄榄枝，欲将自己所持的 21％"中国黄页"以每股两三毛钱的价格贱卖给马云，于是马云带着 5 个创业人员远走北京，继续开发网上贸易站点。与此同时，马云觉察到中国的网络创业形势已经发生重大变化，全世界互联网时代即将到来。

1998 年，马云立刻做出决定，南归，重新创业！于是，马云约齐团队的所有人，说出了自己的决定："我给你们三个选择：第一，你们去雅虎，我推荐，雅虎一定会录用你们的，而且工资会很高；第二，去新浪、搜狐，我推荐，工资也会很高；第三，跟我回杭州，每月只分 800 块钱，你们住的地方离我 5 分钟车程以内，你们自己租房子，不能打出租车，而且必须在我家里上班。你们自己做决定。"马云给自己的团队伙伴 3 天的时间考虑。可是，当亲眼见到跟自己从杭州闯到北京来的团队伙伴陆续走出房门时，马云心里难免有些失落，却依然十分坚信自己的选择。仅在 3 分钟后，所有人全部折回，说："马云，我们一起回家吧。"那一刻坚强的马云流泪了，他看到了他的团队情比金坚。也就是那一刻，他对自己说："朋友没有对不起我，我也永远不能做对不起他们的事情。我们回去，从零开始，建一个我们这一辈子都不会后悔的公司。"对马云而言这是一段非常沮丧而又幸福的回忆。

阿里巴巴的CTO吴炯是阿里巴巴创业团队的十八罗汉之一，2000年5月他第一次回国时去看望马云，发现马云的创业团队都挤在他自己的房子里，所有参与创业的人都掏钱出来放到公司，每个月就拿基本生活费，而且没日没夜地干，像这种使命感，让他感觉比雅虎当年有过之而无不及，所以就立刻决定加入了阿里巴巴。

情比金坚的团队，就会创造强大的、优势的企业文化，会提供给企业源源不断的发展动力。

（二）梦幻团队、众志成城

蔡崇信等人加入了阿里巴巴，不免让人有些困惑，因为这些加盟者在加入阿里巴巴之时都已经身价不菲，还有雅虎等美国上市公司的期权收入，蔡崇信等人的收入"可以买下几十个甚至几百个当时的阿里巴巴"，阿里巴巴当时除了一群人和一套理念之外，几乎没有什么"看得见"的实质性东西，难道这些人也被马云蛊惑了？马云对记者说："真正优秀的人不是为钱而来的，真正有出息的人是创造钱的，没有出息的人是花钱去的。"

阿里巴巴从一个只有18人的创业团队，成长为中国最大的电子商务生态链构筑商。当年创业的"十八罗汉"，大多数还身处要职，而有些离开的高管们依旧与阿里巴巴保留着些许关联。在阿里巴巴众多的成功要素中，我们认为阿里巴巴创建的梦幻创业团队尤其值得关注。阿里巴巴有一个叫作"闻味官"的选人体系，其实就是选那些真心愿意一起共创事业、有相同价值观的人。只有"志趣相投"的人才能成为阿里巴巴团队的一员。

太多的创业者、企业家因为无法打造一个合适的团队，致使企业发展受挫，遭遇瓶颈。若没有一个好的众志成城的创业团队，企业犹如无源之水、无本之木。阿里巴巴的梦幻创业团队是其成功创业的重要因素之一，也是创业型企业不可或缺的成功要素之一。

>>三、阿里巴巴之创业精神<<

阿里巴巴于2001年发展到几百人时，就开始提炼公司的愿景、使命和价值观，总结出一个"独孤九剑"的核心价值观。到2004年，又把它精简为"六脉神剑"——客户第一、团队合作、拥抱变化、诚信、激情、敬业。阿里巴巴发展至今，其独特之处就在于其愿景、使命、价值观与别的公司不同，而且14年来，自始至终没有发生过任何改变。比如：他们提出的"客户第一、员工第二、股东第三"，很多上市公司一定是股东第一，在阿里巴巴历史中，其实有很多战略上的放弃，包括放弃一些非常赚钱但无法服务中小企业的产品。

"六脉神剑"就是阿里巴巴的核心价值观，也是阿里巴巴的创业精髓。价值观就是阿里巴巴做人做事的方式、方法，已经渗透到每一位团队成员的血液中，每逢面对艰难选择的时候，阿里巴巴人的血液里就会本能跳出来一些理念，告诉自己怎样做是对的，怎样做又是不对的，它也使得马云成为众人眼中一位纵横商海江湖的大侠。马云不仅会告诉你小时候数学补考过几次，也告诉员工："把复杂的事情简单化，要用胸怀去对付。男人需要胸怀，女人也需要胸怀，男人的胸怀是被冤枉出来的。"《笑傲江湖》是马云看得最多的金庸小说，在 IT 业界浪迹多年，马云对"笑傲江湖"四个字有着自己独特的理解：网络即江湖，如何笑傲其间？笑，有眼光，有胸怀，方能坦然面对种种传言和误解，依然豪气干云，仰天长笑；傲，有实力，有魄力，才可在人云亦云的时候保持清醒的头脑，才可在一片骂声中依然坚持自己的方向，傲视同侪。

阿里巴巴的价值观会通过阿里共创会、学习班、培训、夜校等帮助员工提升能力；上级主管也通过言传身教的方式教给下属；还会非常谨慎地选拔干部，有一整套绩效、晋升、选拔、奖惩制度。马云有这样一句话："东方的智慧，西方的运作，全球的大市场。"他是一位非常全球化的人，但对中国文化又非常了解。作为民营企业的阿里巴巴，有很强的西方情结，尊重个体，激发个体的潜能，这就是阿里巴巴成功的最基本要素。所以说，阿里巴巴其实是中西精髓合并的特色中国企业。

第二节　阿里巴巴搭建创业与就业的基础平台

>>一、阿里巴巴员工的创业潮<<

2014 年 8 月 22 日，浙江网新创建科技有限公司总裁张旭光也表示非常感谢阿里巴巴，因为浙江当前很多创业团队都是从阿里巴巴出来的，这说明阿里巴巴对于杭州这座城市以及这里的年轻人的辐射作用非常强大，希望未来的创业者能够继承这份激情和勇气。来自 2014 年中国电子商务研究中心的《阿里巴巴员工创业报告》指出：阿里巴巴正在改变中国商业生态。除了本身已经成为巨大的商业帝国外，从阿里巴巴走出的一批又一批创业奔梦者带着深刻的电商互联网基因，以自身的创业行为或拓展崭新的商业领域，或改造着相对传统的行业。这些创业者中不乏吴志祥、陈琪、朱宁、程维、张斗这样的代表人物，打造了同程网、蘑菇街、口袋通、滴滴打车、音悦台、树熊网络、米折网、车蚂蚁、LavaRadio、爱拼车等诸多知名的创业网站、创业项目，涉及电商、移动互联网、互联网金融、O2O、在线旅游、视频网站、商用 WiFi 等众多互联网领域。根据 IT 桔子提供的数据，阿里巴巴已经成为国内培养创业者最多的互联网企业。阿里巴巴培养了 117 名创业者，超过微软的 116 名和腾讯的 106 名。事实上，统计数据只是冰山一角，真实数据远不止这个数字。

这些创业者有的通过被收购等方式回到阿里巴巴（口碑网李治国、虾米网王皓等），也有的成为阿里巴巴的合作伙伴（树熊网络赖杰等），当然也有的选择成为阿里巴巴的竞争对手（蘑菇街陈琪、口袋通朱宁、滴滴打车程维等）。不同的商业逻辑，显现出创业者把握命运的不同选择。阿里巴巴创业大军正成为浙江乃至中国一道独特的风景！对于阿里巴巴成员的创业热潮，曾有人总结，从阿里巴巴离开后的人们不外乎四类：第一类是高举高打做电商的，以朱宁、李治国等人为代表；第二类是参与到传统产业当中，成为这些企业中电商运营的负责人；第三类人是单独创业，但与第一类人群有所不同，他们多数会选择原有的淘宝生态圈中的一环，如代运营等小行业去创业，稳扎稳打，不过因为项目的关系，多数默默无闻；而第四类是游击队，分散在各大电商企业中任职，如今重要的电商企业如唯品会、美团网等，都能见到阿里巴巴人的踪影。从这个意义上来说，阿里巴巴被许多人视为中国互联网领域的黄埔军校：它为这十多年来中国的互联网发展提供生生不息的创业动力。

实际上，创业者多数来自阿里巴巴的业务骨干。最上层的管理层鲜少有离开的，因为在阿里巴巴的生态圈中，他们已经能够实现其理想；而底层的业务员由于职务缘故，看不到行业的全貌，多数被具体事务所网罗。而中坚的业务骨干们，一方面，具备了借阿里巴巴之势一窥电商行业全貌的地利；另一方面，他们同样能够接地气，发现问题所在，与此同时，如果在内部环境中无法解决问题，他们就更容易趋向创业，以解决所看到的问题。现在阿里巴巴系创业者的独特气质正在为越来越多的人所感知。

>>二、阿里巴巴打造女性网络创业与就业平台<<

作为公认的"女性代言人"，马云曾在多个场合鼓励女性快乐创业，并高度看好女性创业前景。马云说："互联网经济是体验经济，女性在体验经济中有天生的直觉。互联网给了那些自立、自爱、自强、自信的新女性一个机会，让她们可以与男性一起追寻自己想要的梦想。"2015 年 5 月 20～21 日，阿里巴巴筹办的"全球首届女性创业者大会"在杭州成功举行，探讨"互联网＋"时代的女性创业和发展。重点关注从 IT 到 DT 时代下的女性创业，探讨网络经济给女性创业带来的机遇和发展空间，以及女性给未来社会和商业文明带来的改变。马云称："为什么搞一次女性创业者论坛？其实阿里巴巴想表达自己的感谢之情。"从 IT 到 DT 的数据时代，互联网给了女性巨大机会。

阿里巴巴的员工结构和女高管比例有力地证明了这一点。来自阿里巴巴平台统计数据显示，在淘宝平台上，女卖家的比例为 55％，高于男卖家，且女卖家店铺好评率也略高于男性，更遑论数以千万计的女性消费者了。来自蚂蚁金服微贷平台的数据显示，女性客户的违约率比男性用户低 1/4。马云表示"女性是消费主力军，抓住女性就抓住了消费"。"我们今天整个阿里巴巴集团绝大部分的买家是女性。"马云也曾笑称："了不起的男人要懂得欣赏女人、尊重女人、用好女人。就比如我就学到了一点点。"马云还表示，阿里巴巴集团 40％的员工是女性，34％高管是女性，其中很多是 CEO、COO、CFO。如阿里巴巴集团首席人力资源官、蚂蚁金服首席执行官彭蕾，阿里巴巴集团首席财务官武卫，阿里巴巴集团资深副总裁张蔚，阿里巴巴集团副总裁蒋芳等。马云的 30 位合伙人中，就有 9 位是女性，比例达到近 1/3。这个数字不仅远高于中国其他互联网巨头，甚至堪称冠绝全球。马云曾明确表示，"没有她们（女性员工和高管），阿里巴巴的业务和文化将是干巴巴的、不完整的。"这一理念也已浸入整个阿里巴巴生态系统：2014 年 9 月，阿里巴巴在美国站的台上敲响上市钟的 8 位阿里巴巴客户代表中，女性客户占到了 5 位。阿里巴巴全球女性大会组委会也表示，支持和促进女性创业将带来巨大的性别红利，从而释放经济发展新机遇。

阿里巴巴成功的秘钥是什么？在不同的场合，马云有不同的解读。现在将其解读为女人的经济。2014 年 9 月 24 日马云发表上市感言的时候曾畅谈过阿里巴巴的商业机密，他说阿里巴巴 70％的买家是女性，55％的卖家也是女性。国务院总理李克强多次提出，要进一步鼓励全民创业和万众创新。女性占到国家总人口的一半，可以相信，释放女性在创业上的潜力，对于形成全民创业热潮一定是意义重大的。马云还说：女人是这个时代的主力军。他的逻辑是：消费是这个时代的主力军，女人是消费的主力军，家里都是女人说了算，所以女人是这个时代的主力军。阿里巴巴是一个平台，在这一平台的性别较量中，女性拥有决定性的优势。除阿里巴巴平台之外，在社会的各个领域，女性也无疑扮演着越来越重要的角色。根据大会的官方数据，有超过 800 名来自全球各个领域的知名女性，受邀或是主动报名参与了这次会议。"全球女性创业者大会"邀请了很多领域的杰出女性，包括好莱坞明星及母婴电商 Honest 创始人杰西卡·阿尔芭、《赫芬顿邮报》创始人阿里安娜·赫芬顿、滴滴快车的公司总裁柳青，雅虎首席发展官杰奎琳·里塞丝等，这都是最有力的证明。"女性创业者大会是阿里巴巴第一次办，我们会继续办下去。希望办到 5 年后和 10 年后。我更希望在那之后，中国能迎来真正的女性时代。"马云如是说。

女性是超越互联网的，同时女性力量的崛起又与互联网的力量息息相关。在商业世界里，女性作为一支独立力量存在，其实是近代以来才逐步形成的。或者说，女性是经过"三次解放"才形成了自己在商业领域中的地位：首先是思想的解放，这与近代启蒙几乎同时进行；其次是经济地位的提升；最后是技术变化对生产要素的重新定义，特别是对生产三要素（劳动、资本和土地）中劳动的重新定义。创业活动是人类生产活动的高级形式，智力因素更为重要，这是女性创业成为可能的原因。阿里巴巴在首届全球女性创业者大会上还发布了第一份《互联网＋她时代：女性创业者报告》，在互联网这个以体验经济为主的时代，女性创业者的比例比传统时代高出许多，国内线上创业者的平均年龄比线下年轻 15 岁。"她时代"，是马云对社会生产要素变革的分析与解码，也预示着阿里巴巴未来的发力方向。

第三节　阿里巴巴以网络创业促进就业成效显著

>>一、阿里巴巴网络创业促进就业数据<<

阿里巴巴研究中心最新研究成果显示，目前阿里巴巴零售电子商务带动的直接就业和间接就业人数约 1 200 万人。阿里巴巴研究中心和清华大学社会科学院公布合作完成的"阿里巴巴就业"课题最新研究成果证实，越来越多的农民、大学生、家庭妇女选择在淘宝网平台进行网络创业，使其成为社会草根实现自我创业和就业的最大平台。研究表明，淘宝网为近 60 万个没有工作的人提供了充分就业的机会，其中包括 8 万个家庭主妇、17 万个待业者和 31 万个学生。

阿里巴巴研究中心还发布了 2014 年《网络就业社保研究报告》，报告显示全国网络创业就业总体规模接近 1 000 万人。报告通过统计得出，网店中，九成以上为个人网店，根据推算全国个人网店带动网络创业就业达 600 万人。具体数据如下表所示：

表 6-1　阿里巴巴各类网络创业就业人数测算

网店分类	网店所占比例（％）	调查网店平均员工数（人）	淘宝网创业就业人数（万人）	淘宝网创业就业人数估计区间（万人）
全部网店	100	2.55	866.22	686.57～1 045.88
企业网店	3.7	25.72	326.09	281.26～370.92
其中：线上	3.7	7.31	92.64	79.89～105.36
个人网店	96.3	1.65	540.1	537.25～543.01

网店分类	网店所占比例（%）	调查网店平均员工数（人）	淘宝网创业就业人数（万人）	淘宝网创业就业人数估计区间（万人）
个人全职自营网店	28.7	1.3	126.94	121.34～132.54
个人全职有雇佣员工网店	12.0	2.99	121.61	112.79～130.43
个人兼职有雇佣员工网店	9.6	2.52	82.42	75.31～89.54
个人兼职无雇佣员工网店	44.9	11.33	202.91	197.02～208.81
无法区分类别网店	1.1	1.66	6.25	4.61～7.86

来源：阿里巴巴研究中心，2014 年《网络就业社保研究报告》。

统计结果还显示，网络创业就业人员以男性为主，34 岁以下青年比例较高，且文化程度相对较高，大专（含高职）以上的网店店主比例达到 60.4%，超过半数，初中及以下文化程度占 13.2%。具体而言，网店店主男性占 61.7%，女性占 38.3%。网店店主的平均年龄是 28 岁，年龄在 25～34 岁之间的人员比例达到 54.4%，超过半数。24 岁及以下的网店店主比例为 34.1%，约占 1/3。35 岁及以上的人员仅占 11.5%，具体数据如下表所示：

表 6-2　网店店主的性别、年龄、教育结构

项目类别		网店店主比例（%）
性别	男	61.7
	女	38.3
年龄	24 岁及以下	34.1
	25～34 岁	54.4
	35～44 岁	9.4
	45 岁及以下	2.1
受教育程度	小学及以下	0.9
	初中	12.3
	高中（含中专、技校）	26.4
	大专（含高职）	33.1
	大学本科	25.5
	研究生	1.8

来源：阿里巴巴研究中心，2014 年《网络就业社保研究报告》。

据淘宝网统计，目前 94% 的淘宝卖家营业额在 24 万元人民币以下，属于个人创业者或是微企业。在淘宝开网店，除了需要向淘宝网提供身份证明和在大陆

境内流通的银行卡账号外，对网店店主几乎没有其他硬性要求，并且从申请到开通网店的整套流程可以当天完成。申请开通网店的流程简单易操作，也是众多创业者选择淘宝网的重要原因之一。

>>二、阿里巴巴网络创业促进就业措施<<

阿里巴巴集团副总裁曾鸣明确表示，阿里巴巴将采取鼓励大学生创业、解决中小企业融资瓶颈、推动出口转内销三大措施促进就业。阿里巴巴正全力以赴以淘宝网为平台帮助大学生创业。如果按个人注册开店每月收入超过 2 000 元就算一个就业机会来看，淘宝网去年共提供了 57 万个直接就业机会，加上相关的上下游带动，总计创造 1 000 万个就业机会。

由于中小企业是吸纳就业的主要渠道，阿里巴巴采取多项措施帮助中小企业渡过创业难关。阿里巴巴通过把中小企业在阿里巴巴的交易记录转化为信用记录，与银行合作推出网络联保，给近万家中小企业提供了融资帮助。阿里巴巴尝试帮助出口受阻的中小企业通过淘宝网做内销，搭建与国内采购商沟通交流的平台。和其他互联网精英不一样，马云既不像丁磊那样的国内名校出身，也没有杨致远的海外留学经历，他一直生活在草根阶层，也许正因为这样，马云说："在现在的经济世界，大企业是鲸鱼，它们靠吃虾米为生。小虾米又以吃大鲸鱼的剩餐为生，互相依赖，而互联网的世界则是个性化、独立的世界，小企业通过互联网组成独立的世界，产品更加丰富多彩，这才是互联网真正的革命目的之所在。"因为他清楚地意识到大企业有专门的信息渠道和巨额广告费，而小企业却什么都没有，他们才是最需要互联网的人。马云在跟他的会员谈阿里巴巴创业史时就曾说过："阿里巴巴有今天不是马云一个人的功劳，而是员工共同努力的结果，特别是全世界范围内现在光阿里巴巴国际站点和中文站点就有八百多万家的客户会员，和这些客户的支持。如果我有功劳，那么唯一的功劳就是这六年以来我坚持一个观点，认为中国的电子商务一定会成为全世界最先进的，中国中小型企业的出路一定在电子商务上面，电子商务一定能够帮助中国的中小型企业、中国的企业成长，这是我一直没有改变的想法。"足见阿里巴巴为中小企业开创了广阔的创业与就业平台。

而且，创业是激发中小企业就业增长活力的重要力量，未来就业规模的扩大将主要通过发展中小企业和非正规就业组织来实现。中小企业的发展意味着什么？它们意味着创业的发展。发达国家的经验证明，中小企业是吸纳就业的主渠道。在发达国家，就业于中小企业和非正规就业组织的劳动力比重一般在60％～80％之间，比如 1997 年美国为 60％，法国为 66％，2002 年日本为 81％，韩国为87％。根据《2006 年中国非正规就业发展报告：劳动力市场的再观察》数据，我国非正规就业人员规模达 1.3 亿人，占城镇就业总人口的 30%～40%。可见，中小企业的发展反映着在扩大就业的过程中，能否通过创业发挥企业的各自优势和最大限度地释放出就业潜能。通过网络创业促进中小企业创业和发展，保持中小企业与大企业的并存，维护适度竞争的市场结构的合理性，是实现就业增长的重要力量。①

阿里巴巴目前开始搭建农村电子商务的网络创业促进就业平台。浙江省人力资源和社会保障厅与阿里巴巴签署以农村电子商务促进创业就业的战略合作协议。今后 5 年内，浙江省将培训电子商务人才 5 万人次，促进农村电商创业 4 万人，直接带动就业 15 万人。浙江省人力资源和社会保障厅与阿里巴巴还将在建设农村电子商务创业孵化园、"村淘"县级服务中心、村级服务站、农村电商创业服务、电商人才培养、数据共享、宣传推广等方面合作。阿里巴巴计划 3～5 年内投资 100 亿元，在全国建立 1 000 个县级"村淘"服务中心和 10 万个村级服务站。从而促进更多农村劳动者在互联网领域进行创业与就业。

目前已超过千万人正围绕阿里巴巴实现就业，淘宝网已成为"草根"们实现创业就业的最大平台。阿里巴巴研究中心和清华大学社会科学院公布了 2013 年合作完成的"阿里巴巴就业"课题的研究结果显示，经营一年时间的淘宝网店平均雇佣 2.8 名员工，这些员工主要是为消费者提供个性化服务，商铺并不需要很高的技术成本以及软件成本，因此困难群体更容易在此获得创业、就业机会。目前，中国已有包括浙江义乌青岩刘村、山东博兴湾头村、河北清河东高庄等 14 个大型淘宝村，这些村子里的淘宝店总数超过 1 万家，年销售总额超过 50 亿元，拉动的直接就业人数超过 4 万人。目前阿里巴巴零售电子商务带动的直接就业和间接就业人数约为 1 200 万人左右。究其主要原因，较低的门槛是吸引广大草根落户淘宝网的主要原因。2015 年 4 月 29 日阿里巴巴董事局主席马云在阿里巴巴十周年庆典的压轴演讲中畅谈阿里巴巴下一个十年的具体目标：第一，阿里巴巴要成为全球 1 000 万家中小企业生存发展的平台；第二，为全球 1 亿人提供就业机会；第三，为全球 10 亿人提供物美价廉的消费平台。

当然阿里巴巴这个强大的巨人也不是万能的，以阿里巴巴现有的能力，或许还无法支撑马云高远的理想与愿景。马云虽有强大的社会责任要为中小企业寻找出路，但在他与利益相关者之间，甚至与阿里巴巴集团之间，仍然还存在着理想与现实的距离。他可能忽视了眼下阿里巴巴有限的力量，但是只要有切实可行的目标，并坚定地走下去，有着强大的社会责任感和历史使命感的马云和阿里巴巴，一定会继续为我们创造新的神话。

---

① 陈宇：《电子商业引领我国创业就业》，载《中国就业》，2013 年第 9 期。

第七章

创业成本对城市创业活动的影响分析

创业活跃度是一国经济活力的重要体现。创业活动不仅取决于创业者自身的个人禀赋和当地的经济环境，也与创业成本息息相关。本章利用 2010 年中国 30 个省会城市的横截面数据，构建广义线性模型，实证分析了创业成本的差异对各城市创业活动的影响机制和影响程度。研究发现，几乎所有的成本因素都与创业活跃度成负相关关系，其中职工平均工资、开业程序、开业时间是影响城市创业活跃度的关键因素，而房租价格、固定资产投资价格、开业时间、实缴资本对创业活跃度的影响并不强烈。所以，努力降低创业成本，改善创业环境，是提高创业活跃度的必然选择。

第一节　创业成本是创业环境最重要的内容之一

鼓励创业活动是我国宏观经济政策的重要组成部分，也是积极就业政策的核心内容之一。一般而言，创业活动作为一个国家经济活跃度的重要衡量指标，将从两个方面对宏观经济产生积极影响：一方面，创业活动能够增加社会经济单位的数量，扩大经济活动的范围和规模。从全球范围来看，由创业企业所形成的中小企业是世界各国的主要经济基础，在全部企业中占据了绝大多数的份额。比如在欧美国家中，中小企业的数量占到全部企业总数的 99% 以上，并且是创新和提高竞争力的重要力量。另一方面，创业活动是创造就业岗位的强大引擎，是解决就业问题的最有效途径之一。在发达国家，有 2/3 的劳动者在创业型中小企业中就业。也正是因为创业活动对国民经济具有战略性的地位和作用，各国均将大力鼓励创业活动纳入振兴经济、解决就业问题的政策框架中。特别是在 2008 年爆发全球金融危机之后，世界各国纷纷出台了各种鼓励创业活动的扶持政策，以期推动经济复苏和降低居高不下的失业率。

中国自改革开放以来，一直将劳动者个人创业作为增加经济多元性与解决就业问题的重要途径。这是因为创业企业的增加不仅能够带来国民经济总量上的急剧扩大，还能够发挥"一人创业带动一群人就业"的倍增效应（赖德胜、李长安，2009）。① 早在改革开放之初，我国就出台了一系列鼓励劳动者创业的扶持政策。此后创业企业如雨后春笋般涌现，并带动了我国就业结构、产业结构以及经济所有制结构发生根本性的变化。以非公经济为主的创业型中小企业在我国的国民经济中占据了不可替代的重要地位。但是近些年来，我国的创业活动相比较而言有了一定的滞后。诸多研究指出，中国的创业活动比许多发达国家甚至一些发展中国家还要低。不仅如此，中国的创业活动中大多属于生存型创业，而且企业平均寿命较短。全球创业观察（2007）对我国一些特殊群体创业活动的研究也表明，在适龄劳动人口中，希望创业、愿意创业、敢于创业的人数比较少，城镇居民创业意愿不到5％，且创业企业的存活率极低。② 麦可思研究院发现，与农民工和城市下岗失业职工的创业情况一样，大学生的创业活动不容乐观。当前，我国大学生毕业创业比例不到1％，大大低于发达国家20％左右的大学生创业比例。③

　　导致中国创业活动不活跃的原因很多，但其中创业环境未能得到有效改善，特别是创业成本居高不下有直接关系。从本质上来说，创业活动就是劳动者创办企业的过程，是一种以最小成本获取最大利润的投资行为。但从目前的情况来看，居高不下的创业成本严重挤压了企业的盈利空间，也极大地影响了创业企业对未来的盈利预期。创业成本之所以显得格外重要，还在于初创企业大多处于起步阶段，利润微薄，高昂的创办成本不仅会遏制劳动者的创业热情，即使开业成功也有可能导致新创企业在很短的时间内因为资金运行不畅而倒闭。

　　创业活动不仅取决于创业者自身的个人禀赋，也与当地的经济因素及创业成本息息相关。根据 Austin 等人（2006）的定义，创业环境包括宏观经济环境、税收、规则结构和社会政治环境，这些大多数都是不受企业家控制、但会影响到企业成败的因素。④ 在世界银行每年公布的《全球营商环境报告》中，包含了企业营商必需的开办程序、申请建筑许可、雇佣工人、注册财产、获得信贷、投资者保护、缴纳税款、跨境贸易、合同执行和企业破产等反映营商便利程度的主要指标，其中大部分都跟企业的开业运营成本有关。而根据该报告测算的结果显示，2010 年中国在列入全球营商环境测评的 183 个经济体中排名第 89 位，属中下游

---

① 赖德胜、李长安：《创业带动就业的效应分析及政策选择》，载《经济学动态》，2009 年第 2 期。

② 高建、程源：《全球创业观察中国报告 2007——创业转型与就业效应》，北京：清华大学出版社，2008，第 12 页。

③ 王伯庆：《2011 年中国大学生就业报告》，北京：社会科学文献出版社，2011，第 5 页。

④ Austin J. Stevenson H. Wei-skillern J. Social and Commercial Entrepreneurship: Same, Different, or both. *Entrepreneurship Theory & Practice*，2006(1)：1-22.

水平。而根据 2012 年发布的《全球营商环境报告》显示，虽然中国在规制改善等方面取得了很大的进展，但总排名依然下降到第 91 名，其中部分营商成本下降是主要原因。

国内外大量的实证研究都表明，创业环境与创业活跃度具有较高的关联度。一个较好的创业环境无论是对创业者还是对政府管理部门来说，都是非常关键的。创业者可以利用较好的创业环境进行更多的创业活动，而政府管理部门则可以借鉴创业成功多的国家和地区的经验，以对创业相对落后地区的创业环境进行改善和提高，以便为有创业意愿的劳动者提供更好的创业环境。创业环境又可以分为有利于创业的好环境和不利于创业的坏环境。其中好环境包括规章制度最小化、提供财政金融支持、提供创业培训、经济发展较好等，而坏环境则包括复杂冗长的开业程序、不提供相关的财政金融扶持、没有创业培训、经济发展状况不佳等。其中坏环境也被称为"环境敌视"，一些经验研究证明，"环境敌视"会对创业活动产生明显的副作用。（Covin & Slevin，1989）①

在创业环境所涵盖的众多因素中，创业成本的高低是其中最为关键的因素之一。Djankov（2002）对一些国家和地区的实证研究结果表明，由于创业环境特别是创业成本不同，导致了各地区创业活跃程度的差异。② Fonseca（2001）对 OECD 国家内部的研究发现，在包含了高昂的人力成本、复杂的规章制度、较高的企业税负以及对开业资金的较高要求在内的高创业成本国家中，劳动者个人成为创业者的可能就要小得多。③ 世界银行的专家 Klapper、Laeven 和 Rajan（2003）也强调指出，欧洲一些国家官僚主义式的烦琐而低效率的规章制度妨碍许多新创企业的顺利进入。在发展中国家存在着同样的问题，比如在马来西亚等国家，创业过程中过多的程序要求和繁杂的规章管制阻抑了创业活动的增长。④ Young（1993）对墨西哥的研究也发现，创立企业的关键障碍是过多的政府规章、高税率、通货膨胀以及营运资本的缺乏、获取贷款的困难等。而在美国，政府税收、创业投资获得的难易程度等成本因素是导致区域创业活跃程度差异性的关键因素。⑤

---

① Covin Jeff rey G，Slevin Dennis Pstrategic Management of Small Firms in Hostile and Benign Environment . *Strategic Management Journa*，1989，10(1)：175-87.

② Djankov，Simeon，Rafael La Porta，Floren cio Lopez-De-Sil anes，and Andrei Shleifer. The Regulation of Entry. *Quarterly Journal of Economics*，2002，107：1-37.

③ Fonseca，Raquel，Paloma Lopez-Garcia and Christopher A Pissarides. Entrepreneurship，Start-up and Employment. *European Economic Review*，2001，45：92-105.

④ Klapper，Leora，Luc Laeven and Raghuram Rajan. Business Environment and Firm Entry：Evidence from International Data. *Mimeo*，The World Bank，2003.

⑤ Young E. C. & Welsh H. P. Major Elements in Entrepreneurial Development in Central Mexico. *Journal of Small Business Management*，1993(10)：80-85.

　　全球创业观察自 2003 年起对中国的跟踪研究发现，创业成本居高不下一直是阻碍中国成为创业大国的一大软肋，创业成本高的地区普遍创业活动不太活跃。比如在浙江、广东等一些创业活动相对活跃的地区，整体创业环境较好，新企业开业手续简便，费用也相对较低。但与此相对应，西部地区的创业环境相对较差，创业成本较高，因而抑制了西部地区的创业活动。事实上，由创业企业所形成的中小民营企业发展状况已成为地区经济发展水平的重要衡量指标，两者之间存在着较强的关联性。全国工商联连续多年发布的《中国民营经济发展报告》就发现，民营经济的分布与我国地区经济的发展存在着强烈的正相关关系。胡大立（2006）通过实证研究也证明，我国东、中、西部地区经济发展差距与其民营经济发展差距有强正相关性，这就证实了大部分学者所提出的我国地区经济发展差距的本质就是民营经济发展差距的基本论断。[①]

　　创业成本对风险承受能力弱的劳动者影响最大。这是因为，风险承担是创业企业家所必须具备的首要条件，只有那些具备风险偏好的人才能迎接挑战，投入时间、精力和财力并承担创业失败可能带来的损失。根据 Boden 和 Nucci（1997）的定义，创业者就是愿意并能承担风险与责任，同时结合某种生产方式和初始信誉，以期获得预期利润和声望的人。[②] 在我国，风险承受能力弱的人群主要包括了城市失业下岗职工、农民工和刚毕业的大学生。创业成本的稍微上升，比如开办手续的增加、工资的上涨、租房的提高等，就有可能使得他们的创业活动不得不终止。事实上，近些年来我国创业成本一直在持续增加，这对增强创业活跃度形成了很大的挑战。比如国家统计局公布的数据显示，2013 年我国城镇私营单位就业人员年平均工资全国城镇非私营单位就业人员年平均工资 51 474 元，同比名义增长 10.1%，扣除物价因素，实际增长 7.3%；全国城镇私营单位就业人员年平均工资 32 706 元，同比名义增长 13.8%，扣除物价因素，实际增长 10.9%。分地区看，城镇私营单位就业人员的年平均工资由高到低依次是东部、西部、东北和中部，均有不同程度地增长。房屋租赁价格也一路飙升，极大地增加了创业者的租房成本。再加上融资困难导致的启动资金不足等因素，是导致风险承受力弱的群体创业积极性不高的重要原因。

---

　　① 胡大立：《中国区域经济发展差距与民营经济发展差距的相关性分析》，载《上海经济研究》，2006 年第 2 期。

　　② Boden R. J. Nucci, A. R. Counting the Self-employed Using Household and Business Sample Data. *Small Business Economics*，1997，9(5)：427-436.

第二节　创业成本影响城市创业活动的实证分析

>>一、变量选择及说明<<

(一)被解释变量

虽然创业活动不仅受到于创业者自身因素的影响,同时还要囿于当地的经济发展因素,而且创业作为推动经济发展的一个重要方面,其数量、质量、结构三个方面整体均衡才能对促进就业及其相关经济因素产生最大效用。但对于创业企业而言,质量问题需要结合企业发展和运行过程中的具体环节来考察,而事实上我们很难对新创企业的质量进行量化和计算。同样,对于结构问题,则必须结合不同创业企业的关联度及其经济效用来讨论,存在选择用同一个时间点上的新创企业来分析的操作性困难。例如,如何获取同一天创立的企业数据,上半年和下半年创立的企业在总体结构如何满足最优条件等。由此可见,目前对于创业活跃度的讨论则主要应该从创业企业的数量着手,这样一方面直接可行;另一方面选取含义较为单一的变量,还可以回避其与解释变量可能存在的复杂关联而引致内生性等计量问题。

因此,本章的被解释变量城市创业活跃度主要是从创业企业数量的视角来进行讨论。不过,在此之前我们仍有必要对创业企业的概念加以限定。创业的含义有多种,大致可以分为企业内创业和企业外创业。考虑到企业内创业是指在一个已建企业内从整个公司层面推行创业活动的过程,更多地表现为企业内部的创新活动,这有点类似于熊彼特将创业类同于企业创新的理论,因此不在本章的分析之列。在本章的研究中,考虑到中国的实际情况以及数据的可得性,我们将创业活动仅限定为各地区的私营企业数量,这就排除了有创业意向的潜在创业者和企业内部的创业,从而使研究内容更为具体集中。具体来讲,我们选取了每万人拥有私营企业户数来表示所在地区的创业企业活跃度。由含义可知,每万人拥有的私营企业户数越多,表明该城市的创业活跃度越高,反之则表示创业活跃度越低。

(二)解释变量

影响创业的成本因素表现为多个方面。从经济学角度来看,企业的创办和经营成本主要可以概括为生产成本、财务成本、管理成本、机会成本、边际成本和审批成本六个类型。生产成本是创业企业生产产品或为劳动者提供报酬而发生的各项生产费用，包括直接支出和制造费用。直接支出包括购买原材料的费用、生产人员的工资补贴费用、其他福利费等；制造费用是指企业为组织和管理生产所发生的各项费用，包括分厂、车间管理人员工资、折旧费、维修费、修理费等。可见，生产成本与创业企业的成本直接相关。财务成本是指为筹集资金而发生的各项费用，包括生产经营期间发生的利息净支出及财务费用，财务成本主要发生企业创办以后的经营过程当中。管理成本是指企业的行政管理部门为管理和组织经营而发生的各项费用，包括管理人员工资、修理费、技术转让费等，也主要发生在企业创办以后的生产管理过程中。机会成本则是指在考虑资源稀缺的前提下，使用了资源的某种用途的同时，而失去其他方面创造价值的机会。机会成本主要应用在投资过程中，例如在投资决策中，放弃次优方案而损失的潜在利益便是选取最优方案的机会成本。边际成本是指在一定产量水平下，增加或减少一个单位产量所引起成本总额的变动数，可见，边际成本用来判断企业在具体的生产过程中增减产量是否合算。最后，审批成本是指企业创办过程中，办理手续和缴纳注册金等发生的成本费用，其中包括审批手续、审批时间、实缴资本等。

由此可见，与企业创立直接相关的成本主要有生产成本、机会成本和审批成本，因此本章实证研究的变量也主要从这几个类型的创业成本中进行选取，我们将确定相应的解释变量作为租借生产场地费用、购买原材料费用、工资、审批手续、审批时间、实缴资本等成本因素的代理变量。虽然国内外对创业成本的衡量指标和方法有所差异，但也一般认为应该包括新创企业的各种手续费、审批时间、雇佣人员的工资、租用场地费等。例如在世界银行发布的《全球营商环境报告》中，企业开业成本包括了所要办理的手续费、企业办理开业手续所需时间、企业登记注册费占人均国民总收入比重、实缴资本下限等四项指标。

基于上述分析，本章在较为权威的世界银行研究中所用指标的基础上，结合我国经济发展的实际情况，对创业成本的覆盖内容和范围进行了一定的细分和拓展，纳入了用工成本（职工平均工资）、租房成本（租房价格指数）、固定资产购置成本（固定资产投资价格指数）、审批手续（开业程序）、开业时间（审批时间）、开业费用、实缴资本七个解释变量，以便对上文讨论的创业企业的主要成本进行回归分析，并判断其对创业活跃度的影响机制。

用工成本。用工成本主要由职工平均工资来表示，职工平均工资指企业、事业、机关单位的职工在一定时期内平均每人所得的货币工资额，因此该指标一方面，反映职工工资水平；另一方面，也可以直接反映创业企业要支付的劳动力成本，是企业创立过程中必须支付的直接成本，也是创业企业考虑的重要因素。可以预期，在其他因素既定的情况下，职工平均工资越高越会增加企业的用工负担，也就越不利于企业的创立，所以会对创业活跃度构成阻抑作用。

　　租房成本。办公和生产场地是企业创立时必须拥有的生产资料，考虑数据可得性，我们将租房成本用租房价格指数来表示，该指数是反映一定时期内房屋租赁价格总水平变动趋势和变动程度的相对数，是房屋所有人出租房屋使用权所取得租金的价格，也是创业企业租赁办公和生产场所必须支付的租赁价格，包括办公用房租赁、商业用房租赁、厂房仓库租赁部分等。同样，根据该指数的计算过程，我们可以判断这一价格指数越高，创业企业成本越高，也会对创业活跃度有所抑制。

　　固定资产购置成本。在包括办公设备在内的固定资产购置成本方面，我们选择了固定资产投资价格指数作为可行的代理变量，该指数反映的是建筑安装工程、设备、工器具购置和其他费用等固定资产投资品的价格变动趋势和程度的相对数，可以准确地反映固定资产投资中涉及的各类商品价格变动趋势及幅度。该指数一方面反映固定资产投资的规模、速度、结构和效益，为国家完善国民经济核算体系提供依据；另一方面更是企业开办和经营过程中固定资产购置成本的全面表征，因此我们将其纳入进来作为创业活跃度的解释变量。

　　开业费用。创业企业的开业费用包括官方收费和法律或专业服务收费等，是直接的成本因素，可以预期其对企业创立会有较大影响。本章借鉴世界银行发布的《全球营商环境报告》中的思路，将开业费用按经济体人均收入的百分比进行计算。计算成本时依据公司法、商法和具体法规及收费表。如果没有政府官员的估计数字，则采用企业成立律师提供的估计数字。如果律师提供的估计数字有差异，则采用所报告成本的中值。

　　实缴资本。实缴资本是公司法中规定的企业注册的必要资金保障，也是创业企业较为直接的成本项目。本章同样借鉴世界银行发布的做法，用实缴资本下限作为代理变量。实缴资本下限是指创业者在注册前和公司成立后至多三个月需要在银行或公证处留存的资金数额，按经济体人均收入的百分比显示。因为实缴资本数额较大，所以可以按照一般的经验判断，该变量对创业企业的活跃度会产生负向影响，即实缴资本越多，越可能阻碍新企业的创立。但在目前我国市场化程度快速提高的大背景下，创业者们可能会倾向于更多地考虑企业发展的机遇，所以相比企业创办以后的投入来讲，期初的一次性资金投入并不是企业创办者主要考虑的成本因素，因而我们认为实缴资本也未必会对创业企业的数量形成很强影响。

　　除了上述成本因素外，审批手续的多少往往也是影响企业创立难易程度的重要指标，在本章中我们也将该因素作为考量创业活跃度的指标纳入进来。因为根据经验判断，一般情况下，审批手续过于烦琐会制约新生企业的出现，而简单高效的审批过程则可以帮助企业顺利完成开办程序。因此，在考虑指标数据可得性和直观性的基础上，我们选择开业程序作为解释变量，进入具体的回归方程，指标值为开业需要办理的程序个数。

同理,开业时间(审批时间)作为反映相关部门对创业企业审批时间效率的重要变量,与上述开业程序同样是制度层面对创业活跃度产生影响的直接体现,同时作为解释变量可以更加全面地分析其作用机制。具体指标值用企业创办者开始递交申请到相关部门审批完成所花费的天数来计算。

(三)控制变量

本章对创业活跃度的考察主要基于地区层面,考虑到当前我国各地区经济发展还很不平衡,而创业活动主要以所在地区经济环境为基本背景和前提,与经济发展密切相关,因此各地区经济发展水平必然会对创业活动产生极为重要的影响。另外,地区经济发展水平还会对工资水平、土地及房屋价格、固定资产价格等一系列创业成本产生影响,所以按照计量分析的惯常做法,我们选取人均地区GDP水平作为控制变量,将其放入模型的主要目的并非解释创业活跃度本身,而主要是利用其控制不同地区高低迥异的经济发展水平条件下创业因素的差异。换句话说,我们的目标是希望找到相同GDP水平下其他诸多解释变量对创业活跃度的影响机制。

>>二、数据统计描述<<

本章的数据来源中,每万人拥有私营企业户数、职工平均工资、租房价格指数、固定资产投资价格指数和人均GDP均来自于2011年《中国统计年鉴》或据其计算,其余指标如开业程序、开业时间、开业费用、实缴资本下限来自于世界银行发布的《2010年全球营商环境报告》。全部变量的描述性统计如表7-1。可以看出,每万人拥有私营企业户数变量的标准差较大,最大值和最小值的差异也很大,表明我国各城市之间创业活跃度的差异是十分明显的。每万人拥有私营企业户数最高的上海为450.28,最低的是西宁,为40.72,相差11倍多。从创业成本来看,各城市之间的职工平均工资也存在着较大差距,最高的上海为63 548.87元,而最低的石家庄仅为27 369.84元。租房价格指数变动最大的是兰州,当年的同比涨幅达到13.7%,而最低的南宁租房价格同比与上年持平。在固定资产投资价格指数方面,最低的贵阳同比出现了一定程度的下降,而指数最高的哈尔滨则同比上涨了12%。在开业程序方面,由于我国制定的规章制度大致相同,所以各城市之间差别并不太大,绝大部分城市的变量值都是14,也有少部分城市的开业程序要少一两道手续,但总体上差异不大。各城市的开业时间相差较大,最少的广州仅用28天即可,而最多的太原和银川竟然需要55天,所花费的时间几乎比广州多出一倍。各城市的开业费用也相差甚大，最少的北京所需费用仅占人均国民收入的 3.2％，而最高的贵阳竟然要花费人均国民收入的 26.6％。实缴资本又称实收资本，是指企业成立时实际收到的股东的出资总额，从变量值的分布来看，最低的上海、南京、呼和浩特和济南实缴资本的下限是人均国民收入的 2 倍，而最高的贵阳高达 6 倍多。

因为我国经济发展水平和劳动生产率极不平衡，这也会对创业企业的申办、成长产生直接或间接影响，所以我们选择人均地区 GDP 指标作为计量分析的控制变量，用于反映当地的劳动生产率状况，而劳动生产率对创业活动具有显著影响。大多数研究发现，一个地区的劳动生产率状况与创业活动之间存在着显著的正相关。从表 7-1 的统计结果可知，中国当前各城市的人均 GDP 水平最高的广州大约是最低的南宁的 4 倍多，表明城市之间的劳动生产率差距十分明显。我们的研究正是建立在这一差距会对地区间创业活跃度产生明显影响的基础之上，因而将其作为控制变量放入模型。但可以预期，随着经济的发展人均 GDP 相对较低的中西部地区的创业环境越来越好，这些地区的创业活动将更加活跃，所以有可能出现人均 GDP 影响并不显著的实证结果。

表 7-1　变量定义及数据统计描述

变量	标签	样本量	均值	标准差	最小值	最大值
Y	每万人拥有私营企业户数(户/万人)	30	141.999 7	93.383 54	40.72	450.28
AW	职工平均工资(元)	30	36 337.61	8 674.3	27 369.84	63 548.87
HRI	租房价格指数(％)	30	1.055 3	0.035 564	1	1.137
IPI	固定资产投资价格指数(％)	30	1.021 233	0.023 968	0.993	1.12
n	开业程序(个)	30	13.566 67	0.678 911	12	14
time	开业时间(天)	30	41.066 67	6.638 1	28	55
fee	开业费用(占人均国民收入的百分比)	30	11.013 3	5.262 8	3.2	26.6
lower	实缴资本下限(占人均国民收入的百分比)	30	273.746 7	89.884 4	200	605.2
AGDP	人均地区 GDP(元)	30	44 226.13	17 903.22	21 946	89 082

>>三、建模与回归分析<<

(一)模型选择

常见的截面数据回归模型中要求随机误差项服从正态分布，但我们对本章所收集的数据的初步检验发现，偏离均值的随机误差并不服从正态分布，而与指数分布族中的 Gamma 分布相匹配。因此，根据计量分析的基本思路，利用 Gamma 分布来拟合被解释变量更为合适，同时可以选择对数连接函数的基本形式。特建立如下广义线性模型：

$$\eta = X\beta$$
$$y = g^{-1}(\eta) + \varepsilon$$

其中，X 为解释变量矩阵，η 为线性预报函数，y 为被解释变量，$g(\cdot)$ 为连接函数，常选用单调函数作为连接函数，ε 是指数分布簇随机扰动项，包括二项分布、负二项分布、Poisson 分布、正态分布、Gamma 分布、对数正态分布和指数分布等，根据数据的初步检验结果，本章主要选择了 Gamma 形式的 ε 分布。

在具体建模过程中，因为并不确定哪个模型的计量结果更好，所以我们根据解释变量的筛选过程，暂时列出了三个模型，在进行比较后，再确定一个模型来作为最终分析的主要依据。另外从三个模型的拟合优度(对数似然函数值)和模型复杂性(参数个数)之间也可以为我们选择合适的模型提供权衡的依据，这也是计量经济学中对回归模型的选择以及结果可靠性判断的基本思路。所以，我们选取逐步回归的基本思路，分别按照如下三个模型进行回归分析。第一个方程，包含所有的变量都进入回归模型，对创业数量进行全面解释；第二个方程，剔除掉fee，利用其余变量对创业数量进行解释，比较结果及回归检验的有效性；第三个方程，剔除掉 fee 和 IPI，利用其余变量再次进行结果比较和模型检验。

根据前文对创业企业活跃度影响因素及其模型的讨论，本章提出如下基本的研究假设：

H1：用工成本、租房成本、固定资产购置成本三种直接货币性成本对创业活跃度有负向影响，反之，则表明上述因素对创业活跃度的影响不明显或具有正向作用；

H2：审批手续、开业时间、开业费用、实缴资本四个制度性成本对创业活跃度有负向影响，反之，则表明上述因素对创业活跃度的影响不明显或具有正向作用。

(二)回归结果分析

本章利用 SAS 软件对上述三个方程进行回归分析,具体结果见表 7-2。因为广义线性模型的分析架构与传统计量经济回归分析有很大不同,前者主要是基于极大似然估计和 Fisher 得分方程的迭代法求解,而后者则主要基于 OLS(当然也可以用 MLE),考虑到扰动项的非正态性和连接函数的效果,广义线性模型需要通过离差平方和来判定模型的拟合优度。由表 7-2 的结果可知,方程①与方程②总离差平方和差异不是明显,说明减少一个变量 fee 后,拟合效果影响不是很大。事实上,因为对数似然函数值本身也是模型拟合的一个重要指标,基于对数似然函数值可以计算计量经济学中的 SIC、AIC、BIC,进而对模型的拟合优度和复杂性进行综合评价。我们给出的三个模型结果中,第二个方程的对数似然函数值为 -137.6773,同样表示模型拟合度较好。根据对数似然函数值,我们测算了一下 AIC 和 SC,见表 7-2。方程②与方程③总离差平方和差异有些大,说明继续减少一个变量(IPI)后,对拟合效果有一定影响。从 AIC 来看,方程②更合适,即在保证足够的拟合优度的情况下满足了模型尽可能简单的基本条件。从 SC 来看,方程③更合适,然而从 IPI 的系数来看,虽然其不够显著,但是 10%的显著性水平下是可以接受的。而且,继续减少变量的时候,总离差平方和有了较大增加,对数似然减少很多。综合比较,方程②的回归结果更加可信。

根据上述模型检验的最终结果,我们将回归方程进行了整理,分别计算出不同方程中解释变量的贡献度,具体公式为 $d=(e^{\log y+100*c}-y)/y$,d 为解释变量对被解释变量影响的贡献度,y 为被解释变量,c 为回归系数,具体见表 7-2。表中方程②回归系数的检验参数 p 值说明,解释变量开业程序、职工平均工资、租房价格指数、固定资产投资价格指数、开业程序、开业时间、实缴资本下限通过了显著性检验,而控制变量人均 GDP 则未通过显著性检验。

具体来看,首先从不同开业程序 n 值与其回归的系数值的变化关系可以看出,开业程序从 12 个到 13 个再到 14 个的增加过程中,其回归系数逐渐减小,即说明开业程序越多企业数量会越少。表 7-2 的详细数据表明,开办企业程序每增加一个,比方说从 12 个增加到 13 个,每万人拥有私营企业户数将减少 13.13%。从 13 个增加到 14 个,每万人拥有私营企业户数将减少 35.52%。所以,作为创业成本重要代理变量之一的开业程序,其个数的多少(通常也可以理解为开业手续的繁简)是影响创业企业数量的主要因素。而这也与经验判断相符,创办企业的手续越繁杂,越可能成为阻抑创业活动的外部因素。所以需要进行相应的制度改革,设计和推行尽可能高效的审批手续是鼓励创业的制度前提和推进器。

表7-2 三个建模方程的回归结果比较

解释变量 参数符号	水平	方程① 所有变量进入模型			方程② 剔除 fee 后的模型			方程③ 剔除 fee、IPI 后的模型		
		回归系数	P 值	贡献度	系数	P 值	贡献度	系数	P 值	贡献度
常数项		-1.179 973	0.725 105		-1.245 370	0.708 985		-2.266 693	0.353 205	
职工平均工资		-0.000 059	0.000 000	-0.005 88	-0.000 058	0.000 000	-0.005 81	-0.000 058	0.000 000	-0.005 78
租房价格指数		-1.817 838	0.079 211	-0.018 01	-1.810 402	0.079 636	-0.017 94	-1.906 237	0.061 947	-0.018 88
固定资产投资价格指数		-1.057 150	0.061 552	-0.010 52	-0.889 144	0.062 025	-0.008 85			0
开业程序	12	0.579 541	0.000 032	-0.131 28	0.568 762	0.000 027	-0.131 28	0.558 298	0.000 026	-0.131 28
	13	0.438 811	0.000 193	-0.355 2	0.437 765	0.000 211	-0.355 2	0.429 873	0.000 217	-0.355 2
	14	0.000 000		0	0.000 000		0	0.000 000		0
开业时间		-0.024 282	0.008 869	-0.023 99	-0.023 398	0.008 325	-0.023 13	-0.023 423	0.008 505	-0.023 15
开业费用		0.612 061	0.745 035	0.006 139						
实缴资本下限		0.069 271	0.565 894	0.000 693	0.102 642	0.098 786	0.001 027	0.100 830	0.110 097	0.001 009
人均 GDP		0.150 301	0.388 191		0.144 901	0.405 911		0.147 719	0.402 338	
Scale		23.772 833			23.814 711			23.892 985		
总离差平方和		16 954.43			17 014.21			17 186.24		
对数似然函数值		-137.625			-137.677			-138.776		
AIC		9.908 3			9.845 153			9.851 713		
SC		10.422 07			10.312 22			10.272 07		

表 7-1 中的统计结果还可以看出，按照全国当前平均水平计算，工资水平为 36 338 元，每万人拥有私营企业户数为 142 个，在此基础上我们的回归结果（见表 7-2）发现工资水平每增加 100 元，每万人拥有私营企业户数将减少 0.58%，且系数显著性很高。显示了工资水平这一反映企业雇佣人员劳动报酬成本的指标，对创业的影响机制，即雇佣人员劳动报酬越高，则越可能加大创业的成本，越不利于创业。

作为生产资料，厂房或办公地点是企业从事生产和经营活动必不可少的基础要素。所以由于开办企业而需要承担的租房费用是企业创立的主要成本之一，从回归结果来看，租房价格指数（%）每增加 1 个百分点，每万人拥有私营企业户数将减少 1.79%，具有较大的负向效应，但系数只通过了 10% 水平上的显著性检验，故其显著性不高。

固定资产投资是建造和购置固定资产的经济活动，即固定资产再生产活动。固定资产再生产过程包括固定资产更新、改建、扩建、新建等活动。固定资产投资价格指数则是反映固定资产投资额价格变动趋势和程度的相对数，所以在模型中用该指标能够解释固定资产投资价格的高低对创业企业数量变化的作用效应。结果发现，固定资产投资价格指数每增加 1 个百分点，每万人拥有私营企业户数将会减少 0.89%，即也对创业活动产生了负向影响，但从 p 值来看，在 10% 的显著性水平下显著。

在世界银行的《全球营商环境报告》中，利用开业时间指标来表达企业办理开业手续所需要的时间。本章的模型中也引入了同样的指标数据来考察我国的审批时间对创业企业活跃度的影响。表 7-2 中的回归结果表明，开业时间每增加一天，每万人拥有私营企业户数将减少 2.31%。虽然系数值较小，但相对于以天为单位的指标来讲，每多一天的审批时间对创业企业数量所造成的影响还是很大的。检验的 p 值表明，该变量的显著性也较高。

实缴资本是指公司成立时实际收到的出资总额，是公司现实拥有的资本，所以是创业企业的主要资本成本。我们的回归结果发现，实缴资本下限（占人均国民收入的百分比）每增加 1 个百分点，每万人拥有私营企业户数将增加 0.1%，数值较小，且这个变量仅在 10% 的水平下显著，表明该变量对被解释变量的影响相对较弱，并未成为阻抑企业创立的主要因素。这一发现可能蕴含这样一个现实，即对于当前我国的创业者来讲，他们倾向于更多地考虑企业的长期发展，所以相比企业创办以后的发展过程中的投入来讲，期初的一次性资金投入并不是企业创办者主要考虑的成本因素，因而未对创业企业的数量形成很强影响。所以，可以预期对我国当前或今后创业企业增量部分影响的因素主要来自创业者们（或投资者）对企业长期发展和投资的考虑，而并非期初的这部分注册资金。

最后，作为控制变量的人均 GDP 的系数没有通过显著性检验，这一结果印证了我们在文章开头的基本判断，即虽然我国当前各城市的人均 GDP 水平差异十分明显，但东部发达城市的资源稀缺问题逐步显现，致使创业成本急速上升，而随着经济的发展，人均 GDP 相对较低的中西部地区的创业环境正在快速改善，尤其是相对较低的劳动力成本等比较优势逐步凸显，越来越成为企业进入这些地区创立和发展的主要诱因，因此这些地区的创业行为也更加活跃。所以出现了我国当前人均 GDP 对创业企业数量影响并不显著的实证结果。这也是本章一个新的发现。

（三）模型检验

回归分析只能反映变量对被解释变量的乘数效应或者弹性效果（当使用双对数模型的时候），却不能说明这些变量对总体解释能力的强弱，或者说不能表达重要性的差异高低，但是方差分析可以从一定程度上反映其对被解释变量（重要性）解释力度的差异。因而该部分将主要对模型总体解释度进行方差分析，以检验模型的可靠性。

我们对结果进行的方差分析，考虑到广义线性模型的特殊性，因此实质上是对离差平方和进行分解。针对剔除掉 fee 的模型（方程②）方差分解的结果如表 7-3。首先，在模型总体拟合优度的检验方面，可以同时使用判定系数 R^2 直观上判断（无法检验），或者使用 F 检验，但方差分析本身基于 F 检验可以判断整体模型的效果。对于我们选择的模型来讲，表 7-3 中总解释百分比数据表明，我们所选取的变量总共解释了被解释变量 y 的方差的 91.23%，总体解释度较高。

考虑到回归系数无法判断解释 y 的能力的大小（即使是标准化回归系数，也只能说明对 y 影响的乘数大小，不能说明解释了 y 多少），所以我们基于方差分析，进一步判断方差分析中每一个变量或者因子对被解释变量的解释程度（解释的比例）。从本质上看，是对回归分析中 R^2 的细化和推广。表 7-3 的结果显示，第一个变量职工平均工资 AW 解释了被解释变量的方差 64.53%，占模型解释的 58.87%，第二个重要的变量开业程序数 n 解释了被解释变量方差的 17.98%，第三重要的变量是开业时间 time，占被解释变量方差的 7.03%。其余变量的解释力度相对较小。

对方差的解释程度，反映了这些解释变量的重要程度，从上述分析可知，在开办企业的各种成本对企业数量的影响分析中，职工平均工资对企业数量影响最大，然后是开业程序，最后是开业时间，进一步检验了上述回归分析的结果。

表 7-3　模型的方差分析

变量	DF	解释方差	ChiSq	解释百分比(%)	总解释百分比(%)
AW	1	10 015.938	49.488 479	64.53	58.87
HRI	1	597.094 72	2.950 228 8	3.85	3.51
IPI	1	39.847 366	0.196 884 8	0.26	0.23
n	2	3 059.045 3	15.114 659	19.71	17.98
time	1	1 195.873 7	5.908 779 4	7.70	7.03
lower	1	473.641 3	2.340 248 8	3.05	2.78
LAGDP	1	140.613 79	0.694 768 9	0.91	0.83
合计	—	—	—	—	91.23

第三节　结论与政策建议

企业是国民经济的基本细胞，创业企业的不断涌现无疑是使国民经济保持活力的根本途径。而要激发劳动者的创业积极性，改善创业环境，尽量减少创业成本则是鼓励创业活动的基本前提。本章利用 2010 年除西藏拉萨之外的 30 个省会城市的横截面数据，从创业成本的角度，运用广义线性模型研究了各种影响创业成本因素对各地区创业活动的影响。主要结论有：

首先，我国各城市的创业活跃度存在着很大的差异。总体而言，东部经济较为发达城市的创业活动要比西部经济较为落后城市活跃得多，其中创业活动最活跃的上海市每万人拥有私营企业的户数要比最低的西宁高出 11 倍多。与此同时，创业成本在各城市之间的差异也十分明显。特别是在开业程序、开业时间和开业费用等方面，创业活跃度高的城市和创业活跃度较低的城市之间有着明显的比较优势。

其次，本研究中的绝大部分成本因素对创业活动的影响都是负面的，即在总体上讲，成本因素是制约各城市创业活动、造成创业活动地区差异的重要原因。在创业成本相对较低的城市，创业活跃度明显较高。而在创业成本相对较高的城市，创业活动普遍活跃度较差。该结论与全球创业观察和世界银行《全球营商环境报告》中对国别的研究结论相同，即创业成本较高的国家和地区，其创业活动要比成本较低的国家和地区要差。

最后，不同的成本因素对创业活跃度的影响程度不同。具体来说，开办企业的程序数量对创业活动影响较大，即使是增加一道申办程序，都会使创业活跃度出现较大幅度地下降。在本研究中，开办一家新企业的程序如果从 12 个增加到 13 个，将使每万人拥有私营企业的户数减少 13.13%。如果从 13 个增加到 14

个，那么每万人拥有私营企业户数将大幅减少 35.52％。由此可见开办企业程序对创业活跃度有着直接的影响。租房价格对创业活跃度的影响也较为显著，如果租房价格指数每增加 1 个百分点，就会使每万人拥有的私营企业户数减少 1.79％。不仅如此，固定资产价格指数、职工平均工资水平、开业时间、开业费用和实缴资本下限等因素也对创业活跃度有一定的负面影响，尤其是职工平均工资水平、开业时间的作用非常明显。

基于以上研究，我们提出以下几条政策建议：

第一，大力改善创业环境，重点是努力降低创业成本，进一步提高我国的总体创业活跃度。目前，鼓励劳动者创业作为一项重要政策已上升到国家发展战略的高度，必须加快落实改善创业环境、降低各项创业成本的各项政策，激发全社会参与创业的热情。应将重点放在经济较为落后的中西部地区，他们普遍存在着创业成本较高、创业活跃度不高的问题。这样不仅能够尽快提高中西部地区的创业活跃度，还有利于加快当地经济的发展，进而起到缩小地区差距的积极作用。

第二，降低创业成本以提高创业活跃度，首要的是必须减少开办企业的程序。开业程序越多，创业者的创业积极性就越低。应尽量简化各种新创企业的审批手续，减少办事环节，开通针对创业者的快速通道，缩短开业时间，减免各种手续费，提供创业基地，以迅速降低创办企业的成本。

第三，增加财政、金融对创业者的扶持力度，提高他们应对各种成本冲击的能力，提高创业的成功率。国家和地方政府通过财政补贴、税收减免和贷款优惠的办法，降低新创企业的创业成本。创业成本的降低，本质上有利于提高新创企业抵御各种风险的能力，特别是在当前劳动力成本不断上升、原材料价格居高不下、租房价格攀升较快的背景下，政府的扶持措施就能够在一定程度上抵消成本上升对新创企业的冲击，提高创业的成功率。

不仅如此，成本的有效降低还有利于新创企业轻装上阵，增强自我积累的能力，从而扭转我国新创企业普遍存在的存续年限较短的难题，这也是值得我们今后进一步研究的重点问题。

第八章

人力资本和社会资本对大学生创业意向影响的调查：以北京师范大学为例

本章以北京师范大学为例，利用 2015 年 4 月对大学生的问卷调研数据，采用数据统计的方法，对大学生的创业意向进行了分析。总体来看，大学生的创业意向受样本群体本身的个体特征和家庭背景、教育背景等各方面影响，不同性别、年龄、政治面貌、学生干部经历、父亲单位性质、身边有无创业的人等因素对大学生的创业意向影响不同；生源地来自农村还是城镇以及学历对学生的创业意向影响不大。另外，对大学生创业的态度和认识的分析表明：认为大学生创业最大的困难是资金不足的人数最多，希望学校通过资金支持大学生创业的占一半以上，近 40％的受访者认为大学生创业最大的优势是年轻有干劲。一半以上的学生没有参加过校内外的任何创业活动，对大学生创业政策不太愿意去了解和不知道的人占到 76.93％。接近 40％的学生认为创业的最佳时间是大学本科期间，70％的学生表示如果有合适的项目会考虑去创业。

第一节　研究背景与文献综述

>>一、研究背景<<

自高等教育扩招以来，全国毕业大学生数量逐年增多。高校毕业生总数自 2010 年的 631 万人，至 2014 年突破至 727 万人，2015 年，全国高校毕业生总数高达近 750 万人，持续上涨的高校毕业生人数伴随着日益严峻的就业形势，引发社会和研究者的广泛关注，"最难毕业季""更难就业季"这样的词汇成为形容高校毕业生就业形势的网络媒体热词。党的十八大报告[①]明确提出，要"鼓励多渠道多形式就业，促进创业带动就业……提升劳动者就业创业能力……鼓励青年成长，支持青年创业。"把鼓励创业、支持创业摆到就业工作更加突出的位置。

21 世纪以来，科学技术不断发展，知识经济时代随之到来，创业研究得到了学术界前所未有的关注。当前我国经济结构正在调整，经济发展方式加快转变，这种情况下，更强调要提高自主创新能力，强调以创新带动创业，以创业带动就业，形成发展经济与扩大就业的良性互动。2015 年两会上，李克强总理在政府工作报告[②]中指出，"完善就业促进政策，推出创业引领计划，高校毕业生就业稳中有升。"要把"大众创业、万众创新"打造成推动中国经济继续前行的"双引擎"之一。

近两年，许多工作多年的"职场高手"甚至是知名企业的高管大佬也踏上了创业之旅。创业优惠政策不断出台，创业手续一再简化，在这样的背景下，创业当老板已经形成了一股风潮。北京、上海等大城市还出现了"创客空间"，创业者们聚在一起分享想法，把想法变成现实。在难得的机遇和时代需求面前，高校大学生也跃跃欲试，一部分同学已经积极参与，组建团队成立公司。那么，当前大学生的创业意向如何？高校学生对大学生创业持怎样的认识和看法？他们认为最适合创业的领域是什么？有什么优势和困难？

本章将就这些问题进行分析，一方面，可以了解大学生创业意向的现状及对大学生自身创业的看法；另一方面，也为高校和政府相关部门制定创业政策提供参考。

>>二、文献综述<<

（一）创业意向的概念

创业意向（entrepreneurial intention，经常被翻译为创业意愿、创业倾向），这一概念由美国学者 Bird 在 1988 年首先提出，之后迅速引起广泛关注，尤其近几年很多学者围绕相关主题开展了大量调查研究。对"创业意向"这一概念，目前国内外并未形成统一界定，刘志、张向葵等人通过文献整理对这一概念的主要定

---

① 2012 年 11 月 8 日胡锦涛在中国共产党第十八次全国代表大会上的报告：《坚定不移沿着中国特色社会主义道路前进为全面建成小康社会而奋斗》。

② 2015 年 3 月 5 日李克强在第十二届全国人民代表大会第三次会议上作的政府工作报告。

义进行了总结：①

（1）"将创业者的注意力、精力和行为引向某个特定目标的一种心理状态，并且认为由灵感激发的创业的想法必须通过创业意向才能实现。"（Bird）

（2）"个体计划在将来进行创业的决定和选择偏向。"（Davidsson）

（3）"创业者旨在创建新企业或者为现有组织增加价值的一种心理状态，或者是对自己创建新事业可能性的判断。"（Michael）

（4）"潜在创业者对从事创业活动与否的一种主观态度，是人们具有类似于创业者特质的程度以及人们对创业的态度、能力的一般描述。"（Krueger）

（5）"个体计划创办新企业的信念。"（Thompson）

（二）创业意向研究的主要结论

国内外关于创业意向的影响因素研究主要集中在两个方面，即个体因素和环境因素。在个体特征方面，主要关注个体人口学因素（如性别、年龄等）、个体背景、认知特点、性格偏好等方面对创业意愿的影响。在性别方面，一般认为，男性比女性更多选择创业。国外许多研究发现，男性的创业意向要高于女性②，国内一些学者③也发现大学生创业意向及其两个维度（创业行为倾向和创业可能性）在性别、年级、专业、学历和父母职业上存在显著差异：男生比女生高，大二学生显著高于其他年级，理工科明显比文科高，父母职业为企业家、私营主或个体户显著比父母在行政事业单位（机关单位、教育等）的高。

马占杰④对国外创业意向的部分研究进行总结，分析了个体心理特征对创业意向的影响的研究。

表 8-1 创业意向部分研究汇总

作者（年份）	基础理论	样本来源	研究结论
Kolvereid（1996）	TPB	挪威商学院学生	自我雇佣经历、性别、家庭背景通过对态度、主观规范和行为控制感来影响自我雇佣意向
Tkachev 和 Kolvereid（1999）	TPB	俄国大学生	态度、主观规范和行为控制感影响俄国大学生的创业意向

---

① 刘志、张向葵、邹云龙：《国内大学生创业意向研究的最新进展》，载《东北师大学报（哲学社会科学版）》，2012 年第 6 期。

② Gupta V. K. Turban D. B. & Bhawe, N. M. The Effect of Gender Stereotype Activation on Entrepreneurial Intentions. *Journal of Applied Psychology*，2008.

③ 严建雯、叶贤：《大学生创业意向的现状调查》，载《心理科学》，2009 年第 6 期。

④ 马占杰：《国外创业意向研究前沿探析》，载《外国经济与管理》，2010 年第 4 期。

续表

作者（年份）	基础理论	样本来源	研究结论
Veciana 等（2005）	TPB、TEE	波多黎各和加泰隆尼亚大学生	人口统计学变量和创业意向受国别的影响
Segal 等（2005）	TEE	美国商学院学生	自我雇佣合意性是创业意向的决定因素
Liñán 等（2007）	TEE	管理学和经济学专业学生	个体社会资本通过影响合意性感知和可行性感知来影响创业意向
Sequeira 等（2007）	TESE	美国西南地区公立大学学生	高创业自我效能感和强关系支持网络共同增强个体的创业意向
van Gelderen 等（2008）	TPB	阿姆斯特丹等四所大学的学生	两个重要因素（即创业警觉性和个人财务安全）影响创业意向
Wu 等（2008）	TPB	中国同济大学学生	不同教育背景下的大学生创业意向不同
Kickul 等（2008）	TESE	美国四个州的大学生	创业自我效能感和创业意向的前因变量因性别而异

注：TEE 指创业事件理论（Theory of the Entrepreneurial Event）、TPB 指计划行为理论（Theory of Planned Behavior），TESE 指创业自我效能理论（Theory of Entrepreneurial Self Efficacy）
资料来源：马占杰：《国外创业意向研究前沿探析》，载《外国经济与管理》，2010 年第 4 期。

　　在社会因素方面，研究发现环境因素对创业意向有显著影响，对创业的认知会影响个体对创业的态度，大学生的专业背景对其创业意向有显著影响，是否参加过创业大赛对大学生个体的创业意向无显著影响。[1]

　　当前关于创业意向暂时还未形成公认、统一的测量方法。以往研究所使用的创业意向指标有的从多个不同维度进行衡量，或者使用多个题目来进行测量。[2]虽然多个项目有助于减少测量误差，但是，几乎所有题目都采用的是自我报告和程度评估的利克特 5 点量表进行评分，不仅受被试个体差异影响，而且这些维度或题目的计算或分数加权作为创业意向的分数同样没有固定的标准，也受研究者的理论基础或研究目的影响。因此，一些研究如 Wilson，Kickul 和 Marlino（2009）[3]使用单项目来测量被试创业意向，如"你有多大兴趣创建或拥有自己的企业？"基于以上考虑，本章同样采用单项题目来测量大学生的创业意向，"你未

---

[1]　刘海鹰：《大学生创业意向影响因素研究》，载《科技进步与对策》，2010 年第 18 期。

[2]　简丹丹、段锦云、朱月龙：《创业意向的构思测量、影响因素及理论模型》，载《心理科学进展》，2010 年第 1 期。

[3]　Fiona Wilson，Jill Kickul，Deborah Marlino. *Gender，Entrepreneurial Self-Efficacy，and Entrepreneurial Career Intentions：Implications for Entrepreneurship Education. Entrepreneurship Theory and Practice.*

来有创业的打算吗?"不关注被试创业意向程度的差异(受被试个体评估差异较大)，以被试在调研时期的真实意向作为创业意向的评估指标，尽可能减少研究者主观判断的影响。

北京师范大学是教育部直属重点大学，是一所以教师教育、教育科学和文理基础学科为主要特色的著名学府。"九五"期间，被首批列入"211工程"建设计划。"十五"期间，学校进入国家"985工程"建设计划。

学校占地面积1 031亩。全日制在校生约23 300人，其中本科生约9 500人、研究生约12 000人、长期留学生约1 700人。现设1个学部、26个学院、2个系、43个研究院。现有本科专业60个、硕士学位授权二级学科点148个、博士学位授权二级学科点108个、博士后流动站25个、博士学位授权一级学科24个、硕士学位授权一级学科36个。5个一级学科、11个二级学科获批国家重点学科，2个二级学科获批国家重点(培育)学科。现有5个一级学科北京市重点学科、9个二级学科北京市重点学科、1个交叉学科北京市重点学科。学科点覆盖了除军事学以外的12个学科门类，形成了综合性学科布局。学校拥有国家重点实验室4个(其中联合2个)、教育部重点实验室9个、北京市重点实验室10个、教育部工程研究中心5个、北京市工程中心2个、教育部人文社会科学重点研究基地7个。定期出版专业刊物20种。

北京师范大学教育资源丰富，是国家高素质创新型人才培养的重要基地。现拥有国家文科基础学科人才培养和科学研究基地2个、国家理科基础科学研究和教学人才培养基地5个，教育部人才培养模式创新实验区5个，国家级实验教学示范中心3个。学校同时拥有国家生命科学与技术人才培养基地、国家对外汉语教学人才培养基地，是国家大学生文化素质教育基地。

北京师范大学教师队伍结构合理、素质精良。现有校本部教职工近3 200人，其中专任教师近2 000人，具有高级职称、博士学位或海外学历的教师所占比例居中国高校前位。

资料来源：北京师范大学官网，http://www.bnu.edu.cn/xxgk/xxjj/index.html。

以往研究发现，学生的专业和学校类型对创业意愿有显著影响，因此，学校类型不同，学生的创业意愿会有较大差异。北京师范大学作为由师范大学转型的综合性大学，既有师范类专业的传统优势和特色，非师范学科也得到迅速发展，实力强劲，在全国师范类院校中具有领头性和代表性。本章以北京师范大学学生作为样本，其研究结果能够较好地反映样本全体所代表的学生总体情况。

第二节　大学生创业意向的描述性统计分析

>>一、数据说明<<

本章所使用的数据来源于北京师范大学劳动力市场研究中心"中国劳动力市场发展报告"调查组，研究组在 2015 年 4～5 月面向北京师范大学在校生组织开展了"大学生创业意向现状"调查，调研采用分层和随机抽样的方法，即先通过分层确定院系问卷数量，然后由院系相关学生工作教师随机发放给本院在校生。本次调研共发放问卷 2 300 份，回收问卷 2 031 份，回收率为 88.30%，有效数据1 786份。

>>二、样本群体的个体特征<<

表 8-2 是对问卷数据主要变量进行的描述性统计分析，统计结果显示，样本群体中男生占 26.54%，女生占 73.46%，男女比例约为 3∶7，基本符合调查样本学校本身的学生性别结构特点。从年龄来看，样本年龄主要分布在 17～25 岁之间(占 97.2%)，说明绝大部分在校大学生年龄在此区间内；本科生、研究生所占的比例分别为 79.45%，20.55%；从学生的政治面貌来看，群众为 5.93%，团员 68.65%，中共党员 25.42%。66.69%的学生没有做过学生干部的经验，但也有 33.31%的同学当过或者正在做学生干部。从生源地来看，71.39%的样本学生来自城镇，28.61%的学生来自农村。在兼职实习或者全职工作方面，31.02%的学生完全没有相关经历，68.98%的学生有过几个月到几年不等工作或实习经历。

表 8-2　样本群体主要变量的统计描述

变量名称	变量分类	样本数(个)	占比(%)
性别	男	474	26.54
	女	1 312	73.46
年龄	17～22	1 410	78.94
	23～25	320	17.92
	25 及以上	56	3.14

续表

变量名称	变量分类	样本数（个）	占比（%）
政治面貌	群众	106	5.93
	中共党员	454	25.42
	团员	1 226	68.65
学历	研究生	367	20.55
	本科生	1 419	79.45
学生干部经历	是	595	33.31
	否	1 191	66.69
生源地	城镇	1 275	71.39
	农村	511	28.61
兼职/全职工作时长	3 年以上	85	4.76
	1~3 年	224	12.54
	半年~1 年	303	16.97
	半年以下	620	34.71
	没有过	554	31.02
样本数（个）		1 786	

>>三、样本群体的家庭背景<<

　　家庭环境对于个人的创业意向有很大的影响，故本次调查也收集了学生的家庭背景信息。根据表 8-3 的数据统计结果显示，关于父母的政治面貌，总体来看群众占比较高，其中父亲是中共党员的占 37.46%，群众占 62.54%；母亲是中共党员的占 18.14%，明显低于父亲是党员的比例，因此，母亲是群众的比例就远高于父亲是群众的比例，达到 81.86%。从父亲工作单位的性质来分析，在国有企业的占 15.06%，私营或个体企业的占 32.53%，外资企业的占 1.29%，党政机关及事业单位占 30.24%，其他单位性质的占 20.88%。家庭月收入在 0.5 万元以下的占 29.56%，0.5 万~1 万元（含）的占 35.95%，1 万~1.5 万元（含）占 18.20%，1.5 万~2.5 万元（含）占 9.57%，2.5 万~3.5 万元（含）占 3.64%，3.5 万元及以上占样本群体的 3.08%。身边的家人和亲戚朋友中，没有人创业的学生占 30.35%，有人创业的占 69.35%，比例较高，说明样本群体中大部分学生身边的亲人、同学朋友中均有人创业。具体分析来看，父母至少有一方创业的占 11.14%，兄弟姐妹中有人创业的占 8.34%，其他近亲创业的占 29.51%，同学朋友中有人创业的占 20.66%。

表 8-3　家庭背景主要变量的统计描述

变量名称	变量分类	样本数(个)	占比(%)
父亲政治面貌	群众	1 117	62.54
	中共党员	669	37.46
母亲政治面貌	群众	1 462	81.86
	中共党员	324	18.14
父亲工作单位的性质	国有企业	269	15.06
	私营或个体	581	32.53
	外资企业	23	1.29
	党政机关及事业单位	540	30.24
	其他	373	20.88
家庭月收入(元)	0.5 万及以下	528	29.56
	0.5 万~1 万(含)	642	35.95
	1 万~1.5 万(含)	325	18.20
	1.5 万~2.5 万(含)	171	9.57
	2.5 万~3.5 万(含)	65	3.64
	3.5 万及以上	55	3.08
身边亲朋中有创业的是	父母	199	11.14
	兄弟姐妹	149	8.34
	其他近亲	527	29.51
	同学朋友	369	20.66
	无	542	30.35
样本量		1 768	

第三节　大学生创业意向的现状分析

>>一、大学生对创业的态度和认识<<

表 8-4　大学生对创业相关问题认识的统计描述

变量名称	变量分类	总样本数(个)	占比(%)
创业打算	有	567	31.75
	没有	1 219	68.25
大学生创业最适合领域	绿色生态农业	159	8.90

续表

变量名称	变量分类	总样本数（个）	占比（%）
	餐饮食品业	306	17.13
	教育培训行业	795	44.51
	仓储物流业	47	2.63
	服务业	267	14.95
	其他	212	11.87
大学生创业最大困难	资金不足	720	40.31
	缺乏社会资源	375	21.00
	对市场缺乏了解	429	24.02
	风险承受能力低	169	9.46
	缺好的创业项目	64	3.58
	家人反对	11	0.62
	其他	18	1.01
大学生创业最大优势	年轻有干劲	700	39.19
	想法创新	545	30.52
	胆大冒险	171	9.57
	家庭负担小	44	2.46
	学习能力强	163	9.13
	掌握新技术、知识	143	8.01
	其他	20	1.12
参加过的创业活动	撰写创业计划书	178	9.97
	参加创业大赛	178	9.97
	选修学校的创业课	175	9.80
	参加创业讲座和培训	278	15.57
	申请创业训练基金	77	4.31
	到创业公司实习	92	5.15
	与创业导师交流	73	4.09
	无	1 075	60.19
	其他	36	2.02
对政策了解情况	经常关注、很清楚	25	1.40
	偶尔关注，比较清楚	387	21.67
	不太愿意去了解	857	47.98
	一点也不知道	517	28.95
高校创业教育最有效形式	创业专题讲座	258	14.45
	创业者沙龙	229	12.82
	创业课程	351	19.65
	创业比赛	262	14.67

续表

变量名称	变量分类	总样本数（个）	占比（％）
	设置创业研究基金	334	18.70
	创业模拟演练	316	17.69
	其他	36	2.02
希望学校支持创业的形式	资金支持	939	52.58
	技术支持	331	18.53
	人力支持	205	11.48
	场地支持	74	4.14
	学业调整支持	212	11.87
	其他	25	1.40
认为创业最佳时间	读大学前	85	4.76
	读本科期间	694	38.86
	研究生期间	303	16.97
	刚毕业时	268	15.01
	工作几年后	436	24.41
会考虑创业的情况	毕业找不到合适工作	220	12.32
	有合适的项目	1 250	69.99
	亲朋好友邀请	227	12.71
	其他	89	4.98
启动资金额度（元）	低于 5 万	246	13.77
	5 万～10 万	691	38.69
	10 万～20 万	500	28.00
	20 万～50 万	199	11.14
	50 万以上	150	8.40
样本量		1 768	

　　表 8-4 为样本群体对大学生创业的相关问题的描述性分析。根据统计结果显示：样本量共 1 768 个，其中有创业意愿的样本量有 567 个，占全部样本的 31.75％。大学生认为创业最适合的领域是教育培训行业，占比达 44.52％，这与样本群体所在院校的专业设置和教育背景密切相关，餐饮食品业次之，占比 17.13％，再次是服务业。对于大学生创业遇到的最大困难，40.31％的大学生认为是资金不足，另外分别有 24.02％和 21.00％的大学生认为对市场缺乏了解和缺乏社会资源是创业最大的困难，可见，大学生认为创业困难大都来源于外界的创业环境而非自身的创业能力。52.58％的大学生认为学校给予学生最好的创业支持形式为资金支持，也与前面有 40.31％的大学生认为创业最大困难是资金困难相对应。而在启动资金额度上，38.69％的大学生认为 5 万～10 万元比较合适，

另有 28% 的大学生认为 10 万～20 万元更合适。有 39.19% 的大学生认为年轻有干劲是大学生创业最大的优势，30.52% 的大学生认为有创新的想法是创业的最大优势。在调查大学生参与过的创业活动时，高达 60.19% 的学生表示从未参加过任何形式的创业活动，说明相当一部分大学生对于创业活动并不是非常积极，也正因为如此，在选择政策了解情况时，分别有 47.98% 和 28.95% 的大学生表示不太愿意去了解和一点都不知道。在调查大学生认为高校创业教育最有效的形式时，大学生的选择较为平均，不考虑"其他"这个选项，最高的是开设创业课程，占比 19.65%，最低的是举办创业者沙龙，占比 12.82%，由于大学生非常缺乏对于创业的了解和认识，故认为一切创业教育形式对其均有较好的教育效果。就创业最佳时间而言，38.85% 的大学生认为在读本科期间创业最佳，其次是工作几年以后，占比 24.41%。当问及哪种情况下会考虑创业时，69.99% 的学生认为有合适的项目时会考虑创业。

>>二、个体特征对大学生创业意向的影响比较<<

由图 8-1 显示，与女生相比，男生创业意向更高，在调研的男生样本中，有创业意愿的占 41.77%，在所有被调查的女生中，有创业意愿的占比 28.13%。该结果与国内外的研究结论一致，即男性的创业意愿普遍高于女性。Gloria L. S[1] 等人从性别刻板印象和自我效能感的角度进行了解释。

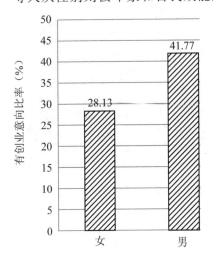
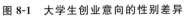

图 8-1　大学生创业意向的性别差异

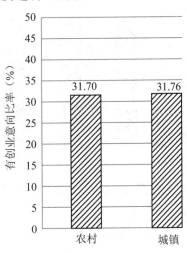

图 8-2　不同生源地学生创业意向的比较

---

① Gloria L. Sweida，Rebecca J. Reichard. Gender stereotyping Effects on Entrepreneurial Self-efficacy and High-growth Entrepreneurial Intention. *Journal of Small Business and Enterprise Development*，2013，Vol. 20(2).

由图 8-2 数据表明，来自城镇和农村的大学生，创业意向的差异非常小，比例分别是 31.76％（城镇）和 31.70％（农村），说明创业意向与生源地是城镇还是农村关系不大。分析原因，可能是当前我国农村和城镇户籍差异逐渐减小，人口迁移流动性增大，一些城市已经取消农村和城镇户籍的限制，农村和城镇户籍的大学生在创业方面可以享受同等政策优惠，因此学生在考虑是否创业时，其创业意向没有受到户籍类型的影响。

由图 8-3 可以看出，在所有 17～22 岁的大学生中，31.49％的学生有创业意愿，在所有 23～25 岁的大学生中，33.13％的大学生有创业意愿，在所有 25 岁以上的大学生中，30.36％的大学生有创业意愿。三个年龄段学生创业意向的差异较小，相比较而言，23～25 岁的大学生创业意愿比例最高，这个年龄段的大学生以本科高年级和硕士生为主，他们的认识和想法相对成熟，开始考虑未来的发展方向，并将创业作为立足社会或者实现追求的选择道路之一，因此创业意向相对较高。但 25 岁以上大学生的创业意愿比例最低，这个年龄段主要以博士生为主，分析原因可能是这个年龄段的学生在就业选择时更理性，本身科研任务较重，或者在能进行稳妥发展有好的就业机会时会更倾向于选择就业，而不是考虑风险高、成本大的创业。

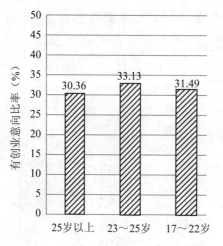

图 8-3　不同年龄学生创业意向的比较　　图 8-4　不同学历大学生创业意向的比较

由图 8-4 表明，研究生有创业意向的人数比例与本科生人数比例相当，说明不同学历学生的创业意向比例没有明显差异。研究生中有创业意愿的学生占比 31.06％，而本科生的比例为 31.92％，比研究生略高。

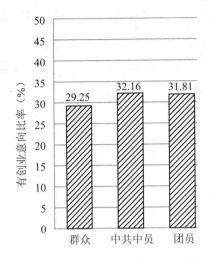 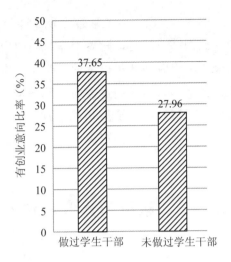

图 8-5　不同政治面貌学生创业意向的比较　　**图 8-6　学生干部经历对学生创业意向的影响**

图 8-5 表明，在所有的团员、党员和群众中，有创业意愿的大学生占比分别是 31.81％、32.16％ 和 29.25％，差异较小，党员中创业人数比例最高。

由图 8-6 表明，是否担任过学生干部对于大学生的创业意向影响较大，从未担任过学生干部的大学生中有创业意向的占 27.96％，而现在（或曾经）是学生干部的大学生中有创业意愿的占比 37.65％，比前者高出约 10 个百分点，说明担任学生干部的经历，让学生能在学习之余，有机会与来自不同专业、不同学院，甚至不同学校的同学和职场人士接触，有助于交流想法，开阔眼界，锻炼能力，发现机遇，找到合作伙伴和创业项目的概率大大提高，因此这部分同学中有创业意向的比例也较高。

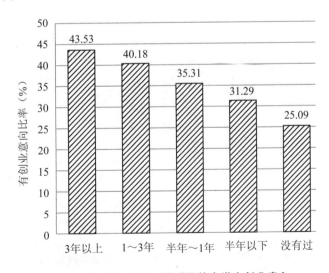

图 8-7　分兼职/全职工作时间的大学生创业意向

图 8-7 表明，有兼职或全职工作经历的学生要比没有该经历的学生有创业意向的比例高。同时，随着工作时间的增加，有创业意向的大学生比例增高。兼职或全职工作时间 3 年以上的大学生，有创业意向的人数比例为 43.53%，没有过工作经历的大学生创业意向比例最低，只有 25.09%。说明通过实践去了解各项工作、了解社会、了解市场、加强合作与交流有助于大学生形成清晰的自我认知，更好地整合社会资源，发现好的创业机遇或者创业项目，产生创业的想法、意愿。

>>三、家庭背景变量对大学生创业意向的影响比较<<

由图 8-8 可以看出，父亲所从事的工作单位的性质对大学生的创业意向有影响，父亲在私营企业工作的大学生中，有 25.82% 学生表示有创业意向，父亲在党政机关及事业单位中工作的大学生有 32.41% 表示有创业意向。访谈中，部分学生表示，父辈在私营企业工作非常辛苦，没有稳定的保障，家长和自己更希望能踏实学习，毕业后找个稳定的工作，并没有打算创业。而一部分父亲在党政机关及事业单位工作的同学则表示，自己希望能从事更有激情、更能实现梦想的工作，父辈的稳定收入和各类资源支持让他们敢于尝试，没有太多的后顾之忧。图 8-9 的结果也支持这一说法。家庭收入较高的大学生创业意愿更强烈，其中，家庭月收入在 2.5 万～3.5 万元之间有创业意愿的大学生比例达 49.23%。可以看出，良好的家庭经济条件有利于大学生选择创业。

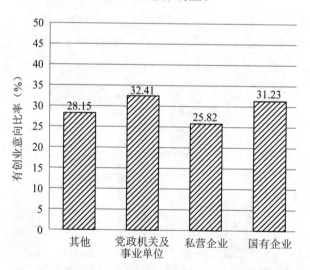

图 8-8　父亲所在单位的性质对大学生创业意向的影响

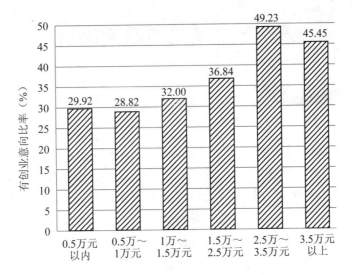

图 8-9 家庭月收入对大学生创业意向的影响

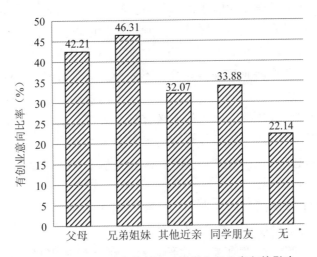

图 8-10 身边不同人的创业对大学生创业意向的影响

由图 8-10 显示，身边亲戚朋友有过（或正在）创业，有创业意向的大学生比例要高，如果身边的人没有创业的，大学生创业意向的比例较低。具体来看，身边有兄弟姐妹创业的大学生，有创业意向的比例最高，达到 46.31%，接近半数，父母、同学、朋友和其他近亲创业的大学生，其创业意向分别是 42.21%、33.88% 和 32.07%，从而可知，大学生创业受周围人影响较大。身边人的创业经历对大学生而言是一种非常好的观察学习机会，也是一种创业体验，使他们对创业有更具体的感知，更理性真实的判断，避免因为不了解而产生过高或过低幻想的风险预期，也更容易获得家人的支持，因此创业意向明显高很多。

第四节　结论与政策建议

>>一、调查结论<<

在国家领导人的高度重视和国家政策的大力支持下，当前我国创业氛围浓厚，掀起"大众创业、万众创新"的浪潮。学术界对创业也开展了大量的研究，其中创业意向是其中一个研究热点。创业意向是创业行为的强预测变量，个体采取某种行为的意向越明显，实际采取这种行动的可能性就越大。[1] 大学生作为国家人才储备的重要资源，其创业意向也备受关注，本章以北京师范大学为例，利用分析统计的方法，对大学生创业意向的个体特征、背景变量、创业认知等进行分析，得到了以下几方面的结论：

一是很多大学生考虑创业时重点关注资金的因素。接近一半的学生认为大学生创业最大的困难是资金缺乏，有超过一半的学生希望学校对创业给予资金支持，认为创业的启动资金在 5 万～10 万元左右的人数比例最高。

二是大学生对学校创业教育活动参加不积极。大部分学生并未参加学校举办的创业比赛、讲座或培训之类的活动，对大学生创业优惠政策"不太愿意去了解"或"一点也不知道"，对学校开展的创业教育最有效形式认识则比较分散。

三是绝大部分学生认为如果有合适的项目会考虑去创业，认为大学生创业最大的优势是"年轻有干劲"和"想法创新"。认为大学本科期间是创业最佳时间的人数最多。

四是大学生个体特征与创业意向的关系。男生有创业意向的人数比例更高，城镇和农村户籍对学生创业意向影响不大，从年龄上看，大学生各年龄段创业意向比例差异不大，23～25 岁年龄段比例略高。研究生和本科生在创业意向的人数比例方面差别不大。学生干部（或曾经是）的创业意向人数比例比非学生干部高10 个百分点。随着工作时间的延长，大学生创业意向的人数比例明显增高。

五是大学生的家庭背景与创业意向的关系。父亲工作单位的性质不同，大学生有创业意向的人数比例不同。父亲在党政机关及事业单位工作的大学生，有创业意向的人数比例最高，父亲在私营企业工作的大学生，有创业意向的人数比例最低，两者相差约 7 个百分点。父母的政治面貌没有引起大学生有创业意向的比例大幅变化。来自月收入在 2.5 万元以上的家庭的学生，约有一半表示有创业意向。如果身边有家人或者同学朋友现在（或曾经）创业，有创业意向的学生比例明显增加。

---

[1]　马占杰：《国外创业意向研究前沿探析》，载《外国经济与管理》，2010 年第 4 期。

>>二、政策建议<<

第一，高校要设计更加符合学生需求和培养创新创业能力的活动和课程，成为培养大学生创业能力、形成创业意向的重要探索场所和体验平台。在研究中发现，学生的创业意向受教育背景、学习经历、实践活动和观念认识等影响，但调查发现学生对一些创业活动参与度不高，对相关政策也并不关注，需要深入访谈调查原因，对高校相关活动和课程设计提出更高的要求。

第二，研究发现学生的创业意向受教育经历影响很大，因此，通过干预学生的教育过程，可以影响学生的创业意向，要让大学生在对自己有正确认知的基础上形成客观的创业意向，在大学期间进行尝试性的创业探索，必须在大学期间对学生开展有关创业的教育和实践，培养学生的创新创业能力，增强对创业的认知。但仅靠大学期间的教育未免显得过于仓促和不足，创新创业的教育更应该贯彻学生受教育的全过程，在中学甚至小学的教育经历中就应该包含相应的内容，将创新创业能力当成教育培养的众多能力之一。

第三，政府对大学生创业的优惠政策应更贴近大学生群体的实际需求。研究表明，政策支持和社会创业氛围对学生的创业意向有显著影响。因此，在积极鼓励大学生创业的优惠政策制定时，需要结合大学生群体的特征和需求，在资金支持、贷款优惠、税费减免、场地方面有可操作、落实到位的举措，让参与创业的学生能真正从中受益。

第四，学生应积极参加学校各类实践和创业教育活动，以便能对自己的创业意向做出客观、全面的评估。对创业意向的测量主要是被试的一种主观判断，这不可避免地会出现高估和低估的情况，学生只有通过积极参加各类实践或者创业体验活动，对自己创业能力有更客观的认识和了解，才能更客观准确地对自己的创业意向做出评估，也为未来的创业行为提供更准确的参考。

第九章

女性创业者的基本状况、发展特征与问题

　　大众创业、万众创新是我国创新创业的新特征、新趋势。女性作为重要的人力资源，在新时期积极投入创业大军，为实现个人价值、促进经济发展发挥了重要作用。过去 20 年间，在传统商业领域的创业者中，男性始终占据着 80% 左右，但在快速增长的新经济领域，女性创业者占比正快速提升，特别是在互联网领域，女性创业者已达 55%。[①] 2014 年《中国女企业家发展报告》显示，女性创业继续处于高峰期，女性企业家已占到企业家 1/4。在这种背景下，女性创业者发展状况如何？与男性创业者相比，有哪些相同和不同之处？面临哪些问题与挑战？政府及社会各界应如何为女性创造良好的创业环境？这些问题急待深入研究。

　　长期以来，由于创业研究中缺乏性别视角和可靠的统计数据，人们对于女性创业的研究和了解非常有限。[②] 虽然自 2001 年以来，中国女企业家协会已多次发布女企业家状况，但是对于女企业家与同类男性相比具有哪些异同，我们仍然不得而知。由全国妇联和国家统计局于 2010 年联合组织的最新一期全国规模的中国妇女社会地位调查，包含了男女创业者信息，为本研究提供了必备的数据支持。此次调查的对象是调查标准时点上（2010 年 12 月 1 日），全国除港澳台以外居住在家庭户内的 18～64 周岁的男女两性中国公民。抽样方法按地区发展水平采取三阶段不等概率（PPS）抽样，共回收全国样本个人有效问卷 29 698 份。

　　为深入分析不同女性群体社会地位的状况与变化趋势，此次调查还进行了高层人才调查，调查对象除家庭户样本中符合条件的人员外，还对处级以上干部、副高级以上专业技术人员、中高层企业管理人员进行了补充调查，共获得高层人才问卷 4 646 份。其中自主创业者问卷 277 份，男女分别为 145 份和 132 份。同

---

　　① 顾一琼：《互联网领域女性创业者达 55%》，载《文汇报》，2014 年 9 月 26 日。
　　② 中国发展研究基金会：《中国女性创业：释放增长新机遇》，2015 年。

时，本研究为了充分体现女性创业的具体特征，还使用了 2014 年全国妇联、教育部、人力资源和社会保障部联合开展的寻找女大学生就业创业榜样的相关资料。

第一节　女性创业者的个人基本状况

>>一、女性创业者的人口学特征<<

总体而言，女性创业者平均年龄较大，受教育程度较高，已婚比例较高，健康状况良好。男女创业者在年龄、受教育程度、婚姻状况及健康状况四个方面基本相同，没有显著性差异，该发现与国外有关男女企业家在人口统计学方面存在更多的相似性，[1] 研究结论具有一致性。

(一)女性创业者中七成以上超过 40 岁

女性创业者的平均年龄为 44.94 岁，男性创业者(以下简称同类男性)的平均年龄为 44.43 岁，标准差分别为 8.09 和 7.34($F=0.302$，$p=0.583$)，男女创业者年龄没有显著差异。不仅如此，男女在年龄组分类方面也没有显著性差异[渐进 Sig.(双侧)$=0.507$]：40 岁及以上男女创业者的比例均已超过 7 成，40 岁以下所占比例均明显偏低。虽然 40~49 岁女性创业者比例比同龄男性高 7.45 个百分点，但是在 30 岁以下、30~39 岁创业者中，女性分别仅比男性低 1.18 和 6.44 个百分点，特别是 50 岁及以上男女创业者所占比例几乎相同(见图 9-1)。此外，2014 年《互联网＋她时代：女性创业者报告》显示，线上女性创业者平均年龄 32.6 岁，61％的创业女性在 18~29 岁之间，即"80 后""90 后"的创业意愿最强烈。[2] 随着大众创业、万众创新政策的不断推行，30 岁以下创业者所占比例将会不断增加。

---

① Birley S，1989. Female Entrepreneurs：Are they Really any Different? *Journal of Small Business Management* • 7(1)：7-31.

② 刘夏：《报告显示：线上女性创业者比线下年轻 15 岁》，中国新闻网，http://finance. chinanews.com/life/2015/05-22/7293467.shtml，2015-06-22。

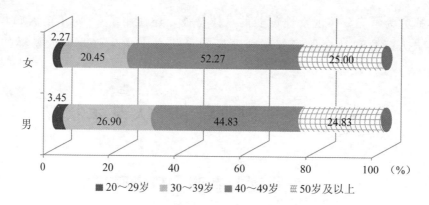

图 9-1　分性别创业者的年龄构成

（二）女性创业者接受高等教育的比例接近七成

女性创业者的平均受教育年限为 11.87 年，比同类男性低 0.58 年。男女平均受教育年限的标准差分别为 2.66 和 2.78（F＝3.118，p＝0.079），在 p＜0.05 水平下，男女创业者平均受教育年限没有显著差异。此外，如果按照受教育程度来看，女性创业者接受过高等教育的比例为 69.70%，仅比同类男性低 2 个百分点左右，高中/中专受教育程度者为 23.48%，初中及以下受教育程度者为 6.82%，仅分别高于同类男性 1.42 和 0.61 个百分点（见图 9-2），男女受教育程度并不存在显著差异[渐进 Sig.（双侧）＝0.932]。

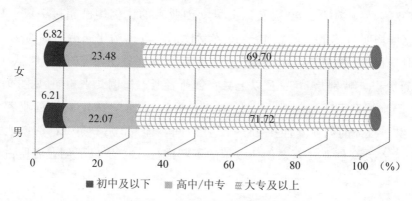

图 9-2　分性别创业者的受教育程度

（三）女性创业者处于已婚状态的比例接近九成

女性创业者的婚姻状况经常引起社会各界的关注。早在 2003 年，武汉市工商联调查发现，有 19% 的女企业家承受着再婚、离婚和分居的困扰。① 实际上，

---

① 《19% 女企业家面临婚姻困扰　家庭与事业如何平衡》，中国网，http://www.china.com.cn/news/txt/2012-11/26/content_27226198.htm，2015-06-18。

经过近十年的社会经济发展，女性创业者的婚姻状况已有较大程度改善。最新一期中国妇女社会地位调查数据显示，女性创业者处以已婚状态的达到 89.31％，仅低于同类男性 5.17 个百分点，处于离婚状态的女性创业者为 6.87％，仅高于同类男性 4.80 个百分点，从渐进 Sig.（双侧）＝0.136 看，女性创业者婚姻状况与同类男性并没有显著差异。

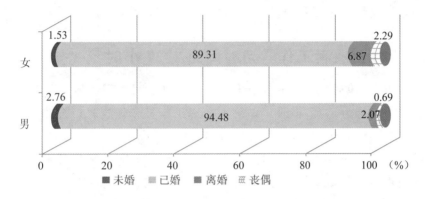

图 9-3　分性别创业者的婚姻状况

（四）女性创业者健康状况良好比例超过 8 成

女性创业者总体健康状况良好。其中，健康状况很好的比例超过 1/3，比同类男性高 3.75 个百分点，女性创业者健康状况较好的比例接近半数，健康状况一般或较差的比例分别为 15.15％和 2.27％，分别低于同类男性 2.09 和 1.18 个百分点。虽然女性创业者健康状况略好于同类男性，但是从渐进 Sig.（双侧）＝0.844 来看，男女健康状况并不具有显著差异（见图 9-4）。

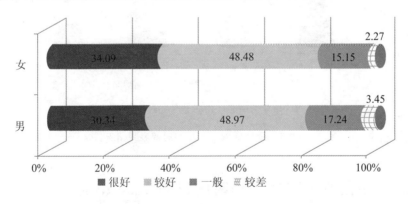

图 9-4　分性别创业者的健康状况

>>二、女性创业者的时间利用状况<<

时间是宝贵的资源，男女创业者承担的家庭责任不同，工作学习之余的家务劳动时间和休闲时间各异。女性创业者的工作学习以及家务劳动时间更长，休闲时间更短，男女具有显著差异。

（一）女性创业者工作学习时间为 9.17 小时

图 9-5 显示，女性创业者在工作日的平均工作学习时间达到 9.17 小时，休息日的工作学习时间为 3.67 小时。如果不考虑工作日和休息日，按照日均工作学习时间计算，女性创业者平均每天的工作时间为 6.73 小时，学习时间为 0.87 小时，两项合计为 7.60 小时。与同类男性相比，女性创业者平均每天的工作学习时间比同类男性多 0.14 小时，工作日和休息日的工作学习时间，分别比同类男性多 0.11 和 0.87 小时。虽然男女创业者工作学习时间的性别差距并不具有显著性（$F=0.254$，$p=0.615$），但是女性创业者比同类男性更勤于工作、勤于学习的特点仍然不可忽视，女性创业者每周工作学习时间比同类男性长 2.30 小时，特别是在休息日，女性创业者用于工作学习的时间与同类男性相比更多。

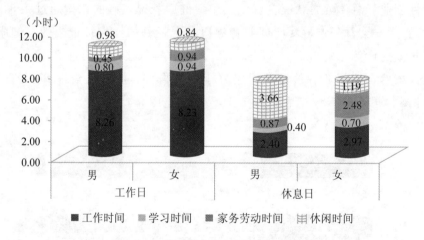

图 9-5　分性别创业者日均时间利用情况

（二）女性创业者家务劳动时间日均 1.38 小时

受"男主外、女主内"传统性别观念的影响，很多男性在参加社会劳动后，可以不承担家务劳动或很少做家务，而女性即使参加社会劳动，仍然需要承担大部分或全部家务劳动。知名经济学者熊奇表示，"我私下跟很多女企业家朋友讨论过这个问题。她们的观点是，即便她们从主内转向主外，也不可能要求丈夫从主外转向主内。"①基于这种性别分工观念，女性创业者在工作之余，每天还需要承担 1.38 个小时的家务劳动，工作日、休息日从事的家务劳动时间分别为 0.94 和 2.48 小时，分别比同类男性多 0.49 和 1.61 小时。由女性创业者平均家务劳动时间显著多于同类男性（F＝36.185，p＝0.000）可见，女性创业者需要承担更多家庭责任，除了工作之外，还需要付出更多辛苦劳动，每周比同类男性家务劳动时间多 5.68 小时。

将婚姻状况与家务劳动时间结合起来，可以发现，已婚女性创业者家务劳动时间最长、最辛苦，离婚女性创业者家务劳动时间最短、最轻松。在女性创业者中，已婚者、离婚者在工作日的家务劳动时间分别为 0.96 和 0.56 小时。相反，同类男性则是已婚家务劳动时间最少、离婚后家务劳动时间最多，他们的家务劳动时间分别为 0.42 和 1.33 小时。由此可见，女性创业者在婚姻中付出的家务劳动更多，同类男性在婚姻中获得的家务劳动获益更多。

（三）女性创业者休闲时间日均 0.94 小时

在时间总量既定的情况下，劳动时间和休闲时间的多少会此消彼长。女性在将更多时间投入到工作学习和家务劳动后，每天平均用于休闲的时间仅为 0.94 小时，比同类男性少 0.81 小时。其中，女性创业者在工作日、休息日用于休闲的时间分别为 0.84 和 1.19 小时，显著低于同类男性 0.14 和 2.47 小时（F＝5.325，p＝0.022）。女性创业者每周比同类男性少休闲 5.64 小时，与女性创业者每周比同类男性多从事的家务劳动时间非常接近，可以说在同类男性工作学习之后、休闲放松之时，正是女性创业者进入第二轮班、从事家务劳动的时间。与同类男性相比，由于文化和社会传统因素，中国女性企业家在家庭责任和工作平衡方面需要付出更多的努力，容易将自身置于巨大的身体和精神压力下。②

＞＞三、女性创业者的经济状况＜＜

女性创业者及其家庭的年均收入高于同类男性，在个人消费方面，女性创业者的前三位消费项目分别为服装服饰、个人交往和书报学习，与同类男性存在显著差异。

---

① 《19％女企业家面临婚姻困扰　家庭与事业如何平衡》，中国网，http://www.china.com.cn/news/txt/2012-11/26/content_27226198.htm，2015-06-18。

② 王玲：《中国女企业家四分天下有其一》，http://economy.caixin.com/2015-03-21/100793436.html/，2015-06-18。

(一)女性创业者年均劳动收入 46.24 万元

图 9-6 显示，女性创业者年均劳动收入达到 46.24 万元，比同类男性多 8.34 万元，尽管如此，男女创业者劳动收入并没有显著性差异(F＝0.382，p＝0.537)。女性创业者劳动收入高于同类男性的情况，与我们一般认识的女性劳动收入低于同类男性不同，其原因可能与调查样本有关。虽然最新一期中国妇女社会地位调查采用的多阶段 PPS 抽样方法，但是由于我国创业人数总体较少，能够随机入选到全国样本的被访者人数更少，为此，全国妇联和国家统计局按照立意抽样方法，对符合创业条件的相关人员进行了补充调查。同时，由于女性创业者与全国及各地妇联有着千丝万缕的联系，比较容易配合调查；而男性创业者由于缺乏这种关系，与女性创业者相比，较难于配合调查，特别是对于来自大中型企业的男企业家而言，能够接受调查的人数更为有限，男女收入状况可能因此受到影响。同时，男女创业者收入状况也反映了女性创业者创业时间更长、盈利性更高的特点。

此外，为了剔除收入极值的影响，我们对创业者劳动收入进行分组分析发现，男女创业者年均劳动收入的中位数是 10 万元，其中，女性创业者年均劳动收入大于 10 万元的比例达到 54.03%，比同类男性高 7.22 个百分点。尽管如此，男女创业者不论在 10 万元以上收入组，还是在 10 万元以下收入组，都没有显著性差异(F＝0.269，p＝0.147)。

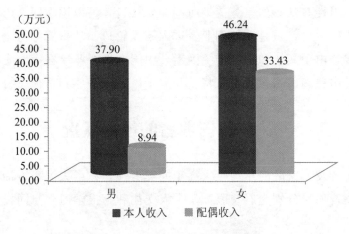

图 9-6　分性别创业者年均劳动收入

(二)女性创业者年均家庭收入达到 81.67 万元

由图 9-6 可见，女性创业者不但自己劳动收入较高，而且其配偶的劳动收入也远远高于同类男性的配偶收入，并具有显著性差异(F＝10.583，p＝0.001)。

此外，从夫妻收入看，女性创业者夫妻收入平均为 81.67 万元，显著高于同类男性的 43.80 万元(F＝4.956，p＝0.027)。

(三)女性创业者主要个人消费为服装服饰的超过七成

在最新一期中国妇女社会地位调查中，有关个人消费方面的问题是通过以下问题考察的："除了吃住，最近三个月您的个人消费主要用于下列哪些方面?"该题目限选两项。基于多项选择题的题型设计，我们使用多重响应方法，以响应者为基础，进行统计分析。

在最近三个月的个人消费方面，女性创业者最主要的消费为服装服饰(71.97%)，其次为个人交往(39.39%)，位于并列第三位的消费项目为书报学习和旅游休闲，第五位为美容美发。男性创业者首位个人消费为个人交往(55.86%)，其次为抽烟喝酒，位于第三至第五位的个人消费分别为日常交通、保健健身、旅游休闲(见图 9-7)。相比之下，男女创业者的个人消费项目具有明显特征：女性创业者的服装服饰、美容美发消费项目既能提升个人形象，又能提高个人自信心；此外，书报学习消费更为健康、积极向上。当然，为了企业发展和个人发展，有关个人社会交往的消费也必不可少，近四成女性创业者表示最近三个月的主要消费项目为个人社会交往，比同类男性低 16.47 个百分点。这在一定程度上表明，在男性化为主的社会交往环境中，女性参与社会交往的比例明显偏少。此外，抽烟喝酒已经排在男性创业者个人消费的第二位，近 1/3 男性创业者将抽烟喝酒作为个人主要消费项目，这对于个人身体健康而言极为不利。

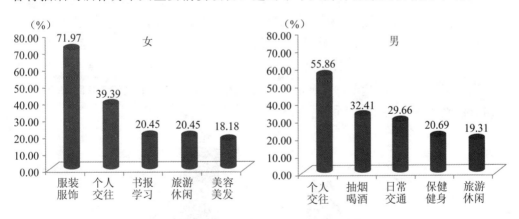

图 9-7 分性别创业者最近三个月的主要消费项目

第二节　女性创业者的发展特征

>>一、女性创业者的个人发展特征<<

大部分女性创业者已加入专业、行业组织，热心公益事业，她们不仅在经济发展中扮演着重要角色，而且也有一定比例者担任人大代表或政协委员职务，在政治参与和社会管理中发挥着不可替代的作用，男女创业者在个人发展特征方面具有显著性差异。

（一）加入行业组织的情况

1. 女性创业者加入专业协会比例超过七成

一般而言，企业家协会、果品运输协会等专业、行业组织，有助于获得企业发展资源，也对个人获得相关支持与发展环境具有一定影响。图 9-8 显示，71.21％的女性创业者已加入专业、行业组织，比同类男性高出 20 个百分点，男女创业者加入专业、行业组织的比例具有显著性差异［精确 Sig.（双侧）＝0.001］。女性创业者之所以比同类男性更注重加入专业、行业组织，可能与女性创业者的发展环境有关：在男性更多掌握社会和经济资源的情况下，女性创业者只有通过加入专业协会，才能够获得来自社会组织的帮助与支持。与此同时，女性创业者对创业过程中获得的各类帮助怀有感恩之心，在创业成功后，比同类男性更具有回馈社会的意识，她们通过加入专业协会"帮助他人/服务社会"的比例达到 37.38％，比同类男性高出 7.38 个百分点。此外，女性创业者加入志愿者组织等社会公益组织的比例达到 34.09％，在 p＜0.1 水平下，显著高于同类男性的 24.14％［精确 Sig.（双侧）＝0.084］。

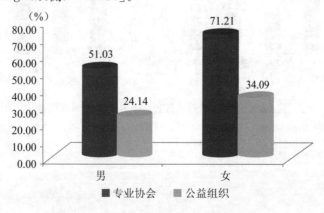

图 9-8　分性别创业者的加入专业组织比例

典型案例：乌鲁木齐女性创业者

乌鲁木齐某饮食公司女性创业者，为了回馈社会，曾带动身边具有爱心的朋友、企业家参加过多次公益活动，不但为贫困家庭的孩子、农民工子女、孤寡老人、困难残疾朋友献出关爱和捐助，而且还为身患白血病的孩子筹集药款、寻找匹配血源，为送去北京医治的孩子联系营养专家，等等。[①] 淘宝网店"抹茶姑娘"坚持每产生一笔订单，就向云贵山区的孩子或非洲儿童捐赠一元钱，开业当年"抹茶姑娘"就已从淘宝盈利的 6 000 元钱中，拿出 3 000 元资助云南丽江玉龙中学的 5 个贫困初中生，用自己的行动为心中的公益梦想撑起一道彩虹。[②]

2. 女性创业者经常主动参加志愿者活动的比例接近半数

无论是否加入志愿者组织，90%以上的女性创业者都参加过一次或多次志愿者活动，比同类男性高出近 9 个百分点。不仅如此，女性创业者参加志愿者活动的频率远远高于同类男性。图 9-9 显示，女性创业者经常参加志愿者活动的比例接近半数，达到 47.73%，高出同类男性 19.45 个百分点，她们有的主动捐款或无偿献血，有的积极参与创业导师活动，为女大学生创业提供实践场所和指导。2009 年以来，全国妇联、教育部、人力资源和社会保障部与中国女企业家协会共同启动"女大学生创业导师行动"，通过组织优秀创业女性和专家学者走进高校、推动企业与高校牵手结对等方式，为女大学生提供有效的创业指导。截至 2013 年，各级妇联组织了 2 万多名"女大学生创业导师"为女大学生励志引航，创

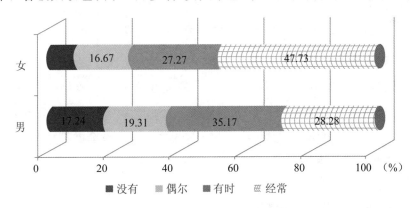

图 9-9 分性别创业者参与志愿者活动的频率构成

① 任小华：《爱心助残开办爱心企业》，http://ulive.univs.cn/event/event/template/show/281/4759826.shtml#loc，2015-06-17。

② 吴雨程：《公益，"抹茶姑娘"的心事》，中国大学生在线，http://www.wellan.cn/zhxw/10/27569.html，2015-06-17。

立 8 100 多个"女大学生创业实践基地",为 50 多万女大学生提供岗位见习和创业就业培训与指导。无论是为女大学生提供创业实践基地,还是为数十万女大学生提供培训指导,都离不开女性创业者孜孜以求的志愿者活动。

(二)获得社会认可的情况

1. 女性创业者中四成以上正在担任人大代表或政协委员职务

担任人大代表或政协委员作为参加政治管理的重要途径,对于促进个人发展和企业发展具有十分重要的意义。在高层次女性创业者中,调查时正在担任人大代表或政协委员的比例达到 41.67%,比同类男性高出 23 个百分点以上;曾经担任过人大代表或政协委员的比例为 4.55%,高出同类男性 1.10 个百分点(见图 9-10)。女性担任人大代表或政协委员的比例显著高于同类男性[渐进 Sig.(双侧)=0.000]。

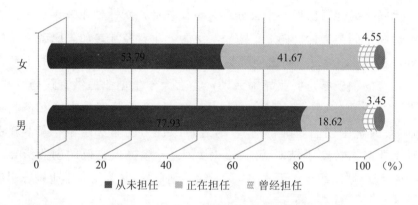

图 9-10 分性别创业者担任代表委员的构成

从企业规模看,企业规模越大,其创业者担任人大代表或政协委员的比例越高。在小型企业中,男女创业者担任人大代表或政协委员的比例分别为 22.86%和 4.26%,随着企业规模扩大,在中型和大型企业的女性创业者中,担任人大代表或政协委员的比例分别达到 48.19%和 70.00%,同类男性分别达到 21.79%和 50.00%。不同企业规模的男女创业者担任人大代表或政协委员的比例存在显著性差距[渐进 Sig.(双侧)=0.000]。

2. 超过 3/4 的女性创业者获得社会认可

图 9-11 显示,女性创业者中绝大部分获得了不同级别的社会认可。获得地市级及以下奖项或荣誉的女性创业者超过三成,达到 30.30%,获得省部级及以上奖项或荣誉的女性创业者接近半数,达到 46.97%,女性创业者获得各级奖项或荣誉的比例显著高于同类男性[渐进 Sig.(双侧)=0.000]。不仅如此,女性创业者获得奖项或荣誉的级别高于同类男性。将男女创业者获得省部级及以上奖项

或荣誉的比例进行比较可见，女性创业者的获奖比例是同类男性的 2.43 倍。除此之外，女性创业者获得省部级及以上奖项或荣誉的比例，是女性创业者获得地市级及以下奖项或荣誉比例的 1.55 倍，而同类男性则是获得地市级及以下奖项或荣誉的比例，是获得省部级及以上奖项或荣誉比例的 1.54 倍。女性创业者之所以能够更多地获得各级奖项或荣誉，可能与女性创业难度更大，成功创业后更容易获得社会认可有关。

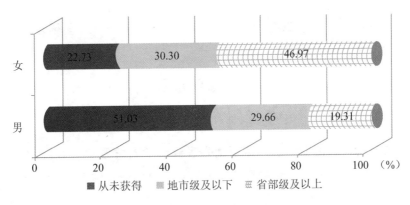

图 9-11　分性别创业者获得社会认可情况

>>二、女性创业者的企业发展特征<<

虽然男女创业者在创业时间和企业规模上没有显著性差异，但是在创业动因上，女性创业者不是为了赚到更多钱才创业，而是为了谋求个人发展，实现个人价值。此外，男女两性所创办的企业在产业与行业结构、发展前景方面，具有显著性差异。

(一)女性企业的创业时间与动因

1. 女性创业者的平均创业时间超过 13 年

创业是开创和(或)经营企业的过程，[①] 女性创业者平均创业时间为 13.36 年，比同类男性多 0.90 年，男女创业时间没有显著性差异($F=0.607$，$p=0.436$)。按照创业时间长短划分，近 2/3 的女性创业者的创业时间超过 10 年，创业时间在 6～10 年的占 22.22%，创业时间在 4～5 年以及 1～3 年的分别占 6.84% 和 5.13%。女性创业者创业时间在 5 年内的比例，低于同类男性 7.57 个百分点，

---

① 中国发展研究基金会：《中国女性创业：释放增长新机遇》，2015 年。

创业时间超过 10 年的比例高出同类男性 18.94 个百分点，表明女性创办的企业存活时间更长(见图 9-12)。

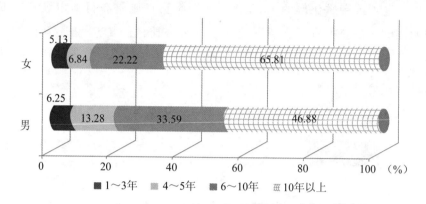

图 9-12　分性别创业者的创业时间

2. 女性创业者的创业动因八成以上为了实现个人价值

最新一期中国妇女社会地位调查数据显示，93.58％的女性创业者曾经变换过工作，虽然比同类男性高 3.58 个百分点，但男女并没有显著性差异[渐进 Sig.(双侧)＝0.532]。对于创业动因，最新一期中国妇女社会地位调查是通过以下问题进行考察：

表 9-1　您最后一次更换工作单位是由于以下原因吗?

	否	是	说不清	不回答
A 想挣更多的钱	0	1	8	9
B 谋求更大发展	0	1	8	9
C 更好地实现自身价值/满足兴趣	0	1	8	9
D 更好利用已有资源(如知识专长、资金等)	0	1	8	9

图 9-13 显示，为了"谋求更大发展"和"更好地实现自身价值/满足兴趣"分别高达 85.78％和 80.39％，是女性创业者创业的前两个动因；为了"更好利用已有资源"和"想挣更多的钱"分别占 61.17％和 50.53％。其中，女性创业者为了"谋求更大发展"的比例略高于同类男性，"更好地实现自身价值/满足兴趣""更好利用已有资源"而创业的比例分别比同类男性低 4.65 和 2.99 个百分点，特别是因"想挣更多的钱"而创业的比例比同类男性低 17.40 个百分点，在这一点上，女性创业者与同类男性有着显著性差异[渐进 Sig.(双侧)＝0.009]，即女性创业的主要动因不是为了想多赚钱，而是为了"谋求更大发展"。

典型案例：上海女性创业者的表白

　　上海某传媒有限公司女性创业者表示，自己创业绝不是为了养家糊口，而是为了用创业中积累的人脉资源，拍一部有个人风格的文艺微电影，她认为养活一群人不难，难的是养活一群人的梦想。①

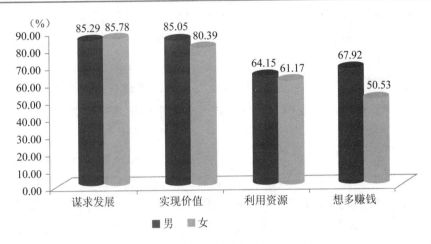

图 9-13　分性别创业者的创业动因

(二)女性企业的产业、行业、地域特征

1. 女性创业者在第三产业创业的比例接近半数

　　在女性创业者的产业领域中，49.62％集中在第三产业，在第二产业创业的比例紧随其后，达到45.04％，女性创业者在第二和第三产业的创业比例与2014年《中国女企业家发展报告》数据非常接近。女性在第一产业创业的比例仅占5.34％(见图9-14)，她们或者创办养殖公司或养殖专业合作社，生产绿色食品；

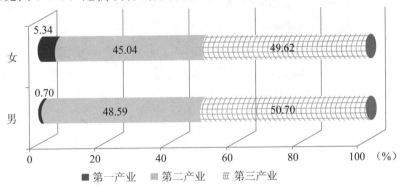

图 9-14　分性别创业者的产业分布

　　①　柯思悦：《实现一群人的梦想》，中国大学生在线，http://ulive. univs. cn/event/event/template/show/281/4762298. shtml＃loc，2015-06-17。

或者创办园林园艺公司，美化室内外环境；或者创办农业开发公司，种植中药材。而在同类男性中，只有一位在第一产业创业，女性创业者的产业领域与同类男性在 p<0.1 水平下具有显著性差异（渐进 Sig.=0.074）。

在第二产业的不同行业中，女性创业的行业集中度显著高于男性。在第二产业创业的人员中，女性在制造业创业的比例高达 91.53%，在建筑业创业的比例为 5.08%，在采掘业和电力燃气及水的生产与供应业的创业比例各占 1.69%。与同类男性相比，女性创业者在制造业的创业比例较之高 19.06 个百分点，在建筑业和采掘业的创业比例分别较之低 13.76 和 5.55 个百分点。由渐进 Sig.（双侧）=0.039 可见，男女创业者在不同行业创业的比例具有显著性差异。

在第三产业的不同行业中，女性创业行业的集中度高于男性。在第三产业创业的行业中，女性创业主要集中在批发和零售业（36.92%）、住宿和餐饮业（18.46%）、居民服务和其他服务业（10.77%），在交通运输、仓储和邮政业，信息传输、计算机服务和软件业这两个行业创业的比例分别达到 7.69% 和 6.15%，女性在这五个行业创业的比例达到 80.00%。相比之下，同类男性在五个行业创业的比例仅占 62.50%。女性创业行业的集中性一方面表明女性创业者更容易找到优势行业创业；另一方面也表明女性创业的行业范围更窄、可选余地更小，只是这种行业差异没有显著性［渐进 Sig.（双侧）=0.412］。在互联网创业领域，阿里巴巴大数据分析显示，在大淘宝平台，美妆、母婴、服装、珠宝配饰、百货、箱包六大行业，女性卖家占 67%～51% 不等，与此同时女性也开始向数据、家具等男性主导领域慢慢渗透。[1]

2. 女性创业者四成以上分布在东部地区

女性创业者具有明显的地域特征。图 9-15 显示，与中部或西部相比，女性在东部地区创业的比例达到 40.63%，比中西部分别高出 10.94 个百分点。尽管如此，女性创业者分布在东部的比例仍然低于同类男性 3.43 个百分点。男女创业者在东部地区创业比例较高，可能主要与东部地区经济发达、创业机会较多有关。在西部创业的女性比例高于同类男性 4.51 个百分点，中部地区男女创业比例非常接近，男女创业者的地区差距并没有显著性差异［渐进 Sig.（双侧）=0.699］。而在互联网创业的区域分布中，东北三省、四川、重庆的女性创业者比例领跑全国。[2]

---

[1] 关健：《互联网创业女性占半边天　线上比线下年轻 15 岁》，中国财经网，http://tech.china.com.cn/internet/20150522/184018.shtml，2016-06-22。

[2] 刘夏：《报告显示：线上女性创业者比线下年轻 15 岁》，中国新闻网，http://finance.chinanews.com/life/2015/05-22/7293467.shtml，2016-06-22。

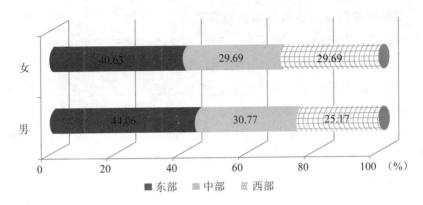

图 9-15　分性别创业者的地域分布

(三)女性企业的规模与发展前景

1. 女性创业者中企业规模为中型的接近 2/3

图 9-16 显示,女性创业者的企业规模大部分为中型企业(64.84%),小型企业占 27.34%,即中小型企业占 90%以上,大型企业仅占 7.81%。此次调查的女性企业规模构成情况,与《互联网+她时代:女性创业者报告》的中国女性创业群体中有 90%是中小企业基本一致。与同类男性相比,女性创业企业为中型的比例较之高 7.91 个百分点,小型企业和大型企业的比例分别较之低 6.96 和 0.95 个百分点。但从渐进 Sig.(双侧)=0.409 来看,男女创业者的企业规模没有显著性差异。

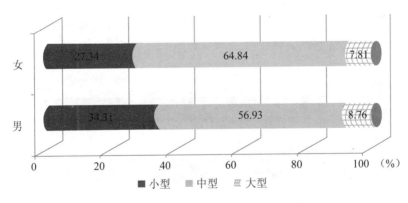

图 9-16　分性别创业者的企业规模构成情况

在创业时间超过 10 年的企业中,女性创业企业规模为中型的占 64.47%,企业规模为小型和大型的比例分别占 26.32%和 9.21%,创业企业规模与创业时间虽具有显著性相关,但是相关性并不算高,Pearson 相关系数仅为 0.143,显著性(双侧)=0.025。

2. 女性创业者对企业发展前景更为满意

女性创业者对发展前途更加乐观，表示很满意和比较满意的占 84.38％，高于同类男性的 76.43％［精确 Sig.（双侧）＝0.125］，虽然不具有统计显著性，但女性对发展前途的满意度仍然高出同类男性近 8 个百分点。分企业规模看，小型企业和大中型企业的女性创业者，对自己和企业发展表示很满意和比较满意的分别占 73.53％、90.00％和 90.00％，高于同类男性的 72.34％、75.64％和 83.33％。不管女性创业时间长短，女性创业者对发展前途表示很满意和比较满意的比例都在 80％以上，与同类男性相比，女性创业者对前景的认识相对更为乐观、满意。

>>三、女性创业者的员工发展特征<<

女性创办的企业总体更有利于女性平等获得发展机会，该特征无论是在领导班子及重要岗位或部门的女性比例方面，还是女性在平等获得就业机会或晋升机会方面，都显著优于同类男性创办的企业。

（一）女性发展机会较多

1. 在 1/3 的女性企业领导班子中女性比例超过半数

图 9-17 显示，在女性企业的领导班子中，女性比例显著高于同类男性［渐进 Sig.（双侧）＝0.000］。其中，有 1/3 的企业领导班子成员中女性比例超过半数，有 1/4 以上的女性创办企业的领导班子成员中女性在 30％～50％之间，领导班子成员中女性比例不足 30％的占 36.36％。而在男性创办的企业中，领导班子成员中女性比例超过半数的仅占 5.52％，不到女性创办企业的 1/6。

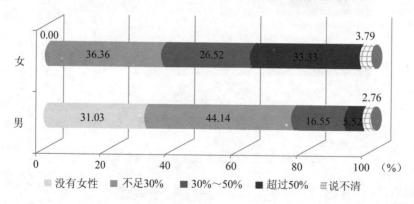

图 9-17 分性别创业者所在单位领导班子的女性比例

结合女性创业者收入、单位规模以及在金融危机期间表现情况，女性创业者及其领导班子的管理能力、盈利能力与同类男性相比不但不逊色，而且还有一定优势，该现象已得到国际社会的认可及国外相关研究的证实。联合国妇女署中国国别主任汤竹丽(Julia Broussard)在"女性领导力与职场多样性对商业的启迪"主题研讨会上表示，女性在高管和董事会层级上的参与，对利润率的贡献是非常正面的、积极的。[①] 瑞信研究院(Credit SuISse Research Institute)对 2005 年以来，近 2.4 万家包括拥有女性董事会成员的公司以及没有女性董事会成员的公司分析发现，在董事会中拥有女性成员的公司，其股价表现不但在过去六年里超过了董事会成员全部为男性的公司，而且拥有女性董事会成员的公司还拥有较高的净资产收益率(16％)，更高的增长速度(14％)，均比董事会成员全部为男性的公司高 4 个百分点。此外，在董事会中有女性成员任职的公司负债权益(48％)比没有女性的公司低 2 个百分点。[②]

2. 由女性主管重要部门的比例达到 2/3

图 9-18 显示，在女性创办的企业中，主要部门或岗位由女性承担的比例接近 2/3，达到 66.41％，不清楚的占 4.58％，分别比同类男性创业者所在单位的主要部门或岗位由女性承担的比例高出 21.58 和 1.13 个百分点，明确表示不是由女性担任主管的比例比同类男性低 22.72 个百分点，男女创业企业的重要部门女性主管比例具有显著性差异[渐进 Sig.（双侧）＝0.001]。能否安排女性担任重要部门主管或岗位，不但表明创业者对女性业务人员工作能力与发展潜力的认可，同时也反映了在这些企业就业的女性人员能否获得平等的发展机会。

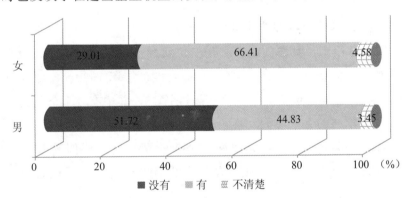

图 9-18　分性别创业者所在单位重要岗位由女性承担的比例

3. 有发展前途岗位的女性比例超过五成

在技术要求高/有发展前途的岗位上男性比女性多的现象，是女性发展机会不均等，女性难以获得职业发展的直接表现。图 9-19 显示，在女性创办的企业

---

① 长江商学院：《提升女性领导力　中国企业势在必行》，http://www.ckgsb.edu.cn/about/article_detail/78/3641.html，2015-06-17。

② 瑞信研究院：《女性参与董事会　业绩表现佳》，凤凰网财经，http://finance.ifeng.com/usstock/realtime/20120802/6861380.shtml，2015-06-17。

中，半数以上技术要求高/有发展前途的岗位由女性承担（51.91%）；而在男性创办的企业，技术要求高/有发展前途的岗位上男性比女性多的比例高达 59.31%，高出女性创业企业的相应比例 17.33 个百分点。此外，在女性创业的企业中，不清楚是由男性还是由女性承担技术要求高/有发展前途岗位的为 6.11%，高于同类男性创业企业相应比例 4.73 个百分点。由渐进 Sig.（双侧）＝0.005 可见，在男女创办的企业中，有发展前途岗位的女性比例具有显著性差异。

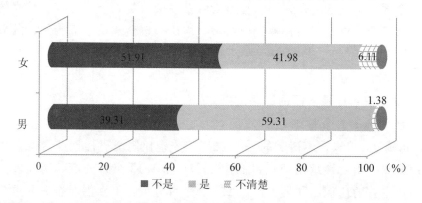

图 9-19　在技术要求高/有发展前途的岗位上男性比女性多的比例

（二）女性就业机会与发展速度

1. 女性员工比例超过半数的比例大于五成

与男性创业者相比，女性创业者所在单位女性比例明显偏高。图 9-20 显示，在所有女性创业企业中，只有 16.67% 的企业女性员工不足 30%，即在每 6 个女性创业单位中，就有 5 个单位的女性比例超过 30%，其中有 3 个单位的女性比例超过 50%。女性创办的企业雇佣女性员工超过半数的比例是同类男性的 2.26 倍，比同类男性高 30.42 个百分点，男女创办企业的女性员工比例具有显著性差异〔渐进 Sig.（双侧）＝0.000〕。女性创办的企业更有助于为女性提供就业岗位，解决女性就业问题。

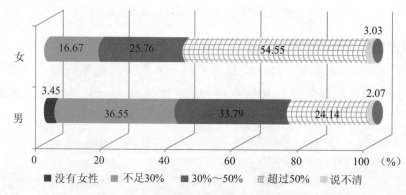

图 9-20　分性别创业者所在单位的女性比例构成情况

2. 为新进人员创造平等就业机会的比例超过八成

很多用人单位由于担心女性员工在生育、承担家务劳动时占用较多时间和精力，影响工作效率与经济效益，无视《就业促进法》《女职工劳动保护特别规定》等相关法律法规，在招聘过程中限招男性或男性优先，实施各种形式的显性或隐性性别歧视，阻碍女性平等获得就业机会。[①] 图 9-21 显示，在女性创办的企业中，招聘时不存在限男性或男性优先的比例高达 86.26%，显著高出同类男性创办企业 17.29 个百分点。虽然也有 12.21% 的女性创办企业存在限招男性或男性优先现象，但是该比例较同类男性低 18.13 个百分点，从渐进 Sig.（双侧）＝0.001 可见，女性创业企业在招聘过程中存在限男性/男性优先比例显著低于同类男性创办企业。

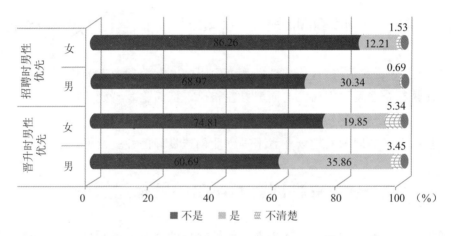

图 9-21　分性别创业者所在单位女性发展机会分布情况

3. 为女性员工提供平等发展环境的比例接近 3/4

同等条件下男性比女性晋升的更快现象，是衡量女性无法获得平等发展机会的重要指标之一。图 9-22 显示，近 3/4 的女性创业企业不存在同等条件下男性比女性晋升快的现象，该比例高出男性企业 14.12 个百分点。相反，在同等条件下确实存在男性晋升速度快于女性的企业中，女性创业企业比男性创业企业所在比例低 16.01 个百分点，在不确定是否存在这种情况的企业中，女性创业企业所在比例高于同类男性。男女创业企业在女性员工能否获得平等发展机会方面存在显著性差异［渐进 Sig.（双侧）＝0.012］。

---

① 杨慧：《大学生招聘性别歧视及其社会影响研究》，载《妇女研究论丛》，2015 年第 4 期。

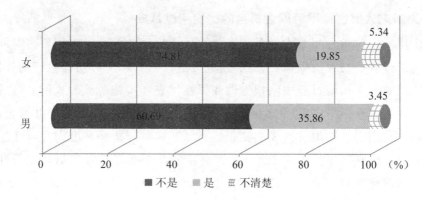

图 9-22　分性别创业者所在单位同等条件下男性晋升快的分布情况

第三节　女性创业者面临的特殊问题与对策建议

受"男主外、女主内"等传统性别观念的影响，女性创业者无论是在个人发展方面，还是在企业发展方面，与同类男性相比，都面临着特殊的问题与困难。在大众创业、万众创新的新时期，为了促进女性创业者获得平等的发展机会，需要多方力量联合，共同为女性创业者平等创业创造良好的社会发展环境。

＞＞一、女性创业者面临的特殊问题＜＜

国外研究表明，在公平的环境下，女性领导的企业可以和男性领导的企业一样具有创造性、创新性和高效性，特别是在欧美发达国家，女性企业家在创新方面的表现和男性企业家同样出色。[1] 然而，在中国，男女不平等现象不但阻碍了女性创业者的职业发展，使得她们面临更多工作家庭冲突，而且还使得她们更难于获得金融支持，给女性创业者个人和企业发展带来了诸多障碍。

（一）性别带来的阻碍

在"男主外、女主内"传统性别观念的影响下，人们更多把女性与生育、照料家庭联系起来，将男性与就业创业、在外打拼联系起来。在这种观念的影响下，女性创业者会由于性别的原因而受到影响。图 9-23 显示，性别已对 22.12％ 的女性创业者带来阻碍，在其他条件都相同的条件下，仅仅由于性别差异，女性创业者无论在获得金融贷款，还是获得技术支持方面，都会被质疑、被拒绝，该现象

---

[1]　Kelly D. J. Brush G. G Green P. G. Litovsky，Y. Global and Entrepreneurship Research Association(2012)．*Global Entrepreneurship Monitor*：2012 Women's Report.

在 2014 年《中国女企业家报告》得以体现，并由此导致融资难、融资贵问题。

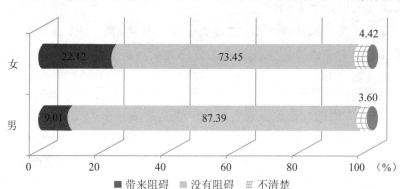

图 9-23　分性别创业者因性别受到的影响

(二)工作家庭冲突带来的影响

女性创业者在传统性别观念以及工作学习和家务劳动时间长的影响下，容易造成工作家庭冲突。如前所述，在工作日，女性创业者工作学习时间和家务劳动时间合计为 10.11 小时，较长时间的工作学习和家务劳动，以及"男主外、女主内"的传统性别观念，容易使女性创业者产生工作家庭冲突。虽然有 81.54％的女性创业者因为工作太忙，很少管家里的事，但是仍然有 18.46％的女性创业者，即使工作再忙，也仍然要管家里的事情(见图 9-24)，比同类男性高近 6 个百分点[精确 Sig.(双侧)＝0.183]。尽管男女没有显著性差异，但是"男主外、女主内"传统性别观念对女性的束缚依然会使得女性创业者难逃其责，女性创业者需要比同类男性承担更多家庭责任。特别是在女性创业者由于工作原因无法承担家庭责任时，她们往往会承受来自家庭或个人的责难。

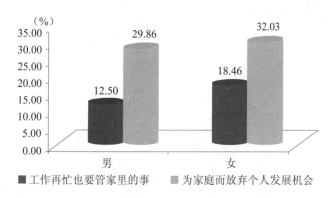

图 9-24　分性别工作家庭冲突

> **典型案例：天使投资人的评论**
>
> 　　上海天使投资人徐子健说："当企业陷入困境时，女性创业者往往比同类男性承受更多压力，亲戚朋友会劝她们放弃创业，回归家庭做合格妻子或者好妈妈。"①

　　此外，超过 3 成的女性创业者曾经为了家庭而放弃个人发展机会，比同类男性高出 2 个百分点以上，虽然男女创业者在为了家庭而放弃个人发展机会方面没有统计显著性[精确 Sig.（双侧）＝0.793]，但女性创业者为了家庭而放弃个人发展机会的比例，以及工作再忙也要管家的比例，均不同程度地高出同类男性相应比例的事实，足以表明"男主外、女主内"传统性别观念对女性创业者的羁绊，创业女性在工作家庭双重负担的重压之下，很容易出现身心疲惫状况，需要获得家政服务的支持。

（三）资金短缺带来的问题

　　女性创业者难以获得充分的融资是制约企业成长的主要因素。女性创业者在初创阶段的总体资本化水平和债务融资的比率，都远远低于同类男性，她们在融资市场经常受到歧视，贷款申请更容易被拒绝，或者在贷款时被要求额外的担保并支付更高的利率，加之缺乏金融知识，女性创业者通常更难以知晓潜在的融资渠道和机会。② 国内研究发现，女性创办的企业大多规模较小、固定资金少，难以达到贷款抵押要求，现行的政策性贷款融资不利于女性筹资，女企业家更希望得到政府在资金、信息等方面的扶持。③ 最新一期中国妇女社会地位调查数据显示，女性创业者在最需要的帮助或支持中，创业资金支持占 55.71%，比同类男性高出 3.57 个百分点。④

---

① 严婷、周永静、聂晶译：《南华早报：在内地网店平台　女性创业者正取代男性》，中国新闻网，http://www.chinanews.com/hb/2015/05-22/7293656.shtml，2016-06-22。

② International Finance Corporation，Strengthening Access to Finance for Women-Owned SMEs in Developmet Countries，2011. http://www.ifc.org/wps/wcm/connect/a4774a004a3f66539f0f9f8969adcc27/G20_Women_Report.pdf? MOD＝AJPERES. 2015-06-26。

③ 刘茸：《女企业家生存现状：学历高擅长盈利　企业小融资困难》，人民网，http://roll.sohu.com/20120304/n336640351.shtml，2016-06-17。

④ 此处计算方法为基于响应的百分比。

典型案例：筹资困境

　　中国女大学生创业榜样、唐山市丰南区漠尚客骆驼养殖专业合作社在养骆驼项目启动时，由于出身工薪阶层，家境并不富裕，在筹集资金方面特别困难。[①] 淘宝网店"抹茶姑娘"的创业启动资金来源于自己的国家奖学金。[②]

　　政府高度重视妇女就业创业，出台了多项支持性政策。为增强基层妇女就业创业能力，财政部、人力资源和社会保障部、中国人民银行和全国妇联联合推出了面向基层妇女的小额担保贷款财政贴息政策，截至 2014 年 9 月，小额担保贷款财政贴息政策为近 400 万妇女提供了 2220.6 亿元的创业启动资金，辐射带动千万妇女创业就业。[③] 此外，玫凯琳公司与中国妇女发展基金会、联合国开发计划署于 2001 年合作成立了"玫凯琳妇女创业基金"，在 2001—2010 年，帮助 3.6 万名贫困妇女走上自主创业之路。高盛于 2008 年发起的"巾帼圆梦"万名女性创业助学计划（10 000 Women Initiative），为 2200 名资金匮乏的中国女性创业者提供了培训和资助。[④] 尽管如此，对于大众创业、万众创新的新时期，上述公共政策与私营部门的努力，仍然难以满足女性创业者的资金需求，女性创业者的中小企业融资缺口与 GDP 之比明显高于同为金砖之国的俄罗斯和印度。[⑤]

>>二、促进女性创业者发展的对策建议<<

　　女性创业者在创造社会财富和增加就业岗位方面做出了令人瞩目的贡献。然而，她们在为女性员工创造平等就业环境的同时，自身也在不平等的社会环境中挣扎。在大众创业，万众创新的新时期，促进女性创业，不仅有利于女性创业者自身发展，而且对于其他女性的发展具有积极的溢出效应，从而有助于更普遍、更全面促进女性发展，促进经济增长，[⑥] 推动中国梦早日实现。

---

　　① 郑林林：《80 后女生，平原骆驼养殖第一人》，中国大学生在线，http://ulive.univs.cn/event/event/template/show/281/4766166.shtml＃loc，2016-06-17。

　　② 吴雨程：《公益，"抹茶姑娘"的心事》，中国大学生在线，http://www.wellan.cn/zhxw/10/27569.html，2015-06-17。

　　③ 杨慧、黄桂霞：《北京＋20：妇女与经济》，载《中国妇运》，2015 年第 5 期。

　　④ 中国发展研究基金会：《中国女性创业：释放增长新机遇》，2015 年。

　　⑤ Goldman Sach（2014）. Giving Credit Where It Is Due：How Closing the Credit Gap for Women-owned SMEs Can Drive Global Growth.

　　⑥ 中国发展研究基金会：《中国女性创业：释放增长新机遇》，2015 年。

（一）宣传先进性别文化促进女性创业

在男女平等基本国策提出 20 周年之际，"男主外、女主内"的性别刻板印象依然阻碍着女性创业者发展。在联合国妇女署、全国妇联、蒲公英领导力研究院携手主办的北京＋20 庆典活动暨联合国妇女署 HeForShe 公益校园行活动中，演员、歌手佟大为先生作为嘉宾，呼吁更多的男生积极参与到"HeForShe"的公益行动之中，为身边的女性发展加油助力，共同构建一个男性和女性都受益、性别和谐平等的社会支持环境。[1] 习近平在全球妇女峰会讲话时，表示赞赏潘基文秘书长发起的"他为她"倡议，希望越来越多男性参与进行。[2] 从 IT 时代到 DT 时代，"互联网＋"给女性创业赋予新能量与新内涵，建议各主流媒体，积极宣传男女平等基本国策，积极树立女性创业者正面形象，消除"男主外、女主内"的传统性别观念与性别歧视对女性创业者带来的不利影响，为女性创造平等的创业环境，让女性插上创业的翅膀，用智慧和魅力开启创业新时代。[3] 同时，加强各类媒体对女性创业的新闻宣传和舆论引导，报道女性创业者的先进事迹，树立女性创业者典型，让大众创业、万众创新在广大女性中蔚然成风。

（二）为女性创业者提供家政服务支持

为女性创业者提供社会支持，帮助其平衡工作家庭，是提高女性创业绩效、促进女性职业发展的重要途径。"十二五"规划纲要和《中国妇女发展纲要（2011—2020 年）》提出以家庭为服务对象，以社区为重要依托，重点发展家政服务、养老服务和病患陪护等服务，因地制宜发展家庭用品配送、家庭教育等特色服务，形成多层次、多形式的家庭服务市场和经营机构，为女性创业者工作家庭平衡创造了条件。建议相关部门在发展家庭服务时，关注女性创业者的具体需求，为女性创业者提供便捷的家庭服务，为促进女性创业者更好地创业、更好地平衡工作家庭创造条件。[4]

---

① 社会发展学院：《联合国妇女署"HeForShe"公益校园行活动在我校成功举办》，中财青年网，http://youth.cufe.edu.cn/jcdt/89598.htm，2015-06-15。

② 习近平：《促进妇女全面发展　共建共享美好世界——在全球妇女峰会上的讲话》，新华网，http://news.xinhuanet.com/2015-09/28/C_128272780.htm，2015-10-25。

③ 关健：《互联网创业女性占半边天　线上比线下年轻 15 岁》，中国财经网，http://tech.china.com.cn/internet/20150522/184018.shtml，2015-06-22。

④ 蒋永萍、杨慧：《第四章　妇女的经济地位》，载宋秀岩主编：《新时期中国妇女社会地位调查（上卷）》，北京：中国妇女出版社，2014。

（三）为女性创业者提供金融支持

2015 年 6 月，国务院常务会议再度推进关于创新和创业的扶持政策，出台了《关于大力推进大众创业万众创新若干政策措施的意见》（以下简称《意见》）。《意见》指出，推进大众创业、万众创新，既是发展的动力之源、富民之道、公平之计、强国之策，也是稳增长、扩就业、激发亿万群众智慧和创造力，促进社会纵向流动、公平正义的重大举措。该《意见》内容涉及完善公平竞争市场环境、创新金融支持服务等。女性创业者作为创业者的重要组成部分，在金融支持、市场竞争中促进公平正义，推动男女平等创业，应该是《意见》的题中应有之意。① 此外，2015 年 6 月北京市教委正式启动了"北京高校高质量就业创业计划"，计划投入 3 200 万元用于奖励优秀创业团队，建成三个创业园为大学生创业提供免费场地支持。② 建议在上述政策实施过程中，融入社会性别视角，创新针对女性创业者的金融产品和金融服务，切实为推动性别公正、促进女性创业者获得资金支持创造条件。同时建议相关部门定期对获得资金支持者进行分性别统计分析，对于女性创业者获得资金支持的金额和比例低于创业者中女性比例时，应该及时对政策实施过程中阻碍女性创业者平等获得资金支持的各个环节进行调研，尽快制定并执行促进女性创业者平等获得资金支持的积极措施。

（四）进一步发挥妇联组织在女性创业中的作用

近年来，全国妇联和各级妇联组织始终把促进女性就业创业作为改善妇女民生、促进男女平等的一项重要任务重点推进。在大众创业、万众创新的新时期，各地妇联组织为引领广大妇女顺应"互联网＋"的新趋势，在经济发展新常态下积极投身创业创新的社会实践，采取一系列举措，积极引导广大城乡妇女创业创新，充分挖掘女性优势，推出了"吉林网姐""山东大姐家庭服务云平台"等品牌。③ 建议各级党委政府结合《关于加强和改进党的群团工作的意见》，加大对妇联组织引导女性创业的支持力度，充分发挥妇联组织在女性创业中的引导作用，通过妇联组织密切联系有创业意愿的妇女群众，帮助越来越多的女性抓住创业机会，形成线上线下积极创业、踊跃创新的生动局面，为促进经济社会发展与女性自身发展发挥重要作用。

---

① 李晓萍、李雯婷：《中国出台推进大众创业万众创新具体政策 破解创业短板》，新民网，http://tech. xinmin. cn/2015/06/05/27800251. html，2016-06-22。

② 黄颖：《北京将设 3 200 万元奖励大学生创业》，载《新京报》，2015 年 6 月 16 日。

③ 黄小希：《助力"巾帼创业行动"——各级妇联组织积极引导广大妇女创业创新》，人民网，http://politics. people. com. cn/n/2015/0617/c70731-27171702. html，2015-07-23。

第十章

教育促进了劳动者创业型自雇了吗：基于 CHIP 数据的经验分析

在其他条件一定的情况下，劳动者受教育水平越低，其越有可能选择生存型自雇，拥有中职/中技学历劳动者的生存型自雇和创业型自雇倾向低，大专及以上学历对劳动者选择创业型自雇有促进作用，对生存型自雇有相反影响，高等教育对劳动者自雇选择的总体效应为负。在中国，教育总体上不会促进劳动者自雇。年龄和工作年限对劳动者选择自雇具有倒 U 型影响，男性自雇倾向更强，婚姻有助于劳动者个体选择自雇，有 6 岁以下小孩的劳动者个体选择自雇的概率更高，家庭财富作为流动性约束的代理变量，有利于劳动者选择自雇。完善创业教育体系、提高劳动力市场灵活稳定性、深入推行政府权力清单制度，有利于经济新常态下促进创业型自雇的涌现。

第一节　问题的提出

劳动者的就业状态可以细分为工资雇佣或工资性就业、自我雇佣和失业，较之工资雇佣和失业，学者们对自我雇佣问题研究明显不足，直到 20 世纪 70 年代末这一问题才逐渐引起学界关注与重视。[1] 自我雇佣（简称"自雇"），是指那些通过自己的劳动获取部分或全部收入，而非出卖自己的劳动给雇主以获取工资的就业活动，包括在非农产业部门为自己工作的所有工作。[2] 国外大量研究显示，自雇活动的发展对减少贫困、创新精神培育、产业结构升级、技术进步、创业型经

---

[1] Tervo H. Self-employment Transitions and Alternation in Finnish Rural and Urban Labour Markets. *Papers in Regional Science*，2008，187(1)：55-76.

[2] Steinmetz G. Wright E. O. The Fall and Rise of the Petty Bourgeoisie：Changing Patterns of Self Employment in the Postwar United States. *American Journal of Sociology*，1989，94(5)：973-1018.

济发展、社会财富增长、就业规模扩大、就业质量提升、文化交流、税收、自我效能感与社会认同的实现等有重要作用。[①]

众多国内外理论与经验研究证实，教育作为人力资本积累的重要方式之一，其存量和增量越高，越有助于劳动者个体工资雇佣和抵御失业。比如，人力资本理论认为，教育促进了受教育者工资性就业或降低了失业风险概率的原因在于，教育提高了他们的劳动生产率和边际生产力，这能给企业带来更多的收入，因此企业愿意雇佣人力资本更多的人。[②] 信号理论认为，教育并不能提高人们的边际生产力，企业之所以愿意支付较高工资给人力资本更多的人，是因为劳动力市场上存在信息不对称，企业很难甄别谁更有能力和潜力，教育的价值就是提供一种信号，帮助企业选择合适的劳动力。[③] 舒尔茨则把人的能力分为学习能力、有效工作能力、比赛能力、创造东西能力和配置能力五种形式，认为配置能力是使资源得到优化配置从而实现价值增值的能力，而配置能力的提升是教育的主要益处之一，因此教育水平高的人更易受雇成功，且能获得持久的较高回报。[④] 然而，关于教育对劳动者自雇选择的研究结论并不一致。Lucas 研究发现，教育可以通过增强劳动者个体的经营能力进而提高其自雇概率，[⑤] 且 Block 和 Sandner 认为受教育年限提高会延长自雇的持续期。[⑥] 然而 Nziramasanga 和 Lee 的实证研究发现，劳动者个体受教育程度越高，越不会选择自雇，[⑦] Kangasharju 和 Pekkala 基于芬兰的研究表明，拥有高教育水平的自雇者在经济衰退时有较高的存活率（higher probability of survival），但在经济景气时他们更易从自雇活动中退出，成为工资雇佣者。[⑧]

在中国，教育对劳动力自雇选择的影响效果如何？有何具体特点？鲜有研究

[①] 石丹淅、赖德胜：《自我雇佣问题研究进展》，载《经济学动态》，2013 年第 10 期。

[②] Schultz T. Investment in Human Capital. *American Economic Review*，1961，51(1)：1-17.

[③] Stigler G. Information in the Labor Market. *Journal of Political Economy*，1962，70(5)：94-105.

[④] Schultz T. The Value of the Ability to Deal with Disequilibria. *Journal of Economic Literature*，1975，13(3)：827-844.

[⑤] Lucas R. E. On the Size Distribution of Business Firm. *Bell Journal of Economics*，1978，(9)：508-523.

[⑥] Block J. P. Sandner. Necessity and Opportunity Entrepreneurs and Their Duration in Self-employment：Evidence from German Micro Data. *Journal of Industry，Competition and Trade*，2009，9(2)：117-137.

[⑦] Nziramasangn M. M. Lee. Duration of Self-employment in Developing Countries：Evidence from Small Enterprises in Zimbabwe. *Small Business Economics*，2001，17(4)：239-253.

[⑧] Kangasharju A. S. Pekkala, A. The Role of Education in Self-employment Success in Finland. *Growth & Change*，2002，33(2)：216.

介入此问题。① 而全面地阐释这一主题，对新常态下有效缓解"知识失业"现象、提升农村转移劳动力就业质量、科学实施"大众创业、万众创新"发展战略、调适教育发展等有较强的理论和政策价值。鉴于此，我们基于 CHIP 数据，结合相关理论分析，采用计量方法，对我国教育与自雇问题进行实证研究。

第二节　教育促进创业型自雇的理论分析与研究假设

劳动力供需状况、劳动力市场灵活稳定性、体制机制与相关制度政策安排等共同决定着一个国家或地区的就业状况。在总量性矛盾持续加大，结构矛盾更加突出的就业形势下，劳动力市场状况及相关制度安排更大程度地影响了我国的就业规模、结构和质量。已有大量研究证实，我国劳动力市场存在较为严重的分割，且制度是主要诱因之一。②

二元劳动力市场理论将整个社会的劳动力市场分为一级劳动力市场和二级劳动力市场，③ 一级劳动力市场就业稳定、培训和晋升机会多、工作环境好、薪酬高；二级劳动力市场则相反，就业不稳定、缺乏培训与晋升机会、工作环境较差、工资较低，且劳动力在这两类劳动力市场间很难流动，一方面，二级劳动力市场的劳动者无法进入一级劳动力市场；另一方面，一级劳动力市场的劳动者宁愿失业，也不愿进入二级劳动力市场。呈现这种特征的原因在于内部劳动力市场的存在。该理论认为，在一级劳动力市场中很容易形成内部劳动力市场，在内部劳动力市场中，工资由单位内部的管理规则和管理程序控制，且有一系列内部培训计划和晋升阶梯作为保障；而在外部劳动力市场中，工资由劳动力市场的供需决定，劳动者随时都要面对竞争的压力。一级劳动力市场中的核心岗位构成了内部劳动力市场，一级劳动力市场的附属岗位和二级劳动力市场则构成外部劳动力市场。这种分割的二元劳动力市场在我国至少表现为以下两种形式：一方面，从区域上看，体现为沿海地区劳动力市场和内陆地区劳动力市场；另一方面，从地区上看，我国劳动力市场存在大中城市劳动力市场和小城镇及农村劳动力市场。

通常情况下，劳动者个体的人力资本水平越高，其就业能力也就相对越强，越容易在一级劳动力市场成功就业和高质量就业；反之，则不利于其工作获得。而教育、工作经验、技能是人力资本的主要构成，劳动者个体受教育程度越高、

---

① 石丹淅、赖德胜：《自我雇佣问题研究进展》，载《经济学动态》，2013 年第 10 期。

② 谷彬：《劳动力市场分割、搜寻匹配与结构性失业的综述》，载《统计研究》，2014 年第 3 期。

③ Piore M. J. The Dual Labor Market: Theory and Application, in Barringer, R. Beer, S. H. *The State and The Poor*. Winthrop: Cambridge Mass, 1970: 55-59.

工作经验越丰富、技能越多，技艺越精，自然有利于提高其在一级劳动力市场上高质量就业的概率。换言之，在劳动力市场存在严重的分割（尤其体现为制度性分割和信息传递机制不通畅）情况下，那些受教育水平不高、工作经验较少，无一技之长者，则会因竞争效应、渗漏效应和就业歧视，[①] 从而面临非自愿性失业；而即使是那些受教育水平较高的劳动者，在一级劳动力市场也会面临委屈就业和非充分就业的风险。其原因在于，一级劳动力中市场优势工作岗位（即指那些工作稳定、培训和晋升机会多、工作环境好、薪酬高的工作）的数量有限，追逐更多的"分割性收益"会出现个人理性而集体非理性局面，即会使很多劳动者个体陷入非自愿性失业、委屈就业和自愿性失业。另一方面，不断搜寻工作或暂时性失业是需要成本的，在此条件下，那些家庭经济状况较好者，则有能力继续选择工作搜寻；而对于那些家庭经济状况一般或较差者，迫于生计，则有可能选择委屈就业，这里体现为两种形式：一是在主要劳动力市场接受教育水平与工作不匹配的工作，出现"过度教育"现象；二是到次要劳动力市场上工资性就业或选择"单干"（即自雇）。而往往选择自雇的挣得又比其他形式委屈就业的收益高，因此这会促使人力资本水平较低者选择自雇。此时自雇更多的是"一个穷人的避难所"，是对工资雇佣的暂时性替代，实质体现为生存型自雇。

但另一种现象也不可忽视，即当劳动者个体的受教育水平达到一定高度，工作经验积累达到一定年限后，其也会积极选择自我雇佣。原因在于，受教育水平的增加提高了劳动者个体的配置能力，使其优化配置内部资源（如工作与家庭、劳动与闲暇等）和外部资源（金融、技术资源、人际网络、市场机会等）能力增加，这会促使其主动选择自我雇佣。此时的自雇是"一条通往财富的道路"，是对工资雇佣的永久性替代，其实质更多地体现为创业型自雇。

基于上述分析，结合教育的生产效应和配置效应学说，[②] 我们提出以下假设：

H1：在其他条件一定情况下，较低受教育程度者更易选择自我雇佣，且这种趋势在生存型自雇中体现得更加明显。

H2：在其他条件不变情况下，随着劳动者个体受教育水平的不断提高，其选择创业型自雇的概率也会相应提高。

但值得注意的是，国外的一些证据显示，[③] 随着劳动者个体受教育程度的不断提高，自雇并非一直是一个诱人的劳动力市场选择，对于高教育水平者尤为如此。原因在于：第一，那些具有更高教育水平的人，相对于自雇，从事工资雇佣或工资性就业，可能挣得更多。第二，作为自雇者，其收入流（steam of

---

① 赖德胜：《教育扩展与收入不平等》，载《经济研究》，1997 年第 10 期。
② Welch F. Education in Production. *Journal of Political Economy*，1970，78(1)：35-59.
③ 石丹淅：《教育与自我雇佣的经验研究》，北京师范大学博士学位论文，2014 年，第 61 页。

earnings)的安全性较低，其中的原因在于，较之大公司或公共部门，运营小公司的风险更高、不确定性更大，获得高收入需要更大的冒险精神。第三，制度与文化传统的影响。传统上，社会的职业导向是到大公司或大国有部门任职才是更好的职业选择，一般父母、同伴等对劳动者个体职业选择的建议是不鼓励其选择自我雇佣。鉴于此，我们提出如下命题：

H3：尽管高教育水平提高了劳动者个体选择创业型自雇的概率，但是教育并非会一味地促进劳动者个体选择自雇，在教育水平达到一定高度后，劳动者个体选择自雇的倾向会降低。

第三节　教育促进创业型自雇的实证分析

>>一、数据和模型<<

本研究所使用的数据来自中国收入分配研究院 CHIP2002 和 CHIP2008 (RUMIC2009)的城镇住户数据。选择这两份数据的主要原因有三个：一是样本规模问题。由于受我国体制、法规等因素影响，自雇活动在 20 世纪 90 年代初期以后才得到长足发展。尽管在 CHIP1988 和 CHIP1995 数据中均涉及有自雇群体（问卷中称自营者）的调查，但问项内容设计不细致，且自雇样本占比较少，信息量有限。另外，当时的自雇活动更多的是受国家政策、体制转轨等因素驱动，教育因素影响不明显。二是数据的可获得性。在 CHIP1995 以后的数据中，CHIP2008 是中国收入分配研究院最新对外公开的 CHIP 数据。三是数据所反映的背景符合本研究需要。伴随高教扩招后的毕业生逐年融入社会，大学毕业生就业问题日益凸显，探讨大学毕业生就业、失业、创业等问题的研究也逐渐增多，2003 年开展的 CHIP2002 和 2009 年开展的 CHIP2008 调查，调查方法科学，调查内容全面，调查地区丰富，样本量充足，为本研究提供了很好的数据支持。另外，自 2002 年以来，我国分三个阶段实施了积极的就业政策，[1] 这对我国劳动力市场运行、就业、创业活动都产生了较大的影响，而这些在 CHIP2002 和 CHIP2008 中也有较好的体现。需要进一步说明的是，尽管这两次调查选择的省份有所交叉，但由于调查不是纯粹的动态跟踪调查，所以无法很好地将这两年的数据（尤其是自雇样本数据）合并到一起。事实上，由于这两份数据分别反映了不同时期下中国劳动力市场运行状况，若使用相同指标与模型探究不同时期教育与

---

[1]　赖德胜、孟大虎、李长安、田永坡：《中国就业政策评价：1998—2008》，载《北京师范大学学报（社会科学版）》，2011 年第 3 期。

自雇关系，也将更有价值。

具体来看，CHIP2002 调查了北京、山西、辽宁、江苏、安徽、河南、湖北、广东、四川、重庆、云南、甘肃 12 个省市，调查了 6 934 个住户(21 696 个家庭成员)。CHIP2008 调查了上海、江苏、浙江、安徽、河南、湖北、广东、重庆、四川 9 个省市，调查了 5 000 个住户(14 860 个家庭成员)。基于经济发展合作组织(OCED)、国际劳工组织(ILO)和联合国(UN)对自我雇佣的定义，结合中国实情，本研究将私营企业主和个体工商户均视为自我雇佣，将雇佣家庭成员以外的员工的私营企业主称为创业型自雇，将没有雇员的个体者和个体工商户称为生存型自雇。依此界定，笔者从 CHIP2002 和 CHIP2008 城镇住户数据库中筛选出了 16~59 岁的自雇样本，自雇样本量平均占比 10%。

因变量就业状态细分为工资雇佣、自我雇佣和失业，因此我们选择多元 logit 模型进行分析。

>>二、变量选择<<

借鉴国内外主流文献研究结果，结合本章研究目的和数据可得性，我们选取了包括人口学特征、人力资本特征、地区、流动性约束、家庭结构等方面的变量指标。具体变量及赋值情况见表 10-1。

表 10-1　变量定义

变量	变量标识	变量定义
age	年龄	个体年龄
agesq	年龄平方	个体年龄平方
gender	性别	二元哑变量，男性为 1，女性为 0
marital	婚姻状况	已婚为 1；否则为 0
minority	民族状况	少数民族为 1；否则为 0
exp	工作年限	个体工作年限
expsq	工作年限平方	个体工作年限平方
edu2	初中	初中毕业为 1；否则为 0(小学毕业为对照组)
edu3	高中	高中毕业为 1；否则为 0
edu4	中职、中技	中职、中技毕业为 1；否则为 0
edu5	大专及以上	大专及以上学历者为 1；否则为 0
area2	中部地区	中部地区为 1；否则为 0(西部地区作为对照组)
area3	东部地区	东部地区为 1；否则为 0
wealth	家庭财富	流动性约束的代理变量，具体用家庭年存款额反映
debt	家庭负债	个体所属家庭总负债状况
child	子女状况	家庭有 6 岁及以下小孩为 1；否则为 0

>>三、实证结果与分析<<

为了更好地探究教育与自雇的关系，尤其是更好地考察在不同时期不同层级的教育对不同类型自雇的影响状况，对于 CHIP2002 和 CHIP2008 数据，我们做了如下相同的处理，即首先将就业状态分为失业、工资雇佣和自雇进行总体多元 logistic 回归分析，给出了对应变量的边际效应结果。然后进一步区分生存型自雇和创业型自雇，将就业状态分为失业、工资雇佣、生存型自雇和创业型自雇进行多元 logistic 回归分析，并列出了对应情况下的边际效应结果。基于本章的研究目的和需要，在多元 logistic 分析中，均把工资雇佣作为基准组，旨在突出研究不同受教育水平的劳动者选择工资雇佣和自我雇佣之间的机会比。

在控制了年龄、性别、婚姻、民族、工作经历、地区、家庭财富、小孩数等变量后，CHIP2002 的多元 logistic 结果显示，在不区分生存型自雇和创业型自雇时，初中和高中教育变量系数为正，中职/中技和大专及以上学历变量系数为负，初中教育变量的系数高于高中、中职/中技、大专及以上学历变量对应水平，表明随着教育程度的提高，劳动者个体选择自雇的总体概率随之降低，这与 Nziramasanga 和 Lee 等人的研究结论一致。[①] 具体来看，在其他条件一定情况下，相比小学毕业者，文化程度为初中的劳动者选择自雇与工资雇佣的机会比将提高 0.562，拥有高中学历的劳动者的对应水平为 0.304，但初中和高中变量系数未通过显著性检验；而拥有中职/中技和大专及以上学历的劳动者选择自雇与工资雇佣的机会比将分别降低 0.201 和 0.053，中职/中技和大专及以上变量系数通过相应的显著性检验。各教育变量对应的边际效应结果见表 10-2 第 3 列。

在进一步区分生存型自雇和创业型自雇的 logistic 分析中，生存型自雇的研究结论与没有区分时相比，没有发生明显变化，只是各变量的系数值发生了一定程度的变化。例如，对于生存型自雇情况而言，在其他条件一定情况下，相比小学毕业者，文化程度为初中的劳动者选择自雇与工资雇佣的机会比将提高 0.557，拥有高中学历的劳动者的对应水平为 0.272，而拥有中职/中技和大专及以上学历的劳动者选择自雇与工资雇佣的机会比将分别降低 0.194 和 0.035，中职/中技和大专及以上变量系数在 1% 的显著水平上通过检验。创业型自雇的 logistic 结果与没有区分时相比，部分变量发生了明显变化。比如，在其他条件一定情况下，相比小学毕业者，文化程度为初中和高中的劳动者选择自雇与工资雇佣的机会比将分别提高 0.531 和 1.028，拥有中职/中技学历的劳动者选择自雇与工资雇佣的机

---

① Nziramasangn M. M. Lee. Duration of Self-employment in Developing Countries: Evidence from Small Enterprises in Zimbabwe. *Small Business Economics*，2001，17(4)：239-253.

会比将降低 0.287，而大专及以上者的对应水平会提高 0.586，中职/中技和大专及以上变量在 10% 的显著水平通过了检验。对比生存型自雇与创业型自雇的边际效应分析结果，不难看出，对于生存型自雇者而言，劳动者受教育水平越低，其选择生存型自雇的概率越高，比如学历为初中、高中、中职/中技、大专及以上学历的劳动者比小学毕业者选择生存型自雇的概率高 3.2%、2.4%、−2.3% 和 −6.5%，表明较低受教育程度者更有可能选择生存型自雇。

就控制变量而言，无论是总体考察，还是细分不同类型的自雇，性别、婚姻状况、工作经验及其平方、是否有 6 岁以下小孩、家庭财富与家庭负债等变量的系数均通过了显著性检验，呈现出男性更加倾向于选择自雇；婚姻有助于促进劳动者选择自雇；年龄和工作经验对劳动者自雇选择有倒 U 型影响；有 6 岁以下小孩的劳动者更可能选择自雇；家庭财富越多、家庭负债越少，越有利于劳动者选择自雇（详见表 10-2）。

表 10-2　劳动者自雇选择的多元 logit 模型回归结果：基于 CHIP2002

变量	总　体		生存型自雇		创业型自雇	
	OR	dy/dx	OR	dy/dx	OR	dy/dx
age	1.179***	0.005	1.199***	0.004	1.149	0.001
agesq	−0.998**	−0.000	−0.998	−0.000	−0.999	−0.000
male	1.447***	0.104	1.414***	0.008	1.955**	0.002
marital	2.829***	0.021	2.770***	0.017	2.610*	0.002
minor.	0.947*	0.044	0.807	0.003	1.004*	0.037
exp	0.913***	0.003	0.911***	0.002	0.931**	0.001
expsq	−1.000***	−1.270	−1.000***	−1.060	−1.000*	−1.002
edu2	0.562	0.014	0.557	0.032	0.531	0.002
edu3	0.304	0.028	0.272	0.024	1.028	0.001
edu4	−0.201***	−0.028	−0.194***	−0.023	−0.287*	−0.002
edu5	−0.053***	−0.069	−0.035***	−0.065	0.586*	0.001
area2	1.040	0.001	1.083	0.002	0.593	0.001
area3	−0.969	−0.001	−0.918	−0.002	1.561	0.001
child	0.842*	0.005	0.897*	0.003	0.456**	0.003
wealth	1.000**	8.740	1.000**	4.450	1.000***	1.920
debt	−1.000*	−7.280	−1.000*	3.270	−1.000	2.280
常数项	−0.009***		−0.006***		−0.000***	
LR chi2	456.25		517.85		517.85	
Pseudo-R2	0.120 0		0.126 6		0.126 6	
obs	10 017		10 017		10 017	

注："***"表示 p<1%；"**"表示 p<5%；"*"表示 p<10%；表 10-3 同。

　　CHIP2008 的多元 logistic 结果基本与 CHIP2002 的研究发现相同。例如，在不区分生存型自雇和创业型自雇时，初中和高中教育变量系数也为正，中职/中技和大专及以上学历变量系数同样为负，初中教育变量系数高于高中、中职/中技、大专及以上学历变量对应水平。具体结果显示，在其他条件一定情况下，相比小学毕业者，文化程度为初中的劳动者选择自雇与工资雇佣的机会比将提高 0.634，拥有高中学历的劳动者的对应水平为 0.289，但初中和高中变量同样未通过显著性检验；而拥有中职/中技和大专及以上学历的劳动者选择自雇与工资雇佣的机会比将分别降低 0.124 和 0.067，中职/中技和大专及以上变量系数通过相应的显著性检验。在进一步区分生存型自雇和创业型自雇的 logistic 分析中，考察的结论也基本类同。生存型自雇的 logistic 结果显示，各教育变量对劳动者生存型自雇选择的影响与没有区分时的发现基本一致，比如在其他条件一定情况下，相比小学毕业者，文化程度为初中的劳动者选择生存型自雇与工资雇佣的机会比将提高 0.630，拥有高中学历的劳动者的对应水平为 0.256，而拥有中职/中技和大专及以上学历的劳动者选择生存型自雇与工资雇佣的机会比将分别降低 0.109 和 0.053，中职/中技和大专及以上变量系数也在 1% 的显著水平上通过检验。创业型自雇的 logistic 结果与没有区分时的发现相比，部分变量发生了明显变化。如在其他条件一定情况下，相比小学毕业者，文化程度为初中和高中的劳动者选择创业型自雇与工资雇佣的机会比将分别提高 0.374 和 0.545，拥有中职/中技学历的劳动者选择创业型自雇与工资雇佣的机会比将降低 0.259，而大专及以上者的对应水平则会提高 0.206，中职/中技和大专及以上变量系数在 10% 的显著水平上通过检验。年龄及年龄平方变量对劳动者生存型自雇和创业型自雇的影响在 CHIP2008 中体现得更加明显，发达地区的劳动者选择生存型自雇的倾向更低的特征在 CHIP2008 中更易观测到，其他控制变量的影响情况，与 CHIP2002 对应状况相似(详见下表 10-3)。

　　综合考察 CHIP2002 和 CHIP2008 的实证结果，可以发现，随着受教育程度提高，劳动者选择生存型自雇概率明显降低，较低受教育程度者有着相对较高的生存型自雇边际效应，这验证了 H1；除中职/中技教育变量外，随着劳动者受教育水平的不断提高，劳动者选择创业型自雇的概率也相应提高，这验证了 H2；从总体的影响状况看，在中国，受教育水平越高，劳动者选择自雇的概率会降低，这验证了 H3。本章研究发现与 Nziramasanga 和 Lee(2001)[①]、Ekelund 和

　　① Nziramasangn M. M. Lee. Duration of Self-employment in Developing Countries：Evidence from Small Enterprises in Zimbabwe. *Small Business Economics*，2001，17(4)：239-253.

Johansson(2005)①等人的研究结果相似。如 Ekelund 和 Johansson 使用芬兰北部拉皮和奥卢两省人心理测试数据(样本量为 4691)采用 logit 模型探究自雇与风险偏好关系时也发现大学教育与劳动者自雇概率之间显著负相关。但上述两篇研究均未细分不同教育层级考察劳动者自雇选择状况。

表 10-3　劳动者选择自雇的多元 logit 模型回归结果：基于 CHIP2008(RUMIC2009)

变量	总　体		生存型自雇		创业型自雇	
	OR	dy/dx	OR	dy/dx	OR	dy/dx
age	0.962	0.002	0.903*	0.004	2.035**	0.002
agesq	−1.000	−0.000	−1.001	−0.000	−0.992**	−0.000
male	1.511***	0.020	1.329***	0.011	3.852***	0.003
marital	2.860***	0.037	2.885***	0.030	1.257*	0.004
minor.	0.660	0.044	0.664	0.003	0.773	0.034
exp	1.085***	0.004	1.098***	0.004	1.140*	0.001
expsq	−0.995***	−0.001	−0.994***	−0.001	−0.994**	−0.002
edu2	0.634	0.020	0.630	0.043	0.374	0.040
edu3	0.289	0.048	0.256	0.055	0.545	0.033
edu4	−0.124***	−0.055	−0.109***	−0.049	−0.259*	−0.005
edu5	−0.067***	−0.141	−0.053***	−0.131	0.206*	0.003
area2	1.133	0.006	1.069	0.002	2.268	0.002
area3	−0.795*	−0.011	−0.739*	−0.011	2.646	0.013
child	0.989*	0.004	1.016*	0.007	0.710*	0.008
wealth	1.000**	7.370	1.000*	2.320	1.000*	5.230
debt	−1.000*	−5.500	−1.000*	4.250	−1.000**	3.210
常数项	−0.353*		−0.321*		−0.300*	
LR chi2	695.08		730.65		730.65	
Pseudo-R2	0.147 6		0.152 4		0.152 4	
obs	9 405		9 405		9 405	

第四节　结论与政策建议

使用不同年份微观数据的实证研究发现，在一定条件下，劳动者受教育水平越低，越有可能选择自我雇佣，尤其是生存型自雇，拥有中职/中技学历劳动者的生存型自雇和创业型自雇倾向低，大专及以上学历对劳动者选择创业型自雇有

---

①　Ekelunda J. E. Johassonb. M. R. Jarvelinc. D. Lichtermanne. Self-employment and Risk Aversion-Evidence From Psychological Test Data. *Labour Economic*，2005，12(5)：649-659.

促进作用，对生存型自雇有相反的影响，高等教育对劳动者自雇选择的总体效应为负。在中国，教育总体上不会促进劳动者自我雇佣，这一发现值得反思。此外，控制变量显示，年龄和工作经历对劳动者自雇具有倒 U 型影响，其中年龄的拐点大约发生在 40 岁左右；男性自雇倾向更强；婚姻有助于劳动者个体选择自雇；有 6 岁以下小孩的劳动者选择自雇的概率更高；家庭财富作为流动性约束的代理变量，其有利于劳动者个体选择自雇。基于上述研究结果，不难看出，尽管教育可以在一定程度上影响自雇活动，但教育并不会自发地促进自雇活动的涌现。相比生存型自雇，创业型自雇的就业倍增效应和经济绩效更为明显，因此国家应积极支持和引导更多劳动者选择创业型自雇。又因为创业教育是影响创业型自雇或创业的重要因素，[①] 所以首先要重视教育变革。当前"知识失业"现象凸显和高等教育者"创业型自雇不足"并存反映出我国创业教育的缺失。更多高教育水平劳动者不能充分就业，既不利于个人（家庭）和社会稳定和谐，又不利于创新型国家建设。为此，促进更多创业型自雇的涌现，需要教育、劳动力市场和政府协同变革：

第一，积极推行教育改革，构建完善的创业教育体系。

"伟大的创业实践离不开伟大的创业教育。"培育创新创业精神与创新文化、培育创业家是推动中国创业型经济发展的重要策略，而这些都离不开教育支持。为保证我国创业教育有效开展，需要做到以下几点：

（1）稳步推进教育体制改革。增加创业教育与普通教育的融合，将创业教育纳入国民教育体系和终身教育体系，从小培育和塑造创新创业精神与创业文化。

（2）明晰创业教育定位目标，树立正确创业教育观。创业教育绝非仅仅是解决就业和个人生计，它对培养创新与创业型人才、提高全体公民自雇能力与创业素养、促进创业活动、经济发展都有十分重要的作用。

（3）积极构建创新创业教育的学科体系。创业教育学科体系是创业人才培养规格的重要标志。创业学学科设置要充分考虑到与经济结构、产业结构、科技结构、地区特征等匹配。

（4）加强创业师资队伍的培训与培养。当前美国高校主要采取以下方式吸引和选拔优秀师资人才：一是设立捐赠席位吸引高水平创业师资；二是加大创业学博士培养力度，随着美国创业教育的迅猛发展，捐赠教授和兼职教师已难以满足师资队伍数量和质量的需求，加大创业学博士的培养力度、满足专业化师资的需求已成为当务之急；三是通过开展创业师资培训来提高教师的创业理论素养与实践经验。[②]

---

① 杨晓慧：《创业教育的价值取向、知识结构与实施策略》，载《教育研究》，2012 年第 9 期。
② 周海涛、董志霞《美国大学生创业支持政策及其启示》，载《高等教育研究》，2014 年第 6 期。

（5）建立高校创新创业教育评价体系。包括融"讲座、课程、竞赛、实训与成果孵化"为一体的创业教育体系、开设创新创业特色课程、落实学生弹性学制、建立校内创新创业平台并向创业大学生开发大学科技园等资源。[1]

第二，完善劳动力市场制度，提高劳动力市场的灵活稳定性。

大量创新创业型自雇活动的涌现，除与上述诸因素有关外，还与劳动力市场状况密切相关。比如 OECD 成员国的经验证据显示，取得遥遥领先的创新成效的主要原因在于完善的劳动力市场制度。[2] 劳动力市场制度则是由一系列保障劳动者社会经济权利的法律、制度和政策组成，是激发创新创业的关键。同时这些制度也较大程度地影响劳动力市场的灵活稳定性。分割的劳动力市场不利于劳动者个体在不同就业状态、不同层次劳动力市场之间自由转换。劳动力市场制度过于僵硬则不利于劳动者创业就业。完善劳动力市场制度，提高劳动力市场的灵活稳定性，即通过法律、制度和政策等建立统一的劳动力市场，减少就业流动的制度性障碍，健全信息传递机制，降低劳动力市场的分割性，尤其是制度性分割，使劳动者个体能够在不同就业状态、不同层次劳动力市场之间灵活进入，为其选择创业型自雇"清障""搭台"，提高劳动力个体创业型自雇意愿，促使更多劳动者个体顺利选择创业型自雇，这最终将有助于创业型经济、创业型社会和创新型国家构建。

第三，加快政府职能转变，为劳动者选择创业型自雇营造积极氛围。

鼓励更多有能力的劳动力选择创业型自雇，是扩大就业规模、提升就业质量、保增长的重要举措，而这离不开政府的积极支持。具体而言，首先是需要构建创业型经济体制。Baumol 指出，在这种经济体制中，创办一个企业必须是相对容易的，应没有落后的、烦琐的官僚审核制度，同时，当宣告破产时，也必须不那么困难。[3] 简言之，即"进得来、留得下、守得住、做得强、退得出"。否则，会挫伤劳动者成为企业家的积极性。然后是这种体制和相关制度安排一定不能支持非生产性的活动和"寻租"行为，因为前者只起到了增加分享蛋糕份额而非增大蛋糕的作用，而后者则会产生一种"系统性破坏"，使创业者花费原本不该花费的资源来从事不具生产力的活动。之所以这样要求，是因为企业家才能作为一种生产要素，并非一味地对经济增长有利，只有当企业家才能配置到生产性活动中时，才有利于经济增长，而这种配置结果则取决于经济中的报酬决定机制和报酬

---

①　陈骏：《"创业型大学"应成为高校科技转型方向》，载《中国科学报》，2013 年 3 月 6 日。

②　赖德胜、陈建伟：《劳动力市场制度与创新型国家——OECD 成员国的经验与启示》，载《社会科学辑刊》，2012 年第 4 期。

③　Baumol W. J. Entrepreneurship in Economic Theory. *The American Economic Review*，1968，58(2)：64-71.

结构，这受体制和相关制度安排影响。其次是不断完善创业支持体系，提高创业型自雇成功率，为此需要继续推行权力清单和负面清单制度。创业支持体系主要包括：多元化的筹融资渠道、知识社群与创业社群网络、社会网络与基础设施、创业园区与孵化机构、援助新建企业发展的政府部门与协助分摊创业失败风险的机构、信息技术与信息网络、区域性与全国性的创业协会、不间断的就业服务等。① 最后是这种体制和相关制度安排必须具有这样的一种激励：即使已大获全胜的创业者和已成熟的大型企业有持续不断的创新和发展的动力。

---

① 李政：《创业型经济：内在机制与发展策略》，北京：社会科学文献出版，2010，第 219～220 页。

第三篇

国外鼓励创业就业的
经验借鉴

第十一章
美国创新创业活动及政策支持

美国是世界上规模最大、最具多元性的经济体。根据世界银行 WDI 数据库的数据可知，2011 年美国国内生产总值为 15.094 万亿美元，人均国民收入为 4.845 万美元，按照购买力平价法计算，分别是中国的 1.33 倍和 5.79 倍。美国的人口规模只占世界的 5%，却贡献了高收入国家总产出的 34.6%，世界经济总产出的 18.6%（按照购买力平价法计算）。在各国政要和企业高管参与的"世界经济论坛"（World Economic Forum）中，将美国列为世界最具竞争力的经济体。美国主要的大公司在国际市场中名列前茅，在 2007 年"财富 500 强"中有 162 家公司的总部设在美国。[①] 在各国不断寻求经济发展新途径、持续提升人们生活质量的过程中，了解和认识像美国这样的发达经济体的发展情况具有重要，在学习其经济发展经验和吸取其相应教训的基础上，结合自身特点可以更好地发展本国经济，提升在世界舞台上的地位。本章从了解美国基本就业情况、创新创业活动出发，分析其以创业促进就业的一系列政策。

第一节　美国就业的基本情况

长期以来，美国的失业率都保持在较低水平，尽管在经济衰退期，其失业率也随之上升，但从未陷入危险境地。[②] 20 世纪 70 年代，第一次石油危机时期，欧洲失业率呈现显著上升，而美国失业率反而平缓下降。20 世纪 80 年代，欧洲失业率已高达 10% 左右，而美国失业率约为 6%。[③] 根据美国著名经济学家弗里德曼提出的"自然失业率"理论，结构性原因和信息传导障碍等原因使得一个社会总会存在 5%～6% 的失业率。根据该理论假定，20 世纪 80 年代美国已接近充分

---

① 《美国经济概论》，美国国务院国际信息局，2009.9 年，第 7 页。
② 孙晓红：《美国是如何保持失业率的》，载《价格月刊》，2003 年第 1 期。
③ 黄春梅：《西方发达国家劳动就业政策的比较研究及其启示》，载《求实》，2005 年第 4 期。

就业的水平。

如下图所示，1985—2015 年，美国的失业率主要经历了两次显著的动荡起伏，分别在 1992 年和 2010 年达到了峰值，在这两个时期，美国经济处于衰退期，失业率分别达到峰值 7.49％和 9.61％。其中，1990—1992 年和 2006—2010 年两段时期为美国经济衰退和萧条期，失业率呈现迅速上升趋势，分别从5.61％、4.61％上升至 7.49％、9.61％，增长幅度分别为 33.51％、108.46％；失业人数分别从 706.1 万人、699.1 万人上升至 961.1 万人、1 480.8 万人，增长幅度分别为 36.11％、101.52％。1993—2000 年和 2011—2015 年两个时期为美国经济增长和复苏时期，失业率呈现显著的下降趋势，分别从 6.91％、8.94％下降至 3.97％、5.52％，下降幅度分别为 42.55％、38.26％；失业人数分别从892.7 万人、1 373.7 万人下降至 568.5 万人、869.6 万人，下降幅度分别为36.32％、36.70％。虽然其他年份也显现出一定程度的浮动，但是整体幅度较小。

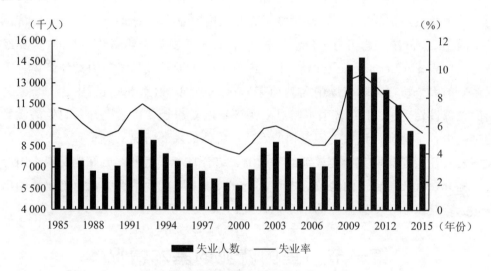

图 11-1 1985—2015 年美国失业情况走势

数据来源：美国当前人口调查数据（Current Population Survey，CPS）、北京师范大学劳动力市场研究中心数据库。

注：根据美国当前人口调查数据所提供的各年各月份失业率和失业人数算得各年度平均失业率和平均失业人数，其中 2015 年的失业率和失业人数分别为 1～5 月份失业率和失业人数的算数平均数；失业人数为 16 岁及以上的失业人员数量。

可以看出，一直以来，美国失业率基本上保持在社会经济可以承受的范围之内，除了个别年份外，大多数年份的失业率都保持在较低水平。除得益于较快的经济增长以外，美国良好的就业情况也得益于其创业活动的迅速发展。

第二节　美国的创新创业活动

创业在美国经济增长和发展过程中起着至关重要的作用。作为美国劳动力市场信息的主要来源，美国劳工统计局(BLS)也收集了有关新企业及新创造就业机会的数据，将其纳入美国行业就业动态数据库(Business Employment Dynamics, BED)中。根据 BED 数据可以得出如下图所示的 1994—2010 年美国创业企业及其所带来的工作岗位情况。从图中可以看出，1994—2010 年美国的创业活动很活跃，创业企业规模在不断扩大，平均每年新增创业企业约 60.49 万家；其所带来的工作岗位数量可观，平均每年创造的就业岗位数量达 391.53 万个，在所有新增岗位中所占比例一直保持较高水平，平均比例超过 50%，在很大程度上缓解了就业压力。

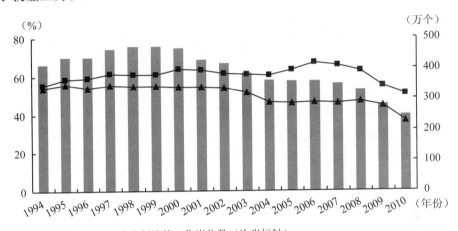

图 11-2　1994—2010 年美国创企业及其带来的工作岗位情况

数据来源：美国劳动统计局行业就业动态数据、北京师范大学劳动力市场研究中心数据库。

注：此处的创业企业指的是创建小于 1 年的企业。

当然，在关注创业企业带来新增工作岗位缓解就业压力的同时，还要了解创业企业的生存趋势和特点，以更好地把握创业活动带动就业及促进经济增长的作用。根据 BED 数据得出如下图所示的美国各年创业企业生存和发展走势。由图 11-3 可知，1994—2014 年，美国各年创建的创业企业呈现较为一致的存活率和发展趋势，即随着时间的推移，创业企业会由创建年份 100% 的存活率逐年下降，在经历 20 年的发展后，存活率大约在 20%；创建初期的 5 年中创业企业存活率呈现显著下降趋势，下降幅度均超过 10%，其中第 2 年、第 3 年的平均存活率分别下降至 78.47％、67.24％，下降幅度分别达 21.53％、14.31％；从第 6 年开始到第 21 年，创业企业存活率下降趋势显著减弱，尤其是从第 13 年开始，各年的创业企业平均存活率虽然也呈现逐年下降的趋势，但都较为稳定地保持在 20％～30％。

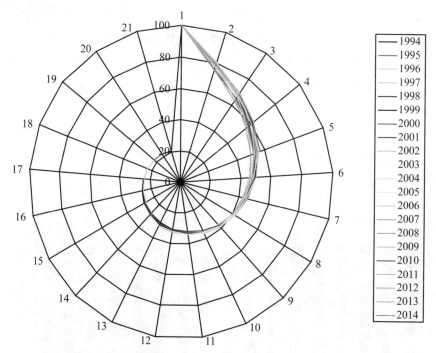

图 11-3　1994—2014 年美国各年创业企业生存和发展情况

数据来源：美国劳动统计局 BED 数据、北京师范大学劳动力市场研究中心数据库。

注：BED 数据对创业企业存活情况的统计以其创建年份为基准，分别记录各年份创业企业的整体存活情况、创建岗位的变动情况等内容，上图中的存活率以企业创建年份的数量为基准。

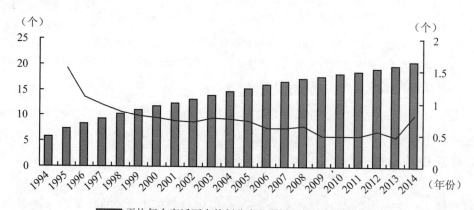

图 11-4　1994—2014 年存活创业企业所提供就业岗位情况

数据来源：美国劳动统计局 BED 数据、北京师范大学劳动力市场研究中心数据库。

图 11-4 显示了 1994—2014 年平均每年每个存活下来的创业企业所提供的就业岗位情况。结合两幅图可知，1994—2014 年，虽然美国每年存活下来的创业企业数量在逐年减少，但每个存活下来的创业企业所能提供的就业岗位数量却在显著增加，平均每年每个存活下来的创业企业可以提供 13.19 个工作岗位，平均每年增加 0.37 个工作岗位。

综上可知，美国近几十年的低失业率与其活跃的创业活动是分不开的，每年出现大量的创业企业提供了大部分的新增就业岗位，后期存活下来的创业企业竞争力不断增强，所提供的就业岗位逐年增加，这在很大程度上解决了美国的就业问题，缓解了就业压力。

与创业活动不可分割的一个问题是科学进步和技术创新。美国从不在研发和教育的投资方面吝啬，这也成为其竞争力的保证。美国的技术领先领域已经从计算机、软件、多媒体、先进材料、医疗保健和生物技术扩展到纳米技术和遗传工程等前沿领域。美国制造业研究所列举了美国公司赖以生存的一些重要的新技术，其中包括计算机辅助设计、机器人、零库存管理以及用于追踪从工厂到库房或商店物流的无线射频识别技术（RFID），指出美国制造商在纳米技术应用方面居于领先地位。[①]

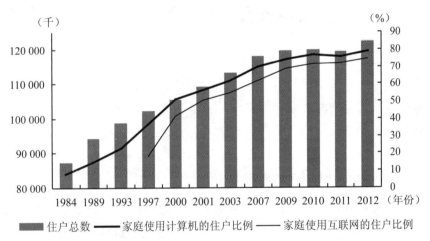

图 11-5　1984—2012 年美国居民住户计算机和互联网使用情况

数据来源：美国人口普查局当前用户调查(CPS)数据、北京师范大学劳动力市场研究中心数据库。

注：(1)在 2007 年和 2009 年的当前人口调查中未涉及计算机所有权的问题，这里根据 2003—2010 年使用计算机比例与使用互联网比例对比得出的比率进行估计。(2)1984 年、1989 年和 1993 年未涉及任何有关互联网的问题，因此数据缺失。

在实际生活中，技术创新及进步典型的表现就是计算机和互联网的普遍应用。根据当前用户调查（CPS）数据，得出了如下所示的美国 1984—2012 年居民

---

① 《美国经济概论》，美国国务院国际信息局，2009 年，第 34 页。

住户计算机和互联网的使用情况。由图 11-5 可知，1984—2012 年，美国居民家庭使用计算机和互联网的比例显著提高。其中，在家庭使用计算机方面，1984年，在所调查的 8 707.3 户家庭中，拥有计算机的住户比例只有 8.2%；截至 2012 年，在所调查的 12 204.8 户家庭中，拥有计算机的住户比例已经达到 78.9%。在家庭使用互联网方面，1997 年，在所调查的 10 215.8 户家庭中，使用互联的住户比例只有 18%；截至 2012 年，这一比例已经达 74.8%。

由上述分析可知，随着科学技术的不断进步，美国基本上实现了家用计算机和互联网的普及，这在很大程度上加速了信息的流通，为灵活就业以及利用互联网创业创造了良好条件。因此，利用科技创新不断促进创业进而带动就业的路径是美国长时间保持低失业率的一个重要原因。在这个过程中，美国政府制定和实施了一系列的政策以更好地鼓励创新、倡导创业进而促进就业，这一系列政策支持成为美国创新成果丰硕、创业活动活跃的催化剂。

第三节　美国促进创新创业的政策措施

>>一、大力发展创业教育，增加创业意识和创业热情<<

美国的创业革命得益于 20 世纪 60 年代的创业教育。美国是最早、最成功推行创业教育的国家，其创业教育经历了课程教学、专业教学、学位教学、片面的功利性职业训练、非功利性系统性教学的发展过程。在这个过程中，美国政府推出了一系列政策和措施以有力促进创业教育体系的不断完善。

（一）为创业教育提供资金支持

联邦政府为创业教育计划提供特定基金，而这些特定基金仅限于提供给美国小企业管理局、小企业发展局和美国农业部等少数代理机构。[①] 为了鼓励创业行为，首先必须建立动态的创业文化。2009 年 10 月，美国商业部宣布成立创新与创业办公室，其主要任务在于培养、促进和管理史蒂文斯理工学院的创新与创业环境，促进和培育整个学区接受的创业文化，旨在教师层次发起学术创业活动，并使其得到学术管理层的支持。[②] 创新与创业办公室通过美国国家科学基金会创

---

① 王琼花：《美国创业教育体系构成和支撑分析及其对我国的启示》，载《重庆师范大学学报（自然科学版）》，2013 年第 1 期。

② 史蒂芬斯理工学院创新与创业办公室官方网站：http://www. stevens. edu/provost/oie/index. html。

新合作项目为校园内的创业活动提供资金支撑，为科学家和工程师准备一系列公私合作的活动和计划，通过针对性的课程将经验和创建企业过程中的指导相结合、教受助者从学术研究中识别有价值的产品、机会，并为学生参与者提供创业培训。该项目旨在将科学家和工程师的焦点拓展出实验室，扩大所选择的由美国国家科学基金会资助的基础研究项目的影响。

(二)完善创业教育计划

根据 2007 年州的教育会议，已有 18 个州通过实施 K-12 或函授中等学校学生支持创业教育，有 14 个州通过实施函授中等层次支持创业教育。[①] 目前，创业教育已经被纳入美国国民教育体系之中，从小学到大学甚至研究生等各级各类正规教育都涉及了创业学课程的内容。截至 2005 年年初，在美国已经有 1 600 多所高等院校为发展创业教育而设置了创业学课程。如今，美国已经形成一整套相对科学和完善的创业教育体系。

(三)推进大学转型，建立创业型大学

随着知识经济的不断发展，大学的角色在逐渐发生变化，不仅要承担生产和传承知识的任务，更要在知识应用和地区发展方面发挥作用。[②] 这也符合美国学者伯顿·克拉克(2003)提出的建立创业型大学、不断推进大学组织上的转型的主张。[③] 创业型大学旨在通过教学或研究参与到所在地区社会与经济建设之中，并通过多种形式的经济实践推动科学技术进步。[④] 美国的大学为实现向创业型大学的转型陆续实施了一系列的改革，开创了大学服务社会的职能，在美国经济和社会发展过程中发挥了不可忽视的作用。

麻省理工学院(MIT)开创了与企业联合的大学模式，成功转型为创业型大学，是诠释美国大学服务社会职能的典型案例。[⑤] 一方面，MIT 鼓励科研人员在学术研究的基础上成立新公司。首先根据实际情况帮助小公司成功摆脱困境，进

---

① 王琼花：《美国创业教育体系构成和支撑分析及其对我国的启示》，载《重庆师范大学学报(自然科学版)》，2013 年第 1 期。

② 张卫国：《三螺旋理论下欧洲创业型大学的组织转型及其启示》，载《外国教育研究》，2010 年第 3 期。

③ 伯顿·克拉克：《建立创业型大学：组织上转型的途径》，北京：人民教育出版社，2003，第 2~8 页。

④ 高明、史万兵：《麻省理工学院的创业型大学之路及对我国的启示》，载《东北大学学报(社会科学版)》，2012 年第 2 期。

⑤ 雷环、爱德华·克劳利：《培养工程领导力 引领世界发展——麻省理工学院 Gordon 工程领导力计划概述》，载《清华大学教育研究》，2010 年第 1 期。

而有效吸引大公司成立分公司，然后凭借科技创新优势自行创办新的企业，进而形成新产业。另一方面，支持大学师生创办新公司。MIT 理科院系中有许多由教授、博士后以及研究生等组成的研究小组，这些研究小组把成果看作商品，以扩大研究小组规模的方式吸引校外资助。[①] MIT 将竞争机制引入研究小组管理中，淘汰解散一部分实力落后的研究小组，而在竞争中存留下来的那一部分研究小组则创办正式的公司以求得进一步发展。无论是科研人员在学术研究的基础上创办新公司，还是在校师生建立新企业，都为劳动力市场提供了许多的工作岗位，而且其中很多是新兴领域的工作岗位，这增加了相关专业人员尤其是大学毕业生的就业机会，在一定程度上吸纳了 MIT 所在地区的就业，缓解了当地的就业压力。

>>二、形成发达的融资和创业投资体系，为创业者解决资金难题<<

为了给小企业营造一个公平竞争的环境，鼓励创办与发展小企业，1953 年美国政府正式通过并颁布了《小企业法》。美国国会依据该法设立了联邦机构—美国小企业管理局，担负"通过扶持、指导、协助及保护小企业的利益，及通过帮助家庭和企业致力于自然灾害后的恢复，来维系并加强国民经济"的使命。美国已形成了以发达资本市场为基础，民间资金为主力，私人或独立的创业投资公司为主要中介，高利润为保证的创业投资机制。[②] 美国政府很少参与创业投资的直接管理，而是把握创业投资风险系数高、回报水平高的特点，通过调节潜在投资者的风险收益和改善外部投资环境以降低风险系数的方式来吸引投资。美国小企业管理局主要通过风险投资和贷款两种方式为小企业提供资金支持。

（一）发达的风险投资体系

1958 年美国政府出台《小企业投资法》，旨在通过政府引导以解决小企业融资难的问题，依据该法成立了由职业投资人组建的投资管理公司—小企业投资公司，由美国小企业管理局对其负责和监督管理。美国小企业管理局提供政府信用担保，通过受托机构公开募集资金，通过小企业投资公司对小企业进行风险投资。小企业投资公司提取所管理资金量 2%～3% 的额度作为管理费。按私营部

[①] 高明、史万兵：《麻省理工学院的创业型大学之路及对我国的启示》，载《东北大学学报（社会科学版）》，2012 年第 2 期。

[②] 张明华：《美国政府支持创业和创业投资模式的启示》，载《科技情报开发与经济》，2006 年第 20 期。

门风险投资的做法，小企业投资公司可选择投资哪些项目，投资决策一旦决定，由美国小企业管理局为其提供一定的贷款或投资，最大额度达投资额的2/3。投资项目盈利，美国小企业管理局获得由小企业投资公司支付的按基准利率计算的利息和按照总利润的10％计提的利润份额，其余90％的利润在投资人和投资管理人之间按8∶2的比例进行分配；投资项目亏损，则由双方共同承担相应损失。

（二）完善的贷款体系

美国小企业管理局是美国五大联邦信贷机构之一，是美国小企业最强大的创业资金支柱。[①] 总体而言，美国小企业管理局主要通过7(a)贷款计划、CDC/504贷款计划和小额贷款计划三种方式为小企业提供贷款。[②]

1. 7(a)贷款计划

美国小企业管理局最常见的贷款计划，包括为有特殊要求的企业提供财政支持。美国小企业管理局贷款业务申请资格合格的关键因素在于企业通过什么业务获取收入、企业所有权性质和业务运营地点。美国小企业管理局一般不指定哪些企业有资格，相反，会包括哪些企业没有资格。然而，有一些要求普遍适用，获得贷款援助的企业必须：以营利为运营目的；符合美国小企业管理局定义的小企业；在美国或其属地做生意或提议做生意；有合理的股权投资；寻求财政援助之前使用包括个人资产在内的可选择性财政资源；能够证明需要贷款资金；以完善经营为宗旨利用贷款资金；不拖欠美国政府任何债务。7(a)贷款计划的最高贷款额度为500万美元，不设置最低贷款金额。2012年（财政年度）平均7(a)贷款金额为33.773万美元。美国小企业管理局担保贷款，对金额在15万美元以下贷款，担保额度高达85％；对金额在15万美元以上的贷款，担保额度达75％。美国小企业管理局担保的最大金额限度为375万美元。因此，如果一个企业为获得美国小企业管理局担保的500万美元贷款，贷款人将获得的最高担保额度为375万美元或75％。美国小企业管理局快速贷款最大担保比例设定为50％。

美国小企业管理局会根据贷款期限和担保金额而非总贷款额对担保费进行评估。最初由贷款人支付担保费，在交易结束时，贷款人有权将这笔费用转移到借款人身上。2013年10月1日以后产生的金额低于15万美元的贷款费率将被设置为零；任何金额大于15万美元、期限为一年或更短的贷款，费率为贷款担保部分的0.25％；对于期限一年以上、金额处于15万～70万美元之间的贷款，正常费率为担保部分的3％；对于期限一年以上、金额超过70万美元的贷款，正常费

---

① 张陆洋：《美国政府支持风险投资业发展的模式研究》，载《世界经济情况》，2005年第6期。

② 美国小企业管理局官方网站：https://www.sba.gov/category/navigation-structure/loans-grants/small-business-loans-0。

率为担保部分的 3.5%；超过 100 万美元贷款，要缴纳担保部分 0.25% 的额外费用。

2. CDC/504 贷款计划

该计划为设备或者房地产等主要固定资产提供融资。认证发展公司（Certified Development Company，CDC）/504 贷款的申请人必须符合以下资格要求：以营利为运营目的；在美国或其属地做生意或提议做生意；拥有有形资产价值低于 1500 万美元，过去两年的平均税后收入净值低于 500 万美元；不得使用贷款从事投机或投资房地产租赁业务；经营业务类型合格；拟募集资金须用于经批准的用途；未从其他来源获得资金；能够通过企业预计经营性现金流按时偿还贷款；良好品性；相关管理经验；可行商业计划书。该项贷款计划的贷款期限为 10～20 年，贷款利率都高于 5 年和 10 年期美国公债的当前市场利率，贷款费用大约为公司债券的 3%，可由贷款支付。

CDC/504 贷款计划的最高贷款额取决于在不同目标下如何使用资金。目标一：创造就业机会。为了满足创造就业条件或实现社区发展目标，美国小企业管理局提供的债券最大额度为 500 万美元。美国小企业管理局针对小厂商拥有 10 万美元的就业创造或保留目标（具体见目标三），通常情况下，除了小厂商，企业每从美国小企业管理局得到 65 000 美元的支持，则必须创建或保留 1 个工作岗位。目标二：公共政策。美国小企业管理局在为小型制造业或实现节能减排和替代燃料的公共政策目标提供债券时，最大额度为 500 万或者 550 万美元。目标三：小型制造业。美国小企业管理局为小厂商提供的最大债券为 400 万美元。要获贷款，必须满足小型制造商的定义，并完成下列操作之一：每接受美国小企业管理局担保的 10 万美元贷款，至少创建或保留 1 个工作岗位〔见《小企业投资法》501 节（d）（1）〕；改善当地经济或实现一个或多个公共政策目标〔见《小企业投资法》501 节（d）（2）或（3）〕。

3. 小额贷款计划

该计划提供高达 5 万元的贷款，帮助小企业和某些不以营利为目的的托儿中心启动和扩大，平均小额贷款额度约为 13 000 美元。美国小企业管理局提供资金给特别指定的中介贷款机构，由其管理符合条件的借款人的小额贷款项目。这些中介贷款机构是一些在贷款、管理和技术援助方面有经验的非营利性社区组织，它们有自己的贷款和信贷要求，一般来说，需要某类抵押品以及企业主个人担保。小额贷款偿还期限取决于贷款额度、资金使用计划、贷款中介机构的要求、小企业借款人的需求等几方面的因素。一项美国小企业管理局小额贷款的最长还款期限为 6 年。小额贷款利率不断变化，取决于贷款中介以及从美国财政部到中介的成本。一般来说，利率介于 8%～13% 之间。

>>三、投资科技创新计划，促进成果商业化进程<<

为了鼓励小企业充分发挥其技术潜能，推动其技术创新成果的商业化进程，美国针对小企业实施了一系列科技创新计划，包括小企业技术转移计划、先进技术计划和小企业创新研究计划等。小企业技术转移计划规定，联邦部门研究与发展经费中凡是超过 10 亿美元的，都需要按照 0.15% 的比例划拨为研发基金，以支持小企业与非盈利性研究机构的技术转让和合作项目。[①] 先进技术计划旨在刺激美国高风险能动技术的开发，1990 年开始实施，该计划第一年获得政府财政拨款 0.36 亿美元，截至 2008 年，共获得政府财政拨款达 26.28 亿美元，小企业创新研究计划是美国环保局为实现保护人类健康和环境的目标而实施的一项科技创新计划，该计划规定，联邦机构若年预算超过 1 亿美元，则必须建立小企业创新研究计划，同时需要每年都以一定比例的资金对该计划进行投资。自 1982 年小企业创新研究计划创立开始，依据规定，联邦政府须用于投资该计划的资金比例一直呈现上涨的趋势，1982 年该比例为 1.25%，1993 年、1995 年、1997 年，这一比例分别上升为 1.5%、2%、2.5%；同时，根据美国 1992 年法案，第一期对小企业创新研究计划的资金最高支持额度从 5 万美元增加至 10 万美元，第二期的资金最高支持额度从 50 万美元增加至 75 万美元。[②]

科技创新计划的实施大大增加了美国产业界的竞争力。例如，对 1991 年财政年度先进技术资助项目进行跟踪调研的结果显示，该计划大大提高了美国产业界依靠科技创造经济效益的能力，改善了受资助企业吸引投资者的能力。[③] 在多个科技创新计划的推动下，美国通过开发利用新技术，同时加速科技创新成果的迅速商业化，实现了其产业界的蓬勃发展，一方面，带来了美国在世界市场上地位的进一步稳固；另一方面，美国经济的迅猛发展为扩大投资规模创造了良好的物质条件，进而改变生产要素市场上的供求关系，为求职者创造广阔的就业空间。

>>四、实施新兴市场风险投资项目(NMVC)<<

新兴市场风险投资计划(New Markets Venture Capital，NMVC)开始于 2001 年，目的在于促进经济发展和创造低收入地区以及在这些地区生活的个人财富和

---

① 傅正华：《世界各国技术创新政策的特点》，载《科技成果纵横》，2006 年 1 期。
② 陆文华：《美国环保局的小企业创新研究计划》，载《全球科技经济瞭望》，2001 年第 3 期。
③ 张保明：《促进美国经济增长的重要计划—美国先进技术计划（ATP）》，载《国外科技动态》，1995 年第 11 期。

就业机会。新兴市场风险投资计划由美国小企业管理局管理，旨在为 10～20 个新兴市场风险投资公司提供 1 亿美元的资金支持（在折现基础上分配 1.5 亿美元债券担保）和 3 000 万美元的业务援助赠款。2001—2006 年（财政年度，下同），新兴市场风险投资计划获得拨款 2 195.2 万美元，该拨款在 2001 年一次性提供，直至用完持续有效。2003 年，未承付的 1 050 万美元新兴市场风险投资债券补贴和 1 375 万美元业务援助补助余额被撤销。近几年，随着初始投资到期，以及新兴市场风险投资公司在后续额外业务中只为其投资组合中的小企业融资，该计划中资金的数量在下降。随后，30 多个国会法案出台，致力于扩大或修改新兴市场风险投资计划，许多法案会增加该计划的资金。例如，2011 年 9 月 8 日，在第 112 届国会期间颁布了《创造就业和复兴城市法案》，该法案将提供新兴市场风险投资计划补贴预算权，这成为 2012—2013 年 7 500 万美元债券和 1 500 万美元业务援助培训补助的必要保证。

>>五、为小企业发展创造良好环境，并提供扶持和优惠政策<<

（一）知识产权保护

目前，美国已经建立涵盖范围宽的知识产权保护体系，为企业进行技术创新提供了有效的体制保证。自 20 世纪 90 年代以来，美国的技术创新尤其是信息技术的创新都离不开知识产权相关法规的有效保护。在人均专利拥有量上，美国大约是欧盟的 4 倍，这在一定程度上解释了美国经济的强劲增长态势。

（二）管制

经济飞速现代化导致了美国资金、技术、生产的高度集约化。为了保持经济活力，防止大企业的垄断行为彻底扼杀自由竞争，美国政府连续制定了《谢尔曼法》《克莱顿法》等各种反托拉斯法。在斗争与妥协中，一方面，垄断企业在一定程度上巩固其绝对主导地位；另一方面，小企业也获得了生存的空间。这为小企业，特别是在高新技术产业方面具有相当旺盛生命力的小企业创造了很好的生存空间和发展氛围，为其成为美国新经济先锋奠定一定的基础。在对垄断行为进行一定程度规范和管制的同时，美国政府还逐步放松了对一些行业如传统信息产业等的管制。从长远来看，美国政府对其产业管制的放松在很大程度上促进了其经济效率的提高。

（三）利益补偿

随着新经济领域的兴起和发展，势必造成旧经济遭受破坏，为了保障自身利益面受损害，相关利益集团必然会对新经济进行百般阻挠。在这一背景下，为了保证变革得到顺利实施，美国政府为变革过程中利益遭受损害的群体提供了各种形式的补偿。其中包括为劳动力市场中的结构性失业者提供受教育机会和就业培训机会，为夕阳产业或竞争力薄弱的产业提供补贴等。正是政府对变革的积极支持，才使得美国享受到了新经济带来的各种好处。

（四）税收优惠

税收政策一直都作为一个重要的因素影响着美国小企业的发展，联邦政府、州政府都制定了一系列促进小企业发展的税收激励政策。美国为了全力推进小企业发展，除了采取减免税、扣除费用、抵免投资和加速折旧四项普遍的税收优惠措施之外，还兼顾推行新兴企业税收优惠政策。20世纪六七十年代，美国政府采取资本高税率政策。1969年，美国资本所得税税率为25％，之后提高至35％，到1976年，资本所得税税率高达49％，严重阻碍了美国小企业尤其是高新技术企业的发展。1978年，美国国会决定将资本所得税税率从49％降到28％。1981年1月31日里根总统签署《经济复兴税法》，进一步将税率降低至20％。为促进小企业发展，该法从以下几个方面做出税收减免规定：首先，推行试验研究费减税制度，即对于企业超出过去3年平均研发支出额的部分，减税25％；其次，大幅度缩短机械设备折旧年限，试验研究用机械设备折旧期限定为3年，产业用机械设备折旧年限定为5年；再次，推动企业赠予大学供研究用新设备的减税范围的进一步扩大；最后，实施针对跨国研究开发型小企业的税收优惠措施。[①] 除上述针对小企业采取的税收优惠政策外，联邦政府还为不发达地区的风险投资企业提供了特殊的税收激励政策。2000年《新市场税收抵免方案》出台，规定投资于促进低收入地区发展的投资者可以享受所得税抵免。

（五）政府采购

根据美国相关法律规定，联邦政府须将其采购合同23％的份额分配给小企业，同时还要求大企业将其政府采购合同20％的份额转包给小企业。美国小企业管理局主要通过搁置购买、拆散购买和颁发能力证书三种方式帮助小企业争取

---

① 孟庆启：《美国高新技术产业税收优惠政策及对我国的启示》，载《税务研究》，2003年第7期。

政府购买合同。搁置购买是指美国小企业管理局参与到合同招标的过程之中，将适合中小企业的采购合同事先选出来搁置一边，待中小企业投标；拆散购买指从采购专项合同中分离出一般性采购合同，或将一个单一采购合同分解成多个采购小合同，以帮助中小企业获得更多机会。颁发能力证书指的是，如果采购合同招标方因怀疑中小企业实现合同的能力或信用而拒绝与中小企业签订采购合同，中小企业可向美国小企业管理局寻求帮助。美国小企业管理局除了扶持小企业与各级政府直接签订采购合同外，还努力保证小企业在政府机构和大企业的二级采购合同中受益。

（六）提高服务体系的技术含量，以科技创新手段提供高效服务

美国曾在金融危机时期为刺激其经济增长制订了一系列投资计划，其中包括为科研设施、仪器等提供 150 亿美元；投资 72 亿美元扩展宽带互联网接入，以将偏远地区的产业有效融入到全球经济大环境中。[1] 随着科技创新的飞速发展，美国政府也在不断增加其就业服务体系的科学技术含量。目前，美国劳动力市场信息网络系统已经十分完善，该系统由 4 个相互连接的数据库构成：工作岗位网、人力资源网、劳动力市场信息网和培训网。其中，工作岗位网主要登记和发布用人单位招聘信息；人力资源网用于登记和发布劳动者的求职信息；劳动力市场信息网提供的信息主要包括就业增长预测、地区经济和产业发展动向、各产业工资福利水平等；培训网旨在提供就业人员培训信息，推广各种就业培训课程计划。[2]

在健全劳动力市场信息网络系统的同时，美国还建立了专门用于提供劳动力市场供求状况、相关职业培训等方面信息的国家大型网站。作为美国最大的网上就业市场，"美国基业库"为失业者和用工单位提供平台，使得失业者可以将简历、职位要求等相关信息贴到该网站上，用工单位可以将招聘信息贴到该网站上，从而帮助双方通过网络搜索与自身需求相匹配的工作或职员。

---

[1]　苑媛：《金融危机下美国就业促进政策的选择及启示》，载《河北师范大学学报》，2009 年第 6 期。

[2]　孙晓红：《美国是如何保持低失业率的》，载《价格月刊》，2003 年第 1 期。

第十二章
以色列创业就业模式的经验与启示

有着世界高科技企业及创业投资"精品店"之称的以色列，虽然地域狭小、资源匮乏，却是全球科技研发投资强度最高的国家，风险投资仅次于美国位居世界第二。以色列创业企业和高科技的迅速发展有其独特的原因。本章将尝试对以色列成功的创业模式进行探析。具体将从以下三个部分进行论述：首先，对以色列政府进行科技创业融资的特点进行梳理分析；其次，对以色列政府引导创业就业的政策措施做下简单介绍；最后，依据以色列成功的创业模式，提出针对我国创业产业发展的政策建议。

第一节　以色列创业就业现状概述

以色列作为一个人口不到 800 万，国土面积只有 1.49 万平方公里的西亚小国，却拥有世界上最高的创业公司密集度、最高的工程师人口占比，以及居世界首位的人均研发开支。以色列研究机构 IVC 今年发布数据称，以色列每年大约有 700 多家创业公司成立，其国民中平均每 1 844 人中就有一人有过创业经历。不仅如此，从 2011 年开始以色列每年倒闭破产的初创公司正逐步减少，因此更多的创业企业公司得以茁壮成长。

根据以色列风险资本研究中心的研究发现，以色列人均资本投资位列世界第一，是美国的 2.5 倍，欧洲国家的 30 多倍，中国的 80 倍，印度的 350 倍。[①] 高科技企业已然成为以色列的"代名词"。今天以色列的高科技创业企业已经达到 4 000 家，密度媲美硅谷，其上市公司数目超过整个欧洲的总和，是除美国以外在纳斯达克上市企业最多的国家。正是这些高科技企业创造的大量就业岗位有效

---

① ［美］丹·塞诺、［以］索尔·辛格：《创业的国度——以色列经济奇迹的启示》，北京：中信出版社，2010。

缓解了就业压力，使得被战乱频繁困扰的以色列人依然能够坐享年人均收入 3 万美元的优质生活，以色列如此成功的创新创业模式，无疑值得我国借鉴和学习。

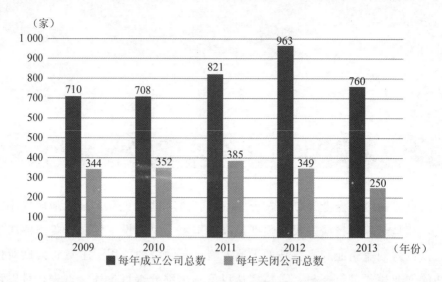

图 12-1　2009—2013 年以色列高科技公司新成立与关闭公司数量对比

数据来源：IVC Research Center。

第二节　以色列的创业就业模式

在我国经济逐步步入新常态的大背景下，改变经济发展方式，变要素驱动型为创新驱动型，已经成为我国未来经济发展的必然要求。尽管近些年，我国的创新创业能力有了明显提升，但相对于创新强国还有相当大的差距。因此，全面了解以色列的创业就业发展模式，吸取其发展过程中的经验教训，既是我国经济发展的必经之路，也是经济新常态的客观要求。

>>一、以色列的创业就业模式探析<<

由于企业创业初期技术和产品尚不成熟，市场的不确定性较高，失败风险较大，导致大量的市场风险资本，对处于创业初期企业的投资持观望态度。这种资源配置的错位来自于市场调节机制的失灵，显然这种现象严重打击了创业企业的积极性，大大降低了创业的成功率。在以色列，为了弥补创业初期的资本空缺，促进该国创业创新的发展。该国形成了以政府为中心、市场为导向、创新创业为依托的以创业带动就业的经济发展模式。

>>二、以色列创业就业模式的特点<<

(一)创业风险投资水平持续提高

以色列最早的创业投资活动出现在 20 世纪 60 年代。当时,大量的风险资本投向了以电子产业为代表的新兴产业。尽管在此后的 10 年间,一些风险投资公司通过帮助创业企业成功上市,获得了巨大的回报,但在 1993 年之前,以色列的创业资本是相当不足的。随着以色列政府的介入,特别是 1993 年 YOZMA 创业基金的成立,以色列的风险投资产业得到了迅猛的发展。截至 2013 年年底,根据以色列创业投资协会(IVC)的调查显示,2013 年以色列的风险资本基金投资达到了 5.46 亿美元,达到了该年所有投资的 24%。

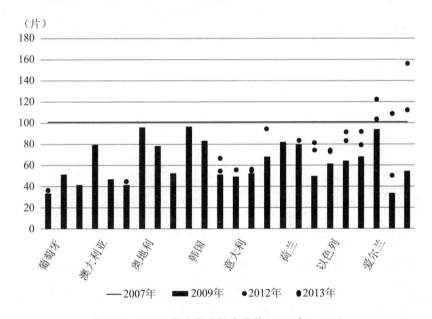

图 12-2 OECD 国家风险投资趋势(2007 年＝100)

数据来源:Entrepreneurship at a Glance 2013-© OECD 2013。

由图 12-2 不难发现,2008 年全球性金融危机对主要 OECD 国家的风险投资产生了巨大影响,即使是到了 2013 年大部分国家的风险投资水平还没有恢复到 2007 年的水平。但以美国、加拿大和以色列为首的几个国家,已经逐步从经济危机的旋涡中逃离出来,逐步接近甚至超越 2007 年水平。即便刚刚经历过几十年不遇的经济危机,市场信心消失殆尽,以色列政府仍旧坚定不移地加大风险投资,可见该国对国家创新创业的支持与重视。

（二）风险资本成为以色列初创企业的助推器

由于技术水平和产品品质的限制，处于创业初期的企业发展往往面对市场的不确定性，因此具有较高的风险，难以获得风险资本的青睐；使得创业企业在起步期，便陷入了资金缺乏的困境。风险投资作为创业企业融资的主要方式，对创业企业的发展起到了至关重要的作用。风险投资行业的发展被看作是有效促进创新型创业重要条件。因此为了有效缓解初创企业融资难的问题，以色列政府大力促进风险资本与创业企业的融合。根据 OECD 的统计调查数据显示 2012 年由以色列政府投资的风险资本达到了 86.7 亿美元，占该年 GDP 的 3.6％。即便从绝对量的层面而言，也仅仅次于英国、美国、日本等大型经济体。表 12-1 显示了 2013 年 OECD 国家的风险资本投资量，可以看到在 OECD 国家里，以色列风险投资量的绝对量是名列前茅的。

表 12-1　2012 年国家的风险资本投资　　　　（单位：百万美元）

爱沙尼亚(2011)	1.8	意大利	91.7	澳大利亚	331.3
斯洛文尼亚(2011)	2.5	芬兰	101.6	韩国	606.9
捷克共和国	6.7	丹麦	101.7	德国	706.2
俄罗斯(2011)	9.3	南非(2011)	109.6	法国	710.5
波兰	11.7	爱尔兰	113.5	以色列	867.0
希腊(2011)	13.7	比利时	115.9	英国	929.1
卢森堡	14.2	挪威	143.4	加拿大(2011)	1 406.0
葡萄牙	20.4	西班牙	148.1	日本(2011)	1 553.6
新西兰(2011)	28.9	瑞士	209.5	美国	26 652.4
奥地利	43.5	荷兰	226.5		
匈牙利	82.6	瑞典	285.6		

数据来源：Entrepreneurship at a Glance 2013-© OECD 2013

具体而言，以色列每 1 000 个有活力的企业中就有大约 1.57 个公司是通过风险资本资助的方式而成立的，而排名第二的芬兰该比率甚至不及以色列的一半。

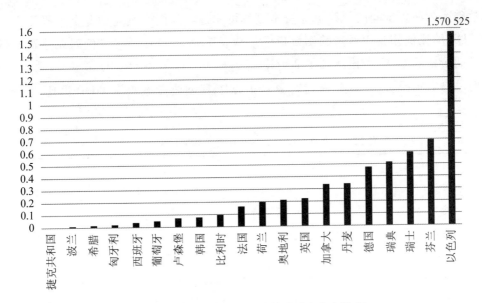

图 12-3　每 1 000 个企业中的风险资本支持率

数据来源：Entrepreneurship at a Glance 2013-© OECD 2013。

(三)创业资本主要集中在风险最高的创业初级阶段

由于世界各国创业投资协会对创业阶段分类的差异，为便于分析与比较，本章依照经济合作与发展组织创业融资数据库的统计口径，将风险投资分为以下三个阶段：种子阶段早期阶段和后期阶段。由表 12-2 可知，仅就本国风险创业资本的资金分配阶段而言，以色列早期阶段的创业资本投入比例高达到76.2％，如果将种子阶段的创业资本投资考虑在内，其比例更是高达到87.3％，大大超过其他主要 OECD 国家。

表 12-2　主要 OECD 国家各阶段风险创业资本比例的比较

国家	种子阶段	早期阶段	后期阶段
瑞士	21.7	59.8	18.5
英国	12.3	50.3	37.4
瑞典	4.5	74.2	21.3
芬兰	10.4	68.0	21.6
荷兰	9.1	67.5	23.4
美国	49.3	11.3	39.5
以色列	11.1	76.2	12.6

数据来源：Entrepreneurship at a Glance 2013-© OECD 2013。

但鉴于各国间经济规模和创业资本绝对量上的差异，上述指标缺乏横向比较的基础。为使各国间的风险创业资本更具可比性，我们将风险创业资本投资占本国 GDP 的比例作为相对量的衡量指标。从表 12-3 不难看出，以色列风险资本投资早期阶段的 GDP 占比达到了 30％，远远高于其他主要 OECD 国家。而以色列早期风险资本投资的 GDP 占比，更是占据了其创业资本投资 GDP 占比的 80％以上。

表 12-3　主要 OECD 国家风险资本投资的 GDP 占比

国家	早期阶段	后期阶段	总计
瑞士	0.017 4	0.015 7	0.033
英国	0.025 2	0.012 9	0.038
瑞典	0.025 2	0.029 1	0.054
芬兰	0.033 6	0.007 1	0.041
荷兰	0.014 1	0.015 2	0.029
美国	0.055 2	0.115 7	0.171
以色列	0.300 7	0.058 9	0.36

数据来源：Entrepreneurship at a Glance 2013- © OECD 2013。

以色列政府将 GDP 的 0.36％用于中小企业的风险创业投资是所有 OECD 国家中比重最大的，超过排名第二的美国（0.171％）一倍之多。与其他 OECD 国家相比，以色列政府更为关注创业企业发展的初级阶段，其在创业初期的投资比例甚至要高过其他所有 OECD 国家的创业风险投资比例。

（四）风险资本偏好高新技术产业

据全球创业观察的调查数据显示，2013 年以色列的技术型创业企业占到新成立创业企业的 10.2％，在所有被调查的 67 个国家和地区中排名第 5。以色列高新技术型创业企业的迅速发展，很大一部分原因归结于风险资本的青睐。不论是以色列政府的引导基金还是来自市场的创业资本都不约而同地选择了处于创业初期的高新技术小企业。

根据普华永道 Global Moneytree™ Reports 的调查数据显示：在该报告选择的以色列高科技企业中，自 2008 年以来每个公司平均每个季度接受的风险投资金额在逐步提高。平均每个高科技企业每个季度能得到 430 多万美金的投资。当然，不可否认的是，普华永道的数据在一定程度上存在样本量较小、选择性偏差等问题。但在某种意义上仍然反映了以色列风险投资企业对于高新技术企业的偏爱。

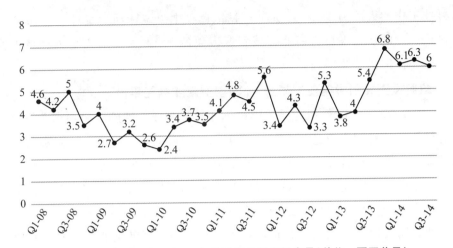

图 12-4 以色列 2008—2014 年分季度的平均投资量（单位：百万美元）

数据来源：The PwC Israel MoneyTree™ Report for the third quarter of 2014。

此外，除了市场中风险投资企业偏好高科技企业外，以色列政府也热衷于促进本国高科技企业的发展。以 YOZMA 基金为例，以色列政府的首席科学家办公室将其资金的 60％ 投到了通信和生命科学领域，软件和电子领域则分别占了 12％ 和 18％。正是由于以色列政府给予了高新技术企业风险投资明确的引导性，使得市场中大量的风险资本在选择投资领域的时候纷纷效仿，为以色列高新技术企业的技术研发提供了必不可少的资金支持，对高新技术企业的发展起到了至关重要的作用。

(五)资金投入与咨询辅导并行

除了必要的资金支持，以色列政府还积极筹建各类中介机构，旨在为创业企业提供咨询和辅导服务。例如，为了提高创业企业的管理水平，以色列政府设立了针对中小型创业企业的培训机构 ISMEA。此外，还重新界定了贸易研究院、工业研究中心等政府相关机构的职能，为创业企业破除了行政和技术障碍，有效降低了企业创业风险，提高了创业成功率。

>>三、以色列创业就业模式的政策措施<<

(一)实施以中小企业为核心、促进创业为导向的政策措施

与日韩等以大企业为核心的创新型国家不同，中小企业是以色列科技创新的核心"推力"。如今，以色列的中小企业已占全国企业数的 98％，并以每年 20％ 的速率增长，其中大部分为高新技术型企业。据《耶路撒冷邮报》报道，以色列从

事高科技工作的人数为 198 500 人。根据以色列中央统计局的统计，2010 年以色列高科技产业的从业人员占商业领域就业人数的 8.4％，随着以色列经济的高速发展，这一比例将持续提高。

1. 政府投资和引导创业型基金，为创业就业搭建平台

1993—1997 年，以色列为促进国内创业投资事业，实施了一项名为 YOZMA 的政府计划。该计划由以色列政府出资 1 亿美元启动，其中 8 000 万美元投资于与国际知名金融机构合作的私募风险投资基金，政府以股权方式融资，便于日后政府以股权转让方式退出，以实现风险投资的私有化。另外 2 000 万美元旨在引导民间资金投资倾向，由国有独资的 YOZMA 基金管理公司直接投资于高新技术创业企业。这种混合形式的基金机制，不但在创业发展初期有效弥补了创业资本的不足，而且有力地推进了以色列创业投资基金的国际化，为以色列创业经理人同世界高水平投资团队的交流学习提供了便捷的渠道，有效促进和催化了以色列创业投资的发展进程。

此外，为避免长期介入带来的创业创新效率损失，以色列政府在介入创业投资领域初期便制定了一系列退出策略，随着以色列创业投资的发展逐步走上正轨，以色列政府资金通过 IPO 和股权转让等方式逐步撤出。到 1998 年，政府资金已经完全从 YOZMA 基金中退出，实现了 YOZMA 基金的商业化运作。以色列政府在整个创业投资的发展历程中合理参与、积极引导，严格限制政府职能，将政策和措施的边界仅仅限定于纠正市场失灵。这样的制度安排，使政府既不"缺位"也不"越位"，为以色列构建和谐良性的创新创业发展体系奠定了基础。YOZMA 计划开创了以色列创业投资的产业化先河，催化了以色列创业投资产业的形成和发展。1993—1997 年期间，受过创业资本支持的创新型企业从计划实施初期的 110 家骤增至 730 家。创新型企业的大量涌现，一方面缓解了以色列的就业压力；另一方面也为激励了潜在的创业者。

2. 通过税收优惠政策，改善创新创业型中小企业发展环境

2002 年，以色列政府颁布了一项新的税收政策，免除外国投资者投资于本国高新技术企业风险投资的资本所得税，并解除了海外基金在各行业中投资比例的限制。此外，为防止资本利得的外溢，以色列随即颁布了针对高科技企业，旨在分化海外基金持股比例的税收激励政策，允许和鼓励员工持有股票及股票期权，并改革税制以配合该激励机制的顺利实施。2011 年，以色列又颁布旨在鼓励投资处于早期发展阶段的高科技公司的"天使法"。该法律规定，所有符合资格的投资者，只要投资于以色列的高科技企业，就能在纳税时获得相应投资数额的税金减免。

以色列政府推行的一系列改善中小创新型企业发展环境的税收政策，从国家

层面上刺激了创业者的积极性，不仅为创业者提供了必要的政策支持，也分担了创业者的部分风险。时任以色列政府发展部长的 RinaPridor 曾表示以色列政府愿意为创业公司承担失败的风险。

3. 加大政府间的科技跨国创新合作，提高科技转化率

受制于劣势的地理位置和有限的市场规模，以色列政府十分注重跨国的合作研发。1977 年，与美国政府合作成立的工业科研基金（BIRD），旨在鼓励以美两国企业的跨国交流及共同开发。该项目取得了令人欣喜的成就，迄今为止，60%的 NYSE 上市及 75%的纳斯达克上市的以色列公司都曾得到过这个项目的支持。

除工业科研基金（BIRD）外，Matimop 是在这一宗旨下成立的另一个非盈利机构，隶属于 OCS（The Office of the Chief Scientist）。该机构以帮助以色列公司进行跨国合作为宗旨，不论企业规模和企业发展阶段都有资格与合适的国外企业进行对接。在该政策的驱使下，以色列公司的创新技术一旦被认可，便能迅速扩展到全球市场，打破了本土市场的传统束缚。

以色列的科技全球化战略，无疑提升了本国中小企业的国际认知度和盈利能力，开拓了海外市场，为扩大本国企业规模打下了良好基础。企业的规模扩大，便能吸收更多的失业人员，而盈利能力的提升，也无形中刺激了国民创业的积极性。

（二）深化人力资本，提高工人就业质量和就业率

失业者再就业、科技创新的速率都与人力资本密不可分。在以色列政府构建的全民教育体系中，有 45%的人口受过高等教育。UNESCO 数据显示，2013 年，以色列出国留学大学生占比约为 4%，仅次于瑞士，在全世界排名第二。

为提高国民人力资本及应对失业的能力，以色列政府推行了职业培训与常规教育并行的"二元制"教育体系。培养通用型人才的常规教育由教育部管理，而将培养专用型人才的职业培训划归到劳动和社会事务部培训与开发局负责，并对职业培训的对象范围进行了界定，主要是失业人员、退伍军人、移民和在职人员。培训课程分为岗前，初、中、高和转岗培训。为应对不同群体的需要，以色列政府制订了形式多样的培训方式，分为全日制、三三制和师徒制等。培训时间也相对灵活，短则数月，长则四年。培训结束后，参加培训人员要接受由政府、雇主、培训单位三方组成的测试委员会的测试。通过考试者将获得培训结业书，拥有结业证的人员将在职业介绍过程中占有优势，根据以色列政府的相关规定，该国 60%的岗位要求相关证件。据统计，经过培训的人员就业率达到 50%以上。

此外，以色列国家面积有限，受历史和宗教环境影响，教育发展空间有限。但以色列政府积极寻求国际交流，以发展国内教育，提高知识工人就业率和就业质

量，与西方发达国家，特别是美国建立了密切联系，大大提升了本国的高等教育水平。同时，确保了人力资本投资与科技资金投资的匹配，提高了知识工人就业率。

（三）构建先进的就业服务网络，提高就业服务质量和效率——

由于信息的不对称和不完整性，导致失业者和用人单位难以匹配，出现了失业率居高不下和用工荒的共存现象。以色列政府为提高就业服务质量和效率，运用领先的科技创新能力，构建了先进的就业服务信息网络系统。该系统与全国100多家就业服务机构无缝对接，形成了覆盖全国的综合用工与求职信息网络。与此同时，该系统还进行了劳动力市场的动态分析，免费为劳动力的供求双方提供服务。

此外，以色列政府为弥补官办网络的不足，还允许私人开办相关的就业服务机构。与以色列就业服务局开办的网站不同，这类私人机构以盈利为目的，实行收费服务，但其专业性较强，相对于官办网络而言效率更高。在以色列，这类私营就业服务机构已有约300家，也都实现了电子化。据相关统计，以色列60％以上的失业者是通过上述两类服务机构实现再就业的。这种高科技的电子化管理模式，大大缩短了工作的匹配时间，对就业起到了催化作用。

（四）发展现代农业、促进城乡一体化，缓解城市就业压力——

从国家的发展历程来看，城乡矛盾会随着经济的发展逐步激化。为缓和城乡矛盾，缓解城市就业压力。以色列政府从20世纪50年代起，开始了城乡一体化的发展计划，构建了以大城市为中心，卫星城为辅的发展规划。自50年代以来，以色列在全国四个大城市周围建立了50多个人口在5万人左右的卫星城。这些卫星城吸纳了大量的失业人员，绝大部分卫星城的失业率长期保持在4％以下。

此外，以色列还对农业进行了现代化改造。首先，投资建立了农业科学技术研究所，为农民提供无偿的技术服务，帮助农民解决了技术难题，提高了农民收入，一定程度上削弱了农民进城的积极性。其次，发展农村工业和乡镇企业。构建城市和乡镇的二元经济体制，使城市和乡镇经济相互促进，共同发展，缩小了城乡差距。以色列的农业人口占全国人口的7％，从事农业生产的人口占全国人口的3％。由于城乡经济的和谐发展，以色列在满足农产品自给自足的前提下，每年还能创造10亿多美元的外汇出口。因此，以色列农村地区不但解决自身农村劳动力的就业问题，还吸引了不少国外的农业工人和移民就业。

第三节　以色列创业就业模式对我国的启示

>>一、明确政府职能，合理限制政府管理边界<<

我国的科技创新和创业进程与以色列具有相似之处：科技基础薄弱、创业投资起步较晚是我国科技创新、创业领域的主要特点，因此走以政府为中心的创业投资方式，具有一定的必然性。从国外的创业发展历程与实践经验来看，过度依靠政府的创业投资模式，容易使创业企业陷入资金使用效率低、缺乏有效监管和创新动力不足的困境；但如果政府完全"缺位"，仅靠市场机制自发调节，则易出现垄断、信息不对称和外部性等问题。因此，合理的政府定位是促进一国企业创新、创业的重要保障。由政府主导型逐步转变为政府引导型，合理限制政府管理边界，同市场调节有机结合，使政府既不"缺位"也不"越位"，从而构建和谐生态的政府管理模式。

>>二、重点扶持风险高、资金需求量大的 创业初级阶段<<

根据《中国创业风险投资发展报告 2013》调查统计显示，有 22.4% 的参与者认为政府应该设立引导基金，并将资金向风险高、资金需求量大的创业初级阶段倾斜。创业投资之所以又被称为风险投资，是因为创业投资是一种以推动高新技术创新为宗旨，具有高风险和潜在高收益的资本投资方式。企业创业过程是一个高投入与高风险并存的发展过程，在其进行技术创新的各个阶段都需要不同性质、不同数量、不同形式且符合阶段特点的资金投入。

表 12-4　创新型中小企业各阶段资金需求表

创新阶段	风险	成功率	资金需求	适合的支持模式
种子阶段	极高	低于 10%	较小	风险投资、专项拨款
初创阶段	很高	低于 50%	较大	风险投资、专项拨款、政府拨款
成长阶段	中	70%	大	风险投资、银行信贷、债券市场
成熟阶段	低	90%	大	主板市场、银行信贷、债券市场

资料来源：杨卫军：《我国风险投资对技术创新的影响研究》，长沙：中南大学出版社，2013。

表 12-4 是我国创新型中小企业各阶段的资金需求表，从该表中不难发现，企业在创业阶段初期（即种子阶段和初创阶段）具有风险高、成功率低和资金需求

量大等特点。依靠企业自身实力进行创新活动有一定难度，市场风险投资机构又具有风险厌恶性和趋利性，使中小企业通过市场化手段进行融资也困难重重。为解决中小企业在创业初期遇到的问题，以色列政府将其83%的风险资本都投入到企业创业的初级阶段，有效地为处在创业初期的中小企业分担了风险，也在一定程度上打消了那些潜在创业者的后顾之忧。

在我国创业发展的初期，创业行业的风险投资主要集中在初级阶段，甚至超过半数的风险资本流向该阶段。但近些年，随着创业风险投资行业的快速发展与"造富效应"的蔓延，使大量的风险资本逐利于风险低、成功率高的成熟期项目，投资倾向明显后移。表12-5是风险投资项目所处阶段的总体分布分析。

表 12-5　我国创业风险投资项目所处阶段的总体分布　（单位：%）

发展阶段/年份	2005	2006	2007	2008	2009	2010	2011	2012
种子期	15.4	37.4	26.6	19.3	32.2	19.9	9.7	12.3
起步期	30.1	21.1	18.9	30.2	20.3	27.1	22.7	28.7
成长（扩张）期	41.0	30.0	36.6	34.0	35.2	40.9	48.3	45.0
成长（过度）期	11.9	7.7	12.4	9.0	9.0	10.0	16.7	13.2
重建期	1.6	3.6	5.4	3.4	3.4	2.2	2.6	0.8

数据来源：《中国创业风险投资发展报告2013》。

由上表可见，自2006年以来，我国在创业风险项目初级阶段的项目资金比例逐年下降；特别是对于那些还处在种子期的创业项目，到2012年该阶段的项目风险投资比例甚至不足2006年的1/3。总体来说，近年来我国支持创业的风险投资项目结构有所变化，针对成长期和成熟期的项目投资比例有所增长，但对于种子期的投资比例持续下降，风险投资阶段有后移的趋势。鉴于创业初期风险高、融资难和收益周期长的阶段特点，我国应吸取以色列的成功经验，让政府承担更多责任，通过设立专项拨款制度、引导基金等方式为中小企业分担风险，解决创业初期融资难的问题。

>>三、切实落实创业企业的税收优惠政策，有效减轻创业企业收税负担<<

以色列政府在处于创业发展的初期时，便出台了一系列旨在减少中小创业企业税收的政策。根据2013年2～5月，科技部、商务部和国家开发银行协同开展的"全国创业风险投资调查工作"调查数据显示，税收是我国创业风险投资机构急需政府破解的首要问题。图12-5是中国创业风险投资机构急需的政府激励政策饼状图：

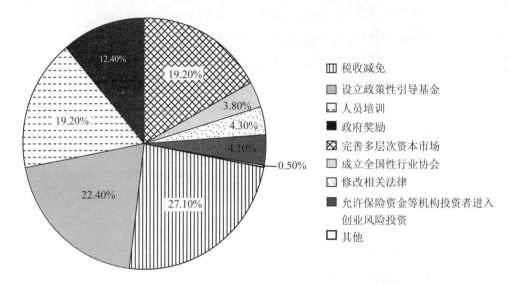

图 12-5 中国创业风险投资机构急需政府的激励政策

资料来源：《中国创业风险投资发展报告 2013》。

具体来说，根据 2012 年调查样本显示，2013 年中国创业风险投资机构最希望政府从税收方面给予帮助，占样本总量的 27.1％，同比增长 1.8％，这与税收不断加重，优惠措施未能落实有直接关系。

2007 年财政部、国家税务局出台了《关于促进创业投资企业发展有关税收政策的通知》，旨在为中小创业企业提供有效的税收优惠。据调查显示，我国有 50.5％的创业风险投资机构的税收负担在 10％以下，24.6％的创业风险投资机构税收负担在 10％～20％之间，仅有 8.7％的风险投资机构承担 30％以上的高税收负担。尽管绝大部分的风险投资机构的税收负担占比都在 30％以下，但国家税收优惠政策的落实并不乐观。仅就中小创业企业的税收优惠政策而言，与 2011 年相比，税收负担非但没有减轻反而有所加重，这也是制约风险投资行业发展的因素之一。因此，继续加大对创业企业的税收优惠力度、切实落实政府政策，是缓解企业负担、促进企业创新创业的有效途径。

>>四、构建多层次的风险资本市场，疏通创业投资资本退出渠道<<

一个国家创业投资产业的发展，往往离不开政府引导和支持。但是，如果政府不能及时从创业资本中退出，则会影响创业投资机构的正常运作，降低工作效率；迫使政府扮演参与者和监管者的双重角色，难以做到公平、公正的引导和监管，从而阻碍创业企业的发展。特别像中国这样的发展中国家，由于市场经济体制还有待完善，政府的介入往往伴随着寻租现象的出现，加之资本市场的不健全，使得政府不愿也不能适时退出，最终导致阻碍创业产业发展的恶性循环。以色列政府在该领域的做法值得我国借鉴。该国政府在介入风险投资行业初期，就已经制订了完善的退出计划；政府实施民间资本、海外资本和政府资本相融合的股权投资基金模式，在达到预定目的后，通过 IPO（首次公开发行）、并购和股份置换等方式完成政府创业资本的退出。

根据 2013 年全国创业风险投资调查数据显示（见图 12-6），32.9％的受访机构认为，多层风险资本市场的不完善是制约我国创业风险行业发展的首要因素。这表明我国多层次风险资本市场的建设还未达到市场的预期水平，也反映出我国创业资本对多层次风险资本市场有很高的依赖程度。

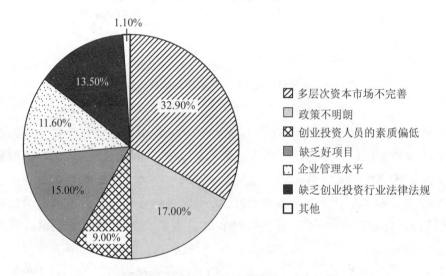

图 12-6　影响创业风险投资发展的主要因素

数据来源：《中国创业风险投资发展报告 2013》。

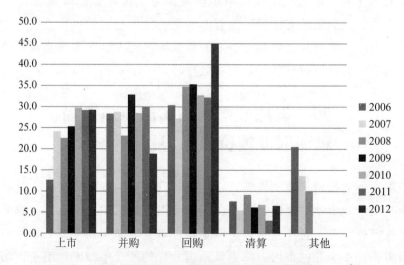

图 12-7　中国创业风险投资的退出方式分布

数据来源：《中国创业风险投资发展报告 2013》。

近些年我国多层次的资本市场不断完善，逐渐形成了主板、中小创业板和代办股份转让的多层次资本市场系统框架。从图 12-7 中不难发现，虽然通过 IPO 方式实现的创业风险投资退出比例有所提高，但与通过回购方式实现的创业资本退出比例相比仍有差距。

作为风险投资退出的最理想方式，IPO 具有收益率高、激励性强等优势，因此改革主板和中小创业板市场，实现主板市场的完全流通和中小创业板的规范化是实现创业资本通过 IPO 方式退出的前提条件，也是促进中小型创业企业长远发展的重要保障。

>>五、培育专业的中介机构，构建信息网络服务平台<<

创业投资中介机构是创业资本市场的重要组成部分，而我国的专业中介机构少之又少，严重制约了创业资本市场的发展。首先，中介机构的缺失导致了供求双方的信息不对称，使得资本的供给方和需求方缺乏相互信任的基础，难以在短期内实现匹配，这大大延长了创业风险资本进入市场的时间；其次，缺少中介机构的协调，难以建立有效的信息披露机制，在渠道不畅的前提下很可能会高估创业项目和创业企业的重组成本；最后，由于缺乏中介机构间的互通，导致信息攫取时间长，重复率高，成本高等问题。因此，由政府引导下培育专业的中介机构势在必行，具体而言可从以下三个方面着手。首先，由政府出资设立中介机构缓解中小企业的资金和培训压力。其次，积极同市场上的培训教育机构合作，有效利用市场资源，由政府充当企业和市场培训机构的中介者。最后，对具有较高水平的中介机构提供税收优惠，鼓励有志青年进入该领域。

由政府牵头构建信息化、扁平化的综合服务网络。一方面，为中小创业企业拓宽了信息获取渠道；另一方面，也为风险资本提供了备选的投资对象，提高了信息匹配效率，降低了无谓的经济损失。我国可以吸取以色列的成功经验，构建一个以信息服务中心为终端，链接其余各大中介服务机构及市场培训公司的"蛛型网络"，为投资者和创业者提供虚拟场所供他们交流经验、交换信息和洽谈合作。

>>六、构建生态创业系统，有效分担创业风险<<

根据 OECD 组织出版的 *Entrepreneurship at a Glance* 2013 报告中对于创业失败态度的调查研究显示：对于中国的创业者而言，创业企业的破产和个人财产的损失是他们在创业初期最为担忧的两个问题。因此，如何有效分担创业风险，打消或减少创业者的顾虑是促进我国创业活动发展需要解决的重要问题之一。

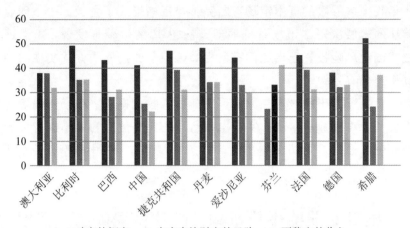

图 12-8　创业者在创业过程中对于失败的态度

数据来源：Entrepreneurship at a Glance 2013-© OECD 2013

在以色列，由政府牵头的孵化器计划，运行着 200 多个项目，每年总投入超过 3 500 万美元。为了分担创业企业的风险，凡是政府孵化器计划下的项目，企业 85％的资金预算都将由政府负担。作为对于资金投入回报，孵化器将拥有项目公司 20％的股权；作为孵化器执行单位的首席科学家办公室将提取该项目公司 3％的销售额，再以补助的形式拨给孵化器，用于改善和维护孵化器的各项设施。以色列的这一举措极大地缓解了创业企业的资金问题，有效分担了风险，创造了以色列生态的创业系统。

作为刚刚步入大众创业阶段的我国，应汲取以色列的成功经验。主动为优秀的、有潜力的创业企业分担风险，提供资金、技术和政策上的支持。虽然近年来我国孵化器发展迅速，在绝对数量上仅次于美国，但我国的孵化器项目普遍存在"重硬轻软"的现象。据初步估计，我国的孵化器建设资金 70％都用在了硬件设施建设，而对于需要政府提供的融资投资、法律规范、信息咨询及教育培训的软环境构建还远远不够。因此，除了继续稳定增加对孵化器项目的硬件投入外，我国政府更应在人文法律等软环境上下功夫，完善孵化器的软环境建设，构建一个"软硬兼备"的孵化器计划，为我国生态创业系统的构建打下坚实的基础。

第十三章
韩国的创业活动及其支持政策

韩国是中国的邻国，文化同源。韩国从 1948 年成立到现在，已经从一个落后的农业国成功发展成为一个高收入经合组织国家。在 1997 年亚洲金融危机、2008 年全球金融危机之后，韩国经济仍然保持稳定发展。韩国政府在推动韩国经济的发展过程中，发挥了积极的作用。目前，我国经济发展进入新常态，发展质量和效益并重，转方式调结构被放在了更加重要的位置。"大众创业、万众创新"是转方式调结构的重要手段。总结邻国的经济发展成果，借鉴其成功经验以期指导我们的实践。

1997 年亚洲金融危机之后，韩国创业活动日趋活跃。在中小企业蓬勃发展的背后，是韩国政府有力的政策支持。支持政策主要分为两个方面：一方面是对中小型企业的直接支持；另一方面是通过创业教育，对创业活动进行间接支持。本章在对韩国的经济发展过程进行简单梳理之后，简略地描述了韩国的创业活动。接着从直接支持和间接支持两个方面，总结了韩国政府对创业活动的主要支持政策。另外，韩国国家创新系统，作为推动科技创新的重要方式之一也在文中被简要提及。

第一节　韩国的经济发展史

韩国是经济合作与发展组织（OECD）成员国之一以及 G20 国家之一。以名义 GDP 核算，韩国经济总量在世界范围内排名为第 11 位，以购买力平价来计，韩国经济总量在世界范围内排名为第 13 位。韩国是一个高度市场化以及高收入的国家。韩国是"未来 11 国"中，唯一的一个发达国家。从 20 世纪 60 年代早期到 20 世纪 90 年代末期，韩国是世界上经济增长最快的国家之一。而且直到 21 世纪，韩国都是经济发展最快的发达国家之一。四大财阀占据了韩国联合企业 90％的利润。

与日本一样，通过创造有利的经济导向型政策，韩国严格的教育系统以及积极的、受过教育的民众的支持，极大促进了韩国高科技产业的迅猛发展以及经济的快速发展。几乎没有自然资源、领土范围内拥挤的人口阻碍人口的增长以及内部消费者市场的形成。韩国因此采用了出口导向型的政策来助燃经济。2012 年，韩国是第七大出口国和第七大进口国。韩国银行和韩国发展研究所定期发布韩国主要的经济指标以及韩国的经济发展趋势。

在 1997 年亚洲金融危机期间，韩国遭受了流动性危机，并依靠国际货币基金组织的紧急援助对韩国经济进行了改革。尽管韩国经济拥有高增长潜力和明显的结构稳定性等优势，但由于朝鲜在军事危机中的敌对态度，韩国还是遭受了股票市场信用等级的持续破坏，进而对韩国的金融市场产生了负面影响。然而，著名的金融组织，比如国际货币基金组织，称赞了韩国经济在应对各种金融危机时的恢复力。其他金融机构，比如世界银行，认为韩国与金砖国家和印度尼西亚一起，是下一代经济增长最快的国家。[①]

在历史上，韩国是来自 OECD 的官方发展协助（ODA）的接受者。从 20 世纪 80 年代直至 90 年代中期，与其他工业化国家相比，按购买力平价测度的人均 GDP 的值相对较低。在 1980 年，韩国的人均 GDP 为 2 300 美元，只有临近的发达的亚洲经济体（比如新加坡、中国香港和日本）的 1/3。从那时起，韩国经济逐渐发展，2010 年的人均 GDP 达到了 30 000 美元，大约为 30 年前的 13 倍。

1961 年，韩国的国内生产总值为 21.7 亿美元，此时还是一个落后的农业国。2014 年，韩国的国内生产总值为 14 103.8 亿美元，是 1961 年的 650 倍。根据世界银行的最新统计，韩国属于高收入经合组织国家。韩国经历了经济增长期和经济转型期，成功跨越中等收入陷阱，跻身于发达国家行列。表 13-1 和图 13-1 分别从数据和图形两个角度来表现韩国的经济发展状况。韩国经济的年均增长率在达到峰值之后快速下降，并在 6％ 左右的水平上停稳，之后较长时间维持稳定。而 GDP 则在这段时间稳步上升。在发展模式方面，韩国经历了进口替代、出口导向以及出口和内需联合驱动三个阶段。在出口导向型经济发展中，产业主导又具体经历了劳动密集型、资本密集型和技术密集型等三个产业升级的阶段。[②]

表 13-1　1961—2011 年韩国的经济发展状况

年份	1961—1969	1970—1979	1980—1989	1990—1999	2000—2011
GDP（均值，亿美元）	41.42	268.03	1 155.09	4 069.29	8 101.76
GDP 年均增长率（%）	15.52	24.84	15.33	5.99	6.94
人均 GDP（均值，美元）	142.87	746.68	2 822.44	9 054.54	16 695.29
人均 GDP 年均增长率（%）	12.75	22.62	13.98	5.01	6.39

数据来源：世界银行。

---

① Economy of South Korea, https://en. wikipedia. org/wiki/Economy_of_South_Korea.

② 姬超：《韩国经济增长与转型过程及其启示：1961—2011——基于随机前沿模型的要素贡献分解分析》，载《国际经贸探索》，2013 年第 12 期。

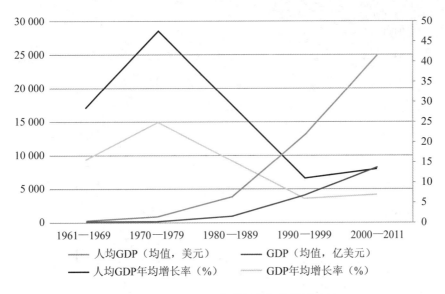

图 13-1　1961—2011 年韩国的经济发展状况

第二节　韩国的创业活动

>>一、活跃的韩国创业活动<<

　　观察韩国的创业活动，不得不注意到一个关键的时间点：1997 年的亚洲金融危机。前文已经提到，韩国经济之所以值得中国借鉴，一个很重要的原因就是韩国在经历了两次大规模金融危机之后，仍然保持着较为稳定的发展。这一事实在一定程度上说明，韩国经济抗风险能力强，经济运行稳健。与 2008 年的全球金融危机相比，1997 年的亚洲金融危机带给韩国的影响更加值得我们研究。利用世界银行的数据，下图向我们展示了从 1960 年到 2013 年，大韩民国居民的专利申请量。一个国家居民的专利申请量，在一定程度上反映了这个国家的人力资本水平，可以作为这个国家的创新能力与创新水平的标志之一。

　　我们用韩国的专利申请量来表征韩国的创新现状。我们发现，1995 年韩国的居民专利申请量出现了大幅度的提升。在 1997 年的亚洲金融危机之后，出现了小幅的下降，从 1997 年的 67 359 件下降到了 1998 年的 50 596 件。随后，专利申请量又持续上升，即使在 2008 年全球金融危机之后，也基本保持稳定。2013 年，达到了历史最高位，为 159 978 件。也就是说，韩国的专利申请量从亚洲金融危机之后到 2013 年，整体趋势稳步上升。一定程度上说明，在这一阶段，中小企业创业活动十分活跃。我们有理由推测，在这一阶段，韩国政府采取了积

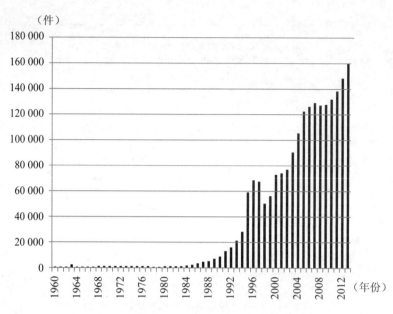

图 13-2　1960—2013 年韩国居民专利申请量

极的扶持政策，使中小企业稳步发展而且发展模式健康。下面，我们将利用更加直观的数据——中小企业在 1997 年亚洲金融危机前后的数量——来观察韩国创业活动的规模与影响。

>>二、韩国的中小企业<<

从 1999 年韩国新登记的企业数量出现了大规模的增长。在大财阀长期占据韩国经济主要位置的历史下，这是一个崭新而且巨大的进步。在过去，许多观察者注意到韩国和中国台湾是两个极端的例子，因为前者非常依赖大型企业，后者更多依赖中小型企业（SMEs）。韩国小型公司数量的增长意味着韩国传统的企业模式可能被新模式代替，新的风险项目和中小型公司的经济发展成果占据了经济体的更大份额，为这个国家的经济增长贡献更多。

在 1997 年，韩国遇到了严重的金融危机，不得不向国际货币基金组织提供要求应急资金。当国际货币基金组织在 1997 年 12 月同意提供资金支持的同时，要求韩国对经济体实施一系列的结构化改革。改革计划包括宏观经济稳定性措施，贸易和投资自由化以及四个主要部门的改革，即公司部门、公共部门、劳动力市场以及金融市场。从那时起，韩国经济经历了从一系列衰退中恢复的艰难时期，宏观经济政策进行了彻底的重构。与我国目前的情况类似，互联网经济在 1998—2000 年间实现了快速的发展，新的风险投资也蓬勃发展。而且，政府提供了多项措施来促进风险创业，并针对新企业的风险资本和其他融资计划制定了制度框架。

　　除了对政府的宏观调控政策给予足够关注之外，市场行为同样有理由值得我们关注。韩国经济所扮演的角色发生了变化，人们对于工作和组织的态度也发生了调整。最大的改变是大型商业公司的终结。在金融危机之前，大财阀是韩国经济的主要力量。由于流动性危机和极弱的竞争力，有一半的财阀破产或者被严重削弱了。大企业与新建立的小企业息息相关，因为大企业和小企业在同一个经济半球内，在经济体中的相对重要性向相反的方向改变。

　　基于资产规模，韩国政府采用了一个每年可以标识出最大的商业群组的系统。名单由公平交易委员会公布，他们使用这个名单为了在经济权利集中的环境下控制大型商业群组。因为这个名单每年都更新，公司的实际组成每年都会发生变化，尽管长期来看处于名单顶尖位置的大型群组倾向于保持不变。由最大的30家商业群组贡献的GDP份额在1997—1999年间下降，在2000年呈现出轻微的上升。1995—1999年，份额由14.98％下降到10.21％，下降了4.77个百分点，这是一个非常大的数字。实际上，就百分比的角度看，占韩国GDP中最大的30家商业群组的份额几乎下降了1/3，或者更精确地讲有31.8％。大部分下降来源于排名在11位到30位之间更小的商业群组。与此相反，排在前五位群组的份额在这段时期改变非常微小。由中型向小型商业群组的减少为中小型企业（SME）的建立和运行创造了更多的空间。[①]

　　查看其他指标，从20世纪80年代晚期，排在前30位的商业群组的市场价值长期减少，尽管确切的份额并不稳定，这反映了多元的资本市场。然而，排在前四位群组的相对份额随着时间的推移在增加。在1996年，他们占据了韩国股票交易所总市值的23.2％，2000年他们的份额增长到了48.3％。另外一方面，剩下的26个商业群组从1996年的17.6％下降到2000年的5.3％。尽管在韩国经济中顶级的四家企业的份额升高了，经济危机对第二梯队的商业群组造成了严重影响。如果更加仔细地观察这个趋势，我们注意到第二梯队商业群组份额的相对下降大约开始在1993—1994年，并在1997金融危机时下降趋势加速。一种假设是全球化的趋势使全球竞争性公司获益同时处罚了失败者。在任何情况下，让政府指定30家最大规模的群组没有任何意义。

　　然而，在20世纪90年代后五年，大型群组的商业份额下降，而商业关系的总数量却在上涨，其中包括合并的和没有合并的商业关系。在1997年年底，全国共有2 713 000家企业建立。在1998—2000年，总数量增长了143 000家。就

----

　　① Ku-Hyun Jung edited，an Upsurge of Entrepreneurship in Korea and Its Possible Reasons，Yonsei University，Seoul，2002.

在金融危机之后，减少的数量突然增加。在 1998 年，企业减少了 72 000 家，但在 1998 年许多公司破产之后，新建立的数量在 1999 年翻了两倍。这表明，那些在 1998 年关闭企业的人在第二年建立了新的企业，同时也有更多的新的公司被建立。

通过向法院查询公司的注册数量发现，危机之后新登记的公司和法人的数量增长非常明显。在 1999 年之后新公司的数量是原有公司数量的 12～17 倍。如果这些数量正确展示了这个趋势，韩国人的创业活动在 1997 年之后便开始蓬勃发展，企业家精神被彻底点燃。

>>三、企业家精神的来源<<

我们观察到亚洲金融危机之后，韩国国内建立了大批的新企业。但是这是否能说明韩国人的企业家精神强于其他国家，更确切一点，企业家精神是否与民族、国家有关。有两种方法来研究企业家精神，一种方法叫作"视情况而定"学派，该学派认为经济活动非常依赖于经济形势。根据这种方法，随着更多的人力资源闲置或处于失业状态，更多的新企业建立。另外一种方法中心任务文化学派，认为某一类人或者文化比其他类人或文化更加具有企业家精神。比如，许多海外的中国人在商业上非常成功，就像犹太人和印第安人所取得的成功那样。类似的，一个人可以认为中国人好像拥有一些基本的商业导向，更加勤奋和不屈不挠。至今的统计数据表明只有在严重的金融危机之后，韩国的创业活动才大规模兴起。

全球创业观察的研究也表明韩国的创业活动在金融危机后非常活跃。全球创业观察 2000 年在 21 个国家调查企业家精神，韩国排在第一位。全球创业观察调查了每个国家的成年人口和专家，实施了一次专家面谈。调查者利用两个指标来测度专家活动，(1)初期公司的流行率；(2)新公司的流行率。前者表示了在 18～64 岁年龄段之间准备创业的人口比率，后者意味着为一家公司工作少于 42 个月历史的人员比率。韩国的初期公司流行率在 21 个国家中名列第七位，在新公司流行率方面名列第一位。2000 年的调查显示，每 11 位调查者中有一位在相对年轻的公司中工作，这些公司刚刚建立三个月或半年。另外，每 20 个成年韩国人中有一位参与到了某类新建立的企业当中。我们还注意到，日本在这两项指标中排在最后一位和倒数第二位。在连接上面两项指标总的创业活动流行率方面，韩国在 21 个国家中位列第二位，紧随巴西，韩国之后是美国。

全球创业观察的研究没有证明韩国人和巴西人比其他民族在文化上更加具有企业家精神。但是由于调查时间段为 1999—2001 年，该时间段比较敏感特殊，所以调查的结论也并不能让人完全信服。企业家精神的来源仍处在理论的初期探索中。[①]

第三节 韩国中小企业支持政策以及国家创新系统

创业活动的活跃直接带来了中小企业的蓬勃发展。韩国政府针对中小企业宏观调控的作用可以概括为保护、规范与引导。与大型企业相比，中小企业，作为市场的弱势群体，在成长阶段的不同时期，韩国政府给予了不同类型的保护。

>>一、政策概览<<

总体来看，韩国政府扶持中小企业的政策可以分为保护政策、适应政策和不利是正政策三大类。保护政策是指防止中小企业从市场淘汰并为其提供保护的政策。这一类政策的最终目标是保护中产阶级和小商品生产者，消除社会不稳定因素。适应政策是指振兴中小企业的政策，是有意培育适应市场的中小企业，其目的是积极提高中小企业的竞争力。观察前两种政策，我们发现，保护性政策相对消极被动，而适应政策则更加积极主动，更加有利于中小企业的长期发展。这一政策模式与许多国家对弱势群体的帮助方式是类似的。而关于第三种政策，即不利是正政策，采用了一种更加积极、规范化的方式对中小企业给予保护。不利是正的途径有两个：其一是禁止大企业限制竞争的行动；其二是团结小企业，提高抗衡大企业的能力。它具有使大企业与中小企业平等化竞争的产业组织政策特征。

长期以来，韩国政府十分关注中小企业的培养。具体来看，从1952年开始，以实施中小企业资金上限制度为标志，韩国政府出台了多项政策扶持中小企业的发展。从1956年到1962年，韩国政府先后出台了《中小企业育成对策大纲》《中小企业育成综合对策》《中小企业基本法》《中小企业振兴法》以及《有关中小企业结构经营安全及结构调整的特别措施法》等多部政策法规。从中小企业的起步、壮大以及稳定等多个阶段以财政、法律等多种方式，对中小企业的发展实施全面保护。[②]

---

① Ku-Hyun Jung edited，an Upsurge of Entrepreneurship in Korea and Its Possible Reasons，Yonsei University，Seoul，2002.

② 李年宰：《韩国中小企业政策研究》，吉林大学博士学位论文，2011年。

>>二、对中小企业的支持政策<<

韩国特别重视扶持创新型中小企业。政策的导向性很强，集中培育创新型中小企业，强化中小企业竞争力。扶持政策涵盖范围很广，包括金融、财政、税收支持政策，经营指导政策，信息化支持政策，中小企业振兴政策，中小企业人力支援政策，高新技术企业培育政策，技术创新支持政策，创新型中小企业培育政策，中小企业研发支持政策等。政府十分重视资金支援，通过信用保证基金、创业振兴基金以及共济事业基金来对中小企业给予支持。

除了对中小企业实施直接的扶持政策之外，韩国政府从多个渠道对中小企业进行间接扶持。其中包括：（1）多项措施促进大学生创业。具体地看，分为下述几个方面：基于民族活力的认识视角和发展导向的创业教育、政府主导的组织体系、建立创业扶持基金、开展创业培训服务、设立创业支援中心、金融和税收政策支持。（2）完备的法规体系支持中小企业发展。（3）增加创业资本供给解决创业融资难题。韩国政府高度重视创业融资问题，建立创业企业投资基金；加强风险金融机构的建设，完善金融扶持政策；大企业参与多方合作筹集资金。（4）给予多项优惠政策扶持创投企业发展。建立健全创业投资的相关法律体系；在税收政策方面给予创业投资企业高度优惠；给予创业投资企业场地支持。（5）完善创业板市场，提供完善的资本退出机制。[①]

>>三、韩国国家创新系统<<

尽管在国家创新系统的概念正式提出前，已经有许多类似的概念。这一概念提出的最主要背景应该是政策制定者和学者的创新需要。20 世纪 90 年代以来，经济全球化和知识化趋势日益增强，创新经济学的研究更加深入，国家创新系统得到了广大研究者的关注。[②]

在韩国的国家创新系统建立过程中，政府十分重视研究与开发的投入，采取的政策是引入—使用—扩散，目标是使全行业都在应用先进技术。为此，韩国政府营造了十分有利于私有研究与开发的政策环境。这种环境有利于向同行业的其他公司以及外国公司学习，以保障技术水平与国外同步。为了促进研究与开发，韩国政府采取了一系列的激励政策，包括普通公民的税收减免、重要军用服务人员的税收减免等。这些政策的颁布以及成功资助研究与开发中心，鼓励了企业建

---

① 《韩国创业政策简介》，载《科技创业》，2011 年第 14 期。
② Stephen Feinson，National Innovation Systems Overview and Country Cases.

立自己的科研中心。1970—1987 年，私有研究与开发中心从 1 家变为 604 家，在制造业的研究与开发投入从 2 200 万美元增长到 14 亿美元。在稳定的政治经济环境下，韩国的国家创新系统开始形成。

目前，韩国的创新系统拥有一些非常显著的强项：政府与公众对科技的持续投资以促进经济增长呈现出一致性；国内对研究与开发的支出位于世界最前列；商业企业对研究与开发的支出处在高水平；高素质的劳动力；具有国际竞争力的公司；具有竞争性的能力，可以适应快速改变的市场以及技术变革；ICT 基础设施完善，移动用户数量众多。

尽管存在这些强项，在韩国的创新政策中同样存在一些弱势和挑战：部委之间缺乏合作；基础研究发展缓慢；缺乏具有创造性的人力资源；韩国大企业与小企业之间差距很大；较弱的知识循环以及科研商业化产出；首尔大都市区域与其他区域的发展不平衡。

韩国创新政策一个最重要的发展是全国科学技术委员会的建立。为了加强全国科学技术委员会在评估、部门之间的运作以及部门间研究与开发分配的职能和运作，该委员会于 2011 年 3 月由全国科学技术理事会转变而来。2011 年 7 月，韩国政府建立了知识产权委员会，以支持 NSTC 的发展，同样以克服韩国创新系统的弱势为目的。

韩国政府采取了不同的创新政策以应对内部缺陷和外部挑战。主要的政策是寻找富有创造性的和以集聚为导向的研究与开发，目标是促进原始技术的发展，建立一个全球开放的创新系统，通过与研究创新有关的部委之间的合作，生产出有质量的科研成果。其他的主要政策包括增加对根本的基础科学领域的投资，具体地，通过国际科技商业传送带促进科技的转化及商业化，加速以区域为导向的集聚群的形成。通过基金匹配系统、多种类的财政计划，比如以技术价值为基础的贷款，不同的税收政策激励以及公共购买政策来刺激更大规模的私有研发投资。韩国政府强调国际合作，提倡跨国界的知识流动以适应不断增长的全球化趋势。

2009 年，韩国在研究与开发上的总支出占到了 GDP 的 3.57%，比预算提高了 0.91%。政府预算系统是以五年全国预算支出计划为基础进行分配的。在研究与开发部门，韩国研究与开发的投资优先发展基础技术以及新增长产业，刺激低碳绿色增长，扩大全国合作与公共福利。韩国政府也提高了高等教育机构学生的奖学金，增强大学的世界竞争力，支持终身学习。

韩国几乎没有什么自然资源，极度依赖能源和原材料的进口。因此，从不发达的国家向工业化国家转变的主要驱动力之一是对人力资本的投资。然而，韩国的教育极其依赖死记硬背式的学习，为了全国大学入学考试，高中进行填鸭式的教育。为创造性思考和探索精神的形成留下了很少的空间。在 2011 年年初，科学技术教育部公布了《培养科学领域、工程和技术领域人力资源第二个基本纲要（2011—2015）》。在科学和技术发展的人力资源核心项目包括：（1）为了提升科学、技术、教育、艺术以及数学能力，对教材进行修改，加强对初、中等学校学生的培养；（2）提升大学的科研能力，以世界级研究型大学为目标；（3）吸引优秀科技人才，为其营造更加稳定的科研环境；（4）以工业需求为导向培养人才，提升企业中世界级研究机构的水平；（5）充分利用有潜力的优秀科技人才，包括国外的优秀人力资源、女性、退休的科学家等。

在 2006 年，韩国政府为以创新为导向的中小企业引入了策略性的公共采购政策，并增加了基于新技术的创新性商品的采购。类似种类的公共采购政策被发展成为《新技术购买保证计划》和《以采购为条件的中小型企业开发与研究计划》。根据《新技术购买保证计划》，当地政府以及全国公司被要求从中小企业采购一定比例的创新性产品和服务，对有如下政府机构技术认证标志的产品和服务给予优待，技术认证标志包括：新型优秀产品、新型优秀技术、优秀软件、优秀表现认证。在《以采购为条件的中小型企业开发与研究计划》中，政府资助了中小型企业的技术发展，公共机构为参加到全国研究与开发计划的中小企业给予了采购承诺，并在计划实施后的一段时期内购买其产品。

知识经济部在 2010 年实施了《试验台计划》以支持产品在商业化之前的研发，尤其是来自中小企业的化学材料。针对购买电动车辆以及新能源和可再生能源领域的产品的企业和消费者，政府实施了税收激励。从 2009 年起，每年举办全球研究与开发论坛，以策略性地加强面向开放创新系统的基于需求方的研究与开发，以及基于用户为中心的创新的第四代研究与开发系统。

为了促进产业之间、学术界以及研究机构之间的合作，鼓励基于需求方的创新，政府在 2010 年 9 月宣布了《提高工业、学术界以及研究机构间的合作计划》。它处理下述问题：公司领导下的工业学术界联合研究；在工业、学术界以及研究机构中实施联合研究机构以符合公司的需求；促进大学以及 GRI 科研成果的商业转化；加速商业化；在反映公司需求的过程中将人力资源的培养与就业相联系。

许多政府部门尝试发展合作性需求方的创新政策以支持新兴产业的发展，比如纳米融合产业，促进全球制药公司的发展，高附加值产业的发展（如材料工业），通过公共采购促进纺织业的发展。①

---

① YoungjooKo，HoChullChoe，Mini Country Report：Thematic Report 2011 under Specific Contract for the Integration of INNO Policy Trend Chart with ERAWATCH（2011—2012），July 2011.

表 13-2　韩国政府的科技创新政策

名称	主要目标	开始日期	结束日期	财政预算
全球前沿计划	全球顶级基础研究产出，聚焦于新兴领域的长期基础技术。10 年内投资 7.73 亿欧元；15 个研究领域；没有私有部门共同提供资金	2010	2021	967 万欧元
世界级大学提升计划	吸引世界知名顶级研究者成为全职教授，五年内向大学投资 5.31 亿欧元	2008	2012	1.03 亿欧元
参与世界热核装置实验计划	到 21 世纪 40 年代，将核聚变能源商业化，2 700 万政府投资；没有私有部门的共同资助	2004	2019	986 万欧元
行业大学合作领导计划	支持 50 所大学的区域创新，不同的行业大学合作计划	2012		1.48 亿欧元
在区域性的经济区中寻找领导行业	在每个经济区中选出 1～2 个代表性的行业，选出 12 个领导行业以及 20 个项目	2009		1.80 亿欧元
在区域性行业中发展技术	在区域性公司中加强技术能力的培养。由区域技术园管理；私有部门参与 25%～50%的资助	2008		7 000 万欧元
建立区域创新中心	在大学中为区域性公司提供研究和必要的设备。2011 年支持了 45 个中心	2008		2 000 万欧元
对技术批准办公室进行第二轮支持	在大学和政府支持的科研机构中为技术批准办公室提供三种类型的支援。24 所大学以及 15 所政府支持的科研机构参与到这个项目中，它们负责这个项目经费的 30%	2011	2015	640 万欧元
对科技控股公司进行支持	支持来自大学和政府支持的科研机构的科技控股公司。5 个科技控股公司来自大学，1 个来自政府支持的科研机构；公司自己出资超过 30%	2010	2012	190 万欧元
部件和材料技术发展计划	支持 20 个核心领域的材料技术研发。未来 10 年重点关注核心进口材料；私有部门出资 25%～50%	2010	2012	5 000 万欧元

第四节　韩国的高校创业教育

高校创业教育作为提升一国国民创业能力的必要手段，在韩国创业系统中发挥着十分重要的作用。创业教育既是韩国政府支持创业活动的有机组成部分，也是助推中小企业发展的有力工具。从 20 世纪 80 年代开始，韩国的高校创业教育开始兴起。

>>一、韩国的创业教育政策<<

韩国政府倡导"教育立国""科技立国"。早在 20 世纪 60 年代中期，韩国政府便确定了"教育立国"的发展理念。1968 年，《国民教育宪章》的制定、《长期教育综合计划》的公布，是"教育立国"发展战略的开端。1997 年的亚洲金融危机，使韩国政府更加深刻地意识到"教育立国"的重要性，1999 年便提出了"第二次教育立国"。这一次教育改革的核心政策之一是"BK21 计划"(Brain Korea 21 Project)。下面我们通过 BK21 计划详细了解韩国政府如何通过教育来促进经济的发展。[1]

在 1998 年前后，韩国的科研现状不能让政府感到满意。当年韩国 SCI 水平的出版物数量是美国的 3.9%，日本的 15.5%。较低的科研产出是"BK21 计划"实施的最主要原因。另外，缺乏高等教育竞争力、教育和科研极度依赖其他国家，也是比较重要的原因。韩国在 1998 年与世界先进国家相比，大学生的生均支出不足其他国家的 1/4。而在 K-12 教育系统中，创新系统的建设处于起步阶段，十分不成熟。基于上述原因，"BK21 计划"应运而生。

该项计划的主要目标有两个：发展世界水平的研究型大学并培养研发型人力资本；通过财政支持研发工作的人力资本来提高科研能力。具体地看，针对第一个目标，韩国政府在 2005 年之后，在自然科学和工程领域每年培养了 1 300 名博士。而针对第二个目标，韩国政府为研究生和博士后人员投资逾七成的基金，让科研人员的全部精力投入到研发中，另外 SCI 水平出版物的数量大幅度提升，跃居世界前十位。

该项计划在科研产出和国际专利与合作方面都取得了不错的效果。科研产出方面，参加"BK21 计划"的前 7 所大学发表的 SCI 水平论文数量占到了韩国当年的四年制大学发表论文总数量的 56%。从 1998 年参加"BK21 计划"之前的 3 842 篇到 2001 年的 5 698 篇。每位参加的教授从参加"BK21 计划"之前的 2.74 篇上涨为 3.72 篇。全国的人文社科类出版物数量也由 288 部增加到 624 部，每位参加

---

[1]　朱春楠：《韩国高校创业教育动因及特色分析》，载《外国教育研究》，2012 年第 8 期。

的教授平均出版物数量由 1.1 部增加到 2.3 部。而在国际专利与合作方面，国际专利数由 1998 年的 116 个增长到 189 个，通过国际交流与合作提升了教育和科研水平。通过长期支持和短期支持两种方式支持研究生的海外培训。整体来看，该项计划在提升韩国教育水平方面效果显著。

>>二、韩国高校创业教育现状<<

1997 年的亚洲金融危机同样是韩国创业教育发展的一个关键时间点。金融危机之后，大量企业裁员，甚至倒闭，对韩国的就业产生了巨大的负面影响。政府试图通过鼓励大学生创业的方式，以创业带动就业。事实证明，政策效果良好。创业教育作为鼓励大学生创业的重要一环，得到了韩国政府的重视。

目前，韩国高校的创业教育大致有两种形式，一是本科院校以选修课的形式开设创业课程，延伸学生专业知识，丰富学生实践经验，激发学生创新意识。二是在研究生院设置创业教育专业，有重点有针对性地培养社会优秀创业人才。

经过多年的发展，韩国的创业教育有力推动了中小企业的发展。创业教育以培养企业家精神为核心，注重实践与理论相结合，课程设置科学规范，考评体系可操作性强，有效合理。注重师资队伍的培养，并将创业教育的成果回馈学校财政。[①]

第五节　韩国创业就业经验对我国的启示

宏观调控的基本目标包含四个方面，即促进经济增长、增加就业、稳定物价总水平和保持国际收支平衡。增加就业是宏观调控的一个重要目标。以创业带动就业，又以科技创新来带动创业，是一条有效的路径。2015 年 7 月 27 日，李克强总理在国家科技战略座谈会上说，科技人员是科技创新的核心要素，是创造社会财富不可替代的重要力量，应当是社会的中高收入群体。在基础研究收入保障机制外，还要创新收益分配机制，让科技人员以自己的发明创造合理合法富起来，激发他们持久的创新动力。韩国成功跨越中等收入陷阱，由落后的农业国成功转变成为高收入经合组织国家，走的正是一条由科技创新促进创业，由创业带动就业，又以就业激励科技创新的螺旋发展路径。韩国的发展经验对我国的经济发展有着重要的借鉴意义。

当前我国正处在经济转型的关键时期，产业结构面临进一步优化升级，就业

---

① 陈孟博：《韩国创业教育对我国高校素质教育的启示》，载《郑州牧业工程高等专科学校学报》，2014 年第 3 期。

问题变得更加突出紧迫。具体地看，韩国的创业引领模式有如下几点值得我们学习。

（1）提高对高校创业教育工作的重视。教育是立国之本。只有从创业教育抓起，才能根本改变我国的创业现状。2014 年，我国首次参与投资创业的自然人达到 291 万余人，高校毕业生参与的创业投资只是其中的一小部分。2015 年，我国的高校毕业生有 749 万人，高校毕业生知识水平高于社会平均水平，如何让更多有志于创业的高校毕业生成功创业，是我们着重应该解决的问题。韩国的创业教育模式有很多地方都值得我们学习，包括文中提到的师资培养、课程设置以及创业产业的形成等。还有一点值得注意，就是创业教育的时滞性。韩国从 20 世纪 80 年代便开始进行创业教育，在 90 年代末期，创业才真正大规模兴起。这说明企业家精神的培养，将企业家精神付诸于实践都是需要大量时间的，所以高校创业教育工作具有紧迫性，应当引起足够的重视。

（2）对中小企业的支持政策应该更加全面深入。通过分析韩国的支持政策，我们可以看出韩国的支持政策具有涵盖范围广、政策可行性强等特点。中小企业从创立、发展直至壮大，在成长的不同阶段，都受到了政府良好的保护。保护又分为两个方面：一方面从帮助中小企业尽快适应市场竞争、能与大企业抗衡的角度进行；另一方面从法律、资金等运营的需求的角度进行。双管齐下，帮助中小企业成功创立发展。在这方面，我国尚处在初期探索阶段，可以完善的扶持政策还有很多。

（3）国家创新系统的有效建立。高校创业教育为市场储备适合创业的高端人才，完善的扶持政策又为这些人才的创业发展保驾护航。通过直接和间接两个手段，韩国成功将自己从落后的农业国打造成为先进的发达国家。有效建立国家创新系统是建立创新型国家的必经之路。我国目前存在创业教育不够普及深入、法制法规不够健全等问题，参照韩国的成功经验，将教育与扶持统一起来，结合我国自身特点，构建自主的国家创新系统，才能保障"大众创业、万众创新"持续地促进经济发展。

第十四章
北欧国家鼓励创业就业的政府角色

高福利政策国家通常被认为是高失业率的代表，实际上以瑞典为代表的北欧国家在国家高福利政策下，在很长一段历史时间内仍然保持了较高的劳动参与率与较为充分的就业状态，长期将失业率维持在低水平。尤其是 20 世纪 80 年代，瑞典平均失业率为 2.5％。即便在国际金融危机和欧债危机的影响下实体经济受到很大冲击，失业率并没有大幅上升，仍然保持在相对稳定的状态。2008—2012年，瑞典与丹麦失业率较前 5 年仅分别增长了 0.7％与 1.7％，挪威与芬兰失业率较前 5 年下降了 0.6％与 0.5％，北欧四国的平均失业率也低于同期欧盟 9.2％的平均水平。[①] 为解决失业问题，北欧各国制订了许多政策和计划以促进创业和增加就业机会，2014 年北欧各国失业率均有所下降。借鉴欧盟的创业就业政策，有利于我国创业就业政策的制定和完善，以解决我国就业和创业问题。瑞典、芬兰政府在促进就业、推动创业方面成绩突出，是值得学习借鉴的成功范例。我们首先以瑞典为例，探究瑞典政府在鼓励创业、促进就业工作中的角色。

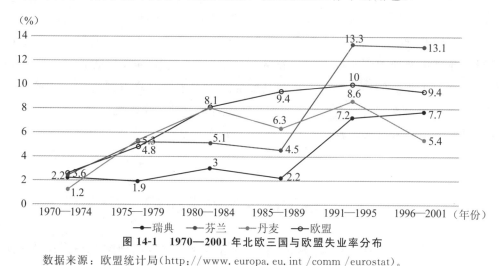

图 14-1　1970—2001 年北欧三国与欧盟失业率分布

数据来源：欧盟统计局（http://www.europa.eu.int/comm/eurostat）。

---

① 　财政部国际司调研组：《北欧福利国家如何保持经济活力》，载《中国财政》，2013 年第 17 期。

第一节　瑞典、芬兰和丹麦创新创业政策

>>一、瑞典的相关法律法规<<

瑞典很早注意到了就业创业问题对于经济发展与社会稳定和谐的重要性，几十年来瑞典政府颁布了一系列促进就业的法律法规，并根据实际情况的变化不断加以修订，对就业相关问题做出了明确详细的规定，为解决就业问题提供法律依据，使就业政策立足于坚实的法制基础之上。20世纪70年代经济危机爆发后，瑞典就业领域矛盾增加，为应对危机与社会问题，有关就业方面的基本法律法规大量得以通过，瑞典议会和政府在法律方面逐渐为促进就业创业搭建起了较为完善的法律法规体系。1974—1999年瑞典通过、修订了与就业直接相关的法律法规多达二十余部，例如《就业保障法》《促进就业促进措施法》《公共部门就业法》等。其中《就业保障法》在根本上改变了雇主自由解雇雇员的局面，终结了以往通过集体协议来规范劳动关系的传统，是瑞典劳动立法的重要转折点。

宏观上，在瑞典法律体中，具有宪法地位的《政府文约》中有关公平就业的明确规定，只能基于技能、个人素质决定是否提供就业岗位，而不能根据无关岗位的其他因素区别对待求职者。此外，欧洲议会法和国际公约中关于就业创业的规定在瑞典同样具有效力。

在具体的劳动和就业的成文法中也有很多关于就业的内容。例如，1975年《雇员离职培训条例》在瑞典开始施行，该条例保障每个雇员都有接受培训的权利，且时间和种类不受限制。1982年瑞典颁布的《就业保障法》规定：雇主雇佣雇员的条件以及雇主不得随意解雇雇员；当发生解雇时，雇主须提前一个月通知雇员，并给予相应的经济补偿；被裁员雇员在重新招聘时享有优先权，劳动法院尤其要求雇主再次雇佣特定雇员。1991年瑞典通过了《就业机会平等法》，该法明确禁止就业性别歧视，雇主应保障不同性别的求职者享有平等的就业机会。并且就业领域的性别平等同样适用于雇员的受雇、解雇、升职、培训等环节。①

>>二、瑞典的创业就业机构<<

瑞典政府设置就业大臣领导劳工部，负责劳动力市场的健康运行，其具体职

---

① 《瑞典劳动就业政策》，中国地方政府公共服务体制创新研究网［EB/OL］. http://lpsi. whu. edu. cn/dfzf/ywcz/2011-04-17/158. html/，2011-04-17/2015-06-20.

能为促进年轻群体就业、就业匹配、劳动力市场政府项目运营、失业保险、劳动相关法规的执行以及改善就业与工作环境，以使每个公民都有机会公平就业，并获得良好的工作环境，还涉及部分移民安置工作。与国际劳工组织合作以及就本部门职责范围内事务进行国际合作也是其职责之一。

劳工部下设行政管理事务总干事办公室、法律事务秘书处、运营支持秘书处、劳动市场政策局、劳动法与工作环境局、综合局、国际事务局七个部门。行政管理事务总干事办公室的职能包括确保部门事务为合法、正规统一且一致，协调管理部门事务，负责部门内部与外部沟通。法律事务秘书处负责起草与立法理事会提案、政府条例草案等相关的法律文件，秘书处还参与起草其他法案和与政府沟通，并负责协调和执行欧盟规章，确保法律的有效性以及劳动部的工作合法性与一致性。秘书为劳动部领导者和其他部门提供法律意见。运营支持秘书处负责协调中央政府预算事务、部门管理事务、运营管理、后续事务、工作汇报、战略技术与资源的规划，并统筹组织协调劳动部及其委员会的人员配置政策。劳动市场政策局的主要职责是负责与就业服务、劳动力市场政策项目、失业保险、活动支持以及发展补贴相关的提案和事务。该部门还负责职业康复、促进残疾人就业的政策提案、新移民进入劳动力市场和欧洲社会基金工作。该部门还要对涉及瑞典公共就业服务、瑞典欧洲社会基金理事会、瑞典失业保险委员会、劳动力市场和教育评估研究所、职业基金会的事务负责，并对劳动力市场进行相关的统计分析。劳动法与工作环境局的职责是有关劳动法、退出劳动力市场、工作环境、工时、最低工资和就业发展领域的提案和事务，并且负责有关瑞典工作环境管理局、瑞典劳动法院、瑞典国家调解办公室、瑞典劳工组织委员会的相关事务。综合局负责综合性法案的修订，针对移民进入劳动力市场、政府对新移民的赔偿、对特定新移民的家庭设备贷款和欧盟一体化基金问题。该部门定期对综合事务进行统计分析。国际事务局负责劳动部整体国际事务的协调工作，包括协调欧盟的事务和处理特定欧盟内部就业问题。此外，国际事务局也负责与国际劳动组织（ILO）、欧洲社会宪章组织、经济合作与发展组织（OECD）和北欧理事会的合作工作。[1]

总体来说，瑞典政府在劳动力市场政策、职业安全与卫生、公平就业、移民接收方面均设置了专门机构以促进瑞典就业。

此外，卫生与社会事务部的职责之一是负责劳动者的职业健康保护和社会保险。在劳动部和卫生与社会事务部之外，瑞典政府还设置了专项委员会和研究机构，专项委员会负责执行就业与劳动相关政策，研究机构对劳动力市场问题和就

---

① Government Offices of Sweden［EB/OL］. http://www. government. se/government-of-sweden/ministry-of-employment/，2015-06-20.

业问题进行研究，为政府提供专项报告与政策建议。例如，瑞典劳动组织委员会、瑞典欧洲社会基金委员会、瑞典失业保险委员会、劳动力市场和教育政策评估研究所。[①]

>>三、瑞典鼓励创业就业的政策<<

丹麦学者考斯塔·艾斯平-安德森在《福利资本主义的三个世界》一书中根据不同的福利国家性质，将就业政策划分为三类：自由主义的劳动就业政策、保守主义的劳动就业政策和社会民主主义的劳动就业政策。[②] 施行自由主义劳动就业政策的代表是英国与美国，该政策符合两国的历史文化传统和自由主义的福利制度，其主要特点是实行政治经济周期管理和市场监管，施行供给管理，促进劳动力市场的灵活化与激活化。法国和德国等欧洲大陆国家多施行保守主义劳动就业政策，符合欧洲大陆国家社会的历史文化传统与保守主义的福利制度，其主要特点是维持传统欧洲社会模式，施行节俭的就业政策，缩减劳动供给，倡导老年工人退出就业，进行劳动力市场的边缘灵活化改革。瑞典作为典型的社会民主主义国家，奉行以北欧国家为代表的合作主义劳动就业政策。合作主义劳动政策以北欧国家的混合经济体制、社会民主主义福利国家制度、强大的劳动组织和左翼政党执政为基础。该政策的主要特点是福利国家成为维持充分就业的主导力量，强调国家在就业领域中的作用，政府一方面成为直接雇主；另一方面为雇员提供补贴，持续施行充分就业政策、充分就业和福利国家相结合，发挥三方合作机制作用，实现就业与其他社会经济目标协调发展。[③]

总体上说，瑞典的就业政策分为积极政策与消极政策两部分。积极政策是指采取各种措施，提高各方的积极性，促使失业者尽快实现再就业，具体措施包括职业介绍、职业培训等；消极政策是指对暂时未能实现再就业的劳动者提供维持生计的经济支持，具体包括失业保险、救济补贴等。由于消极政策会使劳动者倾向于消极就业，依赖政府的救济与补贴，1990 年起，瑞典政府开始弱化消极就业政策，加强积极就业政策，具体政策如下。

(一)职业介绍与咨询

瑞典政府在地方设有职业介绍所，全国有近四百家的职业介绍所，六十多家

---

① 刘燕斌：《瑞典劳工部门机构及职能设置概况》，载《经济研究参考》，1993 年第 29 期。
② ［丹麦］哥斯塔·埃斯平-安德森：《福利资本主义的三个世界》，苗正民、滕玉英译，北京：商务印书馆，2010。
③ 武洁：《考斯塔·艾斯平-安德森：〈福利资本主义的三个世界〉》，载《公共管理评论》，2006 年第 1 期。

特殊就业服务机构以及职业能力测试所，形成一个完善的职业介绍就业体系。职业介绍所主要进行就业安置和就业咨询服务。瑞典90％的空缺岗位和85％的失业者在职业介绍所登记备案，寻求帮助，约1/4的调换工作人员也在职业介绍所登记。瑞典法律规定，企业如果裁员需要提前六个月报备就业服务机构进行登记，机构掌握空缺岗位信息与裁员计划，匹配失业的劳动力与空缺岗位，解决失业者就业问题。通过登记信息，职业介绍所为人、岗进行匹配，建立起求职者与雇主之间的联系，职业介绍所工作人员会一直与求职者保持联系，直至其找到工作，并提供就业咨询，费用由政府承担，成为瑞典求职者有效的求职渠道。①

(二)就业培训

瑞典政府有一套成熟、全面的就业培训体系，囊括了社会各个群体，主要包括失业培训、在职培训、年轻劳动力、在校职业教育四方面。

就业培训的内容主要涉及两个方面，一是劳动者本身应该具有的职业技能；二是寻找工作所需要的求职方法和能力。职业技能培训包括针对失业者的培训和在职雇员的培训。职业介绍所会定期举行第二种类别的培训，帮助求职者学习填写求职表格、获取就业信息。就业培训的费用由政府承担，由职业介绍所向专门培训机构提出要求、标准并支付费用。参与职业技能培训的劳动者还可以领取培训补助，25岁以下年轻群体可以获得补助性贷款，帮助他们进入正规的学校培训。② 培训注重理论与实践相结合，接受培训的求职者还可以进入私人企业或公共部门实践所学技能，雇主只需要支付其一部分工资。职业培训种类高达760种。③

接受就业培训的对象中年轻劳动者、就业障碍者和外国移民比重较大。瑞典特别重视针对年轻群体的职业能力培养，一项针对18～24岁年轻人的就业促进计划规定年轻人可以到私营部门内进行就业见习，企业不必支付任何薪水，由政府为见习者提供津贴。在2015年春季修订预算案中，政府提出了更大力度的针对年轻人的就业见习工作计划和教育合同。

瑞典注重对在校生的职业教育和创业教育以及对学生的创新精神的培养，为未来的求职者打好基础，奠定了瑞典劳动力较高素质的基础。瑞典施行职业教育与普通教育有机结合，提倡终身学习，初始职业教育在综合高中进行，以市场需

---

① 《瑞典劳动就业政策》，中国地方政府公共服务体制创新研究网［EB/OL］. http://lpsi. whu. edu. cn/dfzf/ywcz/2011-04-17/158. html/，2011-04-17/2015-06-20。

② 《瑞典的劳动力市场政策》，广东省职业技能鉴定指导中心网［EB/OL］. http://www. conet. org. cn/module/infosys/sysinfo. do? categoryId＝16&nNewsId＝12747492/，2015-06-20。

③ 衣军强：《瑞典就业服务体系建设一瞥》，载《山东人力资源和社会保障》，2009年第4期。

求为导向设置课程，为学生提高基本技能和普通职业资质训练。自 1990 年起，政府拨款用于初始职业教育，每年大约有 15 万学生参与课程。从 2002 年起，瑞典开始设置高等职业教育专业培训课程，衔接高中职业教育与大学本科专业教育，由瑞典高等职业教育署负责提供公共政策资源支持，并定期进行监察确保高效运作。总的来说，瑞典学校的职业教育实现了"两个无缝对接"，即课程设置与劳动力市场需求的无缝对接，理论教育与实地培训的无缝对接，很好地把握了市场需求，高质量地为市场输送切实掌握了技能的劳动者，成功地提升了毕业生的就业率，近 90% 的学生毕业后成功就业，62% 的毕业生进入对口岗位工作。[1]

对求职者进行就业培训一方面降低了失业率，维护了社会经济的良好秩序；另一方面也促进了本国专业岗位的技术水平的提高，有利于产业升级。

（三）工资补贴、异地就业补贴与岗位轮替计划

为调动企业雇佣失业者的积极性，瑞典政府推出工资补贴政策，为企业雇佣失业者提供工资补贴。如果企业雇佣失业超过六个月的长期失业者，企业将得到政府 50% 的工资补贴；国家对雇佣 6 名以上失业者的企业提供 60% 的工资补贴；雇佣残疾人或其他就业困难群体半年以上的企业将得到政府 105% 的工资补贴；政府为因培训力度不足而需要裁员的企业提供培训补贴。

瑞典鼓励劳动者流动，通过迁移降低失业率，政府对跨区迁移的劳动者发放搬迁资助和落户补贴，承担劳动者跨区就业产生的就业成本。

岗位轮替计划为瑞典政府促进就业的又一创新政策，即安排企业现有雇员休带薪长假，以"腾出"岗位，为长期失业者提供上岗机会，通过这种方式逐渐获得稳固工作。政策规定，凡自愿脱离工作岗位 12 个月的雇员，可领取 85% 的失业保险金。[2]

（四）职业康复

残疾人、工伤失业者等群体在劳动力市场竞争中常常处于弱势地位，这一群体就业需要更多的支持与帮助。职业康复以帮助这一群体顺利进入劳动力队伍，获得并保有一份工作。职业康复主要通过职业能力测试所或者企业对其进行工作测试，测试其在心理、生理、技能和知识上是否具有从事某项工作的职业能力，并且帮助建立自信心。这种测试可以在职业能力测试所进行，也可在市场上的企业部门进行。这一项目的目标群体为心理、生理及有其他社会问题的求职者。在

---

① 《瑞典："无缝对接"是特色毕业一年后就业率 87%》，人民网［EB/OL］. http://edu. people. com. cn/n/2014/0619/c386066-25173078. html/，2014-06-19/2015-06-20。

② 霍静娟、侯冰然：《瑞典积极的劳动力市场政策有效性分析》，载《河北青年管理干部学院学报》，2008 年第 2 期。

每个职业能力测试所内均有一批职业问题专家、心理学专家、社会问题专家、物理化学专家和护士等工作人员。仅 1992 年一年，超过 8 万人在职业能力测试所接受了职业能力测试服务。政府设立"工作生活基金"资助雇主改善残疾人的工作环境，促进重病者与残疾雇员的职业康复。瑞典 80％ 的雇员享有职业卫生服务。法律还规定，正在接受职业康复的劳动者将得到全额资助。[1]

(五)公共部门就业安置

在瑞典，公共部门就业人员数量占总就业数量比重非常大。政府通过公共工程，为周期性失业者、季节性失业者等失业人员提供临时性就业机会。此外，公共部门也会吸纳老者、残疾人和难民等在公开市场上难以找到工作的弱势群体就业。同时，为参加就业培训、接受职业咨询的人提供工作实践机会。过去公共部门就业安置的公共工程主要集中在基础结构部门的投资项目，后来又开始引入到保险、教育、行政管理等部门中。工程种类繁多，依据失业者的状况进行安排。在经济繁荣时期平均有占劳动力总数 0.5％ 的人参与公共部门就业，而衰退时期则上升至 1.5％。1992 年，瑞典平均每月有 15 900 人进入公共部门的临时就业项目，其中 35％ 为女性雇员，18％ 为各种就业障碍者。[2]

(六)失业补贴与失业保险

瑞典失业保险金制度始于 1935 年，现阶段的保险金制度为国家资助的自愿保险金制度，由工会具体管理与运作。瑞典设立失业保险事务委员会，制定政策与预算，协同劳动部进行工作，下设很多分支机构。失业者通过职业介绍所登记自己的失业情况，确认失业资格与失业保险金的标准，认定后由失业保险基金发放保险金给失业者。失业保险的额度相当于原工资的 80％，并且以 55 岁为分界设定了最长领取天数，最长不超过 400 天。

瑞典改革消极的就业政策，避免因福利政策导致的高失业率，克服高福利国家的弊病。瑞典政府逐渐减少失业补贴和救济金发放，结合产业调整方向，将政府帮扶重点转向对失业者和残疾人等就业困难群体的职业培训和岗位创造方向。失业者须在失业期间积极寻找新岗位并保持与职业介绍所的紧密联系，否则政府将停止发放失业救济金。[3]

---

[1]　《瑞典劳动就业政策》，中国地方政府公共服务体制创新研究网［EB/OL］. http://lpsi. whu. edu. cn/dfzf/ywcz/2011-04-17/158. html/，2011-04-17/2015-06-20。

[2]　《瑞典的劳动力市场政策》，广东省职业技能鉴定指导中心网［EB/OL］. http://www. conet. org. cn/module/infosys/sysinfo. do? categoryId＝16&nNewsId＝12747492/，2015-06-20。

[3]　衣军强：《瑞典就业服务体系建设一瞥》，载《山东人力资源和社会保障》，2009 年第 4 期。

（七）鼓励创新，支持创业

20 世纪 90 年代开始，创业与创新成为推动瑞典发展的重要力量，对创业精神的强调逐渐成为重要国策。2001 年国家层面的瑞典创新系统机构 VINNOVA 成立，它是政府的研发推动机构，以实现和推动创新为目的，为此瑞典政府每年投入上亿欧元。2004 年推动国家创新的三方有：教育部、能源与通信部，与企业联合制定了"创新瑞典"战略，对瑞典的创新推动工程进行了全面部署，战略分为知识、创新型工商业、创新型公共投资及创新型人才四个组成部分。2006 年 9 月瑞典政府出台了"2007—2013 年区域竞争力、创业精神与就业的国家战略"，该文件为瑞典政府有关创业创新的指导性文件，确定了创业精神和创新环境是瑞典国家发展最重要的两个推动力，需着重打造。类似的文件还有《瑞典成长与就业改革方案》《瑞典经济和区域发展机构的国家创业精神方案指导原则》。在政府与欧盟的政策指导下，瑞典创业教育得到巨大发展，具有以下几个特点：注重高科技领域的创业和机会型创业，层次高，涵盖范围广，具有国际化视野，注重校企合作。瑞典自小学起直到大学都设置了创业教育课程，对学生进行创业精神和创业技能的培训。瑞典政府鼓励校企合作，支持高校与企业联合开发课程，促进大学与企业的交流，激发学生的独立性与创造性，促进大学与企业间的知识转移，培养学生的创业精神。[1]

自 1984 年 6 月起，年龄超过 20 岁的登记失业者，如有创业意愿，开办的企业须能够适当获利并能够保持稳定就业，可从职业介绍所得到 12 个月以内的资金帮扶。该项资金支持的数额相当于培训津贴数额，每年大于有 2 000 人得到此项目资助进行创业。瑞典设置有"创业中心"专门引导扶持大学生进行创业，转化科学创新成果，为创业者提供启动资金，支持大学生将创新研究成果转化为实际生产力。在国家政策的影响下，瑞典创业规模逐年扩大，尤其是大学毕业生在政府支持创业与创新的政策引导下，越来越多地成为创业的新生力量，在创业中实现职业理想。据瑞典国家统计局统计，截至 2012 年瑞典 18～30 岁的年轻人中有 1/4 选择了自主创业。[2]

（八）侧重帮扶年轻人、残障者、妇女、移民群体等特殊群体

在寻求就业帮助的人群中有 10％～12％为残疾人，职业能力测试所为他们提

---

① 何润宇、高俊山：《瑞典创业教育的特点及其对我国高校创业教育的启示》，载《中国人力资源开发》，2008 年第 10 期。

② 《瑞典政府采取多种措施鼓励大学生自主创业》，新华网［EB/OL］．http://news. xinhuanet. com/world/2014-07-02/c_1111428331. htm/，2014-07-02/2015-06-20。

供职业康复培训，职业介绍所会为他们寻求适合的岗位，如公共的保护性就业，政府为在岗的残疾人发放工资补贴，促进残疾人就业，使其享有均等的就业机会。

瑞典总体劳动参与率很高，尤其是女性劳动参与率远高于世界平均水平，国会通过法律确保女性享有同男性均等的就业机会。在劳动部等政府部门中设置专门的部门与机构帮助移民顺利进入劳动力市场就业，给予职业培训。瑞典倾向于边际化的就业政策使年轻人、残障者、妇女、移民群体等特殊群体受益，有效地降低了瑞典全国失业率，瑞典的长期失业率保持在 1.6% 左右。

北欧国家自然资源并非十分丰富，经济发展缺少资源支持，创业与创新成为北欧国家的重要经济发展战略。芬兰与丹麦的失业率稍高于瑞典，但两国的长期失业率维持均维持在 2.2% 以下，此外两国在创业、创新方面表现卓越。

>>四、丹麦创新创业情况<<

由于丹麦具有社会公德历史传统、集体谈判制度，加之劳动力市场极具组织性，产业组织结构以中小企业为主，丹麦选择了灵活的劳动就业政策，该劳动政策以较低的就业保护、慷慨的失业救济制度和积极的劳动力市场政策为特征。

20 世纪 90 年代初，世界经济发展减速加剧了丹麦经济的衰退，失业率开始上升。1993 年社会民主党作为联合执政党上台后，利用宽松的财政政策促进经济发展提升就业。教育部提出"丹麦公民独立文化行动方案"，推出"创业与创新""教育与企业生命"两项政策。2002 年 8 月政府制定了"丹麦发展战略"，其中"提升创业"计划被纳入国家整体措施实施框架。2004 年，丹麦教育部与科技部联合制定了"丹麦教育体系中的创新、创业与独立文化"战略，在此战略中提出"创业链"概念，促使全社会形成创业文化成为战略目标之一，提出整合全国各个层次的创业，加强校企合作关系。2009 年政府出台了"创业教育与培训"战略，强调创业教育应培养学生的创业精神和提高学生的创业能力。丹麦创业教育主要以大学为主体，在大学中设立"创业中心"，联系政府、企业、社会组织与高校，推动科技成果转化，孵化学生企业。在创业课程之外，丹麦举办各种创业比赛，作为课堂延伸，为创业者提供舞台，众多创业企业家在创业比赛中获得创业资金。独立基金等基金组织和创业杯作为政府提升创业文化、推动创业经济的重要途径。丹麦还注重创业服务体系的建设，运用信息通信技术为创业者服务。丹麦教育部建立了创业门户网站为中小学、职业教育以及教育者提供资料，并开辟了创新创业板块。目前，丹麦已经形成了较为完善的创业网络服务体系，设立了众多创业学院、科技园区和商业发展中心，施行创业一体化服务。[①]

---

① 沈雁：《丹麦大学创业教育的特点与启示》，载《教育探索》，2011 年第 6 期。

>>五、芬兰创业创新情况<<

芬兰政府施行重视教育、鼓励创新并支持创业的强国战略。1994 年起创业教育成为芬兰学习的核心课程，2000 年芬兰教育部提出了"创业先锋计划"，标志着创业教育上升为芬兰的国家战略，以改变劳动力市场，促进年轻人就业，使创业成为更有吸引力的职业选择。2004 年芬兰教育部再次推出《创业教育行动计划》，将创业教育嵌入各个教育阶段。政府投入大量财政资助，确保高校创业教育的推进，鼓励高校与企业联系，使创业带动芬兰经济发展。现阶段，芬兰的创业教育已经形成了从小学到大学职业教育与培训、高等教育以及继续教育的完整体系。部分大学制定了各自的创业教育战略，使创业教育的投资更有效地转化为学生的创业态度和行动，芬兰教育部于 2009 年推出《创业教育指导》，规划了直至 2015 年芬兰创业教育的发展目标。①

为了应对创业种子期和初创期的高风险问题、市场失灵问题，芬兰进行了有益尝试，以创业风险投资引导基金进行引导并颁布了《芬兰产业投资公司法案》。政府通过对创业风险投资引导基金的管理和支持为本国高科技企业、创业发展提供服务。②

芬兰 1980 年设立了国家技术创新局，对创新型企业进行专门资助与支持。仅 2012 年一年，该局投资 5.7 亿欧元，资助了 1 640 个创新创业项目。该局还在海外，如中国、美国等设有办事机构，帮助本国企业了解世界各地研发需求并开拓国际市场。芬兰已经涌现出一大批以诺基亚、"愤怒的小鸟"游戏为代表的创业创新优秀代表，被誉为"科技巨人"。近些年来，芬兰等北欧国家依托科技创新与创业实现了高质量和高利润的经济增长，为高福利政策提供了有力的经济支持。

第二节　北欧参与的欧盟创业创新计划

北欧国家作为欧盟的成员国，参与了很多欧盟统一的战略、计划以实现区域合作，更好地推动本国就业创业工作的开展。主要有欧盟科技框架计划、里斯本战略、欧洲 2020 战略、地平线 2020 战略四大项目。

---

① 梅伟惠：《欧盟高校创业教育政策分析》，载《教育发展研究》，2010 年第 9 期。
② 柏高原：《芬兰创业投资引导基金的政策实践及对我国的启示》，载《时代金融》，2010 年第 1 期。

>>一、欧盟科技框架计划<<

1983 年欧共体为整合欧洲科研资源，改变之前欧洲各国科研活动无序、小规模的局面，出台了第一个"欧盟科技框架计划"（EU Framework Program），开启了世界上规模最大、投入最多的官方综合性科研与开发计划。这一举措协调了各成员国的科技活动，提高了科研资源的利用率，形成了欧洲大规模科研活动的整体优势，提升了欧洲整体科技竞争力。

该计划第一期实施时间为 1984—1987 年，总预算 32.7 亿欧元。经费由欧共体委员会提供，弥补成员国经费不足问题，统一审批、监管，加强各成员国之间科研活动的互补性。自 1984 年第一期"欧盟科技框架计划"开始，该计划已连续实施了七期，时间跨度长达 30 年。30 年间，"欧盟科技框架计划"规模不断发展壮大。经费大幅度攀升，投资预算由第一期的 32.7 亿欧元增长至第七期的 532 亿欧元；研究领域不断扩展，由刚开始集中于信息通信技术、新能源、生命科学技术的自然科学领域扩展至包括国家合作、社会、经济科学和人文学等各个重要领域。

"欧盟科技框架计划"的主旨是开展工业技术创新，并且强调科研成果的推广和应用。在项目审批时，该计划支持综合性项目，以不同国家、不同行业、不同类型的国家机构共同合作来实现"多赢"的目的。该计划以实现欧盟和其成员国的发展和繁荣为目标，通过对分散的科技资源的整合，集中力量解决关键问题，形成科技资源的规模效应，以科技为手段，促进创业、增加就业机会，逐步提升欧洲各国的国际竞争力，提高欧洲人民的生活质量，带动社会和经济的发展。

经过 30 年的运行，"欧盟科技框架计划"已经取得巨大成效。该计划通过成员国协同开展科研活动，共享科研成果，整合科技、经济和社会资源，有力地促进了欧盟一体化进程。数万个高水平科研项目，显著提高了欧盟整体的科技水平，刺激了工业界对研发的投入，加快了欧洲科技产业化的步伐，提高了欧盟工业的国际竞争力，促进了欧洲社会向"知识型社会"转型，在框架计划内产出了大量的科研成果，并在欧盟国家得到了广泛应用，带动了当地工业发展，降低了创业成本，带来了大量的就业岗位，为欧盟国家降低失业率起到了重要作用。[①]

---

① The 7th Framework Programme funded European Research and Technological Development from 2007 until 2013. CORDIS. European commission [EB/QL]. http://cordis. europa. eu/fp7/home _en. html. 2015-06-26/2015-07-10.

>>二、里斯本战略<<

为促进经济发展，增加就业，2000 年 3 月欧盟 15 国领导人在葡萄牙首都里斯本举行的特别首脑会议通过了一项关于欧盟十年经济发展规划——"里斯本战略"（Treaty of Lisbon）。该战略成为 21 世纪最初十年引领欧洲经济发展的纲领性文件，主要围绕经济发展、就业、科研、教育、社会稳定等重要议题制定了共 28 个主要目标和 120 个次要目标，其中最为重要的是就业率和科研投入问题。

"里斯本战略"以加速经济发展、推动就业增长为宗旨：在中长期内创造 3000 万个就业机会，争取在 2010 年把欧洲的平均就业率从 2000 年的 61％提高到 70％，科研投入由 2000 年占国内生产总值的 1.9％提高至 3％。该战略希望可以通过鼓励创新，大力推动信息通信技术的应用和发展，探索面向知识经济的下一代创新，到 2010 年将欧洲建成全球最具竞争力的知识经济体，赶超美国。[1]

尽管提升了欧盟的创新能力，缩小了与美国的创新差距，但由于"里斯本战略"在实施的过程中困难重重，效果并不理想，至 2005 年欧盟委员会对战略进行了调整，并重启了"里斯本战略"，将经济增长和就业确定为战略的优先目标，争取到 2010 年将欧盟的经济增长率提高到 3％，并新增 600 万个就业机会。据欧盟评估报告显示，调整后的战略效果显著提升。欧盟委员会 2007 年公布的研究结果显示，欧盟与美国在创新能力方面的差距进一步缩小。尽管受到金融危机的影响，该战略并未实现初期目标，但取得了一定成果：欧盟经济成功克服了石油价格高涨和美国经济放缓等不利因素的影响，有效地控制了通货膨胀，2006 年欧盟全年经济增速达到了 2.9％，为 2000 年后最大增幅，失业率大幅降低。[2]

>>三、欧洲 2020 战略<<

在"里斯本战略"到期后，为了帮助欧盟最终摆脱金融危机，并在全球化浪潮中处于不败地位，2010 年 3 月 3 日欧盟委员会公布了欧洲未来十年的经济发展战略——"欧洲 2020 战略"（Europe 2020）。此战略对欧盟未来经济发展提出了三个发展重点：发展以知识和创新为主的智能经济；通过提高能源使用效率增强竞争力，实现可持续发展；提高就业水平，加强社会凝聚力。五个具体目标是：到 2020 年 20～64 岁适龄人群就业率提升至 75％；欧洲整体用于研发费用占国内生

---

① Treaty of Lisbon, Official Journal of the European Union，17.12.2007.

② Treaty of Lisbon．EUROPA［EB/OL］. http://europa.eu/lisbon_treaty/faq/index_en. htm/，2015-06-20.

产总值的 3%；完成既定减排目标，提高再生能源使用比例；将 30～34 岁人群接受高等教育比率提升到 40%；将各国贫困人口减少 25%，实现贫困人口总数降低至 2 000 万人以下。为完成以上目标，欧盟将在创新、工业政策、消除贫困等方面启动多项发展计划。

"欧洲 2020 战略"吸取了"里斯本战略"目标过于宏伟和宽泛、缺乏有效执行的教训。为了确保新战略的实施效果，能够帮助欧盟和其成员国实现就业率高、生产力强和社会团结的目标，欧盟委员会每年对成员国执行情况进行评估，并针对各国情况予以监督和指导。

>>四、地平线 2020 战略<<

接棒 2013 年结束的第七期"欧盟科技框架计划"，"地平线 2020 战略"（Horizon 2020）于 2014 年 1 月 31 日在英国正式启动。该战略囊括了框架计划在内的所有欧盟重大科研项目，目标是驱动欧洲经济增长，增加就业。

"地平线 2020 战略"是欧洲目前最大的研究和创新项目，2014—2020 年，总预算高达 800 亿欧元。作为欧洲驱动经济增长和创造就业机会的主要手段，该战略认为科研是能够使欧洲实现明智、包容性和可持续性经济增长并增加就业的投资。通过科研和创新才能实现战略目标，鼓励科研人员、科技知识和专利技术成果在欧盟成员国内的自由流动，减少壁垒，促进公共部门和非公共部门协同发挥作用促进就业、服务社会经济发展。战略分基础研究、应用技术和应对人类面临的共同挑战三大部分，与之前的"欧盟科技框架计划"相近，该战略也意欲通过整合欧盟各国的科研资源，提高科研效率，促进科技创新，实现推动经济增长和增加就业目标。[1]

为了实现预定目标，欧盟制定了一系列政策：一是确立科学的卓越地位。对优秀的创新项目进行重点支持，为培养人才向科研人员提供优先使用研究基础设施的权利，吸引世界上最优秀的研究人员。例如，通过"未来与新兴技术计划"，资助跨领域合作研究，并拓展新的具有前景的研究领域；向其他地区的所有研究人员开放。二是帮助欧洲企业成为全球工业领袖。重点投资关键工业技术的行业和领域，对这些领域进行大力度的财政支持，促进有潜力的欧洲公司的成长，帮助创新型中小企业成长为世界领先企业。三是充分准备应对社会挑战。针对现实情况，整合各学科领域的资源与知识，开展从研究初期到市场化的所有研发活动，部署相关政策举措，如小规模试验等。[2]

---

[1]　Horizon 2020, The EU Framework Programme for Research and Innovation. European commission [EB/OL]. http://ec. europa. eu/programmes/horizon2020/en/what-horizon-2020/，2015-06-20.

[2]　《解读欧盟"地平线 2020"科技规划》，载《科技发展研究》，2012 年第 5 期。

第三节　北欧国家的经验对中国启示

瑞典、芬兰、丹麦政府在促进本国就业创业工作方面取得了卓越的成绩，成功将三国的失业率，尤其是长期失业率稳定在较低水平。三国从立法、相关政策、职业介绍、就业培训、促进创新等方面形成了全面有效的系统性的就业创业促进机制，将三国政府最引人注目、最值得借鉴的特点总结如下。

第一，完善的职业介绍与咨询服务，跟踪帮扶每位失业者。

瑞典完善的职业介绍所体系在瑞典降低失业率、促进就业与创业的工作中起到了重要作用。由中央政府到各个地方，瑞典的职业介绍所体系覆盖了全国所有地区。首先，作为一个就业帮扶机构，职业介绍所对失业者进行失业登记，并为失业者提供就业信息、职业咨询；其次，职业介绍所还是一个"信息中心"，失业者、企业求职信息以及企业裁员都需要在职业介绍所进行登记，因此瑞典的职业介绍所掌握了大量的岗位与求职信息，有效地进行劳动力自由调配，有效帮助失业者再就业。

第二，注重帮扶特别群体，解决失业重点问题。

年轻人是失业率较高的群体，在每个国家的就业创业工作中都是重点群体，此外，残障者、妇女、移民等特殊群体失业情况的改善也是各个国家提升就业率的重要方面。三国政府对于这几类特殊群体均有专门的就业政策，为其提供就业与创业支持，提供公共的保护性就业机会，促使其享有均等的就业机会。重点为年轻人提供就业指导与培训，为残疾人提供职业康复计划，通过法律确保女性享有同男性均等的就业机会，为移民进行职业技能培训。倾向于边际化的就业政策使年轻人、残障者、妇女、移民等特殊群体受益，有效地降低了失业率，同时促进社会公平，维护社会秩序稳定。

第三，政府大力支持创新与创业，注重创业创新教育。

瑞典、芬兰、丹麦三国均将支持创业与促进创新作为国家战略。在支持创业与创新工作中以政府为主导，同时充分调动社会各界力量参与其中。三国均注重创新与创业教育，将创新创业教育纳入教育体系，真正"从娃娃抓起"，建立起从小学至大学的创新创业教育体系，并且在课程中不仅仅注重教授创业与创新的技能，将课程与其他普通教育进行有逻辑地嵌入，十分注重创新精神的培养。此外，三国政府注重科技成果、专利的保护，积极促进科技成果的转化，促进创业，并以创业带动就业。

第四，加强国际合作，联合地区力量共同促进就业创业与发展。

三国均参与了"欧盟科技框架计划""里斯本战略""欧洲2020战略""地平线2020战略"等一系列国际合作计划，充分利用国际合作的区域力量发展经济，进行创新，促进本国就业创业。

附　录

表 1　国内生产总值　　　　　　　　　　　　　　　　　　　　（亿元）

年份	国民总收入	国内生产总值	第一产业	第二产业			第三产业	人均国内生产总值（元）
				总值	工业	建筑业		
1978	3 645.2	3 645.2	1 027.5	1 745.2	1 607.0	138.2	872.5	381
1979	4 062.6	4 062.6	1 270.2	1 913.5	1769.7	143.8	878.9	419
1980	4 545.6	4 545.6	1 371.6	2 192.0	1 996.5	195.5	982.0	463
1981	4 889.5	4 891.6	1 559.5	2 255.5	2 048.4	207.1	1 076.6	492
1982	5 330.5	5 323.4	1 777.4	2 383.0	2 162.3	220.7	1 163.0	528
1983	5 985.6	5 962.7	1 978.4	2 646.2	2 375.6	270.6	1 338.1	583
1984	7 243.8	7 208.1	2 316.1	3 105.7	2 789.0	316.7	1 786.3	695
1985	9 040.7	9 016.0	2 564.4	3 866.6	3 448.7	417.9	2 585.0	858
1986	10 274.4	10 275.2	2 788.7	4 492.7	3 967.0	525.7	2 993.8	963
1987	12 050.6	12 058.6	3 233.0	5 251.6	4 585.8	665.8	3 574.0	1 112
1988	15 036.8	15 042.8	3 865.4	6 587.2	5 777.2	810.0	4 590.3	1 366
1989	17 000.9	16 992.3	4 265.9	7 278.0	6 484.0	794.0	5 448.4	1 519
1990	18 718.3	18 667.8	5 062.0	7 717.4	6 858.0	859.4	5 888.4	1 644
1991	21 826.2	21 781.5	5 342.2	9 102.2	8 087.1	1 015.1	7 337.1	1 893
1992	26 937.3	26 923.5	5 866.6	11 699.5	10 284.5	1 415.0	9 357.4	2 311
1993	35 260.0	35 333.9	6 963.8	16 454.4	14 188.0	2 266.5	11 915.7	2 998
1994	48 108.5	48 197.9	9 572.7	22 445.4	19 480.7	2 964.7	16 179.8	4 044
1995	59 810.5	60 793.7	12 135.8	28 679.5	24 950.6	3 728.8	19 978.5	5 046
1996	70 142.5	71 176.6	14 015.4	33 835.0	29 447.6	4 387.4	23 326.2	5 846
1997	78 060.9	78 973.0	14 441.9	37 543.0	32 921.4	4 621.6	26 988.1	6 420
1998	83 024.3	84 402.3	14 817.6	39 004.2	34 018.4	4 985.8	30 580.5	6 796
1999	88 479.2	89 677.1	14 770.0	41 033.6	35 861.5	5 172.1	33 873.4	7 159
2000	98 000.5	99 214.6	14 944.7	45 555.9	40 033.6	5 522.3	38 714.0	7 858
2001	108 068.2	109 655.2	15 781.3	49 512.3	43 580.6	5 931.7	44 361.6	8 622
2002	119 095.7	120 332.7	16 537.0	53 896.8	47 431.3	6 465.5	49 898.9	9 398
2003	135 174.0	135 822.8	17 381.7	62 436.3	54 945.5	7 490.8	56 004.7	10 542
2004	159 586.8	159 878.3	21 412.7	73 904.3	65 210.0	8 694.3	64 561.3	12 336
2005	183 618.5	184 937.4	22 420.0	87 598.1	77 230.8	10 367.3	74 919.3	14 185
2006	215 883.9	216 314.4	24 040.0	103 719.5	91 310.9	12 408.6	88 554.9	16 500
2007	266 411.0	265 810.3	28 627.0	125 831.4	110 534.9	15 296.5	111 351.9	20 169
2008	315 274.7	314 045.4	33 702.0	149 003.4	130 260.2	18 743.2	131 340.0	23 708
2009	341 401.5	340 902.8	35 226.0	157 638.8	135 239.9	22 398.8	148 038.0	25 608
2010	403 260.0	401 202.0	40 533.6	187 581.4	160 867.0	26 714.4	173 087.0	29 992
2011	472 115.0	472 881.6	47 486.2	220 412.8	188 470.2	31 942.7	204 982.5	35 181
2012	516 810.05	519 470.10	52 373.63	235 161.99	199 670.66	35 491.34	231 934.48	38 459.47
2013	566 130.2	568 845.2	56 957.0	249 684.4	210 689.4	38 995.0	262 203.8	41 908

表 2 　各地区国内生产总值

（亿元）

年份 地区	2001	2002	2003	2004	2005	2006	2007	2008	2009	2010	2011	2012	2013
北　京	3 710.52	4 330.40	5 023.77	6 060.28	6 886.31	8 117.78	9 846.81	11 115.00	12 153.03	14 113.58	16 251.93	17 879.40	19 500.56
天　津	1 919.09	2 150.76	2 578.03	3 110.97	3 697.62	4 462.74	5 252.76	6 719.01	7 521.85	9 224.46	11 307.28	12 893.88	14 370.16
河　北	5 516.76	6 018.28	6 921.29	8 477.63	10 096.11	11 467.60	13 607.32	16 011.97	17 235.48	20 394.26	24 515.76	26 575.01	28 301.41
山　西	2 029.53	2 324.80	2 855.23	3 571.37	4 179.52	4 878.61	6 024.45	7 315.40	7 358.31	9 200.86	11 237.55	12 112.83	12 602.24
内蒙古	1 713.81	1 940.94	2 388.38	3 041.07	3 895.55	4 944.25	6 423.18	8 496.20	9 740.25	11 672.00	14 359.88	15 880.58	16 832.38
辽　宁	5 033.08	5 458.22	6 002.54	6 672.00	8 009.01	9 304.52	11 164.30	13 668.58	15 212.49	18 457.27	22 226.70	24 846.43	27 077.65
吉　林	2 120.35	2 348.54	2 662.08	3 122.01	3 620.27	4 275.12	5 284.69	6 426.10	7 278.75	8 667.58	10 568.83	11 939.24	12 981.46
黑龙江	3 390.13	3 637.20	4 057.40	4 750.60	5 511.50	6 211.80	7 104.00	8 314.37	8 587.00	10 368.60	12 582.00	13 691.58	14 382.93
上　海	5 210.12	5 741.03	6 694.23	8 072.83	9 154.18	10 572.24	12 494.01	14 069.86	15 046.45	17 165.98	19 195.69	20 181.72	21 602.12
江　苏	9 456.84	10 606.85	12 442.87	15 003.60	18 305.66	21 742.05	26 018.48	30 981.98	34 457.30	41 425.48	49 110.27	54 058.22	59 161.75
浙　江	6 898.34	8 003.67	9 705.02	11 648.70	13 437.85	15 718.47	18 753.73	21 462.69	22 990.35	27 722.31	32 318.85	34 665.33	37 568.49
安　徽	3 246.71	3 519.72	3 923.10	4 759.32	5 375.12	6 112.50	7 360.92	8 851.66	10 062.82	12 359.33	15 300.65	17 212.05	19 038.87
福　建	4 072.85	4 467.55	4 983.67	5 763.35	6 568.93	7 583.85	9 248.53	10 823.01	12 236.53	14 737.12	17 560.18	19 701.78	21 759.64
江　西	2 175.68	2 450.48	2 807.41	3 456.70	4 056.76	4 820.53	5 800.25	6 971.05	7 655.18	9 451.26	11 702.82	12 948.88	14 338.50
山　东	9 195.04	10 275.50	12 078.15	15 021.84	18 516.87	21 900.19	25 776.91	30 933.28	33 896.65	39 169.92	45 361.85	50 013.24	54 684.33
河　南	5 533.01	6 035.48	6 867.70	8 553.79	10 587.42	12 362.79	15 012.46	18 018.53	19 480.46	23 092.36	26 931.03	29 599.31	32 155.86
湖　北	3 880.53	4 212.82	4 757.45	5 633.24	6 520.14	7 617.47	9 333.40	11 328.89	12 961.10	15 967.61	19 632.26	22 250.45	24 668.49
湖　南	3 831.90	4 151.54	4 659.99	5 641.94	6 511.34	7 688.67	9 439.60	11 555.00	13 059.69	16 037.96	19 669.56	22 154.23	24 501.67

续表

年份 地区	2001	2002	2003	2004	2005	2006	2007	2008	2009	2010	2011	2012	2013
广 东	12 039.25	13 502.42	15 844.64	18 864.62	22 366.54	26 587.76	31 777.01	36 796.71	39 482.56	46 013.06	53 210.28	57 067.92	62 163.97
广 西	2 279.34	2 523.73	2 821.11	3 433.50	4 075.75	4 746.16	5 823.41	7 021.00	7 759.16	9 569.85	11 720.87	13 035.10	14 378.00
海 南	558.41	621.97	693.20	798.90	894.57	1 044.91	1 254.17	1 503.06	1 654.21	2 064.50	2 522.66	2 855.54	3 146.46
重 庆	1 765.68	1 990.01	2 272.82	2 692.81	3 070.49	3 907.23	4 676.13	5 793.66	6 530.01	7 925.58	10 011.37	11 409.60	12 656.69
四 川	4 293.49	4 725.01	5 333.09	6 379.63	7 385.11	8 690.24	10 562.39	12 601.23	14 151.28	17 185.48	21 026.68	23 872.80	26 260.77
贵 州	1 133.27	1 243.43	1 426.34	1 677.80	1 979.06	2 338.98	2 884.11	3 561.56	3 912.68	4 602.16	5 701.84	6 852.20	8 006.79
云 南	2 138.31	2 312.82	2 556.02	3 081.91	3 472.89	3 988.14	4 772.52	5 692.12	6 169.75	7224.18	8 893.12	10 309.47	11 720.91
西 藏	146.04	166.56	189.09	220.34	251.21	290.76	341.43	394.85	441.36	507.46	605.83	701.03	807.67
陕 西	2 010.62	2 253.39	2 587.72	3 175.58	3 675.66	4 743.61	5 757.29	7 314.58	8 169.80	10 123.48	12 512.30	14 453.68	16 045.21
甘 肃	1 125.37	1 232.03	1 399.83	1 688.49	1 933.98	2 276.70	2 702.40	3 166.82	3 387.56	4 120.75	5 020.37	5 650.20	6 268.01
青 海	300.13	340.65	390.20	466.10	543.32	648.50	797.35	1 018.62	1 081.27	1 350.43	1 670.44	1 893.54	2 101.05
宁 夏	337.44	377.16	445.36	537.16	606.10	725.90	919.11	1 203.92	1 353.31	1 689.65	2 102.21	2 341.29	2 565.06
新 疆	1 491.60	1 612.65	1 886.35	2 209.09	2 604.19	3 045.26	3 523.16	4 183.21	4 277.05	5 437.47	6 610.05	7 505.31	8 360.24

表 3 地区生产总值指数(上年为 100)

年份 地区	2001	2002	2003	2004	2005	2006	2007	2008	2009	2010	2011	2012	2013
北　京	111.7	111.5	111.0	114.1	111.8	113.0	114.5	109.1	110.2	110.3	108.1	107.7	107.7
天　津	112.0	112.7	114.8	115.8	114.7	114.7	115.5	116.5	116.5	117.4	116.4	113.8	112.5
河　北	108.7	109.6	111.6	112.9	113.4	113.4	112.8	110.1	110.0	112.2	111.3	109.6	108.2
山　西	110.1	112.9	114.9	115.2	112.6	112.8	115.9	108.5	105.4	113.9	113.0	110.1	108.9
内蒙古	110.6	113.2	117.6	120.9	123.8	119.1	119.2	117.8	116.9	115.0	114.3	111.5	109.0
辽　宁	109.0	110.2	111.5	112.8	112.3	114.2	115.0	113.4	113.1	114.2	112.2	109.5	108.7
吉　林	109.3	109.5	110.2	112.2	112.1	115.0	116.1	116.0	113.6	113.8	113.8	112	108.3
黑龙江	109.3	110.2	110.2	111.7	111.6	112.1	112.0	111.8	111.4	112.7	112.3	110	108.0
上　海	110.5	111.3	112.3	114.2	111.1	112.7	115.2	109.7	108.2	110.3	108.2	107.5	107.7
江　苏	110.2	111.7	113.6	114.8	114.5	114.9	114.9	112.7	112.4	112.7	111.0	110.1	109.6
浙　江	110.6	112.6	114.7	114.5	112.8	113.9	114.7	110.1	108.9	111.9	109.0	108	108.2
安　徽	108.9	109.6	109.4	113.3	111.6	112.5	114.2	112.7	112.9	114.6	113.5	112.1	110.4
福　建	108.7	110.2	111.5	111.8	111.6	114.8	115.2	113.0	112.3	113.9	112.3	111.4	111.0
江　西	108.8	110.5	113.0	113.2	112.8	112.3	113.2	113.1	113.1	114.0	112.5	111	110.1
山　东	110.0	111.7	113.4	115.4	115.2	114.7	114.2	112.0	112.2	112.3	110.9	109.8	109.6
河　南	109.0	109.5	110.7	113.7	114.2	114.4	114.6	112.1	110.9	112.5	111.9	110.1	109.0
湖　北	108.9	109.2	109.7	111.2	112.1	113.2	114.6	113.4	113.5	114.8	113.8	111.3	110.1
湖　南	109.0	109.0	109.6	112.1	111.6	112.8	115.0	113.9	113.7	114.6	112.8	111.3	110.1
广　东	110.5	112.4	114.8	114.8	113.8	114.8	114.9	110.4	109.7	112.4	110.0	108.2	108.5
广　西	108.3	110.6	110.2	111.8	113.2	113.6	115.1	112.8	113.9	114.2	112.3	111.3	110.2
海　南	109.1	109.6	110.6	110.7	110.2	113.2	115.8	110.3	111.7	116.0	112.0	109.1	109.9
重　庆	109.0	110.2	111.5	112.2	111.5	112.4	115.9	114.5	114.9	117.1	116.4	113.6	112.3
四　川	109.0	110.3	111.3	112.7	112.6	13.5	114.5	111.0	114.5	115.1	115.0	112.6	110.0
贵　州	108.8	109.1	110.1	111.4	111.6	112.8	114.8	111.3	111.4	112.8	115.0	113.6	112.5
云　南	106.8	109.0	108.8	111.3	109.0	111.6	112.2	110.6	112.1	112.3	113.7	113	112.1
西　藏	112.7	112.9	112.0	112.1	112.1	113.3	114.0	110.1	112.4	112.3	112.7	111.8	112.1
陕　西	109.8	111.1	111.8	112.9	112.6	113.9	115.8	116.4	113.6	114.6	113.9	112.9	111.0
甘　肃	109.8	109.9	110.7	111.5	111.8	111.5	112.1	110.1	110.3	111.8	112.5	112.6	110.8
青　海	111.7	112.1	111.9	112.3	112.2	113.3	113.5	113.5	110.1	115.3	113.5	112.3	110.8
宁　夏	110.1	110.2	112.7	111.2	110.9	112.7	112.7	112.6	111.9	113.5	112.1	111.5	109.8
新　疆	108.6	108.2	111.2	111.4	110.9	111.0	112.2	111.0	108.1	110.6	112.0	112	111.0

表 4　全国各地区按现住地统计的人口　　　　　　　　　　　　　　　　（万人）

年份 地区	2000	2001	2002	2003	2004	2005	2006	2007	2008	2009	2010	2011	2012	2013
北　京	1 382	1 383	1 423	1 456	1 493	1 538	1 581	1 633	1 695	1 755	1 962	2 019	2 069	2 115
天　津	1 001	1 004	1 007	1 011	1 024	1 043	1 075	1 115	1 176	1 228	1 299	1 355	1 413	1 472
河　北	6 744	6 699	6 735	6 769	6 809	6 851	6 898	6 943	6 989	7 034	7 194	7 241	7 288	7 333
山　西	3 297	3 272	3 294	3 314	3 335	3 355	3 375	3 393	3 411	3 427	3 574	3 593	3 611	3 630
内蒙古	2 376	2 377	2 379	2 380	2 384	2 386	2 397	2 405	2 414	2 422	2 472	2 482	2 490	2 498
辽　宁	4 238	4 194	4 203	4 210	4 217	4 221	4 271	4 298	4 315	4 319	4 375	4 383	4 389	4 390
吉　林	2 728	2 691	2 699	2 704	2 709	2 716	2 723	2 730	2 734	2 740	2 747	2 749	2 750	2 751
黑龙江	3 689	3 811	3 813	3 815	3 817	3 820	3 823	3 824	3 825	3 826	3 833	3 834	3 834	3 835
上　海	1 674	1 614	1 625	1 711	1 742	1 778	1 815	1 858	1 888	1 921	2 303	2 347	2 380	2 415
江　苏	7 438	7 355	7 381	7 406	7 433	7 475	7 550	7 625	7 677	7 725	7 869	7 899	7 920	7 939
浙　江	4 677	4 613	4 647	4 680	4 720	4 898	4 980	5 060	5 120	5 180	5 447	5 463	5 477	5 498
安　徽	5 986	6 328	6 338	6 410	6 461	6 120	6 110	6 118	6 135	6 131	5 957	5 968	5 988	6 030
福　建	3 471	3 440	3 466	3 488	3 511	3 535	3 558	3 581	3 604	3 627	3 693	3 720	3 748	3 774
江　西	4 140	4 186	4 222	4 254	4 284	4 311	4 339	4 368	4 400	4 432	4 462	4 488	4 504	4 522
山　东	9 079	9 041	9 082	9 125	9 180	9 248	9 309	9 367	9 417	9 470	9 588	9 637	9 685	9 733
河　南	9 256	9 555	9 613	9 667	9 717	9 380	9 392	9 360	9 429	9 487	9 405	9 388	9 406	9 413
湖　北	6 028	5 975	5 988	6 002	6 016	5 710	5 693	5 699	5 711	5 720	5 728	5 758	5 779	5 799
湖　南	6 440	6 596	6 629	6 663	6 698	6 326	6 342	6 355	6 380	6 406	6 570	6 596	6 639	6 691
广　东	8 642	7 783	7 859	7 954	8 304	9 194	9 304	9 449	9 544	9 638	10 441	10 505	10 594	10 644
广　西	4 489	4 788	4 822	4 857	4 889	4 660	4 719	4 768	4 816	4 856	4 610	4 645	4 682	4 719
海　南	787	796	803	811	818	828	836	845	854	864	869	877	887	895
重　庆	3 090	3 097	3 107	3 130	3 122	2 798	2 808	2 816	2 839	2 859	2 885	2 919	2 945	2 970
四　川	8 329	8 640	8 673	8 700	8 725	8 212	8 169	8 127	8 138	8 185	8 045	8 050	8 076	8 107
贵　州	3 525	3 799	3 837	3 870	3 904	3 730	3 757	3 762	3 793	3 798	3 479	3 469	3 484	3 502
云　南	4 288	4 287	4 333	4 376	4 415	4 450	4 483	4 514	4 543	4 571	4 602	4 631	4 659	4 687
西　藏	262	263	267	270	274	277	281	284	287	290	301	303	308	312
陕　西	3 605	3 659	3 674	3 690	3 705	3 720	3 735	3 748	3 762	3 772	3 735	3 743	3 753	3 764
甘　肃	2 562	2 575	2 593	2 603	2 619	2 594	2 606	2 617	2 628	2 635	2 560	2 564	2 578	2 582
青　海	518	523	529	534	539	543	548	552	554	557	563	568	573	578
宁　夏	562	563	572	580	588	596	604	610	618	625	633	639	647	654
新　疆	1 925	1 876	1 905	1 934	1 963	2 010	2 050	2 095	2 131	2 159	2 185	2 209	2 233	2 264

表 5　全国各地区按户口登记地统计的人口

（万人）

年份 地区	2000	2001	2002 (0.988‰)	2003 (0.982‰)	2004 (0.966‰)	2005 (1.325‰)	2006 (0.907‰)	2007 (0.900‰)	2008 (0.887‰)	2009 (0.873‰)	2010	2011	2012	2013 (0.822‰)
北京	1 215	1 357	1 372	1 407	1 421	2 036	1 429	1 455	1 481	1 510	1 961	2 019	2 069	17 454
天津	937	9 849	996	996	987	1 381	969	990	1 011	1 047	1 294	1 355	1 413	12 150
河北	6 503	6 668	6 646	6 657	6 608	9 069	6 368	6 350	6 298	6 224	7 185	7 241	7 288	60 517
山西	3 192	3 247.	3 246	3 256	3 235	4 441	3 118	3 107	3 078	3 038	3 571	3 593	3 611	29 957
内蒙古	2 304	2 332	2 359	2 351	2 323	3 159	2 218	2 207	2 182	2 150	2 471	2 482	2 490	20 613
辽宁	4 114	4 182	4 161	4 155	4 110	5 587	3 923	3 932	3 899	3 843	4 375	4 383	4 389	36 231
吉林	2 654	2 680	2 669	2 668	2 640	3 595	2 524	2 507	2 476	2 435	2 746	2 749	2 750	22 707
黑龙江	3 610	3 624	3 781	3 769	3 724	5 056	3 550	3 519	3 469	3 407	3 831	3 834	3 834	31 651
上海	1 508	1 641	1 601	1 606	1 670	2 354	1 653	1 671	1 685	1 681	2 302	2 347	2 380	19 932
江苏	7 065	7 304	7 297	7 297	7 230	9 895	6 947	6 950	6 917	6 837	7 866	7 899	7 920	65 526
浙江	4 322	4 593	4 577	4 593	4 568	6 483	4 552	4 584	4 590	4 547	5 443	5 463	5 477	45 376
安徽	5 853	5 900	6 278	6 265	6 258	8 101	5 688	5 625	5 550	5 464	5 950	5 968	5 988	49 765
福建	3 124	3 410	3 413	3 426	3 405	4 679	3 286	3 275	3 248	3 210	3 689	3 720	3 748	31 148
江西	3 950	4 040	4 152	4 174	4 152	5 707	4 007	3 995	3 962	3 919	4 457	4 488	4 504	37 321
山东	8 678	8 997	8 970	8 978	8 907	12 241	8 595	8 570	8 497	8 387	9 579	9 637	9 685	80 331
河南	9 056	9 124	9 479	9 503	9 437	12 416	8 718	8 646	8 491	8 397	9 402	9 388	9 406	77 688
湖北	5 587	5 951	5 927	5 918	5 851	7 558	5 307	5 241	5 170	5 086	5 724	5 758	5 779	47 860
湖南	6 218	6 327	6 543	6 552	6 504	8 374	5 880	5 838	5 765	5 682	6 568	6 596	6 639	55 219
广东	7 068	8 523	7 722	7 768	7 765	12 170	8 545	8 565	8 571	8 498	10 430	10 505	10 594	87 847

续表

年份　地区	2000	2001	2002 (0.988‰)	2003 (0.982‰)	2004 (0.966‰)	2005 (1.325‰)	2006 (0.907‰)	2007 (0.900‰)	2008 (0.887‰)	2009 (0.873‰)	2010	2011	2012	2013 (0.822‰)
广西	4 349	4 385	4 750	4 766	4 741	6 168	4 331	4 344	4 325	4 289	4 603	4 645	4 682	38 947
海南	749	756	789	794	792	1 096	770	770	767	767	867	877	887	7 389
重庆	2 984	3 051	3 072	3 071	3 055	3 704	2 601	2 585	2 555	2 528	2 885	2 919	2 945	24 512
四川	7 976	8 235	8 570	8 574	8 492	10 870	7 632	7 520	7 372	7 247	8 042	8 050	8 076	66 904
贵州	3 459	3 525	3 769	3 793	3 778	4 937	3 467	3 459	3 413	3 378	3 475	3 469	3 484	28 905
云南	4 097	4 236	4 253	4 284	4 272	5 890	4 136	4 127	4 095	4 046	4 597	4 631	4 659	38 680
西藏	253	262	261	264	264	367	257	259	258	256	300	303	308	2 575
陕西	3 421	3 537	3 630	3 631	3 602	4 924	3 457	3 438	3 400	3 350	3 733	3 743	3 753	31 063
甘肃	2 474	2 512	2 555	2 563	2 541	3 434	2 411	2 399	2 374	2 341	2 558	2 564	2 578	21 311
青海	497	482	519	523	521	719	505	505	501	493	563	568	573	4 769
宁夏	547	549	559	565	566	789	554	556	553	550	630	639	647	5 399
新疆	1 852	1 846	1 980	1 883	1 888	2 658	1 868	1 887	1 900	1 898	2 181	2 209	2 233	18 688

表6　各地区人口自然增长率　　　　　　　　　　　　（‰）

年份 地区	2001	2002	2003	2004	2005	2006	2007	2008	2009	2010	2011	2012	2013
北　京	0.80	0.90	−0.10	0.70	1.09	1.29	3.40	3.42	3.50	3.07	4.02	4.74	4.41
天　津	1.64	1.45	1.10	1.34	1.43	1.60	2.05	2.19	2.60	2.60	2.50	2.63	2.28
河　北	4.98	5.28	5.16	5.79	6.09	6.23	6.55	6.55	6.50	6.81	6.50	6.47	6.17
山　西	7.16	6.72	6.22	6.25	6.02	5.75	5.33	5.31	4.89	5.30	4.86	4.87	5.24
内蒙古	4.98	3.68	3.07	3.55	4.62	3.96	4.48	4.27	3.96	3.76	3.51	3.65	3.36
辽　宁	1.64	1.34	1.07	0.91	0.97	1.10	1.53	1.10	0.97	0.42	−0.34	−0.39	−0.03
吉　林	3.38	3.19	1.61	1.76	2.57	2.67	2.50	1.61	1.95	2.03	1.02	0.36	0.32
黑龙江	2.99	2.54	2.03	1.82	2.67	2.39	2.49	2.23	2.06	2.32	1.07	1.27	0.78
上　海	−0.95	−0.54	−1.35	0.00	0.96	1.58	3.04	2.72	2.70	1.98	1.87	4.2	2.94
江　苏	2.41	2.18	2.01	2.25	2.21	2.28	2.30	2.30	2.56	2.85	2.61	2.45	2.43
浙　江	3.77	3.79	3.28	4.95	5.02	4.87	4.81	4.58	4.63	4.73	4.07	4.6	4.56
安　徽	6.61	6.03	5.95	6.12	6.20	6.30	6.35	6.45	6.47	6.75	6.32	6.86	6.82
福　建	6.04	5.78	5.85	5.96	5.98	6.25	6.00	6.30	6.20	6.11	6.21	7.01	6.19
江　西	9.38	8.72	8.09	7.62	7.83	7.79	7.87	7.91	7.89	7.66	7.50	7.32	6.91
山　东	4.88	4.55	4.78	6.01	5.83	5.50	5.00	5.09	5.62	5.39	5.10	4.95	5.01
河　南	6.94	6.03	5.64	5.20	5.25	5.32	4.94	4.97	4.99	4.95	4.94	5.16	5.51
湖　北	2.44	2.21	2.32	2.40	3.05	3.13	3.23	2.71	3.48	4.34	4.38	4.88	4.93
湖　南	5.08	4.86	4.95	5.09	5.15	5.19	5.25	5.40	6.11	6.40	6.55	6.57	6.54
广　东	8.83	8.21	8.35	8.01	7.02	7.29	7.30	7.25	7.26	6.97	6.10	6.95	6.02
广　西	7.73	7.00	7.29	7.20	8.16	8.34	8.20	8.70	8.53	8.65	7.67	7.89	7.93
海　南	9.47	9.48	9.16	8.98	8.93	8.86	8.91	8.99	8.96	8.98	8.97	8.85	8.69
重　庆	2.80	3.28	2.69	2.85	3.00	3.40	3.80	3.80	3.70	2.77	3.17	4	3.60
四　川	4.37	3.89	3.12	2.78	2.90	2.86	2.92	2.39	2.72	2.31	2.98	2.97	3.00
贵　州	11.33	10.75	9.04	8.73	7.38	7.26	6.68	6.72	6.96	7.41	6.38	6.31	5.90
云　南	10.94	10.60	9.80	9.00	7.97	6.90	6.86	6.32	6.08	6.54	6.35	6.22	6.17
西　藏	12.10	12.76	11.10	11.20	10.79	11.70	11.30	10.30	10.24	10.25	10.26	10.27	10.38
陕　西	4.16	4.12	4.29	4.26	4.01	4.04	4.05	4.08	4.00	3.72	3.69	3.88	3.86
甘　肃	7.15	6.71	6.12	5.91	6.02	6.24	6.49	6.54	6.61	6.03	6.05	6.06	6.08
青　海	12.62	11.70	10.85	9.87	9.49	8.97	8.80	8.35	8.32	8.63	8.31	8.24	8.03
宁　夏	11.71	11.56	10.95	11.18	10.98	10.60	9.76	9.69	9.68	9.04	8.97	8.93	8.62
新　疆	11.13	10.87	10.78	10.91	11.38	10.76	11.78	11.17	10.56	10.56	10.57	10.84	10.92

表 7 登记招聘人数

（人）

年份／地区	2000	2001	2002	2003	2004	2005	2006	2007	2008	2009	2010	2011	2012	2013
北京	825 000	659 050	582 000	582 000	582 482	550 000	638 584	851 689	1 172 429	1 222 457	1 811 089	1 783 262	1 621 815	1 688 102
天津	346 121	392 000	431 000	431 000	431 200	550 000	470 000	490 000	503 000	456 000	1 269 704	764 657	825 277	1 025 277
河北	493 272	1 047 553	1 022 000	1 199 000	544 538	1 893 000	1 750 338	1 567 429	1 592 295	1 431 692	2 171 966	2 609 930	2 297 523	2 296 106
山西	174 306	173 056	134 000	210 000	209 941	333 000	579 389	684 600	533 715	497 462	1 223 766	1 143 524	1 136 376	910 036
内蒙古	193 785	205 058	303 000	389 000	524 866	642 000	773 610	771 187	699 797	738 945	963 659	956 092	860 058	634 344
辽宁	750 228	870 972	1 233 000	1 271 000	1 427 065	1 394 000	1 802 345	1 939 966	1 447 828	2 136 523	5 197 901	3 970 703	4 208 548	3 955 686
吉林	151 562	372 584	348 000	396 000	559 689	580 000	739 863	698 556	731 128	916 323	983 245	1 315 551	1 158 514	1 046 530
黑龙江	243 181	190 735	457 000	773 000	1 166 130	1 377 000	1 142 252	1 142 234	1 265 857	1 305 797	1 295 246	1 528 955	1 515 302	1 161 993
上海	231 425	1 245 226	1 326 000	1 326 000	1 325 771	1 602 000	1 491 300	1 563 100	1 541 303	1 686 661	1 682 496	1 569 117	1 589 998	1 576 779
江苏	726 092	975 258	1 586 000	1 194 000	2 600 293	2 589 000	3 293 349	4 131 597	4 455 757	5 315 832	5 801 115	8 617 899	7 307 003	6 718 952
浙江	2 060 979	2 540 517	2 945 000	3 353 000	5 254 342	5 097 000	6 915 269	7 492 422	7 394 207	7 778 480	5 872 900	6 257 409	4 601 260	5 417 126
安徽	239 267	355 427	498 000	936 000	1 156 913	1 173 000	1 221 495	1 359 801	1 569 731	1 959 489	2 470 030	2 604 445	2 377 935	2 761 974
福建	613 770	722 986	1 113 000	1 113 000	1 112 666	2 807 000	3 015 375	2 889 419	3 315 106	3 121 718	4 074 660	3 969 144	4 061 271	4 419 470
江西	327 477	407 533	601 000	558 000	1 156 024	1 604 000	1 550 376	1 577 634	1 725 782	1 816 231	1 791 902	1 704 337	1 749 294	1 765 890
山东	813 454	1 013 441	1 270 000	2 127 000	2 770 329	2 926 000	3 297 990	3 345 560	3 332 623	3 581 204	3 490 948	4 735 823	4 073 346	3 746 567
河南	569 874	601 255	607 000	1 071 000	1 132 536	1 133 000	1 132 536	1 132 536	1 132 536	1 156 390	1 333 152	1 021 190	2 647 812	2 499 250
湖北	705 375	781 289	993 000	1 087 000	1 239 640	1 465 000	1 600 368	1 794 829	1 604 318	1 961 537	2 364 222	2 409 017	2 455 250	2 047 746
湖南	627 267	561 073	643 000	596 000	775 580	913 000	971 165	874 442	846 215	864 365	2 369 319	2 392 793	2 915 336	3 720 977
广东	2 151 196	2 264 219	2 959 000	5 055 000	6 047 186	5 836 000	9 906 496	12 301 819	12 319 538	13 483 865	8 951 958	8 927 992	13 339 559	5 374 076
广西	282 800	397 229	419 000	464 000	822 359	940 000	1 323 986	1 336 730	1 336 037	1 492 024	2 884 074	3 283 531	3 085 920	2 534 803

续表

年份 地区	2000	2001	2002	2003	2004	2005	2006	2007	2008	2009	2010	2011	2012	2013
海南	104 871	56 587	50 000	50 000	49 967	183 000	224 734	209 319	226 033	213 893	549 580	679 545	600 625	637 684
重庆	224 561	252 631	273 000	304 000	303 734	328 000	459 868	596 275	672 864	834 654	810 778	1 104 566	1 032 762	1 149 679
四川	630 136	736 822	880 000	1 011 000	1 024 357	1 251 000	1 540 673	1 630 669	1 662 824	1 830 243	1 894 053	1 813 938	1 879 709	1 670 707
贵州	118 896	142 045	166 000	179 000	243 654	259 000	267 312	349 284	329 444	445 748	645 435	1 332 609	1 361 539	1 510 755
云南	244 913	349 247	303 000	389 000	484 476	702 000	741 318	656 619	609 463	670 308	722 269	869 434	640 958	614 602
西藏	70	1 203	3 000	6 000	17 683	22 000	35 809	30 455	28 036	25 414	28 259	23 925	25 981	41 477
陕西	404 956	446 089	447 000	533 000	646 296	891 000	1 117 760	1 091 139	1 306 397	1 300 523	2 552 466	1 561 307	1 344 263	1 176 452
甘肃	232 334	309 316	241 000	149 000	198 796	313 000	335 026	390 911	383 116	392 248	498 785	494 192	514 034	437 221
青海	243 067	352 189	268 000	355 000	377 939	428 000	448 727	490 016	482 595	557 072	595 252	509 246	566 013	648 549
宁夏	53 674	67 254	106 000	179 000	190 409	239 000	248 567	401 661	386 245	512 180	534 626	364 696	337 009	212 974
新疆	310 280	277 804	294 000	287 000	275 288	370 000	476 219	614 193	463 955	751 803	578 940	747 868	828 277	468 011

表 8　登记求职人数

（人）

年份\地区	2000	2001	2002	2003	2004	2005	2006	2007	2008	2009	2010	2011	2012	2013
北京	800 000	860 000	878 000	878 000	877 890	520 000	522 259	466 856	408 197	402 830	335 296	274 230	568 511	521 514
天津	1 415 442	1 140 000	1 254 000	1 254 000	1 254 000	765 000	648 000	660 000	705 000	633 000	1 530 230	947 840	988 013	988 364
河北	666 295	1 325 455	1 092 000	1 267 000	1 604 100	1 943 000	1 899 799	1 672 612	1 557 509	1 404 796	1 618 187	1 907 907	1 814 001	1 813 667
山西	212 838	186 962	168 000	294 000	294 303	352 000	608 888	716 534	530 960	482 879	1 466 054	1 085 112	1 304 816	831 502
内蒙古	257 706	299 356	312 000	563 000	588 074	608 000	829 738	806 759	741 530	735 274	906 762	927 652	756 806	570 338
辽宁	1 173 113	1 409 413	1 625 000	1 534 000	1 773 663	1 712 000	1 871 184	1 956 966	1 332 797	2 192 477	4 406 652	2 644 242	2 189 781	2 874 604
吉林	206 498	439 414	396 000	469 000	652 942	637 000	885 336	882 973	918 345	964 331	981 360	1 030 700	888 454	868 608
黑龙江	466 460	328 242	914 000	935 000	1 370 046	1 478 000	1 317 076	1 184 384	1 335 422	1 380 614	1 459 037	1 583 301	1 635 787	1 368 924
上海	202 386	905 955	1 106 000	1 106 000	1 106 059	1 357 000	1 683 600	1 618 700	5 226 762	5 478 401	1 810 600	1 628 770	1 459 451	918 301
江苏	851 301	1043 624	1644 000	1 792 000	2 553 715	2 644 000	3 197 075	4 164 451	4 962 727	5 525 029	5 027 504	7 290 663	6 792 138	6 303 320
浙江	2 366 130	2 929 949	3 438 000	3 056 000	3 910 356	3 770 000	4 969 587	4 596 962	5 876 872	4 910 104	2 991 497	2 755 162	2 694 236	2 722 510
安徽	551 212	467 923	582 000	1 162 000	1 269 819	1 324 000	1 274 679	1 305 304	1 379 555	1 519 926	1 667 400	1 621 128	1 737 780	1 850 125
福建	767 551	904 672	1 194 000	1 194 000	1 193 964	2 157 000	2 112 122	2 222 630	2 510 676	2 695 673	3 075 004	2 735 453	2 790 036	3 005 392
江西	468 305	589 337	705 000	614 000	1 374 762	1 823 000	1 581 784	1 448 890	1 846 380	1 929 917	1 162 481	1 188 840	1 600 013	1 609 099
山东	1 039 103	1 189 644	1 419 000	2 277 000	2 781 331	2 805 000	3 079 782	3 046 311	2 712 838	2 951 400	2 363 231	3 358 892	3 185 307	2 825 251
河南	1 161 360	1 202 146	813 000	1 322 000	1 368 127	1 368 000	1 368 127	1 368 127	1 368 127	1 404 538	1 176 372	1 324 196	2 027 476	1 881 280
湖北	813 776	901 392	1 180 000	1 162 000	1 218 920	1 331 000	1 638 518	1 617 916	1 542 966	1 822 957	1 905 709	1 772 259	1 871 553	1 604 979
湖南	811 768	870 256	882 000	903 000	1 056 264	1 379 000	1 499 047	1 516 328	1 323 460	1 203 840	1 886 895	1 965 820	2 301 372	3 134 018
广东	2 249 179	3 201 598	3 007 000	4 383 000	4 648 299	7 224 000	8 389 827	9 179 142	1 023 550	1 122 618	7 306 739	6 516 525	1 186 039	3 044 225
广西	410 337	638 998	504 000	687 000	802 479	955 000	1 031 069	1 226 129	1 458 582	1 399 853	1 686 118	1 482 168	1 566 623	1 450 519

续表

年份 地区	2000	2001	2002	2003	2004	2005	2006	2007	2008	2009	2010	2011	2012	2013
海南	212 400	111 953	138 000	138 000	137 646	175 000	355 242	362 630	296 799	319 107	385 974	414 667	390 258	317 330
重庆	275 267	282 187	305 000	324 000	323 736	343 000	462 582	593 153	629 784	830 534	799 548	897 848	881 938	836 898
四川	711 456	758 818	909 000	981 000	912 958	1 085 000	1 407 031	1 720 498	1 555 995	1 753 289	1 379 583	1 273 189	1 273 320	1 102 022
贵州	137 762	156 795	197 000	199 000	213 496	195 000	251 588	327 520	310 755	348 800	530 519	621 019	578 324	537 275
云南	248 416	408 178	362 000	450 000	492 332	830 000	760 768	668 183	671 005	620 418	617 713	490 900	485 829	477 482
西藏	508	557	9 000	10 000	17 709	21 000	31 212	34 897	31 819	31 501	39 933	32 247	26 814	37 692
陕西	466 056	699 157	719 000	634 000	848 663	1 053 000	1 304 501	1 312 857	1 542 908	1 313 385	2 807 764	1 457 261	1 344 919	1 274 495
甘肃	281 505	336 128	290 000	178 000	189 672	287 000	421 124	461 293	504 181	472 252	417 784	417 261	421 552	387 274
青海	256 130	385 602	294 000	368 000	393 996	452 000	515 840	493 966	490 220	513 684	551 486	548 327	645 716	631 884
宁夏	105 102	143 881	220 000	110 000	211 612	327 000	346 395	502 844	466 290	565 888	954 891	430 263	436 000	302 458
新疆	331 328	277 310	285 000	357 000	387 060	369 000	1 095 185	1 249 741	845 699	1 024 109	510 852	542 686	606 759	414 565

表9　各地区职业介绍机构本年登记招聘人数与求职人数(2013/2000年)

地区	登记招聘人数变化				登记求职人数变化			
	人数变化(人)	排名	增长比例(%)	排名	人数变化(人)	排名	增长比例(%)	排名
北　京	863 102	20	1.046	29	−278 486	30	−0.348	31
天　津	679 156	23	1.962	21	−427 078	31	−0.302	30
河　北	1 802 834	11	3.655	16	1 147 372	7	1.722	16
山　西	735 730	22	4.221	13	618 664	17	2.907	6
内蒙古	440 559	25	2.273	20	312 632	23	1.213	20
辽　宁	3 205 458	5	4.273	12	1 701 491	5	1.450	19
吉　林	894 968	19	5.905	7	662 110	16	3.206	4
黑龙江	918 812	18	3.778	15	902 464	10	1.935	13
上　海	1 345 354	14	5.813	8	715 915	15	3.537	3
江　苏	5 992 860	1	8.254	4	5 452 019	1	6.404	2
浙　江	3 356 147	3	1.628	26	356 380	22	0.151	29
安　徽	2 522 707	8	10.543	3	1 298 913	6	2.356	11
福　建	3 805 700	2	6.201	6	2 237 841	3	2.916	5
江　西	1 438 413	12	4.392	11	1 140 794	8	2.436	10
山　东	2 933 113	7	3.606	17	1 786 148	4	1.719	17
河　南	1 929 376	10	3.386	18	719 920	14	0.620	23
湖　北	1 342 371	15	1.903	23	791 203	13	0.972	21
湖　南	3 093 710	6	4.932	10	2 322 250	2	2.861	8
广　东	3 222 880	4	1.498	28	795 046	12	0.353	27
广　西	2 252 003	9	7.963	5	1 040 182	9	2.535	9
海　南	532 813	24	5.081	9	104 930	27	0.494	25
重　庆	925 118	17	4.120	14	561 631	18	2.040	12
四　川	1 040 571	16	1.651	25	390 566	20	0.549	24
贵　州	1 391 859	13	11.707	2	399 513	19	2.900	7
云　南	369 689	27	1.509	27	229 066	24	0.922	22
西　藏	41 407	31	591.529	1	37 184	29	73.197	1
陕　西	771 496	21	1.905	22	808 439	11	1.735	15
甘　肃	204 887	28	0.882	30	105 769	26	0.376	26
青　海	405 482	26	1.668	24	375 754	21	1.467	18
宁　夏	159 300	29	2.968	19	197 356	25	1.878	14
新　疆	157 731	30	0.508	31	83 237	28	0.251	28

表 10　分地区城镇登记失业人员数（年末数）

年份\地区	2000	2001	2002	2003	2004	2005	2006	2007	2008	2009	2010	2011（万人）	2012（万人）	2013（万人）
北　京	33 000	52 000	60 000	69 579	65 000	106 000	104 000	106 275	103 000	81 550	77 255	8.1	8.1	7.5
天　津	105 000	114 000	129 000	120 264	118 000	117 000	117 000	149 942	130 000	149 966	160 983	20.1	20.4	21.7
河　北	174 000	195 000	222 000	256 917	280 000	278 000	287 000	292 987	322 000	345 006	351 365	36.0	36.8	37.2
山　西	97 000	122 000	145 000	130 514	137 000	143 000	156 000	161 049	175 000	216 466	203 868	21.1	21.0	21.1
内蒙古	126 000	145 000	163 000	175 889	185 000	177 000	180 000	184 572	199 000	201 428	208 110	21.8	23.1	23.8
辽　宁	412 000	555 000	756 000	720 049	701 000	604 000	541 000	445 249	417 000	416 188	389 317	39.4	38.1	39.6
吉　林	230 000	202 000	238 000	284 324	282 000	276 000	263 000	239 353	243 000	234 456	226 500	22.2	22.3	22.6
黑龙江	253 000	355 000	416 000	349 782	329 000	313 000	312 000	314 747	321 000	314 101	362 397	35.0	41.3	41.4
上　海	201 000	257 000	288 000	301 134	274 000	275 000	278 000	266 997	266 000	278 663	277 301	27.0	26.7	25.3
江　苏	304 000	361 000	422 000	418 448	429 000	416 000	404 000	392 631	411 000	407 443	406 482	41.4	40.5	37.6
浙　江	218 000	240 000	277 000	282 740	301 000	290 000	291 000	286 025	307 000	306 849	311 342	31.7	33.4	33.4
安　徽	165 000	199 000	226 000	251 477	261 000	278 000	282 000	271 738	293 000	300 765	268 631	33.1	31.3	32.4
福　建	91 000	132 000	150 000	146 218	145 000	149 000	151 000	148 521	150 000	151 902	144 929	14.6	14.5	14.7
江　西	167 000	173 000	178 000	216 198	224 000	228 000	253 000	243 446	260 000	272 984	262 577	24.6	25.7	27.4
山　东	375 000	354 000	397 000	412 792	423 000	429 000	437 000	434 729	607 000	451 237	595 139	45.0	43.4	42.2
河　南	214 000	231 000	254 000	263 070	312 000	330 000	354 000	330 714	365 000	384 594	381 571	38.4	38.3	40.2
湖　北	366 000	422 000	447 000	493 498	494 000	526 000	526 000	541 027	551 000	552 538	556 542	55.1	42.3	40.2
湖　南	276 000	303 000	304 000	371 322	430 000	419 000	433 000	443 797	470 000	478 062	432 172	43.1	44.1	45.6
广　东	302 000	345 000	365 000	354 611	359 000	345 000	362 000	362 227	381 000	395 093	393 029	38.8	39.6	38.0
广　西	113 000	142 000	147 000	148 581	178 000	185 000	200 000	184 710	188 000	191 139	190 707	18.8	18.9	18.0

续表

年份 / 地区	2000	2001	2002	2003	2004	2005	2006	2007	2008	2009	2010	2011（万人）	2012（万人）	2013（万人）
海南	37 000	38 000	40 000	36 452	47 000	51 000	52 000	54 098	56 000	52 971	47 738	2.9	3.6	3.9
重庆	101 000	137 000	162 000	161 583	168 000	169 000	154 000	141 256	130 000	134 412	130 166	13.0	12.4	12.1
四川	308 000	319 000	338 000	330 984	333 000	343 000	361 000	345 310	379 000	362 808	345 550	36.9	40.7	42.9
贵州	102 000	111 000	111 000	111 784	116 000	121 000	121 000	121 329	125 000	123 378	121 798	12.5	12.6	13.7
云南	68 000	80 000	98 000	121 156	119 000	130 000	138 000	140 226	148 000	153 987	156 899	16.0	17.4	18.1
西藏	10 000	0	13 000	0	12 000	0	0	0	0	20 158	20 789	1.0	1.6	1.6
陕西	114 000	140 000	135 000	139 490	185 000	215 000	215 000	209 546	208 000	214 757	214 206	20.9	19.5	21.1
甘肃	74 000	74 000	87 000	93 095	95 000	93 000	97 000	95 101	94 000	102 826	107 224	10.8	9.8	9.3
青海	18 000	24 000	29 000	30 743	35 000	36 000	37 000	37 248	39 000	40 646	42 424	4.4	4.1	4.2
宁夏	38 000	37 000	35 000	37 543	41 000	44 000	42 000	44 162	48 000	47 990	47 551	5.2	4.6	4.7
新疆	110 000	97 000	99 000	99 000	133 000	111 000	116 000	116 959	118 000	118 586	109 874	11.1	11.8	11.9

表 11 　分地区城镇登记失业率(年末数) 　　　　　　　(%)

年份 地区	2000	2001	2002	2003	2004	2005	2006	2007	2008	2009	2010	2011	2012	2013
北　京	0.80	1.20	1.40	1.40	1.30	2.10	2.00	1.84	1.82	1.44	1.37	1.4	1.3	1.2
天　津	3.20	3.60	3.90	3.80	3.80	3.70	3.60	3.59	3.60	3.60	3.60	3.6	3.6	3.6
河　北	2.80	3.20	3.60	3.90	4.00	3.90	3.80	3.83	3.96	3.93	3.86	3.8	3.7	3.7
山　西	2.20	2.60	3.40	3.00	3.10	3.90	3.24	3.29	3.86	3.58	3.5	3.3	3.1	
内蒙古	3.30	3.70	4.10	4.50	4.60	4.30	4.10	3.99	4.10	3.97	3.90	3.8	3.7	3.7
辽　宁	3.70	3.20	6.50	6.50	6.50	5.60	5.10	4.28	3.90	3.87	3.63	3.7	3.6	3.4
吉　林	3.70	3.10	3.60	4.30	4.20	4.20	4.20	3.92	3.98	3.95	3.80	3.7	3.7	3.7
黑龙江	3.30	4.70	4.90	4.20	4.50	4.40	4.30	4.26	4.23	4.27	4.27	4.1	4.2	4.4
上　海	3.50		4.80	4.90	4.50		4.40	4.22	4.20	4.26	4.35	3.5	3.1	4.0
江　苏	3.20	3.60	4.20	4.10	3.80	3.60	3.40	3.17	3.25	3.22	3.16	3.2	3.1	3.0
浙　江	3.50	3.70	4.20	4.20	4.10	3.70	3.50	3.27	3.49	3.26	3.20	3.1	3	3.0
安　徽	3.30	3.70	4.00	4.10	4.20	4.40	4.20	4.06	3.92	3.92	3.66	3.7	3.7	3.4
福　建	2.60	3.80	4.20	4.10	4.00	4.00	3.89	3.86	3.90	3.77	3.7	3.6	3.6	
江　西	2.90	3.30	3.40	3.60	3.60	3.50	3.60	3.37	3.42	3.44	3.31	3.0	3	3.2
山　东	3.20	3.30	3.60	3.60	3.40	3.30	3.30	3.21	3.70	3.40	3.36	3.4	3.3	3.2
河　南	2.60	2.80	2.90	3.10	3.40	3.50	3.50	3.41	3.40	3.50	3.38	3.4	3.1	3.1
湖　北	3.50	4.00	4.30	4.30	4.20	4.30	4.20	4.21	4.20	4.21	4.18	4.1	3.8	3.5
湖　南	3.70	4.00	4.00	4.50	4.40	4.30	4.30	4.25	4.20	4.14	4.16	4.2	4.2	4.2
广　东	2.50	2.90	3.10	2.90	2.70	2.60	2.60	2.51	2.56	2.60	2.52	2.5	2.5	2.4
广　西	3.20	3.50	3.70	3.60	4.10	4.20	4.10	3.79	3.75	3.74	3.66	3.5	3.4	3.3
海　南	3.20	3.40	3.10	3.40	3.40	3.60	3.60	3.49	3.72	3.48	3.00	1.7	2	2.2
重　庆	3.50	3.90	4.10	4.10	4.10	4.10	3.98	3.96	3.96	3.90	3.5	3.3	3.4	
四　川	4.00	4.30	4.50	4.40	4.40	4.60	4.50	4.24	4.57	4.34	4.14	4.2	4	4.1
贵　州	3.80	4.00	4.10	4.00	4.10	4.20	4.10	3.97	3.98	3.81	3.64	3.6	3.3	3.3
云　南	2.60	3.30	4.00	4.10	4.30	4.30	4.30	4.18	4.21	4.26	4.21	4.1	4	4.0
西　藏	4.10		4.90		4.00					3.80	3.99	3.2	2.6	2.5
陕　西	2.70	3.20	3.30	3.50	3.80	4.20	4.00	4.02	3.91	3.94	3.85	3.6	3.2	3.3
甘　肃	2.70	2.80	3.20	3.40	3.40	3.60	3.60	3.34	3.23	3.25	3.21	3.1	2.7	2.3
青　海	2.40	3.50	3.60	3.80	3.90	3.90	3.90	3.75	3.80	3.80	3.80	3.8	3.4	3.3
宁　夏	4.60	4.40	4.40	4.40	4.50	4.50	4.30	4.28	4.35	4.40	4.35	4.4	4.2	4.1
新　疆	3.80	3.70	3.70	3.50	3.50	3.90	3.90	3.88	3.70	3.84	3.23	3.2	3.4	3.4

表 12 各地区登记失业率排名(2000 年与 2013 年)

地 区	分地区城镇登记失业率(%)		分地区城镇登记失业率排名		排名变化
	2000 年	2013 年	2000 年	2013 年	
北 京	0.80	1.2	31	31	0
天 津	3.20	3.6	16	10	−6
河 北	2.80	3.7	22	8	−15
山 西	2.20	3.1	30	23	−7
内蒙古	3.30	3.7	13	9	−4
辽 宁	3.70	3.4	6	16	10
吉 林	3.70	3.7	7	7	0
黑龙江	3.30	4.4	14	1	−13
上 海	3.50	4.0	9	5	−4
江 苏	3.20	3.0	17	25	8
浙 江	3.50	3.0	10	26	16
安 徽	3.30	3.4	15	13	−2
福 建	2.60	3.6	25	11	−14
江 西	2.90	3.2	21	22	1
山 东	3.20	3.2	18	21	3
河 南	2.60	3.1	26	24	−2
湖 北	3.50	3.5	11	12	1
湖 南	3.70	4.2	8	2	−6
广 东	2.50	2.4	28	28	0
广 西	3.20	3.3	19	19	0
海 南	3.20	2.2	20	30	10
重 庆	3.50	3.4	12	14	2
四 川	4.00	4.1	3	3	0
贵 州	3.80	3.3	4	20	16
云 南	2.60	4.0	27	6	−21
西 藏	4.10	2.5	2	27	25
陕 西	2.70	3.3	23	17	−6
甘 肃	2.70	2.3	24	29	5
青 海	2.40	3.3	29	18	−11
宁 夏	4.60	4.1	1	4	3
新 疆	3.80	3.4	5	15	10

表 13　各地区历年大专以上从业人员占就业总人数比例

（%）

年份　地区	1997	1998	1999	2001	2002	2003	2004	2005	2006	2007	2008	2009	2010	2011	2012	2013
北京	18	19.4	23	18.6	23.1	26.2	28.57	30.87	35.70	34.31	32.80	35.98	38.98	50.26	53.6	51.4
天津	10.3	7.5	11.1	10.8	13.7	13.5	18.17	14.84	17.26	17.37	16.94	17.99	21.52	26.74	27.8	31.8
河北	2.8	3.7	3.9	3.4	6.2	8.6	7.26	5.51	4.32	4.4	5.04	5.7	7.68	11.13	11.9	11.1
山西	4.6	3.4	5.1	6.7	6.8	7.6	6.98	7.98	8.09	7.94	7.18	7.88	10.81	12.92	15.4	15.3
内蒙古	4.8	5.3	5.1	6.9	7.4	7.3	8.69	10.27	7.42	7.85	7.82	8.15	12.41	16.55	17.0	17.3
辽宁	7.6	5.8	7	6.2	6.6	10.9	9.14	9.84	9.64	9.7	11.72	12.23	13.57	13.56	13.2	15.5
吉林	6.1	6.1	5.9	6.9	8	7.7	7.92	8.20	6.46	7.46	7.63	8.55	10.64	12.36	13.5	13.9
黑龙江	6.6	5.3	4.9	6.4	6.4	6.3	5.69	8.57	7.31	7.49	6.47	7.11	10.26	9.49	9.4	11.0
上海	11.6	12.9	15.1	17.1	16.2	20.3	24.36	21.90	28.39	27.68	29.20	31.32	28.31	32.13	33.7	35.0
江苏	2.6	3.9	5	5.6	4.6	6.2	5.81	7.70	8.15	6.66	6.63	7.27	11.95	13.68	15.4	16.9
浙江	3.2	3.6	3	3.8	7.9	8.2	10.45	6.47	8.74	8.03	8.90	10.38	11.56	15.92	17.6	19.2
安徽	2.3	2.3	2	4.4	3	5.3	5.78	4.89	3.69	3.42	4.06	3.89	7.53	8.65	9.7	10.1
福建	3.8	2.9	3.2	6.4	6.1	6.2	7.15	6.83	6.36	7.26	7.41	12.03	9.97	15.69	16.3	17.1
江西	2.4	2.2	3.3	6.2	3.9	9.3	6.15	5.45	5.86	8.84	6.91	7.43	7.17	8.02	9.0	10.8
山东	2.1	2	2.2	6.2	7.4	7.2	7.08	5.04	5.23	5.17	5.61	5.94	8.86	13.94	14.6	16.0
河南	1.9	2.6	2.3	5.3	5.6	3.9	5.85	5.06	4.35	4.05	4.47	4.96	6.82	8.59	9.0	10.2
湖北	4.6	3.8	4	5.8	4.9	5.5	5.88	5.97	7.57	6.82	7.05	7.87	9.20	14.09	13.8	13.5
湖南	2.4	2.4	3.4	4.9	5.4	5.9	6.65	5.53	5.51	5.55	5.61	5.68	7.89	14.76	14.3	14.8
广东	5.1	5.1	5	5.4	7.1	7.5	7.35	7.55	7.28	8.02	8.75	7.72	10.73	12.52	12.2	14.2
广西	1.2	1.2	0.9	3.6	3.8	5.6	6.53	5.10	5.25	4.24	3.72	4.45	7.36	7.96	9.0	8.3

续表

年份 地区	1997	1998	1999	2001	2002	2003	2004	2005	2006	2007	2008	2009	2010	2011	2012	2013
海南	3.2	4.1	5.1	5.4	5.2	8.2	7.13	6.99	5.98	5.27	6.07	6.14	9.04	11.42	13.3	14.3
重庆	2.3	1.4	2.7	3.8	3.8	3.7	4.37	5.52	5.08	4.12	3.93	5.46	10.38	11.36	12.3	12.5
四川	2.5	2.6	2.2	5.5	4.7	4.6	4.25	4.21	3.72	4.07	3.31	5.46	7.01	8.84	9.6	10.7
贵州	2.8	2.2	2.7	4.6	4.5	7.2	5.95	4.55	3.37	4.12	4.50	3.62	7.08	8.39	8.2	9.3
云南	1.6	1.2	1.4	2.5	2.7	2	4.64	3.88	3.64	3.53	3.01	3.24	6.49	8.75	8.4	10.0
西藏	0.5	0.2		0.2	0.4	0.6	0.7	0.87	0.49	0.3	0.34	0.3	7.10	18.51	6.6	5.9
陕西	3.8	3.2	4.2	5.9	5.1	8.1	10.04	7.64	7.49	8.13	8.91	8.42	10.49	16.04	17.0	18.7
甘肃	2.1	2.4	3.2	4.6	3.8	5.9	7.38	5.76	3.58	3.97	5.17	5.04	8.12	11.49	12.1	13.8
青海	2.7	4.2	5.3	3.7	4.2	7.1	6.11	10.05	7.98	9.17	9.26	10.2	11.51	16.69	16.5	17.5
宁夏	4.4	2.9	4.4	7.2	7.8	7.7	10.27	9.86	8.84	9.26	9.32	9.3	12.74	14.96	14.3	14.1
新疆	7.8	8.2	10.5	10.8	14	13.6	13.55	12.29	11.18	10.6	11.26	11.29	13.86	15.95	18.0	18.1

表 14 各地区大专及以上受教育程度人口 （人）

（1990 年、2000 年、2010 年为每十万人；2012 年、2013 年为全国人口变动情况抽样调查样本数据，抽样比分别为 0.831‰、0.822‰）

地　区	1990 年	2000 年	2010 年	2012 年	2013 年
北　京	9 301	16 843	31 499	6 143	6 859
天　津	4 668	9 007	17 480.2	2 553	2 670
河　北	955	2 698	7 296.04	3 232	4 307
辽　宁	2 596	6 181.68	11 965	6 519	3 013
上　海	6 534	10 940	21 951.6	4 392	1 966
江　苏	1 474	3 917.02	10 814.7	8 373	6 924
浙　江	1 170	3 189	9 330	6 473	2 509
福　建	1 227	2 967	8 361	2 262	3 708
山　东	975	3 331.09	8 694.45	7 367	4 703
广　东	1 338	3 560	8 214	8 027	8 462
广　西	791	2 389	5 977	2 281	7 464
海　南	1 244	3 167	7 768	694	4 186
山　西	1 384	3 423	8 721	2 707	2 554
内蒙古	1 475	3 803	10 207.7	2 364	3 228
吉　林	2 154	4 926	9 890	1 955	7 445
黑龙江	2 139	4 797	9 067	3 093	5 757
安　徽	883	2 297	6 697	4 721	5 304
江　西	991	2 576.05	6 847.41	2 846	4 343
河　南	848	2 674	6 398	4 798	6 665
湖　北	1 566	3 898	9 532.77	5 514	2 732
湖　南	1 138	2 927	7 594.87	3 749	593
重　庆	1 070	2 802	8 642.56	2 299	2 162
四　川	925	2 470	6 675.41	6 258	6 597
贵　州	777	1 902	5 291.99	1 749	2 419
云　南	807	2 013.24	5 778	2 438	2 763
西　藏	574	1 262	5 507.09	99	55
陕　西	1 672	4 137.92	10 556.1	3 150	3 463
甘　肃	1 104	2 665	7 519.96	1 790	1 788
青　海	1 490	3 298.79	8 615.92	423	553
宁　夏	1 609	3 690	9 152	452	559
新　疆	1 845	5 141	10 635	2 272	2 174

表 15　按年龄分全国就业人员大专及以上受教育程度者占比　　　　　（%）

年龄（岁）\年份	16~19	20~24	25~29	30~34	35~39	40~44	45~49	50~54	55~59	60~64	65+	总计
2002	0.5	6.2	9.5	8.2	7.1	5.9	4.8	3.6	3.2	1.4	0.8	6
2003	6.8	0.4	7.3	11.1	9.5	8.0	7.4	5.5	3.9	3.1	1.1	0.7
2004	0.5	8.13	12.38	10.16	7.91	7.92	5.49	4.15	3.34	1.02	0.61	7.23
2005	0.5	8.4	12.9	10.2	7.6	7.2	5.1	3.7	2.5	0.8	0.6	6.8
2006	0.6	8.8	13.3	10.5	7.9	6.8	5.0	3.7	2.2	1.0	0.7	6.6
2007	0.7	8.4	13.8	11.0	8.1	6.6	5.3	3.7	2.1	0.7	0.4	6.6
2008	1.0	9.7	14.8	11.6	8.1	6.2	5.6	3.8	2.1	0.6	0.4	6.9
2009	1.1	9.2	15.2	12.3	9.2	7.0	6.5	4.6	2.9	0.7	0.6	7.3
2010	1.3	12.5	20.6	16.4	11.6	8.5	7.9	5.4	3.2	0.7	0.5	10.1
2011	2.6	18.8	25.9	21.0	14.8	10.4	8.8	6.6	3.7	0.9	0.5	12.9
2012	3.2	19.7	26.6	22.9	16.2	11.4	9.1	7.2	4.1	1.1	0.5	13.7
2013	2.8	21.3	28.8	25.1	17.8	12.1	9.0	8.4	4.3	1.0	0.5	14.6

表 16　全国就业训练中心结业与就业人数　　　　　　　　（人）

年份	结业人数（人）	就业人数（人）	就业率（就业数/结业数%）
2001	4 633 170	2 809 620	60.6
2002	5 034 090	3 181 555	63.2
2003	5 796 603	3 768 636	65.0
2004	7 155 655	4 662 924	65.2
2005	7 971 643	5 577 680	70.0
2006	8 896 578	6 488 160	72.9
2007	9 184 327	7 166 297	78.0
2008	8 632 205	7 044 980	81.6
2009	7 710 226	6 607 821	85.7
2010	7 257 643	5 995 558	82.6
2011	7 441 632	5 942 559	79.9
2012	7 558 849	6 925 624	91.6
2013	5 840 449	4 534 446	77.6

表 17　全国职业技能鉴定劳动者数量　　　　　　（人）

年份	获得证书人数	初级	中级	高级	技师	高级技师
1996	2 146 895	727 215	1 094 809	271 346	51 262	2 263
1997	2 786 360	949 828	1 439 046	364 024	30 506	2 956
1998	2 858 782	1 071 270	1 491 968	244 529	44 995	6 020
1999	2 924 206	1 280 322	1 356 103	249 480	35 165	3 136
2000	3 726 619	1 553 035	1 743 885	393 201	34 175	2 323
2001	4 570 081	1 756 881	2 236 967	523 010	49 689	3 534
2002	5 562 607	2 036 748	2 712 382	761 195	48 852	3 430
2003	5 839 222	2 124 504	2 870 097	768 890	69 501	6 230
2004	7 360 975	2 691 946	3 516 786	975 155	140 816	36 272
2005	7 857 292	2 732 405	3 756 905	1 133 278	195 577	39 127
2006	9 252 416	3 124 130	4 390 924	1 440 591	260 830	35 384
2007	9 956 079	3 687 419	4 518 674	1 429 235	274 176	46 575
2008	11 372 105	4 492 273	4 891 989	1 606 473	318 047	63 323
2009	12 320 051	5 251 357	5 134 383	1 516 357	336 623	81 331
2010	13 929 377	5 899 097	5 544 598	2 097 432	316 663	71 587
2011	14 820 504	6 533 022	5 464 700	2 464 290	286 769	71 723
2012	15 487 834	6 655 352	5 604 790	2 760 639	336 187	130 866
2013	15 366 664	6 766 044	5 372 332	2 728 517	376 144	123 627

表 18　按学历结构分大学毕业生数

(人)

学历＼年份	2000	2001	2002	2003	2004	2005	2006	2007	2008	2009	2010	2011	2012	2013
研究生	58 569	67 567	80 841	111 091	150 777	189 728	255 902	311 839	344 825	371 273	383 600	429 994	486 455	513 626
博　士	11 004	12 867	14 638	18 806	23 446	27 677	36 247	41 464	43 759	48 658	48 987	50 289	51 713	53 139
硕　士	47 565	54 700	66 203	92 285	127 331	162 051	219 655	270 375	301 066	322 615	334 613	379 705	434 742	460 487
普通本科专科生	949 767	1 036 323	1 337 309	1 877 492	2 391 152	3 067 956	3 774 708	4 477 907	5 119 498	5 311 023	5 754 245	6 081 565	6 247 338	6 387 210
本　科	495 624	567 839	655 763	929 598	1 196 290	1 465 786	1 726 674	1 995 944	2 256 783	2 455 359	2 590 535	2 796 229	3 038 473	3 199 716
专　科	454 143	468 484	681 546	947 894	1 194 862	1 602 170	2 048 034	2 481 963	2 862 715	2 855 664	3 163 710	3 285 336	3 208 865	3 187 494
成人本科专科生	880 437	930 610	1 174 979	1 174 979	1 896 152	1 667 889	815 163	1 764 400	1 690 944	1 943 893	1 972 873	1 906 640	1 954 357	1 997 729
本　科	124 888	143 984	229 072	229 072	540 356	5 557 99	218 303	674 890	684 506	865 421	803 915	755 402	801 015	811 159
专　科	755 549	786 626	945 907	945 907	1 355 796	1 112 090	596 860	1 089 510	1 006 438	1 078 472	1 168 958	1 151 238	1 153 342	1 186 570
网络本科专科生	0	0	4 292	11 633	393 715	759 627	885 117	828 225	901 522	983 521	1 105 529	1 299 253	1 360 870	1 560 762
本　科	0	0	1 224	6 332	211 728	392 310	436 707	377 161	403 824	405 549	422 543	460 149	477 949	536 702
专　科	0	0	3 068	5 301	181 987	367 317	448 410	451 064	497 698	577 972	682 986	839 104	882 921	1 024 060

表 19　各年龄段就业人员受教育程度　　　　　　　　　　　（%）

年龄（岁）	就业人员	未上过学	小学	初中	高中	大学专科	大学本科	研究生及以上
				2006 年				
合计	100.0	6.7	29.9	44.9	11.9	4.3	2.1	0.2
16～19	100.0	1.2	14.9	72.9	10.5	0.5	0.1	
20～24	100.0	1.2	11.8	62.6	15.5	6.0	2.7	0.1
25～29	100.0	1.6	14.5	54.7	15.9	8.2	4.6	0.5
30～34	100.0	2.1	20.8	53.6	13.1	6.7	3.4	0.4
35～39	100.0	2.7	26.3	52.1	11.0	4.8	2.8	0.3
40～44	100.0	3.4	25.8	49.6	14.4	4.3	2.2	0.3
45～49	100.0	6.4	32.6	37.8	18.2	3.5	1.4	0.2
50～54	100.0	10.6	46.3	30.3	9.1	2.6	0.9	0.1
55～59	100.0	15.2	56.9	21.4	4.2	1.7	0.6	
60～64	100.0	22.1	57.1	17.7	2.1	0.5	0.4	
65＋	100.0	37.1	51.9	8.9	1.4	0.3	0.3	
				2007 年				
合计	100.0	6.0	28.3	46.9	12.2	4.3	2.1	0.2
16～19	100.0	1.1	12.2	73.9	12.0	0.6	0.2	
20～24	100.0	0.9	9.7	64.0	16.9	5.8	2.6	0.1
25～29	100.0	1.2	11.8	56.5	16.8	8.5	4.9	0.5
30～34	100.0	1.7	17.7	55.7	13.9	7.1	3.6	0.4
35～39	100.0	2.1	22.7	55.2	12.0	5.1	2.7	0.3
40～44	100.0	2.7	25.3	52.7	12.8	4.2	2.2	0.2
45～49	100.0	4.8	29.4	42.1	18.5	3.7	1.4	0.1
50～54	100.0	8.9	43.8	33.3	10.3	2.7	1.0	0.1
55～59	100.0	13.6	55.9	23.8	4.6	1.5	0.5	
60～64	100.0	20.1	58.7	18.3	2.2	0.5	0.3	
65＋	100.0	35.1	53.2	9.7	1.5	0.2	0.2	
				2008 年				
合计	100.0	5.3	27.4	47.7	12.7	4.4	2.3	0.2
16～19	100.0	0.8	11.4	72.0	14.9	0.8	0.1	
20～24	100.0	0.8	9.1	61.5	19.0	6.7	3.0	0.1
25～29	100.0	0.9	10.6	56.2	17.5	8.8	5.4	0.6

年龄（岁）	就业人员	未上过学	小学	初中	高中	大学专科	大学本科	研究生及以上
				2008 年				
30～34	100.0	1.4	16.0	56.0	14.9	7.3	3.9	0.4
35～39	100.0	1.8	21.2	56.3	12.7	5.1	2.8	0.3
40～44	100.0	2.5	25.0	54.7	11.7	3.9	2.1	0.2
45～49	100.0	3.5	26.5	46.3	18.0	3.7	1.8	0.2
50～54	100.0	7.3	41.7	35.8	11.4	2.7	1.0	0.1
55～59	100.0	11.7	54.4	26.7	5.1	1.5	0.6	
60～64	100.0	18.6	59.9	18.6	2.2	0.4	0.2	
65＋	100.0	31.7	55.0	11.2	1.6	0.3	0.1	

年龄（岁）	就业人员	未上过学	小学	初中	高中	大学专科	大学本科	研究生及以上
				2009 年				
合计	100.0	4.8	26.3	48.7	12.8	4.7	2.5	0.2
16～19	100.0	0.8	10.1	73.9	14.1	1.0	0.1	
20～24	100.0	0.8	8.0	62.9	19.2	6.4	2.7	0.1
25～29	100.0	0.9	9.4	57.1	17.3	8.8	5.9	0.5
30～34	100.0	1.3	14.6	56.4	15.4	7.5	4.3	0.5
35～39	100.0	1.6	20.0	56.3	12.8	5.7	3.2	0.3
40～44	100.0	2.2	25.0	54.6	11.1	4.3	2.5	0.2
45～49	100.0	3.1	25.6	48.0	16.8	4.1	2.1	0.3
50～54	100.0	6.6	39.0	37.2	12.5	3.3	1.2	0.1
55～59	100.0	10.7	51.7	28.9	5.8	2.0	0.8	0.1
60～64	100.0	16.3	60.5	20.3	2.2	0.4	0.3	0.1
65＋	100.0	29.0	56.3	12.5	1.6	0.3	0.2	0.0

年龄（岁）	就业人员	未上过学	小学	初中	高中	大学专科	大学本科	研究生及以上
				2010 年				
合计	100.0	3.4	23.9	48.8	13.9	6	3.7	0.4
16～19	100.0	0.5	9.7	71.9	16.6	1.2	0.1	0
20～24	100.0	0.4	7.4	59	20.7	8.8	3.6	0.1
25～29	100.0	0.6	8.5	53.4	16.8	11	8.8	0.9
30～34	100.0	0.9	13.1	53.4	13.4	9.1	6.5	0.9
35～39	100.0	1.3	18.7	55	13.4	6.8	4.3	0.5
40～44	100.0	1.8	24.3	53.8	11.6	4.9	3.2	0.3
45～49	100.0	2.4	24.8	49.1	15.8	4.8	2.8	0.3

续表

年龄（岁）	就业人员	未上过学	小学	初中	高中	大学专科	大学本科	研究生及以上
			2010 年					
50～54	100.0	5.1	36.1	38.2	15.2	3.6	1.6	0.2
55～59	100.0	8.7	50.7	30.4	7	2.2	0.9	0.1
60～64	100.0	13.8	62	20.9	2.6	0.5	0.2	0
65＋	100.0	24.6	58.9	14.1	1.8	0.3	0.2	0

年龄（岁）	就业人员	未上过学	小学	初中	高中	大学专科	大学本科	研究生及以上
			2011 年					
合计	100.0	2.0	19.6	48.7	16.7	7.6	4.9	0.4
16～19	100.0	0.3	7.8	67.5	21.8	2.3	0.3	
20～24	100.0	0.3	4.7	50.6	25.7	13.0	5.7	0.1
25～29	100.0	0.2	5.4	48.2	20.3	13.9	11.1	0.9
30～34	100.0	0.4	8.5	50.2	19.8	11.2	8.8	1.1
35～39	100.0	0.6	12.5	55.4	16.8	8.6	5.6	0.6
40～44	100.0	0.8	18.0	56.0	14.9	6.0	4.0	0.4
45～49	100.0	1.1	19.7	53.2	17.1	5.3	3.2	0.3
50～54	100.0	2.3	29.4	43.3	18.4	4.5	2.0	0.1
55～59	100.0	4.8	46.3	37.0	8.3	2.6	1.0	0.1
60～64	100.0	8.6	60.3	26.8	3.4	0.6	0.3	0.0
65＋	100.0	17.2	64.3	16.3	1.7	0.3	0.2	0.0

年龄（岁）	就业人员	未上过学	小学	初中	高中	大学专科	大学本科	研究生及以上
			2012 年					
合计	100.0	2.0	19.0	48.3	17.1	8.0	5.2	0.5
16～19	100.0	0.4	5.8	67.5	23.2	2.9	0.3	
20～24	100.0	0.2	3.9	49.9	26.2	13.6	6.0	0.1
25～29	100.0	0.2	5.0	47.1	21.2	14.5	11.2	0.9
30～34	100.0	0.4	7.1	48.8	20.7	11.8	9.8	1.4
35～39	100.0	0.5	10.8	54.1	18.3	9.5	6.1	0.7
40～44	100.0	0.8	16.0	56.5	15.2	6.7	4.3	0.4
45～49	100.0	1.1	19.7	54.0	16.1	5.6	3.2	0.3
50～54	100.0	2.1	26.2	45.4	19.2	4.7	2.3	0.2
55～59	100.0	4.9	43.2	38.3	9.5	2.9	1.1	0.1
60～64	100.0	7.2	59.0	28.8	3.9	0.7	0.4	0.0
65＋	100.0	16.2	64.0	17.2	2.1	0.3	0.2	0.0

年龄(岁)	2013 年							
	就业人员	未上过学	小学	初中	高中	大学专科	大学本科	研究生及以上
合计	100.0	100.0	100.0	100.0	100.0	100.0	100.0	100.0
16～19	2.0	0.3	0.5	2.8	2.8	0.6	0.1	
20～24	9.4	1.3	1.7	9.5	14.9	16.3	10.9	2.4
25～29	11.6	1.4	2.8	10.8	14.7	21.4	25.1	21.7
30～34	12.3	2.3	4.3	12.2	14.6	18.7	23.7	34.3
35～39	11.4	2.7	6.5	12.6	12.5	13.6	14.0	18.1
40～44	14.9	5.2	11.8	17.6	13.9	12.4	12.3	12.2
45～49	13.1	7.2	14.1	15.1	11.2	8.4	7.6	6.9
50～54	8.4	8.0	10.7	8.3	9.1	5.3	4.2	3.1
55～59	7.7	17.5	17.3	6.3	4.7	2.7	1.7	1.2
60～64	5.1	21.4	16.2	3.1	1.1	0.4	0.2	0.1
65＋	4.2	32.7	14.2	1.7	0.6	0.2	0.1	0.0

表 20　各年龄段就业人员受教育程度增长比例(2012/2006)　　　　(%)

年龄(岁)	未上过学	小学	初中	高中	大学专科	大学本科	研究生及以上
合计	−4.7	−10.9	3.4	5.2	3.7	3.1	0.3
16～19	−0.8	−9.1	−5.4	12.7	2.4	0.2	0
20～24	−1	−7.9	−12.7	10.7	7.6	3.3	0
25～29	−1.4	−9.5	−7.6	5.3	6.3	6.6	0.4
30～34	−1.7	−13.7	−4.8	7.6	5.1	6.4	1
35～39	−2.2	−15.5	2	7.3	4.7	3.3	0.4
40～44	−2.6	−9.8	6.9	0.8	2.4	2.1	0.1
45～49	−5.3	−12.9	16.2	−2.1	2.1	1.8	0.1
50～54	−8.5	−20.1	15.1	10.1	2.1	1.4	0.1
55～59	−10.3	−13.7	16.9	5.3	1.2	0.5	0.1
60～64	−14.9	1.9	11.1	1.8	0.2	0	0
65＋	−20.9	12.1	8.3	0.7	0	−0.1	0

表 21　男性各年龄段就业人员受教育程度　　　　　　　　　　　(%)

年龄(岁)	2006 年							
	就业人员	未上过学	小学	初中	高中	大学专科	大学本科	研究生及以上
合计	100.0	3.8	26.7	48.6	13.8	4.5	2.4	0.3
16～19	100.0	0.8	14.4	74.2	10.1	0.5	0.1	

年龄（岁）	就业人员	未上过学	小学	初中	高中	大学专科	大学本科	研究生及以上
				2006 年				
20～24	100.0	0.9	10.7	64.2	16.4	5.1	2.6	0.1
25～29	100.0	1.0	12.3	56.5	17.3	7.7	4.6	0.5
30～34	100.0	1.1	16.7	55.9	14.9	7.0	3.7	0.5
35～39	100.0	1.4	20.6	56.1	13.0	5.1	3.3	0.4
40～44	100.0	1.4	18.6	54.3	17.3	5.1	2.9	0.5
45～49		2.7	24.6	44.1	22.5	4.2	1.7	0.2
50～54	100.0	4.5	39.2	38.9	12.6	3.5	1.2	0.1
55～59	100.0	7.1	53.7	29.4	6.3	2.6	0.8	0.1
60～64	100.0	11.7	59.2	24.6	3.1	0.7	0.6	0.1
65＋	100.0	24.5	60.4	12.2	2.0	0.4	0.4	

年龄（岁）	就业人员	未上过学	小学	初中	高中	大学专科	大学本科	研究生及以上
				2007 年				
合计	100.0	3.4	25.0	50.2	14.3	4.6	2.3	0.2
16～19	100.0	0.9	11.2	74.5	12.6	0.7	0.1	
20～24	100.0	0.6	8.7	64.8	18.5	5.0	2.3	0.1
25～29	100.0	0.8	9.9	57.7	18.5	7.9	4.8	0.5
30～34	100.0	1.0	14.2	57.6	15.8	7.4	3.7	0.5
35～39	100.0	1.0	17.3	58.5	14.0	5.6	3.2	0.4
40～44	100.0	1.1	18.6	57.0	15.3	4.8	2.8	0.3
45～49	100.0	1.9	21.3	47.7	22.5	4.6	1.8	0.2
50～54	100.0	3.7	35.4	41.8	14.3	3.4	1.2	0.1
55～59	100.0	6.4	51.3	32.0	7.0	2.4	0.8	0.1
60～64	100.0	10.4	59.9	25.2	3.2	0.7	0.4	
65＋	100.0	23.1	60.9	13.3	2.2	0.3	0.2	

年龄（岁）	就业人员	未上过学	小学	初中	高中	大学专科	大学本科	研究生及以上
				2008 年				
合计	100.0	3.0	24.0	50.9	14.7	4.6	2.5	0.2
16～19	100.0	0.7	10.7	72.5	15.3	0.7	0.1	
20～24	100.0	0.5	8.1	61.8	20.5	6.2	2.8	0.1
25～29	100.0	0.6	9.0	57.2	18.8	8.4	5.4	0.6
30～34	100.0	0.9	12.9	57.3	16.7	7.6	4.1	0.5
35～39	100.0	0.9	16.4	59.0	14.6	5.5	3.2	0.3

年龄（岁）	就业人员	未上过学	小学	初中	高中	大学专科	大学本科	研究生及以上
				2008 年				
40～44	100.0	1.2	18.9	58.6	13.8	4.4	2.8	0.2
45～49	100.0	1.5	18.8	50.9	21.9	4.4	2.3	0.3
50～54	100.0	3.0	33.2	43.5	15.6	3.5	1.2	0.1
55～59	100.0	5.5	48.3	35.4	7.6	2.3	0.9	0.1
60～64	100.0	9.4	60.6	25.6	3.3	0.6	0.3	
65＋	100.0	20.7	60.9	15.5	2.3	0.4	0.2	
				2009 年				
合计	100.0	2.8	23.0	51.6	14.7	4.9	2.7	0.3
16～19	100.0	0.7	9.9	75.0	13.5	0.8	0.0	
20～24	100.0	0.6	7.3	63.4	20.5	5.7	2.4	0.0
25～29	100.0	0.7	8.0	57.8	18.8	8.5	5.8	0.5
30～34	100.0	0.8	11.7	57.6	17.6	7.5	4.3	0.5
35～39	100.0	1.0	15.6	58.7	14.6	6.2	3.6	0.3
40～44	100.0	1.2	19.2	58.4	13.1	4.8	2.9	0.3
45～49	100.0	1.3	18.2	52.3	20.1	4.9	2.8	0.3
50～54	100.0	2.8	30.3	44.1	16.9	4.1	1.6	0.2
55～59	100.0	5.0	45.1	37.0	8.6	3.0	1.2	0.1
60～64	100.0	8.5	60.0	27.0	3.4	0.6	0.3	0.1
65＋	100.0	18.8	61.7	16.5	2.3	0.4	0.3	0.0
				2010 年				
合计	100.0	1.9	20.9	51.2	15.6	6.1	3.8	0.4
16～19	100.0	0.4	9.3	72.8	16.4	1	0.1	0
20～24	100.0	0.3	6.6	59.7	22	8	3.3	0.1
25～29	100.0	0.4	7.1	54.3	18.4	10.6	8.4	0.8
30～34	100.0	0.6	10.6	54.7	17.7	9	6.5	0.9
35～39	100.0	0.7	14.9	57	15.1	7.1	4.7	0.6
40～44	100.0	0.9	19.3	57	13.3	5.3	3.7	0.4
45～49	100.0	1.1	18.4	52.7	18.5	5.5	3.4	0.5
50～54	100.0	2.2	27.9	43.8	19.5	4.4	1.9	0.2
55～59	100.0	4	43.7	37.7	10	3.2	1.3	0.1

续表

2010 年							
年龄（岁）	就业人员	未上过学	小学	初中	高中	大学专科	大学本科	研究生及以上
60～64	100.0	7.2	60.9	27.1	3.7	0.7	0.3	0
65＋	100.0	15.7	62.7	18.3	2.5	0.4	0.3	0

2011 年							
年龄（岁）	就业人员	未上过学	小学	初中	高中	大学专科	大学本科	研究生及以上
合计	100.0	1.0	16.9	50.3	18.6	7.7	5.1	0.5
16～19	100.0	0.3	7.7	68.1	21.9	1.9	0.1	
20～24	100.0	0.3	4.4	52.6	26.7	10.9	5.0	0.0
25～29	100.0	0.2	4.9	48.1	21.8	13.7	10.6	0.8
30～34	100.0	0.2	7.0	49.7	21.8	11.2	8.9	1.2
35～39	100.0	0.4	10.1	55.5	18.5	8.8	6.1	0.6
40～44	100.0	0.5	13.8	57.3	16.9	6.4	4.6	0.5
45～49	100.0	0.4	14.2	55.1	19.6	6.2	4.0	0.5
50～54	100.0	0.8	21.3	46.1	23.4	5.7	2.5	0.2
55～59	100.0	1.7	37.2	44.3	11.4	3.8	1.5	0.1
60～64	100.0	3.5	55.6	34.3	5.3	0.9	0.4	0.0
65＋	100.0	9.4	66.4	21.2	2.3	0.4	0.2	0.0

2012 年							
年龄（岁）	就业人员	未上过学	小学	初中	高中	大学专科	大学本科	研究生及以上
合计	100.0	1.0	16.1	49.9	19.2	8.0	5.3	0.5
16～19	100.0	0.3	5.8	68.6	23.2	2.0	0.2	
20～24	100.0	0.1	3.7	51.5	28.5	11.4	4.7	0.1
25～29	100.0	0.1	4.6	47.2	23.2	13.7	10.5	0.7
30～34	100.0	0.3	5.7	48.4	22.4	11.6	10.2	1.4
35～39	100.0	0.3	8.7	54.2	19.9	9.4	6.8	0.7
40～44	100.0	0.5	12.7	57.0	17.1	7.3	4.9	0.5
45～49	100.0	0.6	15.1	55.3	18.3	6.3	4.0	0.4
50～54	100.0	0.8	18.4	47.7	24.2	5.7	3.0	0.3
55～59	100.0	1.9	33.2	45.6	13.3	4.3	1.6	0.1
60～64	100.0	3.3	52.9	36.3	5.9	1.1	0.5	0.0
65＋	100.0	8.8	64.8	22.5	3.1	0.5	0.3	

年龄（岁）	2013 年							
	就业人员	未上过学	小学	初中	高中	大学专科	大学本科	研究生及以上
合计	100.0	1.0	15.6	49.5	19.0	8.7	5.7	0.5
16～19	100.0	0.5	5.4	67.3	24.5	2.1	0.3	
20～24	100.0	0.3	3.4	49.2	28.8	12.5	5.6	0.1
25～29	100.0	0.2	4.1	45.3	23.5	15.0	11.1	0.8
30～34	100.0	0.3	5.3	47.3	21.6	13.2	10.8	1.4
35～39	100.0	0.3	8.4	52.3	20.0	10.7	7.3	0.9
40～44	100.0	0.4	11.5	57.1	17.4	7.8	5.3	0.5
45～49	100.0	0.6	14.9	57.2	16.8	6.2	4.0	0.4
50～54	100.0	0.7	16.1	49.7	23.1	6.6	3.5	0.3
55～59	100.0	1.6	31.8	45.6	14.5	4.6	1.8	0.1
60～64	100.0	3.8	53.0	36.6	5.2	1.0	0.4	0.0
65＋	100.0	8.0	61.8	25.6	3.9	0.5	0.3	0.0

表 22　男性各年龄段就业人员受教育程度增长比例(2012/2006)　　　　（％）

年龄（岁）	未上过学	小学	初中	高中	大学专科	大学本科	研究生及以上
合计	－2.8	－10.6	1.3	5.4	3.5	2.9	0.2
16～19	－0.5	－8.6	－5.6	13.1	1.5	0.1	0
20～24	－0.8	－7	－12.7	12.1	6.3	2.1	0
25～29	－0.9	－7.7	－9.3	5.9	6	5.9	0.2
30～34	－0.8	－11	－7.5	7.5	4.6	6.5	0.9
35～39	－1.1	－11.9	－1.9	6.9	4.3	3.5	0.3
40～44	－0.9	－5.9	2.7	－0.2	2.2	2	0
45～49	－2.1	－9.5	11.2	－4.2	2.1	2.3	0.2
50～54	－3.7	－20.8	8.8	11.6	2.2	1.8	0.2
55～59	－5.2	－20.5	16.2	7	1.7	0.8	0
60～64	－8.4	－6.3	11.7	2.8	0.4	－0.1	－0.1
65＋	－15.7	4.4	10.3	1.1	0.1	－0.1	0

表 23　女性各年龄段年龄就业人员受教育程度　　　　　　　　　（%）

年龄（岁）	就业人员	未上过学	小学	初中	高中	大学专科	大学本科	研究生及以上
			2006 年					
合计	100.0	10.2	33.7	40.6	9.6	4.0	1.8	0.2
16～19	100.0	1.6	15.4	71.4	10.9	0.5	0.1	
20～24	100.0	1.6	13.0	60.9	14.6	7.0	2.8	0.1
25～29	100.0	2.3	16.9	52.8	14.3	8.7	4.6	0.4
30～34	100.0	3.1	25.2	51.0	11.1	6.3	3.0	0.3
35～39	100.0	4.2	32.4	47.8	8.8	4.5	2.2	0.2
40～44	100.0	5.6	33.4	44.6	11.3	3.5	1.5	0.1
45～49	100.0	10.7	42.1	30.5	13.1	2.6	0.9	0.1
50～54	100.0	18.6	55.4	19.1	4.6	1.6	0.6	0.1
55～59	100.0	26.3	61.3	10.5	1.3	0.4	0.2	
60～64	100.0	36.8	54.2	7.8	0.6	0.2	0.2	
65＋	100.0	58.4	37.6	3.2	0.3	0.2	0.2	
			2007 年					
合计	100.0	9.0	32.2	42.9	9.8	4.0	1.9	0.1
16～19	100.0	1.4	13.4	73.2	11.4	0.4	0.3	
20～24	100.0	1.2	10.8	63.3	15.1	6.5	2.9	0.1
25～29	100.0	1.6	13.8	55.2	14.9	9.1	5.0	0.4
30～34	100.0	2.5	21.5	53.6	11.9	6.7	3.4	0.3
35～39	100.0	3.1	28.5	51.7	9.8	4.7	2.1	0.2
40～44	100.0	4.3	32.5	48.1	10.0	3.5	1.5	0.1
45～49	100.0	8.1	38.6	35.6	14.0	2.8	1.0	0.1
50～54	100.0	15.5	54.8	22.3	5.1	1.7	0.6	
55～59	100.0	23.4	62.0	12.7	1.3	0.4	0.1	
60～64	100.0	33.1	56.9	9.0	0.8	0.1	0.1	
65＋	100.0	55.4	40.2	3.8	0.4	0.1	0.1	
			2008 年					
合计	100.0	7.9	31.3	44.1	10.4	4.1	2.0	0.2
16～19	100.0	0.9	12.2	71.3	14.5	0.9	0.2	
20～24	100.0	1.0	10.1	61.1	17.4	7.2	3.1	0.1
25～29	100.0	1.3	12.3	55.2	16.0	9.2	5.5	0.7

年龄（岁）	就业人员	未上过学	小学	初中	高中	大学专科	大学本科	研究生及以上
				2008 年				
30～34	100.0	2.0	19.4	54.6	13.0	7.0	3.7	0.4
35～39	100.0	2.6	26.3	53.5	10.6	4.6	2.2	0.2
40～44	100.0	3.8	31.5	50.5	9.3	3.2	1.4	0.1
45～49	100.0	5.8	35.1	41.2	13.7	2.9	1.2	0.1
50～54	100.0	13.0	52.7	25.9	6.1	1.7	0.7	
55～59	100.0	20.2	62.6	15.0	1.6	0.4	0.2	
60～64	100.0	30.7	59.0	9.4	0.7	0.1	0.1	
65＋	100.0	49.2	45.8	4.5	0.5	0.1		

年龄（岁）	就业人员	未上过学	小学	初中	高中	大学专科	大学本科	研究生及以上
				2009 年				
合计	100.0	7.1	30.2	45.3	10.5	4.5	2.3	0.2
16～19	100.0	1.0	10.3	72.7	14.7	1.2	0.1	
20～24	100.0	0.9	8.8	62.3	17.7	7.2	3.0	0.1
25～29	100.0	1.3	11.0	56.4	15.6	9.2	6.1	0.6
30～34	100.0	1.8	17.7	55.1	13.0	7.5	4.3	0.5
35～39	100.0	2.3	24.8	53.8	10.8	5.3	2.8	0.2
40～44	100.0	3.3	31.3	50.5	9.0	3.8	1.9	0.1
45～49	100.0	5.0	33.7	43.2	13.2	3.3	1.4	0.2
50～54	100.0	11.6	50.4	28.2	6.7	2.2	0.8	0.1
55～59	100.0	18.5	60.8	17.7	2.1	0.6	0.2	0.0
60～64	100.0	27.0	61.2	11.0	0.6	0.1	0.1	0.0
65＋	100.0	45.6	47.5	6.1	0.5	0.1	0.1	0.0

年龄（岁）	就业人员	未上过学	小学	初中	高中	大学专科	大学本科	研究生及以上
				2010 年				
合计	100.0	5.2	27.6	45.8	11.7	5.8	3.6	0.3
16～19	100.0	0.6	10.2	70.8	16.8	1.5	0.1	0
20～24	100.0	0.5	8.3	58.3	19.2	9.7	3.9	0.1
25～29	100.0	0.8	10.1	52.4	15	11.4	9.3	1
30～34	100.0	1.3	16	51.9	14.3	9.2	6.4	0.9
35～39	100.0	1.9	23.2	52.7	11.5	6.4	3.9	0.4
40～44	100.0	2.8	30.1	50.1	9.6	4.4	2.6	0.2
45～49	100.0	4	32.6	44.7	12.6	4	2	0.2

续表

年龄（岁）	就业人员	未上过学	小学	初中	高中	大学专科	大学本科	研究生及以上
				2010 年				
50～54	100.0	9.2	48.3	30.1	8.8	2.5	1.1	0.1
55～59	100.0	15.1	61.2	19.5	2.6	0.6	0.3	0
60～64	100.0	230.4	63.6	11.7	1	0.2	0.1	0
65＋	100.0	39.6	52.4	7	0.7	0.1	0.1	0

年龄（岁）	就业人员	未上过学	小学	初中	高中	大学专科	大学本科	研究生及以上
				2011 年				
合计	100.0	3.2	23.1	46.7	14.3	7.6	4.7	0.4
16～19	100.0	0.3	8.1	66.7	21.5	2.9	0.4	
20～24	100.0	0.2	5.0	48.5	24.5	15.3	6.4	0.1
25～29	100.0	0.2	5.9	48.5	18.5	14.1	11.8	1.1
30～34	100.0	0.6	10.2	50.8	17.4	11.1	8.8	1.1
35～39	100.0	0.8	15.4	55.3	14.8	8.3	4.9	0.5
40～44	100.0	1.2	22.8	54.5	12.6	5.5	3.2	0.2
45～49	100.0	2.0	26.5	50.9	13.9	4.3	2.2	0.2
50～54	100.0	4.5	41.3	39.1	11.0	2.7	1.4	0.0
55～59	100.0	9.2	59.5	26.4	3.7	0.8	0.3	0.0
60～64	100.0	15.5	66.7	16.6	0.7	0.3	0.1	0.0
65＋	100.0	29.0	61.0	9.0	0.7	0.1	0.1	0.0

年龄（岁）	就业人员	未上过学	小学	初中	高中	大学专科	大学本科	研究生及以上
				2012 年				
合计	100.0	3.1	22.5	46.4	14.4	8.1	5.0	0.5
16～19	100.0	0.5	5.8	66.1	23.1	4.1	0.4	
20～24	100.0	0.3	4.2	48.0	23.4	16.3	7.6	0.1
25～29	100.0	0.2	5.5	47.0	18.8	15.4	12.0	1.1
30～34	100.0	0.5	8.8	49.2	18.8	11.9	9.3	1.4
35～39	100.0	0.8	13.3	54.0	16.4	9.7	5.2	0.6
40～44	100.0	1.2	19.8	56.0	13.0	6.1	3.6	0.3
45～49	100.0	1.7	25.3	52.4	13.4	4.8	2.3	0.1
50～54	100.0	3.8	37.0	42.3	12.2	3.2	1.4	0.1
55～59	100.0	9.2	57.4	28.0	4.1	0.9	0.4	0.0
60～64	100.0	12.4	67.2	18.9	1.2	0.2	0.2	0.0
65＋	100.0	26.6	62.9	9.6	0.8	0.1	0.0	0.0

年龄(岁)	2013 年							
	就业人员	未上过学	小学	初中	高中	大学专科	大学本科	研究生及以上
合计	100.0	3.0	22.0	46.1	14.7	8.4	5.4	0.5
16～19	100.0	0.1	4.7	68.0	23.8	3.1	0.2	
20～24	100.0	0.2	3.1	47.0	24.8	17.3	7.4	0.2
25～29	100.0	0.3	4.8	44.4	19.6	16.7	13.1	1.1
30～34	100.0	0.4	7.8	48.2	18.9	12.8	10.5	1.4
35～39	100.0	0.6	12.8	53.0	17.2	9.6	6.2	0.7
40～44	100.0	1.0	18.2	56.3	14.2	6.3	3.7	0.3
45～49	100.0	1.6	26.1	53.1	12.0	4.6	2.4	0.1
50～54	100.0	3.4	33.8	45.0	12.2	3.9	1.7	0.1
55～59	100.0	8.4	56.1	30.0	4.3	0.7	0.3	0.0
60～64	100.0	13.1	65.1	19.8	1.5	0.3	0.1	
65＋	100.0	24.5	63.5	11.0	0.8	0.1	0.0	

表 24 女性各年龄段就业人员受教育程度增长比例(2012/2006) (%)

年龄(岁)	未上过学	小学	初中	高中	大学专科	大学本科	研究生及以上
合计	−7.1	−11.2	5.8	4.8	4.1	3.2	0.3
16～19	−1.1	−9.6	−5.3	12.2	3.6	0.3	0
20～24	−1.3	−8.8	−12.9	8.8	9.3	4.8	0
25～29	−2.1	−11.4	−5.8	4.5	6.7	7.4	0.7
30～34	−2.6	−16.4	−1.8	7.7	5.6	6.3	1.1
35～39	−3.4	−19.1	6.2	7.6	5.2	3	0.4
40～44	−4.4	−13.6	11.4	1.7	2.6	2.1	0.2
45～49	−9	−16.8	21.9	0.3	2.2	1.4	0
50～54	−14.8	−18.4	23.2	7.6	1.6	0.8	0
55～59	−17.1	−3.9	17.5	2.8	0.5	0.2	0
60～64	−24.4	13	11.1	0.6	0	0	0
65＋	−31.8	25.3	6.4	0.5	−0.1	−0.2	0

表 25　各行业就业人员受教育程度　　　　　　　　（%）

受教育程度	2006 年							
	总计	未上过学	小学	初中	高中	大学专科	大学本科	研究生及以上
就业人员（按行业）	100.0	6.7	29.9	44.9	11.8	4.3	2.1	0.2
农、林、牧、渔业	100.0	10.1	40.4	44.4	4.8	0.2		
采矿业	100.0	1.3	16.9	52.8	21.5	5.5	1.9	0.1
制造业	100.0	1.3	15.1	55.0	21.0	5.2	2.2	0.2
电力、燃气及水的生产和供应业	100.0	0.2	4.9	28.0	37.3	18.8	8.8	2.0
建筑业	100.0	1.7	21.6	55.6	15.2	4.4	1.5	0.1
交通运输、仓储和邮政业	100.0	1.0	11.4	53.9	25.5	6.2	2.0	0.1
信息传输、计算机服务和软件业	100.0	0.3	2.6	19.4	30.2	26.8	17.9	2.5
批发和零售业	100.0	1.4	13.8	49.6	26.8	6.1	2.1	0.1
住宿和餐饮业	100.0	1.4	13.7	57.1	22.9	3.9	1.0	0.1
金融业	100.0		1.2	12.6	28.1	37.0	19.7	1.4
房地产业	100.0	0.5	5.9	28.2	32.5	22.3	10.0	0.5
租赁和商务服务业	100.0	0.2	6.3	30.8	27.2	20.0	13.7	1.7
科学研究、技术服务和地质勘查业	100.0	0.2	2.0	13.5	25.0	25.5	28.1	5.6
水利、环境和公共设施管理业	100.0	1.6	9.9	34.2	30.9	15.5	7.2	0.6
居民服务和其他服务业	100.0	2.5	16.8	55.9	20.7	3.1	1.0	
教育	100.0	0.2	1.3	8.7	22.9	37.7	25.0	4.3
卫生、社会保障和社会福利业	100.0	0.3	3.2	16.4	32.4	31.8	13.8	2.1
文化、体育和娱乐业	100.0	0.5	5.5	31.4	27.9	19.6	13.6	1.5
公共管理和社会组织	100.0	0.4	2.9	13.2	27.2	35.1	20.2	1.0
国际组织	100.0						20.0	80.0
	2007 年							
受教育程度	总计	未上过学	小学	初中	高中	大学专科	大学本科	研究生及以上
就业人员（按行业）	100.0	6.0	28.3	46.9	12.2	4.3	2.1	0.2
农、林、牧、渔业	100.0	9.2	39.1	46.4	5.0	0.2		
采矿业	100.0	1.0	16.0	55.3	20.9	5.1	1.7	0.1
制造业	100.0	1.2	14.2	56.4	21.0	5.1	2.0	0.1
电力、燃气及水的生产和供应业	100.0	0.2	3.8	29.7	37.3	18.6	8.5	1.8
建筑业	100.0	1.4	20.3	58.8	14.2	3.8	1.4	0.1
交通运输、仓储和邮政业	100.0	0.5	10.6	55.8	25.0	5.9	2.0	0.1

受教育程度	2007 年							
	总计	未上过学	小学	初中	高中	大学专科	大学本科	研究生及以上
信息传输、计算机服务和软件业	100.0	0.1	2.5	21.1	29.9	25.6	18.8	1.8
批发和零售业	100.0	1.3	12.8	51.2	26.3	6.2	2.1	0.1
住宿和餐饮业	100.0	1.0	12.2	59.7	22.4	3.8	0.8	
金融业	100.0	0.2	1.3	13.8	28.8	36.6	18.1	1.4
房地产业	100.0	0.4	6.5	30.2	31.4	21.0	9.9	0.6
租赁和商务服务业	100.0	0.5	5.2	31.2	27.3	19.9	14.4	1.5
科学研究、技术服务和地质勘查业	100.0	0.2	2.7	15.2	27.5	23.1	25.8	5.5
水利、环境和公共设施管理业	100.0	2.7	16.5	33.8	26.4	13.7	6.7	0.3
居民服务和其他服务业	100.0	1.8	14.6	57.5	21.0	3.6	1.4	0.1
教育	100.0	0.1	1.7	9.0	22.0	37.0	26.6	3.6
卫生、社会保障和社会福利业	100.0	0.5	2.9	16.0	33.4	32.4	13.4	1.4
文化、体育和娱乐业	100.0	0.4	5.7	32.3	27.6	19.7	13.4	0.9
公共管理和社会组织	100.0	0.3	2.5	14.8	27.7	35.6	18.3	0.9
国际组织	100.0			50.0	25.0		25.0	

受教育程度	2008 年							
	总计	未上过学	小学	初中	高中	大学专科	大学本科	研究生及以上
就业人员（按行业）	100.0	5.3	27.7	47.8	12.5	4.3	2.3	0.2
农、林、牧、渔业	100.0	8.2	38.2	47.9	5.4	0.3	0.04	
采矿业	100.0	0.9	14.9	56.5	21.5	4.4	1.6	0.1
制造业	100.0	1.1	13.8	56.0	21.3	5.4	2.2	0.2
电力、燃气及水的生产和供应业	100.0	0.2	4.4	30.2	37.3	17.7	8.9	1.2
建筑业	100.0	1.5	19.3	60.0	13.5	4.0	1.6	0.1
交通运输、仓储和邮政业	100.0	0.6	10.0	55.4	25.1	6.4	2.3	0.2
信息传输、计算机服务和软件业	100.0	0.2	2.2	21.6	28.2	26.0	19.6	2.1
批发和零售业	100.0	1.2	12.2	50.7	26.7	6.7	2.3	0.1
住宿和餐饮业	100.0	1.1	12.4	59.5	22.3	3.7	1.0	0.1
金融业	100.0		1.5	13.8	28.5	33.3	20.8	2.1
房地产业	100.0	0.7	7.9	33.3	29.1	19.6	8.7	0.6
租赁和商务服务业	100.0	0.4	6.0	27.6	29.8	20.7	14.1	1.4
科学研究、技术服务和地质勘查业	100.0	0.6	2.9	16.8	23.3	22.2	28.1	6.2

续表

受教育程度	2008 年							
	总计	未上过学	小学	初中	高中	大学专科	大学本科	研究生及以上
水利、环境和公共设施管理业	100.0	2.2	14.4	37.6	25.0	13.3	6.8	0.7
居民服务和其他服务业	100.0	1.7	14.3	55.2	23.0	4.5	1.3	0.1
教育	100.0	0.2	2.0	9.7	20.4	35.2	29.1	3.4
卫生、社会保障和社会福利业	100.0	0.3	2.5	16.2	32.0	32.9	14.7	1.3
文化、体育和娱乐业	100.0	0.4	6.7	33.6	27.2	18.5	12.5	1.2
公共管理和社会组织	100.0	0.4	2.8	14.4	27.0	34.2	20.0	1.3
国际组织	100.0			33.3			66.7	

受教育程度	2009 年							
	总计	未上过学	小学	初中	高中	大学专科	大学本科	研究生及以上
就业人员（按行业）	100.0	4.8	26.3	48.7	12.8	4.7	2.5	0.2
农、林、牧、渔业	100.0	7.7	37.5	48.9	5.5	0.4	0.05	0.00
采矿业	100.0	0.7	14.8	58.5	18.4	5.0	2.4	0.2
制造业	100.0	0.9	13.1	56.8	20.6	5.9	2.5	0.2
电力、燃气及水的生产和供应业	100.0	0.3	4.6	29.8	37.5	20.0	7.3	0.6
建筑业	100.0	1.4	19.2	60.7	13.4	3.6	1.7	0.0
交通运输、仓储和邮政业	100.0	0.6	9.4	55.3	25.4	6.7	2.5	0.1
信息传输、计算机服务和软件业	100.0	0.2	2.4	21.7	26.4	26.3	20.6	2.4
批发和零售业	100.0	1.0	11.4	51.7	26.5	7.0	2.3	0.1
住宿和餐饮业	100.0	1.1	12.0	58.9	22.8	4.2	1.0	0.0
金融业	100.0	0.1	1.3	12.3	26.7	34.2	23.6	1.9
房地产业	100.0	0.8	8.0	31.9	29.5	19.0	10.2	0.6
租赁和商务服务业	100.0	0.5	5.0	29.5	28.9	19.5	15.1	1.5
科学研究、技术服务和地质勘查业	100.0	0.5	3.5	24.2	22.0	20.6	25.3	4.1
水利、环境和公共设施管理业	100.0	1.7	13.3	38.1	23.8	13.2	8.9	0.9
居民服务和其他服务业	100.0	1.8	14.5	55.7	21.9	4.5	1.6	0.1
教育	100.0	0.2	1.9	9.6	19.4	34.8	29.5	4.6
卫生、社会保障和社会福利业	100.0	0.3	3.3	16.5	29.4	31.8	17.3	1.4
文化、体育和娱乐业	100.0	0.7	5.8	32.1	27.1	17.2	15.7	1.5
公共管理和社会组织	100.0	0.4	2.8	13.8	25.1	35.4	21.3	1.1
国际组织	100.0			25.0	25.0	50.0		

受教育程度	2010 年							
	总计	未上过学	小学	初中	高中	大学专科	大学本科	研究生及以上
就业人员（按行业）	100.0	3.4	23.9	48.8	13.9	6	3.7	0.4
农、林、牧、渔业	100.0	6.3	37.2	50.1	5.8	0.5	0.1	0.01
采矿业	100.0	0.7	13.1	50.1	2.3	8.7	4.1	0.3
制造业	100.0	0.7	13.1	56.3	20.1	6.4	3.1	0.3
电力、燃气及水的生产和供应业	100.0	0.2	4.2	28.3	33.1	22	11.5	0.8
建筑业	100.0	1.1	19.9	60.5	12.5	3.9	2.0	0.1
交通运输、仓储和邮政业	100.0	0.5	10	54.5	24.1	7.4	3.2	0.2
信息传输、计算机服务和软件业	100.0	0.1	2.2	18.2	24.3	27	24.6	3.4
批发和零售业	100.0	0.8	11	50	25.8	8.7	3.5	0.2
住宿和餐饮业	100.0	1	13	58.4	21.3	4.8	1.4	0.1
金融业	100.0	0.1	1.2	12	24.2	32.6	27.1	2.9
房地产业	100.0	0.7	8.5	33.7	27.4	18.3	10.6	0.8
租赁和商务服务业	100.0	0.4	5.7	29.5	24.3	20.7	17.1	2.3
科学研究、技术服务和地质勘查业	100.0	0.1	2.2	13.6	18.7	23.9	32.4	8.9
水利、环境和公共设施管理业	100.0	2.3	16.8	35.7	22.2	13.9	8.5	0.7
居民服务和其他服务业	100.0	1.6	15.2	57	20.4	4.4	1.3	0.1
教育	100.0	0.1	1.7	9	18	33.3	33.2	4.7
卫生、社会保障和社会福利业	100.0	0.2	2.5	14.3	27.5	33.9	19.3	2.3
文化、体育和娱乐业	100.0	0.3	5.2	31.5	25.2	18.6	17.4	1.9
公共管理和社会组织	100.0	0.5	3.4	14.7	23	31.6	34.9	1.9
国际组织	100.0	0.2	1.2	12.8	15.3	15	36.3	19.1
受教育程度	2011 年							
	总计	未上过学	小学	初中	高中	大学专科	大学本科	研究生及以上
就业人员（按行业）	100.0	2.0	19.6	48.7	16.7	7.6	4.9	0.4
农、林、牧、渔业	100.0	4.3	35.5	53.3	6.3	0.5	0.11	0
采矿业	100.0	0.6	12	48.9	23.5	10	4.6	0.4
制造业	100.0	0.5	10.6	54.1	23.3	7.9	3.4	0.2
电力、燃气及水的生产和供应业	100.0	0.3	3	28.4	31.6	22.3	13.1	1.2
建筑业	100.0	0.6	17.2	60.9	14.7	4.3	2.3	0.1
交通运输、仓储和邮政业	100.0	0.5	8.6	48.7	28.2	9.8	3.9	0.2

续表

受教育程度	总计	未上过学	小学	初中	高中	大学专科	大学本科	研究生及以上
			2011 年					
信息传输、计算机服务和软件业	100.0	0.4	8.4	49.9	25.9	10.8	4.6	0.2
批发和零售业	100.0	0.6	11.1	55.5	24.3	6.5	2.1	0
住宿和餐饮业	100.0	0.4	7.2	45.1	26.7	11.6	8.3	0.8
金融业	100.0	0.1	3.2	22.6	21.7	26.9	23.5	2.0
房地产业	100.0	0.3	4.8	29.7	29.5	20.4	14.4	0.8
租赁和商务服务业	100.0	0.3	4.2	27.1	26.4	22.5	17.5	2.0
科学研究、技术服务和地质勘查业	100.0	0.2	3.3	15.2	19.4	23.5	29.0	9.5
水利、环境和公共设施管理业	100.0	1.7	13.2	29.9	28.3	16.0	9.9	1.1
居民服务和其他服务业	100.0	1.2	12.2	54.3	23.6	6.0	2.5	0.1
教育	100.0	0.2	3.0	15.3	18.3	27.4	31.9	3.9
卫生、社会保障和社会福利业	100.0	0.2	3.7	16.1	22.1	31.8	23.4	2.7
文化、体育和娱乐业	100.0	0.2	3.7	22.3	25.4	26.4	20.1	2.0
公共管理和社会组织	100.0	0.2	2.1	12.3	22.9	32.4	28.1	1.9
国际组织	100.0		1.8	7.6	31.1	47.1	12.2	0.3
			2012 年					
受教育程度	总计	未上过学	小学	初中	高中	大学专科	大学本科	研究生及以上
就业人员（按行业）	100.0	2.0	19.0	48.3	17.1	8.0	5.2	0.5
农、林、牧、渔业	100.0	4.3	35.5	53.3	6.3	0.6	0.11	0.01
采矿业	100.0	0.3	10.5	50.7	21.8	10.9	5.5	0.3
制造业	100.0	0.7	9.9	53.0	23.6	8.6	3.8	0.4
电力、燃气及水的生产和供应业	100.0	0.3	2.9	27.3	32.9	24.1	11.7	0.9
建筑业	100.0	0.5	15.4	61.9	15.0	4.5	2.7	0.1
交通运输、仓储和邮政业	100.0	0.6	8.0	47.3	29.2	10.7	4.1	0.2
信息传输、计算机服务和软件业	100.0	0.2	7.7	51.4	26.3	9.4	4.8	0.2
批发和零售业	100.0	0.7	10.7	54.9	25.4	6.1	2.2	0.1
住宿和餐饮业	100.0	0.3	7.2	39.2	25.8	14.3	11.9	1.3
金融业	100.0	0.2	2.6	19.8	23.4	28.3	23.4	2.3
房地产业	100.0	0.7	7.4	30.8	28.4	19.2	12.9	0.6
租赁和商务服务业	100.0	0.2	5.2	31.7	26.5	19.2	15.6	1.4
科学研究、技术服务和地质勘查业	100.0	0.2	2.6	17.8	21.1	23.6	26.4	8.3

受教育程度	2012 年							
	总计	未上过学	小学	初中	高中	大学专科	大学本科	研究生及以上
水利、环境和公共设施管理业	100.0	1.1	10.6	33.4	24.6	17.7	11.6	1.0
居民服务和其他服务业	100.0	1.0	11.9	54.5	24.7	5.6	2.2	0.1
教育	100.0	0.1	3.0	13.0	16.5	28.6	34.3	4.5
卫生、社会保障和社会福利业	100.0	0.3	3.4	15.7	21.3	32.1	24.4	2.8
文化、体育和娱乐业	100.0	0.2	4.3	27.8	25.6	23.0	17.6	1.6
公共管理和社会组织	100.0	0.2	2.7	11.8	22.9	33.2	27.5	1.8
国际组织	100.0			31.6	50.3	3.2	14.8	

受教育程度	2013 年							
	总计	未上过学	小学	初中	高中	大学专科	大学本科	研究生及以上
就业人员（按行业）	100.0	1.9	18.5	47.9	17.1	8.5	5.5	0.5
农、林、牧、渔业	100.0	4.2	35.1	53.3	6.6	0.6	0.1	0.0
采矿业	100.0	0.3	8.1	48.7	23.6	12.6	6.2	0.3
制造业	100.0	0.7	9.9	53.0	23.1	8.9	4.2	0.3
电力、燃气及水的生产和供应业	100.0	0.1	4.1	24.0	32.0	24.2	15.0	0.6
建筑业	100.0	0.8	16.6	61.1	14.0	4.9	2.5	0.1
交通运输、仓储和邮政业	100.0	0.6	8.5	46.8	28.5	11.1	4.3	0.2
信息传输、计算机服务和软件业	100.0	0.3	7.3	51.6	26.3	9.7	4.7	0.2
批发和零售业	100.0	1.0	11.1	55.3	24.1	6.2	2.2	0.0
住宿和餐饮业	100.0	0.3	4.7	37.3	25.6	17.5	13.0	1.7
金融业	100.0	0.1	2.6	19.1	20.8	27.5	27.3	2.6
房地产业	100.0	0.4	7.4	28.2	28.5	22.2	12.6	0.6
租赁和商务服务业	100.0	0.3	5.4	27.6	25.5	22.9	16.3	2.1
科学研究、技术服务和地质勘查业	100.0	0.1	1.4	15.6	21.8	23.9	29.3	7.9
水利、环境和公共设施管理业	100.0	0.9	15.0	36.7	20.5	15.6	10.5	0.8
居民服务和其他服务业	100.0	0.8	11.8	53.8	24.0	6.8	2.7	0.1
教育	100.0	0.4	2.3	13.0	15.8	28.8	35.0	4.8
卫生、社会保障和社会福利业	100.0	0.3	3.2	16.3	21.4	33.7	22.4	2.7
文化、体育和娱乐业	100.0	0.4	5.7	25.9	25.6	23.6	17.0	1.7
公共管理和社会组织	100.0	0.2	3.5	13.0	21.0	31.7	28.6	2.0
国际组织	100.0	1.6	8.7	11.9	52.1	7.3	18.5	

表 26　按职业就业人员受教育程度 （％）

受教育程度	2006 年							
	总计	未上过学	小学	初中	高中	大学专科	大学本科	研究生及以上
就业人员（按职业）	100.0	6.7	29.9	44.9	11.8	4.3	2.1	0.2
单位负责人	100.0	0.3	5.0	28.9	29.4	21.6	13.3	1.5
专业技术人员	100.0	0.2	2.6	16.2	27.8	31.5	18.9	2.7
办事人员和有关人员	100.0	0.4	4.7	21.0	29.7	27.6	15.5	1.1
商业、服务业人员	100.0	1.6	13.9	51.4	25.5	5.7	1.8	0.1
农林牧渔水利业生产人员	100.0	10.1	40.4	44.5	4.8	0.2		
生产运输设备操作人员及有关人员	100.0	1.5	17.3	58.7	18.7	2.9	0.8	
其他	100.0	3.3	16.3	45.5	22.6	6.7	5.3	0.4

受教育程度	2007 年							
	总计	未上过学	小学	初中	高中	大学专科	大学本科	研究生及以上
就业人员（按职业）	100.0	6.0	28.3	46.9	12.2	4.3	2.1	0.2
单位负责人	100.0	0.3	5.0	30.9	29.2	20.5	12.6	1.5
专业技术人员	100.0	0.2	3.0	17.8	27.1	30.8	19.0	2.1
办事人员和有关人员	100.0	0.3	4.0	21.8	30.7	28.0	14.3	0.9
商业、服务业人员	100.0	1.4	13.1	53.1	25.0	5.6	1.8	0.1
农林牧渔水利业生产人员	100.0	9.2	39.1	46.4	5.0	0.2		
生产运输设备操作人员及有关人员	100.0	1.2	16.1	60.5	18.5	2.9	0.8	0.1
其他	100.0	2.3	20.6	50.7	19.0	5.1	1.9	0.4

受教育程度	2008 年							
	总计	未上过学	小学	初中	高中	大学专科	大学本科	研究生及以上
就业人员（按职业）	100.0	5.3	27.7	47.8	12.5	4.3	2.3	0.2
单位负责人	100.0	0.3	6.0	33.2	29.3	18.7	11.2	1.4
专业技术人员	100.0	0.2	2.6	17.5	26.0	30.3	21.1	2.3
办事人员和有关人员	100.0	0.4	4.7	22.2	29.7	27.0	14.9	1.2
商业、服务业人员	100.0	1.3	12.9	52.5	25.2	5.9	2.0	0.1
农林牧渔水利业生产人员	100.0	8.2	38.2	47.9	5.4	0.2		
生产运输设备操作人员及有关人员	100.0	1.2	15.3	60.1	19.1	3.3	0.9	0.1
其他	100.0	1.9	12.6	53.7	22.3	5.8	3.4	0.1

续表

受教育程度	2009 年							
	总计	未上过学	小学	初中	高中	大学专科	大学本科	研究生及以上
就业人员（按职业）	100.0	4.8	26.3	48.7	12.8	4.7	2.5	0.2
单位负责人	100.0	0.6	5.8	34.0	26.7	18.4	13.2	1.3
专业技术人员	100.0	0.3	3.0	18.8	25.2	29.1	21.1	2.5
办事人员和有关人员	100.0	0.3	4.0	21.8	28.3	27.5	16.8	1.2
商业、服务业人员	100.0	1.2	12.1	53.1	24.9	6.3	2.2	0.1
农林牧渔水利业生产人员	100.0	7.6	37.5	48.9	5.6	0.3	0.0	0.0
生产运输设备操作人员及有关人员	100.0	1.0	15.0	61.2	18.2	3.6	1.0	0.0
其他	100.0	1.7	14.5	51.9	21.0	7.8	3.1	0.1

受教育程度	2010 年							
	总计	未上过学	小学	初中	高中	大学专科	大学本科	研究生及以上
就业人员（按职业）	100.0	3.4	23.9	48.8	13.9	6	3.7	0.4
单位负责人	100.0	0.2	5.1	29.4	26	21.1	16.2	2.1
专业技术人员	100.0	0.1	2.1	13.9	22.6	31.3	26.5	3.5
办事人员和有关人员	100.0	0.3	4.6	22.1	25.6	26.1	19.6	1.7
商业、服务业人员	100.0	1	12.3	51.7	24.3	7.6	2.8	0.1
农林牧渔水利业生产人员	100.0	6.3	37.2	50.2	5.8	0.5	0.1	0
生产运输设备操作人员及有关人员	100.0	0.8	15.3	61	17.9	3.8	1.2	0.1
其他	100.0	1.6	16.3	50.3	20.5	7.4	3.7	0.3

受教育程度	2011 年							
	总计	未上过学	小学	初中	高中	大学专科	大学本科	研究生及以上
就业人员（按职业）	100.0	2.0	19.6	48.7	16.7	7.6	4.9	0.4
单位负责人	100.0	0.3	4.8	33.8	26.5	18.2	15.0	1.5
专业技术人员	100.0	0.2	3.8	21.1	22.3	26.3	23.6	2.8
办事人员和有关人员	100.0	0.3	4.1	20.0	26.1	27.3	20.7	1.5
商业、服务业人员	100.0	0.6	9.6	50.3	26.6	9.1	3.6	0.2
农林牧渔水利业生产人员	100.0	4.3	35.4	53.4	6.4	0.5	0.1	0.0
生产运输设备操作人员及有关人员	100.0	0.6	13.1	59.1	20.4	5.1	1.7	0.1
其他	100.0	1.2	12.8	44.7	23.7	11.9	5.4	0.3

续表

受教育程度	2012 年							
	总计	未上过学	小学	初中	高中	大学专科	大学本科	研究生及以上
就业人员（按职业）	100.0	2.0	19.0	48.3	17.1	8.0	5.2	0.5
单位负责人	100.0	0.1	4.5	32.5	27.6	19.5	14.5	1.3
专业技术人员	100.0	0.1	3.6	18.9	21.7	27.6	25.1	3.1
办事人员和有关人员	100.0	0.2	4.2	19.6	26.0	27.4	21.1	1.6
商业、服务业人员	100.0	0.7	9.7	49.2	27.3	9.3	3.6	0.2
农林牧渔水利业生产人员	100.0	4.3	35.4	53.3	6.4	0.6	0.1	0.0
生产运输设备操作人员及有关人员	100.0	0.6	11.9	59.9	20.5	5.2	1.8	0.1
其他	100.0	1.2	10.7	55.5	21.0	7.4	3.7	0.3

受教育程度	2013 年							
	总计	未上过学	小学	初中	高中	大学专科	大学本科	研究生及以上
就业人员（按职业）	100.0	1.9	18.5	47.9	17.1	8.5	5.5	0.5
单位负责人	100.0	0.1	6.3	32.0	26.6	19.3	14.3	1.4
专业技术人员	100.0	0.3	3.5	19.7	20.6	27.6	25.2	3.0
办事人员和有关人员	100.0	0.2	4.2	21.5	24.4	26.4	21.4	1.8
商业、服务业人员	100.0	0.7	9.7	48.9	26.7	10.0	3.8	0.2
农林牧渔水利业生产人员	100.0	4.2	35.1	53.2	6.7	0.6	0.2	0.0
生产运输设备操作人员及有关人员	100.0	0.8	12.4	59.5	20.0	5.4	1.9	0.1
其他	100.0	1.1	15.2	48.7	18.8	9.1	7.0	0.3

表 27　农村居民家庭人均工资性收入

（元）

年份 地区	2000	2001	2002	2003	2004	2005	2006	2007	2008	2009	2010	2011	2012	2013
全　国	702.3	771.9	840.22	918.38	998.46	1 174.53	1 374.80	1 596.22	1 853.73	2 061.25	2 431.05	2 963.43	3 447.46	4 025.37
北　京	2 819.06	3 312.84	3 429.68	3 480.30	3 698.74	4 524.25	5 047.39	5 605.65	6 389.31	7 326.19	8 229.19	9 578.85	10 843.48	12 034.89
天　津	1 638.28	1 797.67	2 060.23	2 152.55	2 358.69	2 720.85	3 247.92	3 582.67	4 064.95	4 408.33	5 261.97	6 829.24	7 922.26	9 091.51
河　北	949.25	978.38	1 043.67	1 072.33	1 110.92	1 293.50	1 514.68	1 754.33	1 979.52	2 251.01	2 653.42	3 423.95	4 005.28	5 236.74
山　西	726.05	789.84	866.47	897.50	987.52	1 177.94	1 374.34	1 520.95	1 713.55	1 789.93	2 108.60	2 684.87	3 175.50	4 041.06
内蒙古	287.63	300.11	320.03	344.60	394.79	504.46	590.70	716.86	806.48	900.42	1 036.78	1 310.86	1 459.05	1 694.61
辽　宁	882.96	914.6	1 020.62	1 056.59	1 075.86	1 212.20	1 499.47	1 719.74	2 035.53	2 239.75	2 649.97	3 179.75	3 630.24	4 209.39
吉　林	343.86	328.53	388.99	425.51	457.80	510.96	605.11	711.25	810.17	869.02	1 072.14	1 469.19	1 792.02	1 813.23
黑龙江	337.97	333.35	376.55	394.24	413.14	464.31	654.86	773.90	916.76	1 019.61	1 241.59	1 496.51	1 816.84	1 991.35
上　海	4 309.89	4 491.12	4 920.43	5 251.58	5 468.54	6 159.70	6 685.98	7 353.42	8 108.32	8 671.00	9 605.73	10 493.03	11 477.71	12 239.37
江　苏	1 663.11	1 819.79	1 993.74	2 189.06	2 443.35	2 786.11	3 104.77	3 443.03	3 895.50	4 238.54	4 896.39	5 969.02	6 775.89	7 608.55
浙　江	2 000.51	2 225.87	2 437.42	2 574.85	2 855.82	3 238.77	3 575.14	4 009.72	4 587.44	5 090.15	5 822.48	6 721.32	7 678.22	9 204.28
安　徽	547.83	610.65	707.68	818.92	884.62	1 010.05	1 184.11	1 470.05	1 737.84	1 882.42	2 203.94	2 723.17	3 243.47	3 733.52
福　建	1 069.01	1 163.2	1 246.01	1 353.79	1 488.47	1 650.65	1 855.53	2 099.92	2 421.46	2 678.35	3 094.60	3 889.54	4 474.49	5 193.92
江　西	744.47	805.09	927.35	1 022.14	1 017.51	1 227.94	1 441.34	1 611.45	1 842.36	2 018.98	2 394.62	2 994.49	3 532.72	4 422.08
山　东	850.56	965.67	1 056.7	1 095.45	1 178.32	1 437.57	1 671.54	1 950.78	2 263.46	2 496.57	2 958.06	3 715.25	4 383.22	5 127.17
河　南	473.68	517.63	567.07	635.59	753.99	853.95	1 022.74	1 267.70	1 499.93	1 621.75	1 943.86	2 523.77	2 989.36	3 581.56
湖　北	547.69	582.6	662.19	706.79	755.23	941.64	1 199.16	1 454.50	1 742.33	1 900.54	2 186.11	2 703.05	3 189.84	3 868.21

续表

年份 / 地区	2000	2001	2002	2003	2004	2005	2006	2007	2008	2009	2010	2011	2012	2013
湖南	789.74	840.11	914.31	988.35	1 081.23	1 228.79	1 449.65	1 712.31	1 990.52	2 234.01	2 655.59	3 240.81	3 847.59	4 595.58
广东	1 362.16	1 527.17	1 714.11	1 965.78	2 173.21	2 562.39	2 906.15	3 202.13	3 684.47	4 089.69	4 799.52	5 854.68	6 804.43	7 072.37
广西	483.75	543.82	686.57	784.60	857.63	907.36	974.32	1 128.75	1 283.39	1 465.22	1 707.18	1 820.37	2 245.95	2 712.27
海南	151.38	199.99	304.81	329.87	397.32	473.06	555.72	665.16	808.63	972.68	1 261.86	2 004.63	2 475.57	3 001.54
重庆	623.32	696.5	783.12	858.50	931.69	1 088.80	1 309.91	1 559.30	1 764.64	1 919.68	2 335.23	2 894.53	3 400.77	4 089.15
四川	606.93	651.79	711.38	765.76	829.17	954.89	1 219.51	1 438.68	1 620.40	1 821.37	2 248.18	2 652.46	3 088.86	3 542.78
贵州	274.9	317.54	386.86	458.84	505.24	583.28	715.49	846.85	1 002.68	1 074.32	1 303.85	1 713.52	1 977.73	2 572.61
云南	263.58	283.36	286.17	318.22	325.86	348.31	441.81	521.63	617.47	684.95	930.00	1 138.55	1 435.87	1 729.19
西藏	227.63	133.52	205.61		530.33	565.18	568.39	635.11	759.72	914.08	1 108.84	1 008.03	1 201.93	1 475.32
陕西	445.97	498.02	550.51	615.92	690.38	756.71	848.26	1 036.18	1 243.57	1 428.46	1 734.48	2 395.45	2 727.85	3 151.23
甘肃	355.03	405.99	447.41	488.73	527.58	586.71	637.37	716.43	867.98	994.94	1 199.45	1 561.97	1 787.72	2 203.41
青海	312.3	351.34	401.51	454.06	460.90	560.52	653.30	790.88	983.16	1 081.59	1 269.81	1 775.39	1 989.69	2 347.46
宁夏	484.02	527.63	526.68	592.30	618.37	702.10	823.09	1 021.37	1 260.04	1 518.94	1 788.28	2 164.24	2 510.53	2 878.36
新疆	104.58	131.87	142.1	140.27	138.23	195.51	254.07	330.75	422.82	461.49	556.26	804.73	1 008.02	1 311.84

表 28　城镇居民家庭人均工资性收入

（元）

年份 地区	2000	2001	2002	2003	2004	2005	2006	2007	2008	2009	2010	2011	2012	2013
全　国	3 500.63	3 745.98	5 739.96	6 410.22	7 152.76	7 797.54	8 766.96	10 234.76	11 298.96	12 382.11	13 707.68	15 411.91	17 335.62	18 929.79
北　京	5 678.55	6 239.26	8 999.40	10 152.14	11 590.45	13 666.34	16 284.17	17 318.72	18 738.96	21 105.61	23 099.09	25 161.22	27 961.78	30 273.01
天　津	3 920.84	4 152.18	6 050.76	6 663.54	7 508.72	8 174.64	9 259.72	10 882.24	12 849.73	14 389.10	16 780.41	18 794.08	21 523.81	23 231.85
河　北	3 378.50	3 456.85	4 497.24	4 924.32	5 589.89	6 346.53	7 065.29	8 325.67	8 891.50	9 830.57	10 566.30	11 686.60	13 154.52	14 588.36
山　西	2 728.86	3 140.95	4 704.72	5 527.89	6 338.80	7 103.45	7 877.30	9 057.81	9 019.35	9 741.38	10 784.74	13 146.47	14 973.64	16 216.40
内蒙古	2 989.50	3 392.55	4 552.32	5 235.96	5 893.79	6 669.48	7 552.68	9 300.62	10 284.43	11 267.40	12 614.46	14 779.08	16 872.58	18 377.94
辽　宁	2 541.51	2 809.88	4 692.60	5 204.18	5 806.05	6 103.41	6 611.44	8 213.06	9 494.59	10 420.60	11 712.68	13 093.86	14 846.05	15 882.02
吉　林	2 755.48	3 084.12	4 294.68	4 828.31	5 447.36	5 905.86	6 576.52	7 641.21	8 677.27	9 482.13	10 621.43	12 217.09	13 535.33	14 388.26
黑龙江	2 540.50	2 664.09	3 954.12	4 489.37	5 031.88	5 478.03	6 028.06	6 945.95	7 393.39	8 356.66	9 087.59	10 235.04	11 700.50	12 525.77
上　海	5 119.50	5 171.35	8 974.80	11 525.99	13 156.67	14 280.65	16 016.40	18 996.58	21 791.11	23 172.36	25 439.97	28 550.76	31 109.30	33 235.39
江　苏	3 307.85	3 472.64	5 494.32	6 091.04	6 869.00	8 397.15	9 501.35	10 791.22	12 319.86	13 480.72	14 816.87	17 761.58	20 102.05	21 890.00
浙　江	4 010.90	4 394.40	8 533.80	9 692.52	10 752.74	11 941.09	13 015.77	14 509.69	15 538.83	16 701.04	18 313.60	20 334.25	22 385.09	24 453.00
安　徽	2 672.86	2 859.25	4 438.56	4 878.30	5 583.71	6 425.54	7 430.86	8 683.96	10 362.39	11 442.43	12 915.97	14 812.54	15 535.34	15 535.34
福　建	4 225.45	4 622.20	6 869.28	7 499.01	7 996.08	8 791.56	10 164.49	11 175.25	12 668.82	14 211.49	15 682.48	17 438.81	19 976.01	21 443.39
江　西	3 362.29	3 685.09	4 598.64	5 108.21	5 541.74	6 222.55	6 897.94	8 411.73	9 105.96	9 789.79	10 613.83	11 654.36	13 348.06	14 767.52
山　东	4 631.85	4 982.71	6 702.72	7 418.42	8 327.11	9 026.55	10 442.06	11 814.19	12 940.46	13 985.83	15 731.23	17 629.40	19 856.05	21 562.13
河　南	2 641.47	2 791.00	4 288.80	4 757.86	5 322.07	6 095.49	6 861.49	8 058.81	9 043.52	9 910.46	10 804.88	12 039.24	13 666.49	14 704.24
湖　北	3 620.05	3 821.45	5 278.20	5 847.66	6 390.81	6 576.92	7 573.56	8 809.80	9 474.81	10 331.51	11 460.49	12 622.44	14 191.04	15 571.83

续表

年份\地区	2000	2001	2002	2003	2004	2005	2006	2007	2008	2009	2010	2011	2012	2013
湖南	4 379.49	4 387.30	5 408.16	5 984.74	6 807.36	6 805.30	7 401.73	8 612.48	9 070.97	9 854.09	10 782.04	11 550.09	13 237.06	13 951.38
广东	5 045.97	5 132.82	9 284.16	10 413.47	11 646.42	12 265.04	13 031.33	14 659.44	15 188.39	16 898.88	18 902.43	21 092.14	23 632.20	25 286.45
广西	3 813.90	4 370.15	5 835.84	6 149.78	6 737.70	6 975.39	7 419.40	9 075.18	10 321.20	11 193.64	12 061.82	13 550.16	14 693.47	15 647.77
海南	3 314.25	3 726.38	4 930.68	5 020.58	5 599.27	6 071.20	6 954.45	8 113.01	8 999.75	9 678.65	10 957.92	12 876.92	14 672.28	15 773.04
重庆	3 897.32	4 130.22	5 190.96	6 288.55	7 162.69	7 848.52	9 266.42	9 717.48	10 957.62	11 824.00	12 738.20	13 827.72	15 415.44	16 654.66
四川	3 298.69	3 321.47	4 552.32	4 910.82	5 461.35	5 838.27	6 675.99	8 147.31	9 117.00	10 132.43	11 310.70	12 687.29	14 249.32	14 976.04
贵州	3 243.42	3 508.89	4 007.40	4 668.50	5 135.14	5 516.18	6 507.12	7 750.15	7 811.16	9 005.57	9 627.99	10 754.45	12 309.17	13 627.56
云南	4 181.53	4 192.21	5 446.68	5 854.39	6 138.33	6 170.93	6 881.39	8 019.69	8 596.88	9 641.68	10 845.21	12 416.17	14 408.29	15 140.70
西藏	6 667.54	6 958.30	8 300.04	9 466.39	10 204.52	10 401.71	7 512.25	10 370.42	12 314.69	13 326.40	14 707.14	15 854.97	17 672.12	19 604.00
陕西	2 944.74	3 347.05	4 684.56	5 170.32	5 725.33	6 347.81	6 958.23	8 292.38	9 794.82	10 775.37	12 078.35	14 051.28	15 547.32	16 440.99
甘肃	3 427.04	3 645.29	4 866.00	5 269.23	6 087.37	6 486.84	7 008.40	8 140.72	8 354.63	9 182.24	9 882.50	11 195.26	12 514.92	13 329.73
青海	3 099.13	3 641.91	4 073.88	4 493.36	5 022.57	5 613.79	6 316.64	7 849.44	8 595.48	9 341.26	10 061.58	11 403.97	12 614.39	14 015.57
宁夏	2 925.15	3 242.54	4 366.80	4 670.76	5 166.44	5 771.58	6 450.79	7 667.77	8 793.54	9 597.11	10 821.22	12 396.71	13 965.62	15 363.92
新疆	3 846.07	4 614.02	5 665.44	6 219.72	6 394.50	6 553.47	7 490.69	9 012.19	9 422.22	10 232.91	11 327.91	12 653.43	14 432.12	15 585.27

表 29　按行业分城镇单位就业人员平均工资

（元）

	2003	2004	2005	2006	2007	2008	2009	2010	2011	2012	2013
合计	13 969.00	15 920.00	18 200.00	20 856.00	24 721.00	28 898.00	32 244.00	36 539.00	41 799	46 769	51 483
农、林、牧、渔业	6 884.00	7 497.00	8 207.00	9 269.00	10 847.00	12 560.00	14 356.00	16 717.00	19 469	22 687	25 820
采矿业	13 627.00	16 774.00	20 449.00	24 125.00	28 185.00	34 233.00	38 038.00	44 196.00	52 230	56 946	60 138
制造业	12 671.00	14 251.00	15 934.00	18 225.00	21 144.00	24 404.00	26 810.00	30 916.00	36 665	41 650	46 431
电力、燃气及水的生产和供应业	18 574.00	21 543.00	24 750.00	28 424.00	33 470.00	38 515.00	41 869.00	47 309.00	52 723	58 202	67 085
建筑业	11 328.00	12 578.00	14 112.00	16 164.00	18 482.00	21 223.00	24 161.00	27 529.00	32 103	36 483	42 072
交通运输、仓储和邮政业	15 753.00	18 071.00	20 911.00	24 111.00	27 903.00	32 041.00	35 315.00	40 466.00	47 078	53 391	57 993
信息传输、计算机服务和软件业	30 897.00	33 449.00	38 799.00	43 435.00	47 700.00	54 906.00	58 154.00	64 436.00	70 918	80 510	90 915
批发和零售业	10 894.00	13 012.00	15 256.00	17 796.00	21 074.00	25 818.00	29 139.00	33 635.00	40 654	46 340	50 308
住宿和餐饮业	11 198.00	12 618.00	13 876.00	15 236.00	17 046.00	19 321.00	20 860.00	23 382.00	27 486	31 267	34 044
金融业	20 780.00	24 299.00	29 229.00	35 495.00	44 011.00	53 897.00	60 398.00	70 146.00	81 109	89 743	99 653
房地产业	17 085.00	18 467.00	20 253.00	22 238.00	26 085.00	30 118.00	32 242.00	35 870.00	42 837	46 764	51 048
租赁和商务服务业	17 020.00	18 723.00	21 233.00	24 510.00	27 807.00	32 915.00	35 494.00	39 566.00	46 976	53 162	62 538
科学研究、技术服务和地质勘查业	20 442.00	23 351.00	27 155.00	31 644.00	38 432.00	45 512.00	50 143.00	56 376.00	64 252	69 254	76 602
水利、环境和公共设施管理业	11 774.00	12 884.00	14 322.00	15 630.00	18 383.00	21 103.00	23 159.00	25 544.00	28 868	32 343	36 123

续表

	2003	2004	2005	2006	2007	2008	2009	2010	2011	2012	2013
居民服务和其他服务业	12 665.00	13 680.00	15 747.00	18 030.00	20 370.00	22 858.00	25 172.00	28 206.00	33 169	35 135	38 429
教育	14 189.00	16 085.00	18 259.00	20 918.00	25 908.00	29 831.00	34 543.00	38 968.00	43 194	47 734	51 950
卫生、社会保障和社会福利业	16 185.00	18 386.00	20 808.00	23 590.00	27 892.00	32 185.00	35 662.00	40 232.00	46 206	52 564	57 979
文化、体育和娱乐业	17 098.00	20 522.00	22 670.00	25 847.00	30 430.00	34 158.00	37 755.00	41 428.00	47 878	53 558	59 336
公共管理和社会组织	15 355.00	17 372.00	20 234.00	22 546.00	27 731.00	32 296.00	35 326.00	38 242.00	42 062	46 074	49 259

表 30　按行业分城镇单位就业人员工资总额

（亿元）

	2003	2004	2005	2006	2007	2008	2009	2010	2011	2012	2013
合计	15 329.64	17 615.00	20 627.07	24 262.32	29 471.51	35 289.50	40 288.16	47 269.89	59 954.66	70 914.2	93 064.29
农、林、牧、渔业	335.80	351.16	368.65	403.34	464.63	516.42	537.41	627.06	697.65	760.8	757.96
采矿业	662.86	831.84	1 031.25	1 259.57	1 500.48	1 847.29	2 089.12	2 458.84	3 174.24	3 600.7	3 833.18
制造业	3 772.66	4 316.44	5 056.63	6 035.77	7 241.15	8 498.91	9 302.20	11 140.79	15 031.37	17 668.1	24 566.64
电力、燃气及水的生产和供应业	551.99	646.78	741.82	858.00	1 012.73	1 180.36	1 283.45	1 468.28	1 755.73	1 999.6	2 715.30
建筑业	965.89	1 081.27	1 324.68	1 612.06	1 946.21	2 313.62	2 837.89	3 471.55	5 596.36	7 392.7	12 315.09
交通运输、仓储和邮政业	1 008.02	1 144.72	1 279.50	1 471.54	1 727.85	2 006.30	2 234.90	2 541.95	3 074.06	3 271.3	4 451.92

续表

	2003	2004	2005	2006	2007	2008	2009	2010	2011	2012	2013
信息传输、计算机服务和软件业	355.97	404.32	491.83	587.41	699.08	862.83	996.23	1 171.65	1 475.59	3 531.5	4 834.56
批发和零售业	696.34	770.52	831.96	920.00	1 061.80	1 323.94	1 509.21	1 782.97	2 594.75	824.4	1 038.33
住宿和餐饮业	190.91	221.23	249.81	280.05	314.59	371.23	418.87	484.65	655.22	1 769.4	2 957.72
金融业	734.42	866.75	1 047.66	1 292.92	1 670.34	2 202.90	2 658.79	3 219.03	4 007.02	4 669.0	5 269.04
房地产业	202.72	243.25	293.01	338.37	426.18	520.84	607.78	745.58	1 052.54	1 271.3	1 882.30
租赁和商务服务业	305.23	351.38	449.79	565.56	668.90	893.68	1 021.39	1 198.45	1 325.28	1 531.2	2 629.38
科学研究、技术服务和地质勘查业	454.43	514.62	613.95	736.91	923.92	1 154.61	1 350.61	1 619.29	1 879.58	2 259.4	2 940.32
水利、环境和公共设施管理业	202.62	226.13	257.35	289.83	352.19	413.81	474.32	555.89	659.79	784.6	933.66
居民服务和其他服务业	66.40	71.84	85.13	102.50	115.82	132.11	146.78	168.44	197.89	217.1	277.16
教育	2 035.87	2 346.19	2 690.81	3 127.82	3 917.21	4 556.10	5 338.61	6 136.54	6 938.82	7 851.0	8 721.14
卫生、社会保障和社会福利业	782.08	902.27	1 047.81	1 226.09	1 496.57	1 789.26	2 095.30	2 506.41	3 078.65	3 718.5	4 397.77
文化、体育和娱乐业	217.88	251.55	275.81	314.85	378.12	429.31	488.51	543.74	642.07	735.4	867.81
公共管理和社会组织	1 787.56	2 072.73	2 489.63	2 839.73	3 553.75	4 275.97	4 896.80	5 428.79	6 118.07	7 058.3	7 675.02

表 31 按所有制分城镇单位就业人员平均工资

（元）

	2000	2001	2002	2003	2004	2005	2006	2007	2008	2009	2010	2011	2012	2013
合计	9 333	10 834	12 373	13 969	15 920	18 200	20 856	24 721	28 898	32 244	36 539	41 799	46 769	51 483
国有单位	9 441	11 045	12 701	14 358	16 445	18 978	21 706	26 100	30 287	34 130	38 359	43 483	48 357	52 657
城镇集体单位	6 241	6 851	7 636	8 627	9 723	11 176	12 866	15 444	18 103	20 607	24 010	28 791	33 784	38 905
股份合作单位	7 479	8 446	9 498	10 558	11 710	13 808	15 190	17 613	21 497	25 020	30 271	36 740	43 433	48 657
联营单位	10 608	11 882	12 438	13 556	15 218	17 476	19 883	23 746	27 576	29 474	33 939	36 142	42 083	43 973
有限责任公司	9 750	11 024	11 994	13 358	15 103	17 010	19 366	22 343	26 198	28 692	32 799	37 611	41 860	46 718
股份有限公司	11 105	12 333	13 815	15 738	18 136	20 272	24 383	28 587	34 026	38 417	44 118	49 978	56 254	61 145
其他内资	9 888	11 888	10 444	10 670	10 211	11 230	13 262	16 280	19 591	21 633	25 253	29 961	34 694	38 306
港、澳、台商投资单位	12 210	12 959	14 197	15 155	16 237	17 833	19 678	22 593	26 083	28 090	31 983	38 341	44 103	49 961
外商投资单位	15 692	17 553	19 409	21 016	22 250	23 625	26 552	29 594	34 250	37 101	41 739	48 869	55 888	63 171

表 32 城镇单位就业人员工资总额

（亿元）

	2000	2001	2002	2003	2004	2005	2006	2007	2008	2009	2010	2011	2012	2013
合计	10 954.7	12 205.4	13 638.1	15 329.6	17 615.0	20 627.1	24 262.3	29 471.5	35 289.5	40 288.2	47 269.9	59 954.7	70 914.2	93 064.3
国有单位	7 744.9	8 515.2	9 138.0	9 911.9	11 038.2	12 291.7	13 920.6	16 689.1	19 487.9	21 862.7	24 886.4	28 954.8	32 950.0	33 359.6
城镇集体单位	950.7	898.5	863.9	867.1	876.2	906.4	983.8	1 108.1	1 203.2	1 273.3	1 433.7	1 737.4	1 990.4	2 195.8
其他单位	2 259.1	2 791.7	3 636.2	4 550.6	5 700.6	7 429.0	9 357.9	11 674.3	14 598.4	17 152.1	20 949.7	29 262.4	35 973.8	57 508.9

表 33　2003—2013 年按行业分城镇单位就业人员平均工资增长

行业	增长幅度（元）	增长比例（%）
合计	37 514	2.7
农、林、牧、渔业	18 936	2.8
采矿业	46 511	3.4
制造业	33 760	2.7
电力、燃气及水的生产和供应业	48 511	2.6
建筑业	30 744	2.7
交通运输、仓储和邮政业	34 555	2.2
信息传输、计算机服务和软件业	27 096	0.9
批发和零售业	23 150	2.1
住宿和餐饮业	79 717	7.1
金融业	78 873	3.8
房地产业	33 963	2.0
租赁和商务服务业	45 518	2.7
科学研究、技术服务和地质勘查业	56 160	2.7
水利、环境和公共设施管理业	24 349	2.1
居民服务和其他服务业	25 764	2.0
教育	37 761	2.7
卫生、社会保障和社会福利业	41 794	2.6
文化、体育和娱乐业	42 238	2.5
公共管理和社会组织	33 904	2.2

表 34　2003—2013 年按行业分城镇单位就业人员工资总额增长

行业	增长幅度（元）	增长比例（%）
合计	77 735	5.1
农、林、牧、渔业	422	1.3
采矿业	3 170	4.8
制造业	20 794	5.5
电力、燃气及水的生产和供应业	2 163	3.9
建筑业	11 349	11.7
交通运输、仓储和邮政业	3 444	3.4
信息传输、计算机服务和软件业	4 479	12.6
批发和零售业	342	0.5
住宿和餐饮业	2 767	14.5

续表

行业	增长幅度（元）	增长比例（%）
金融业	4 535	6.2
房地产业	1 680	8.3
租赁和商务服务业	2 324	7.6
科学研究、技术服务和地质勘查业	2 486	5.5
水利、环境和公共设施管理业	731	3.6
居民服务和其他服务业	211	3.2
教育	6 685	3.3
卫生、社会保障和社会福利业	3 616	4.6
文化、体育和娱乐业	650	3.0
公共管理和社会组织	5 887	3.3

表 35 2000—2013 年按所有制分城镇单位就业人员平均工资增长

所有制	增长幅度（元）	增长比例（%）
合计	37 514	2.7
国有单位	38 299	2.7
城镇集体单位	30 278	3.5
股份合作单位	38 099	3.6
联营单位	30 417	2.2
有限责任公司	33 360	2.5
股份有限公司	45 407	2.9
其他内资	27 636	2.6
港、澳、台商投资单位	34 806	2.3
外商投资单位	42 155	2.0

表 36 2000—2013 年城镇单位就业人员工资总额增长

单位类型	增长幅度（元）	增长比例（%）
合计	82 110	7.5
国有单位	25 615	3.3
城镇集体单位	1 245	1.3
其他单位	5 5250	24.5

（元）

表 37　城镇地区按收入等级分家庭人均可支配收入

等级＼年份	2000	2001	2002	2003	2004	2005	2006	2007	2008	2009	2010	2011	2012
最低收入户（10%）	2 653.02	2 802.83	2 408.6	2 590.17	2 862.39	3 134.88	3 568.73	4 210.06	4 753.59	5 253.23	5 948.11	6 876.09	8 215.09
（困难户）（5%）	2 325.05	2 464.8	1 957.45	2 098.92	2 312.50	2 495.75	2 838.87	3 357.91	3 734.35	4 197.58	4 739.15	5 398.17	6 520.03
低收入户（10%）	3 633.51	3 856.49	3 649.16	3 970.03	4 429.05	4 885.32	5 540.71	6 504.60	7 363.28	8 162.07	9 285.25	10 672.02	12 488.62
中等偏下户（20%）	4 623.54	4 946.6	4 931.96	5 377.25	6 024.10	6 710.58	7 554.16	8 900.51	10 195.56	11 243.55	12 702.08	14 498.26	16 761.43
中等收入户（20%）	5 897.92	6 366.24	6 656.81	7 278.75	8 166.54	9 190.05	10 269.70	12 042.32	13 984.23	15 399.92	17 224.01	19 544.94	22 419.10
中等偏上户（20%）	7 487.37	8 164.22	8 869.51	9 763.37	11 050.89	12 603.37	14 049.17	16 385.80	19 254.08	21 017.95	23 188.90	26 419.99	29 813.74
高收入户（10%）	9 434.21	10 374.92	11 772.82	13 123.08	14 970.91	17 202.93	19 068.95	22 233.56	26 250.1	28 386.47	31 044.04	35 579.24	39 605.22
最高收入户（10%）	13 311.02	15 114.85	18 995.85	21 837.32	25 377.17	28 773.11	31 967.34	36 784.51	43 613.75	46 826.05	51 431.57	58 841.87	63 824.15
高收入组与低收入组的比值	5.017 309	5.392 710	7.886 677	8.430 844	8.865 728	9.178 377	8.957 624	8.737 289	9.174 908	8.913 764	8.646 708	8.557 461	7.769 136

表 38   2000—2012 年城镇地区按收入等级分家庭人均可支配收入增长

等级	2012 年/2000 年增长	
	收入（元）	增长倍数
最低收入户(10%)	5 562.1	3.1
（困难户)(5%)	4 195.0	2.8
低收入户(10%)	8 855.1	3.4
中等偏下户(20%)	12 137.9	3.6
中等收入户(20%)	16 521.2	3.8
中等偏上户(20%)	22 326.4	4.0
高收入户(10%)	30 171.0	4.2
最高收入户(10%)	50 513.1	4.8
高收入组与低收入组的比值	2.8	1.5

（元）

表 39　农村地区按收入等级分家庭人均纯收入

等级＼年份	2002	2003	2004	2005	2006	2007	2008	2009	2010	2011	2012	2013
低收入户	857.13	865.90	1 006.87	1 067.22	1 182.46	1 346.89	1 499.81	1 549.30	1 869.80	2 000.51	2 316.21	2 583.23
中低收入户	1 547.53	1 606.53	1 841.99	2 018.31	2 222.03	2 581.75	2 934.99	3 110.10	3 621.23	4 255.75	4 807.47	5 516.4
中等收入户	2 164.11	2 273.13	2 578.49	2 850.95	3 148.50	3 658.83	4 203.12	4 502.08	5 221.66	6 207.68	7 041.03	7 942.14
中高收入户	3 030.45	3 206.79	3 607.67	4 003.33	4 446.59	5 129.78	5 928.60	6 467.56	7 440.56	8 893.59	10 142.08	11 373.03
高收入户	5 895.63	6 346.86	6 930.65	7 747.35	8 474.79	9 790.68	11 290.20	12 319.05	14 049.69	16 783.06	19 008.89	21 272.7
高收入组与低收入组的比值	6.88	7.33	6.88	7.26	7.17	7.27	7.53	7.95	7.51	8.39	8.21	8.23

表 40　高等教育毛入学率

年份	毛入学率(%)
2000	12.5
2001	13.3
2002	15
2003	17
2004	19
2005	21
2006	22
2007	23
2008	23.3
2009	24.2
2010	26.5
2011	26.9
2012	30.0
2013	34.5

表 41　劳动争议案件处理情况　　　　　　　　　　　　　　（件）

年份	当期案件受理数	结案数
2001	154 621	150 279
2002	184 116	178 744
2003	226 391	223 503
2004	260 471	258 678
2005	313 773	306 027
2006	317 162	310 780
2007	350 182	340 030
2008	693 465	622 719
2009	684 379	689 714
2010	600 865	634 041
2011	589 244	592 823
2012	641 202	643 292
2013	665 760	669 062

（八）

表 42　高等教育本专科毕业生数

地区 等级	2000	2001	2002	2003	2004	2005	2006	2007	2008	2009	2010	2011	2012	2013
北京	51 931	56 221	67 958	82 828	100 130	120 016	135 490	141 990	152 179	155 142	152 659	153 663	155 233	150 929
天津	20 112	19 103	27 295	40 221	51 666	69 211	81 983	92 288	101 728	101 369	105 354	108 723	113 034	120 996
河北	43 473	45 871	62 910	113 442	143 148	180 377	221 049	240 674	271 335	282 705	297 092	311 141	315 755	334 278
山西	20 657	21 938	31 906	40 779	51 118	88 344	108 431	132 101	141 214	153 422	165 545	152 680	162 571	173 259
内蒙古	12 218	12 317	15 608	24 919	31 075	39 474	55 653	67 204	73 554	75 805	94 704	95 957	105 054	108 272
辽宁	53 353	60 271	72 791	98 908	115 889	144 984	154 970	169 576	202 312	206 211	219 564	236 341	235 984	241 049
吉林	30 480	34 808	37 825	52 605	65 011	83 982	102 484	108 700	117 946	127 411	135 951	141 569	146 517	146 379
黑龙江	35 180	37 359	46 401	69 050	84 964	100 791	130 973	148 883	169 988	174 380	180 982	196 075	203 792	184 085
上海	40 929	42 842	55 198	71 158	88 645	103 435	110 520	118 512	122 069	126 925	133 716	139 027	136 697	133 794
江苏	75 643	79 838	104 079	137 048	197 423	229 679	257 296	309 593	380 924	412 672	478 868	477 137	470 254	473 843
浙江	32 477	37 230	48 43	78 685	103 123	133 051	162 531	183 863	203 203	218 226	233 741	238 448	247 537	244 860
安徽	29 830	34 388	44 318	65 685	88 440	116 958	144 183	181 209	191 120	205 749	232 225	256 135	265 477	280 106
福建	24 307	28 449	36 775	47 792	52 818	64 792	94 979	114 073	130 379	142 814	153 449	173 702	178 492	187 230
江西	25 903	27 602	35 047	47 167	65 386	97 781	141 085	218 965	264 549	213 303	225 943	225 802	232 048	240 601
山东	58 355	69 583	94 697	117 253	166 959	224 611	268 384	355 735	411 143	431 598	444 003	472 882	474 266	475 858
河南	45 709	46 120	71 226	108 975	134 293	165 159	202 144	267 225	302 492	334 115	382 486	432 994	435 308	450 194
湖北	56 566	60 443	78 430	119 118	143 246	187 920	262 591	276 005	351 854	328 202	331 303	362 991	353 014	361 572
湖南	47 426	49 703	62 098	90 035	111 021	150 981	191 257	209 802	244 706	254 253	276 082	284 178	306 809	294 355
广东	51 432	58 835	84 696	105 533	125 229	157 082	196 036	233 129	282 469	309 190	334 187	357 521	404 011	412 315

续表

地区／等级	2000	2001	2002	2003	2004	2005	2006	2007	2008	2009	2010	2011	2012	2013
广西	21 858	23 597	31 967	40 178	50 261	64 871	82 295	103 165	110 662	121 457	138 089	151 052	162 169	169 543
海南	4 021	3 860	3 939	5 846	7 854	11 788	16 436	19 581	23 391	30 844	36 791	39 150	40 887	43 804
重庆	22 187	24 316	30 712	42 653	50 599	59 381	76 512	89 962	99 747	114 515	122 811	130 702	137 635	148 684
四川	42 672	44 602	52 405	74 307	100 998	139 328	173 287	228 028	247 707	252 214	278 577	289 165	286 756	318 407
贵州	13 739	15 092	17 874	25 362	31 059	38 681	53 233	61 743	66 050	64 212	74 777	83 016	85 285	88 060
云南	18 573	19 419	25 620	31 337	34 836	47 731	63 566	73 039	79 311	85 891	95 379	109 531	118 944	127 932
西藏	764	1 050	1 686	1 745	2 108	3 172	3 846	4 346	5 840	8 454	8 266	8 159	8 580	9 139
陕西	36 587	42 884	51 603	79 785	110 975	140 592	162 314	195 450	217 294	211 963	235 507	258 878	265 279	253 823
甘肃	14 255	17 000	21 647	29 582	39 390	49 886	57 381	63 315	75 051	84 082	92 226	99 042	102 980	109 192
青海	2 202	2 561	2 763	4 771	5 802	8 227	8 609	9 547	9 753	10 437	11 207	12 582	11 661	12 447
宁夏	3 154	3 177	3 379	5 461	7 505	8 817	11 008	14 076	15 238	16 391	19 218	19 524	20 718	22 221
新疆	13 774	15 844	16 025	25 264	30 181	36 854	44 182	46 128	54 290	57 071	63 543	63 798	64 591	69 983

表 43　按年龄分组的城镇就业人员调查周平均工作时间　　　　（小时/周）

年龄（岁） \ 年份	2003	2004	2005	2006	2007	2008	2009	2010	2011	2012	2013
16～19	48.4	48.7	51.8	49.94	48.1	45.8	46.8	49.1	48.0	47.6	49.3
20～24	46.2	46.4	49.4	48.41	46.9	45.6	46.1	47.8	46.8	47.0	47.6
25～29	45.7	45.9	48.6	48.14	46.5	45.7	45.9	47.1	46.6	46.7	47.0
30～34	45.7	45.9	48.6	48.42	46.9	46.0	46.1	47.5	47.0	46.8	47.2
35～39	45.7	46.0	48.4	48.32	46.7	45.9	46.1	47.8	47.2	47.2	47.6
40～44	45.1	45.3	47.7	47.68	46.1	45.4	45.4	47.6	46.9	47.0	47.6
45～49	44.9	44.7	46.9	46.54	45.2	44.5	44.5	46.8	46.0	46.0	46.8
50～54	44.5	44.5	45.9	45.22	43.9	43.3	42.9	45.8	44.8	44.7	45.5
55～59	44.2	44.0	44.8	43.89	41.8	41.0	41.1	44.7	43.4	42.6	43.8
60～64	42.7	43.0	42.9	41.75	38.4	37.3	37.8	42.6	40.1	40.6	41.2
65＋	40.7	40.7		36.82	33.4	32.7	33.4	38.5	35.0	34.9	35.7

表 44　按职业分组的城镇就业人员调查周平均工作时间　　　　（小时）

职业 \ 年份	2003	2004	2005	2006	2007	2008	2009	2010	2011	2012
单位负责人	44.3	44.0	47.2	47.26	47.7	47.5	47.5	47.1	47.7	48.2
专业技术人员	42.8	43.4	43.2	44.13	43.4	43.0	42.8	43.1	43.7	43.7
办事人员和有关人员	41.8	42.4	44.4	44.38	43.8	43.5	43.3	44.0	43.9	44.0
商业、服务业人员	49.4	49.3	52.0	51.97	50.3	49.1	49.0	49.8	49.5	49.6
农林牧渔水利业生产人员	44.2	42.9	43.0	41.93	38.2	37.7	37.7	41.5	38.2	38.3
生产、运输设备操作人员及有关人员	47.5	48.1	51.4	50.81	49.8	48.2	48.9	49.7	48.7	48.8
其他	46.7	46.8	48.9	48.42	46.7	46.8	46.3	47.8	47.7	49.8

表 45　按教育程度分组的城镇就业人员调查周平均工作时间　　　　（小时）

教育程度 \ 年份	2003	2004	2005	2006	2007	2008	2009	2010	2011
未上过学	44.9	44.8	44.4	41.48	37.3	36.4	36.9	43.5	40.1
小　学	47.2	46.1	47.8	46.42	43.4	41.7	42.3	47.2	45.0
初　中	47.4	47.4	50.0	49.25	47.3	46.1	46.1	48.9	48.1
高　中	44.4	44.9	47.8	47.72	46.8	46.0	46.1	47.2	47.1
大学专科	41.6	42.0	43.2	43.75	42.9	43.0	42.9	43.7	43.8
大学本科	41.1	41.2	41.9	42.12	41.7	41.7	41.5	42.1	42.4
研究生及以上	40.9	40.9	41.3	42.21	41.4	41.1	41.1	41.1	41.7

表 46　按性别分组的城镇就业人员调查周平均工作时间　　　　（小时）

分组 \ 年份	2003	2004	2005	2006	2007	2008	2009	2010	2011	2012
男性	45.8	46.0	48.7	48.3	46.8	45.7	45.9	47.7	47.0	47.0
女性	44.9	44.9	46.7	45.9	44.0	43.1	43.2	46.1	45.2	45.2
男女周工时差距	0.9	1.1	2.0	2.4	2.8	2.6	2.7	1.6	1.8	1.8

表 47 各地区工伤认定情况（2013 年）

（人）

地区	合计	当期认定工伤人数													不予认定工伤人数	当期不予受理申请人数
		认定工伤件数								视同工伤件数					
		小计	在工作时间和工作场所内因工作原因受到事故伤害	工作时间前后在工作场所内从事与工作有关的预备性或收尾性工作受到事故伤害	在工作时间和工作场所内因履行工作职责受到暴力等意外伤害	患职业病	因工外出期间由于工作原因受到伤害或者发生事故下落不明	在上下班途中受到机动车事故伤害	其他应当认定为工伤的情形	小计	在工作时间和工作岗位突发疾病死亡或者在48小时之内经抢救无效死亡	在抢险救灾等维护国家利益、公共利益活动中受到伤害	因战因公负伤致残旧伤复发		
全国	1 183 378	1 175 724	1 028 016	10 427	10 785	21 462	36 872	67 461	701	7 654	7 182	311	161	11 412	6 188
北京	24 193	23 875	17 279	277	290	2 879	1 558	1 559	33	318	307	5	6	94	52
天津	19 994	19 868	17 274	226	292	407	595	1 074		126	122	2	2	85	50
河北	52 745	52 256	46 505	284	420	489	1 494	3 060	4	489	471	7	11	262	78
山西	15 985	15 631	13 281	126	80	1 001	366	776	1	354	348	3	3	110	72
内蒙古	9 533	9 335	7 797	119	106	321	456	524	12	198	193	4	1	89	74
辽宁	29 264	28 840	25 828	196	187	370	816	1 307	136	424	420	3	1	86	56
吉林	11 884	11 666	10 632	81	143	174	206	391	39	218	216	1	1	83	136
黑龙江	16 381	16 190	14 483	83	129	988	216	291		191	175	13	3	88	107
上海	56 942	56 688	46 403	851	487	177	2 543	6 226	1	254	248	3	3	264	11
江苏	107 515	107 134	90 289	818	627	539	2 896	11 959	6	381	345	24	12	1 208	389
浙江	217 714	217 402	201 413	1 569	1 079	966	3 573	8 792	10	312	260	43	9	667	1 141
安徽	29 156	28 986	24 690	270	257	266	966	2 534	3	170	167	1	2	231	178
福建	28 873	28 753	25 363	204	139	693	755	1 596	3	120	116	2	2	278	254
江西	17 690	17 622	15 080	70	190	118	825	1 339		68	68			301	98

续表

地　区	合　计	当期认定（视同）工伤人数												不予认定工伤人数	当期不予受理申请人数
		认定工伤件数								视同工伤件数					
		小　计	在工作时间和工作场所内因工作原因受到事故伤害	工作时间前后在工作场所内从事与工作有关的预备性或者收尾性工作受到事故伤害	在工作时间和工作场所内履行职责受到暴力等意外伤害	患职业病	因工外出期间由于工作原因受到伤害或者发生事故下落不明	在上下班途中受到机动车事故伤害	其他应当认定为工伤的情形	小　计	在工作时间和工作岗位突发疾病死亡或者在48小时之内经抢救无效死亡	在抢险救灾等维护国家利益、公共利益活动中受到伤害	因战、因公负伤致残的人员旧伤复发		
山　东	68 481	67 947	53 397	1 245	1 018	1 205	3 342	7 707	33	534	498	13	23	490	333
河　南	21 995	21 543	17 325	203	225	660	984	2 144	2	452	432	6	14	192	80
湖　北	23 981	23 790	20 315	330	335	518	772	1 499	21	191	183	6	2	301	205
湖　南	50 520	50 223	45 054	259	520	1 459	1 196	1 734	1	297	237	46	14	666	178
广　东	188 155	187 330	171 819	857	1 461	624	6 546	5 978	45	826	778	44	4	3 077	1 197
广　西	11 344	11 180	9 182	104	350	116	605	818	5	164	160	4		210	96
海　南	2 611	2 575	2 043	20	95	31	129	232	25	36	33	1	2	107	47
重　庆	55 349	55 205	49 830	327	336	2 902	846	946	18	144	135	8	1	757	390
四　川	45 227	44 940	36 385	507	1 158	2 540	1 863	2 415	72	287	247	34	6	658	469
贵　州	19 323	19 199	16 838	145	190	1 030	598	392	6	124	117	6	1	206	160
云　南	21 379	21 119	18 554	95	234	299	1 298	600	39	260	240	20		338	52
西　藏	321	310	259	8	5		30	8		11	10	1		5	3
陕　西	11 947	11 698	9 771	929	131	181	319	298	69	249	208	5	36	62	35
甘　肃	4 781	4 690	4 095	35	83	127	202	148		91	89	2		70	65
青　海	2 784	2 748	2 498	7	17	55	117	54		36	36			39	24
宁　夏	3 531	3 440	2 761	40	72	105	168	294		91	89		2	76	48
新　疆	11 331	11 151	9 493	127	111	187	483	633	117	180	177	1	2	253	99

表 48 2013 年按就业身份、性别分的城镇就业人员周工作时间构成

就业身份	城镇就业人员	1～8 小时	9～19 小时	20～39 小时	40 小时	41～48 小时	48 小时以上
总　计	100.0	0.5	1.3	8.4	36.0	19.9	33.9
雇　员	100.0	0.6	1.4	8.5	41.1	21.6	26.8
雇　主	100.0	0.2	1.0	4.2	21.3	15.3	58.0
自营劳动者	100.0	0.3	1.0	9.1	16.0	13.4	60.2
家庭帮工	100.0	0.5	1.9	11.8	16.9	13.2	55.6
男	100.0	0.4	1.0	6.8	35.7	19.8	36.3
雇　员	100.0	0.4	1.0	6.8	41.3	21.5	28.9
雇　主	100.0	0.2	0.9	4.1	21.3	15.3	58.2
自营劳动者	100.0	0.3	0.8	8.1	15.6	13.6	61.7
家庭帮工	100.0	1.0	2.0	10.9	17.1	12.9	56.2
女	100.0	0.7	1.8	10.5	36.3	20.0	30.7
雇　员	100.0	0.8	1.8	10.6	40.9	21.6	24.2
雇　主	100.0	0.2	1.1	4.5	21.3	15.3	57.5
自营劳动者	100.0	0.4	1.5	11.0	16.8	13.0	57.3
家庭帮工	100.0	0.4	1.9	12.1	16.9	13.3	55.5

表 49 按户口性质分的城镇就业人员周工作时间构成

年份	户口性质	城镇就业人员	1～8 小时	9～19 小时	20～39 小时	40 小时	41～48 小时	48 小时以上
2007	总计	100.0	0.4	1.7	11.1	31.2	16.1	39.6
	农业	100.0	0.7	2.8	16.5	15.8	16.8	47.4
	非农业	100.0	0.2	0.5	5.1	48.2	15.2	30.9
2008	总　计	100.0	0.6	2.2	12.8	33.0	17.1	34.4
	农　业	100.0	1.0	3.5	19.4	17.6	18.1	40.3
	非农业	100.0	0.3	0.6	5.3	50.2	15.9	27.7
2009	总　计	100.0	0.6	2.3	14.8	33.3	18.3	30.8
	农　业	100.0	0.9	3.7	22.2	19.2	19.2	34.7
	非农业	100.0	0.2	0.6	6.2	49.5	17.2	26.3
2010	总　计	100.0	0.6	2.1	14.2	34.2	18.5	30.5
	农　业	100.0	0.9	3.4	20.3	20.6	18.7	36.1
	非农业	100.0	0.3	0.5	6.6	50.8	18.1	23.6

年份	户口性质	城镇就业人员	1～8 小时	9～19 小时	20～39 小时	40 小时	41～48 小时	48 小时以上
2011	总　计	100.0	0.4	1.0	7.6	37.9	15.3	37.7
	农　业	100.0	0.5	1.6	10.6	23.4	16.9	47.0
	非农业	100.0	0.2	0.3	4.2	54.6	13.6	27.1
2012	总　计	100.0	0.7	1.4	8.5	37.8	18.7	32.9
	农　业	100.0	1.0	2.4	13.4	21.1	20.2	42.0
	非农业	100.0	0.4	0.5	4.3	52.0	17.5	25.3
2013	总　计	100.0	0.5	1.3	8.4	36.0	19.9	33.9
	农　业	100.0	0.8	2.3	13.1	20.6	20.4	42.8
	非农业	100.0	0.3	0.4	4.3	49.5	19.4	26.0

表 50　2012 年按行业、性别分的城镇就业人员周工作时间　　（小时/周）

行　业	总计	男性	女性
总　计	46.3	47.1	45.2
农、林、牧、渔业	38.2	40.7	35.7
采矿业	45.7	46.2	44.2
制造业	48.2	48.2	48.0
电力、热力、燃气及水生产和供应业	43.3	43.5	42.9
建筑业	49.4	49.8	47.1
批发和零售业	50.2	50.9	49.7
交通运输、仓储和邮政业	48.8	49.6	45.3
住宿和餐饮业	51.4	51.9	50.8
信息传输、软件和信息技术服务业	47.8	47.7	47.9
金融业	43.2	43.6	42.8
房地产业	45.9	46.8	44.5
租赁和商务服务业	46.2	46.6	45.7
科学研究和技术服务业	43.4	43.2	43.6
水利、环境和公共设施管理业	43.8	43.7	44.1
居民服务、修理和其他服务业	49.1	50.0	48.1
教育	42.5	43.2	42.0
卫生和社会工作	44.1	45.1	43.4
文化体育和娱乐业	45.6	46.0	45.1
公共管理、社会保障和社会组织	41.8	42.1	41.3
国际组织	43.4	41.3	44.2

表 51　2013 年各地区工伤参保情况　　　　（人）

地　区	参保人数	享受伤残待遇人数	享受职业病待遇人数	一至四级伤残	其中职业病	五至六级伤残	其中职业病	七至十级伤残	其中职业病	其他伤残	其中职业病
全　国	19 917	1 656 465	103 364	191 231	50 333	80 782	11 752	546 037	19 587	838 415	21 692
北　京	920	40 437	8 167	7 044	3 781	2 988	2 085	16 088	2 150	14 317	151
天　津	335	31 555	6 611	7 977	4 291	3 132	1 713	8 221	590	12 225	17
河　北	737	86 018	12 272	15 895	8 080	5 301	175	24 250	2 936	40 572	1 081
山　西	550	72 218	7 408	21 237	2 127	1 353	115	7 096	360	42 532	4 806
内蒙古	277	19 838	831	3 191	325	2 388	216	5 048	93	9 211	197
辽　宁	857	114 691	9 699	21 531	6 342	13 518	1 947	48 996	950	30 646	460
吉　林	392	42 516	1 376	6 880	692	4 976	271	24 260	300	6 400	113
黑龙江	493	59 405	7 679	11 668	2 751	12 711	1 992	24 437	2 847	10 589	89
上　海	904	62 111	1 704	3 831	909	1 169	230	45 967	559	11 144	6
江　苏	1 487	120 652	4 488	9 700	2 384	2 461	230	48 042	625	60 449	1 249
浙　江	1 826	219 571	362	2 308	93	2 127	9	56 442	12	158 694	248
安　徽	473	68 513	5 577	5 235	477	2 787	67	17 394	1 434	43 097	3 599
福　建	608	31 058	4 206	1 927	598	304	31	6 780	101	22 047	3 476
江　西	431	37 034	2 854	5 179	1 812	2 014	167	7 318	825	22 523	50
山　东	1 372	82 459	6 572	11 517	3 085	4 396	706	25 206	1 020	41 340	1 761
河　南	773	32 164	2 055	5 094	999	949	101	7 126	301	18 995	654
湖　北	557	50 824	1 148	4 011	521	2 778	5	6 804	91	37 231	531
湖　南	731	71 707	1 789	2 704	428	1 517	39	16 809	267	50 677	1 055
广　东	3 057	148 174	379	3 354	124	2 048	24	65 147	115	77 625	116
广　西	326	14 711	695	2 559	203	769	126	3 341	131	8 042	235
海　南	123	2 775	25	203	5	67		298	1	2 207	19
重　庆	407	68 809	5 934	8 169	3 860	870	144	21 594	1 244	38 176	686
四　川	690	67 859	7 468	9 893	3 682	3 702	921	24 628	2 076	29 636	789
贵　州	260	19 152	506	1 719	248	1 772	66	9 633	190	6 028	2
云　南	334	32 409	585	4 162	372	452	17	5 024	100	22 771	96
西　藏	15	427		31		83		228		85	
陕　西	378	18 717	390	2 971	257	1 421	53	5 466	75	8 859	5
甘　肃	168	12 819	198	4 552	132	1 303	10	3 043	13	3 921	43
青　海	52	3 186	221	893	193	155	16	804	11	1 334	1
宁　夏	73	4 421	255	677	193	230	30	1 931	32	1 583	
新　疆	240	15 881	1 588	3 639	1 136	817	216	7 232	113	4 193	123

表 52　2013 年按年龄分的城镇失业人员失业原因构成　　　　（%）

年龄	合　计	离退休	料理家务	毕业后未工作	因单位原因失去工作	因个人原因失去工作	承包土地被征用	其他
总　计	100.0	5.9	23.0	18.7	16.2	25.9	1.7	8.5
16～19	100.0		1.7	64.6	3.2	22.7	0.4	7.4
20～24	100.0		8.4	56.9	4.0	24.3	0.4	6.0
25～29	100.0		22.0	23.3	7.5	36.6	0.7	9.9
30～34	100.0		34.6	8.0	10.8	35.2	1.2	10.2
35～39	100.0		36.7	2.9	18.0	29.7	2.0	10.8
40～44	100.0	0.3	30.7	1.6	27.7	26.2	2.4	10.9
45～49	100.0	3.1	28.7	0.8	34.8	21.5	3.0	8.1
50～54	100.0	20.7	21.5	1.6	29.9	15.6	3.0	7.6
55～59	100.0	33.7	15.8	0.2	26.4	13.6	4.5	5.8
60～64	100.0	61.1	16.4		8.4	4.3	4.4	5.4
65＋	100.0	65.3	25.7	0.3	3.9	1.7	0.2	2.8

表 53　2013 年按受教育程度分的城镇失业人员失业原因构成　　　　（%）

年龄	合　计	离退休	料理家务	毕业后未工作	因单位原因失去工作	因个人原因失去工作	承包土地被征用	其他
总　计	100.0	5.9	23.0	18.7	16.2	25.9	1.7	8.5
未上过学	100.0	9.3	51.2	2.4	11.1	16.8	0.7	8.5
小　学	100.0	6.9	45.2	4.3	10.9	19.1	5.4	8.3
初　中	100.0	7.4	31.2	7.6	15.6	26.2	2.6	9.5
高　中	100.0	6.2	17.8	16.1	22.0	27.4	1.2	9.3
大学专科	100.0	3.5	12.7	37.1	12.5	27.4	0.2	6.5
大学本科	100.0	2.0	6.6	55.6	8.1	22.8	0.1	4.8
研究生	100.0		11.3	60.7	14.6	11.2		2.0

表 54　2013 年按年龄分的城镇失业人员寻找工作方式构成　　　　（%）

年龄	合　计	在职业介绍机构登记	委托亲友找工作	参加招聘会	应答或刊登广告	浏览招聘广告	为自己经营作准备	其他
总　计	100.0	7.7	50.2	7.7	0.9	11.4	6.9	15.2
16～19	100.0	5.5	51.3	8.3	1.6	14.4	3.3	15.6
20～24	100.0	10.2	41.7	18.4	1.0	12.9	4.8	11.2
25～29	100.0	9.9	41.6	10.2	1.6	13.9	7.8	14.9
30～34	100.0	8.3	45.7	6.0	0.8	16.1	8.5	14.8
35～39	100.0	6.8	51.8	4.5	0.8	10.2	8.9	17.0
40～44	100.0	6.6	52.4	4.2	0.6	11.5	9.1	15.7
45～49	100.0	6.1	59.0	2.9	0.8	8.3	6.4	16.5
50～54	100.0	5.9	58.6	1.3	0.7	7.8	6.1	19.6

续表

年龄	合计	在职业介绍机构登记	委托亲友找工作	参加招聘会	应答或刊登广告	浏览招聘广告	为自己经营作准备	其他
55～59	100.0	6.7	63.8	2.2	0.3	5.8	5.2	15.9
60～64	100.0	4.0	71.9	0.4	0.5	2.6	4.1	16.6
65＋	100.0	0.3	65.9		0.1	3.4	9.0	21.2

表 55 2013 年按受教育程度分的城镇失业人员寻找工作方式构成 （%）

年龄	合计	在职业介绍机构登记	委托亲友找工作	参加招聘会	应答或刊登广告	浏览招聘广告	为自己经营作准备	其他
总　计	100.0	7.7	50.2	7.7	0.9	11.4	6.9	15.2
未上过学	100.0		63.6	4.1	0.4	3.6	6.3	22.0
小　学	100.0	2.6	66.9	1.2	0.1	5.9	3.5	19.8
初　中	100.0	5.2	56.4	3.4	0.9	9.0	7.9	17.1
高　中	100.0	7.9	51.9	6.2	0.6	11.8	7.0	14.7
大学专科	100.0	13.3	36.6	14.8	1.6	15.6	5.9	12.2
大学本科	100.0	12.8	28.3	23.4	1.4	17.4	6.7	10.0
研究生	100.0	11.1	15.5	39.2	2.0	20.1	0.9	11.2

表 56 2011 年全国分类市场基本情况

项目	市场数	城市	农村
消费品市场	56 501	25 148	31 353
一、消费品综合市场	22 257	6 628	15 629
二、农副产品场	26 140	12 116	14 024
1. 农副产品综合市场	23 035	10 543	12 492
2. 农副产品专业市场	3 105	1 573	1 532
三、工业消费品市场	6 475	5 208	1 267
1. 工业消费品综合市场	3 660	2 812	848
2. 工业消费品专业市场	2 815	2 396	419
四、其他	1 629	1 196	433
生产资料市场	4 376	3 066	1 310
一、生产资料综合市场	808	546	262
二、工业生产资料市场	2 927	2 148	779
1. 工业生产资料综合市场	2 927	2 148	779
2. 工业生产资料专业市场			
三、农业生产资料市场	395	206	189
1. 农业生产资料综合市场	181	91	90
2. 农业生产资料专业市场	214	115	99
四、其他	246	166	80
生产要素市场	787	618	169

表 57　2010 年全国个体工商业登记基本指标

（户、人、万元）

行业分类	合计			期末实有 城镇			本期开业		
	户数	从业人员	资金	户数	从业人员	资金	户数	从业人员	资金
合计	37 564 672	79 452 765	161 775 692	24 984 414	52 268 804	104 577 945	7 153 417	15 571 214	46 502 832
农、林、牧、渔业	620 224	1 722 234	10 178 409	222 747	579 629	3 709 814	172 204	542 046	3 258 342
采矿业	44 556	234 305	1 278 109	15 387	73 649	412 931	5 277	26 475	340 454
制造业	2 895 955	9 715 406	19 168 409	1 532 632	4 956 328	9 351 038	475 718	1 635 340	4 141 809
电力、燃气及水的生产和供应业	17 681	57 407	748 699	8 606	28 389	243 875	2 035	6 011	80 180
建筑业	90 299	316 480	985 664	58 281	198 230	580 060	16 754	51 514	188 976
交通运输、仓储和邮政业	1 520 381	2 574 404	9 697 321	991 153	1 663 244	6 213 727	245 888	401 764	2 096 656
信息传输、计算机服务和软件业	205 406	388 017	1 006 485	141 250	270 499	704 554	30 201	56 863	143 965
批发和零售业	24 210 586	45 083 587	85 592 747	16 358 314	30 777 622	58 366 898	4 806 984	9 129 644	27 403 956
住宿和餐饮业	3 133 492	8 714 171	14 901 752	2 244 315	6 267 195	11 350 277	562 501	1 769 359	4 321 981
金融业	1 029	2 276	10 876	884	1 928	8 577	440	969	3 785
房地产业	55 519	127 317	247 341	47 964	113 639	207 388	11 686	25 265	76 846
租赁和商务服务业	439 009	920 066	2 189 135	334 062	710 405	1 543 624	94 733	211 458	636 029
科学研究、技术服务和地质勘查业	26 832	50 837	97 699	21 202	39 943	66 136	7 582	11 799	19 091
水利、环境和公共设施管理业	9 261	20 249	52 668	6 083	14 890	30 694	1 198	3 124	10 283
居民服务和其他服务业	3 770 444	8 119 591	12 185 568	2 637 422	5 696 822	9 050 508	645 163	1 514 412	2 978 584
教育	11 239	29 415	86 358	8 285	22 579	61 129	2 356	5 390	23 317
卫生、社会保障和社会福利业	91 874	208 303	562 360	71 239	164 054	429 700	10 341	26 611	101 582
文化、体育和娱乐业	206 512	547 994	2 036 960	161 698	437 882	1 750 796	31 282	98 131	528 629
其他	214 373	620 706	749 132	122 890	251 877	496 221	31 074	55 039	148 368

表 58　2010 年全国私营企业登记情况　　　　　　　　　（户、人、万元）

行业分类	期末实有				
	户数	分支机构	投资者人数	雇工人数	注册资本（金）
合计	9 676 776	862 666	19 857 478	83 678 703	2 578 804 175
农、林、牧、渔业	244 558	9 037	497 607	2 024 503	51 927 385
采矿业	65 746	4 055	142 750	1 171 077	29 793 866
制造业	2 071 066	60 853	4 343 933	29 113 154	564 788 853
电力、燃气及水的生产和供应业	41 043	5 629	158 753	455 026	24 252 602
建筑业	516 855	66 955	1 117 907	6 292 428	188 208 080
交通运输、仓储和邮政业	258 583	30 419	548 738	1 996 488	57 520 646
信息传输、计算机服务和软件业	327 576	20 573	591 226	1 907 707	36 840 714
批发和零售业	3 513 699	413 425	6 790 770	22 378 215	551 742 440
住宿和餐饮业	161 804	28 762	278 113	1 731 696	19 566 367
金融业	37 080	13 028	116 353	278 030	99 551 445
房地产业	352 737	53 537	777 545	2 872 870	304 153 064
租赁和商务服务业	1 030 257	83 876	2 282 724	6 498 685	473 784 367
科学研究、技术服务和地质勘查业	558 336	23 818	1 258 673	3 295 528	111 995 157
水利、环境和公共设施管理业	40 849	2 757	93 798	308 368	14 033 725
居民服务和其他服务业	284 895	34 194	521 123	2 191 162	25 257 981
教育	12 183	2 389	23 184	97 122	1 275 092
卫生、社会保障和社会福利业	12 179	1 243	20 867	141 894	3 032 293
文化、体育和娱乐业	115 050	4 635	213 939	641 921	13 352 990
其他	32 280	3 481	79 475	282 829	7 727 107

表 59　2010 年全国私营企业分类登记情况　　　　　　　　（户、万元）

行业分类	有限责任公司		股份有限公司	
	户数	注册资本	户数	注册资本
合计	8 086 795	2 248 199 336	28 920	86 515 905
农、林、牧、渔业	161 448	40 806 387	858	1 580 629
采矿业	32 721	22 398 601	133	544 346
制造业	1 468 809	491 021 958	4 253	27 350 831
电力、燃气及水的生产和供应业	26 253	21 663 093	133	383 926
建筑业	499 487	184 798 270	1 251	2 170 259
交通运输、仓储和邮政业	243 225	55 244 261	426	1 405 533
信息传输、计算机服务和软件业	213 857	31 898 716	1 048	2 147 037

续表

行业分类	有限责任公司		股份有限公司	
	户数	注册资本	户数	注册资本
批发和零售业	3 074 846	513 877 499	7 234	8 073 718
住宿和餐饮业	109 051	16 906 084	470	126 937
金融业	29 644	76 855 581	6 966	18 564 554
房地产业	340 333	296 723 339	1 131	7 052 631
租赁和商务服务业	964 532	332 784 270	2 492	10 821 107
科学研究、技术服务和地质勘查业	539 864	106 276 856	1 563	4 984 467
水利、环境和公共设施管理业	38 426	13 577 278	86	240 625
居民服务和其他服务业	215 184	22 423 531	458	322 984
教育	8 894	1 022 720	21	20 830
卫生、社会保障和社会福利业	5 144	1 357 956	37	94 900
文化、体育和娱乐业	87 846	11 738 166	132	340 881
其他	27 231	6 824 769	228	289 711

表 60　2010 年全国私营企业经营情况　　（万元）

行业分类	总产值	销售总额或营业收入	社会消费品零售额	其中：城镇		
				总产值	销售总额或营业收入	社会消费品零售额
合计	687 850 984	1 199 905 336	373 087 866	374 286 421	794 842 180	258 828 446
农、林、牧、渔业	28 858 208	25 142 088	5 749 681	13 651 561	9 606 200	3 164 003
采矿业	29 603 292	16 802 372	4 431 927	13 694 595	10 913 168	2 624 348
制造业	511 232 920	194 462 417	68 441 484	271 625 809	114 548 714	37 251 627
电力、燃气及水的生产和供应业	24 991 702	19 889 987	3 821 434	16 488 778	6 881 432	2 402 490
建筑业	93 164 862	91 569 283	25 986 970	58 825 678	64 723 080	21 191 341
交通运输、仓储和邮政业	*	33 115 678	5 845 967	*	22 287 904	4 191 226
信息传输、计算机服务和软件业	*	21 356 178	4 978 693	*	14 302 498	4 044 281
批发和零售业	*	467 969 637	172 916 616	*	315 858 011	123 467 892
住宿和餐饮业	*	41 066 886	15 138 550	*	27 149 237	10 345 064
金融业	*	7 917 621	1 485 396	*	6 293 344	1 017 576
房地产业	*	112 355 509	32 487 538	*	77 157 999	23 080 846

续表

行业分类	总产值	销售总额或营业收入	社会消费品零售额	其中：城镇		
				总产值	销售总额或营业收入	社会消费品零售额
租赁和商务服务业	*	63 711 498	14 657 408	*	48 486 660	13 280 859
科学研究、技术服务和地质勘查业	*	46 085 156	2 031 455	*	36 409 412	1 819 470
水利、环境和公共设施管理业	*	9 441 385	744 494	*	2 424 282	527 706
居民服务和其他服务业	*	19 507 426	5 645 780	*	13 102 872	3 883 094
教育	*	5 223 940	302 848	*	4 270 915	189 837
卫生、社会保障和社会福利业	*	5 207 330	656 416	*	4 450 076	489 573
文化、体育和娱乐业	*	9 338 743	3 621 762	*	8 199 965	3 210 537
其他	*	9 742 202	4 143 448	*	7 776 411	2 646 676

表 61　1990—2011 年全国内资企业登记情况　　　　　（户、万元）

年份	合计		国有企业		集体企业		联营企业	
	户数	注册资本(金)	户数	注册资金	户数	注册资金	户数	注册资金
1990	4 602 048	179 974 528	1 151 472	119 250 184	3 381 937	54 444 902		
1991	4 820 673	202 175 958	1 253 725	136 831 763	3 479 971	57 711 118	*	*
1992	5 822 109	277 956 622	1 547 190	179 479 422	4 159 417	82 415 258	*	*
1993	7 286 775	423 585 376	1 951 695	254 619 698	5 156 519	132 257 942		*
1994	7 937 453	517 165 765	2 166 331	288 687 287	5 456 818	157 681 342	116 610	18 817 669
1995	8 067 252	605 205 853	2 218 612	316 635 844	5 337 734	162 312 229	121 799	23 721 198
1996	7 852 537	675 727 504	2 163 346	328 444 304	5 013 416	172 650 315	111 484	23 178 761
1997	7 357 077	729 748 330	2 078 348	362 466 107	4 470 469	162 437 741	111 310	28 009 940
1998	6 574 807	784 017 257	1 836 289	348 795 801	3 736 365	151 252 587	82 051	18 427 100
1999	5 960 546	956 481 491	1 649 870	435 099 631	3 172 471	131 616 006	65 986	15 853 426
2000	5 351 116	1 069 861 400	1 492 164	467 642 225	2 627 061	119 933 132	53 297	13 837 743
2001	4 832 356	1 163 363 689	1 317 822	468 507 085	2 208 516	108 076 235	44 655	12 014 239
2002	4 445 073	1 278 140 150	1 172 477	494 946 186	1 885 879	99 450 344	36 285	10 145 057

年份	合计		国有企业		集体企业		联营企业	
	户数	注册资本(金)	户数	注册资金	户数	注册资金	户数	注册资金
2003	4 123 620	1 473 214 206	1 049 744	510 008 622	1 625 482	98 320 269	30 069	8 688 668
2004	3 797 619	1 572 208 252	915 997	473 813 349	1 393 719	85 865 148		
2005	3 496 487	1 634 490 728	794 530	446 578 413	1 206 996	74 777 461		
2006	3 372 592	1 807 239 142	716 913	464 331 789	1 094 245	70 149 204		
2007	3 202 743	2 120 244 040	637 434	477 206 357	963 494	66 725 256		
2008	2 705 457	2 284 205 072	568 793	477 749 612	856 677	61 567 128		
2009	2 591 605	2 640 710 862	498 176	490 268 947	756 060	56 240 287		
2010	2 464 412	2 998 360 655	457 820	523 725 879	647 858	52 762 229		*
2011	2 407 961	3 556 486 849	422 128	565 977 522	591 171	50 360 704		*

表 62　2011 年各地区内资企业情况　　　　　　　　　　　　　（户、万元）

地　区	户数(含分支机构)	注册资本(金)	地　区	户数(含分支机构)	注册资本(金)
合　计	2 407 961	3 556 486 849	河　南	145 519	81 382 210
国家局	1 808	942 767 161	湖　北	149 668	88 952 743
北　京	141 181	245 563 255	湖　南	73 992	57 107 007
天　津	33 969	114 019 519	广　东	175 509	184 759 529
河　北	118 237	91 836 387	广　西	66 318	49 215 529
山　西	60 524	60 059 430	海　南	28 099	34 493 045
内蒙古	31 166	49 533 356	重　庆	36 849	53 442 183
辽　宁	98 465	118 338 028	四　川	149 946	116 144 254
吉　林	41 354	41 752 147	贵　州	40 643	31 565 653
黑龙江	95 151	62 591 748	云　南	48 119	56 225 078
上　海	82 642	231 007 544	西　藏	5 404	3 576 912
江　苏	139 167	229 421 822	陕　西	121 930	70 052 085
浙　江	121 316	148 417 804	甘　肃	35 112	31 928 723
安　徽	66 397	71 360 412	青　海	8 876	12 824 784
福　建	54 856	60 102 662	宁　夏	8 655	15 059 722
江　西	68 853	35 578 260	新　疆	33 633	37 949 126
山　东	124 603	129 458 731			

表 63　2010 年全国内资公司分类登记情况　　　　　　　　（户、万元）

行业	合计		有限责任公司		股份有限公司	
	户数	注册资本	户数	注册资本	户数	注册资本
合计	115 706	192 880 628	107 352	161 050 065	8 354	31 830 563
农、林、牧、渔业	2 406	1 496 590	2 321	1 352 432	85	144 158
采矿业	766	4 818 843	741	4 802 837	25	16 006
制造业	8 470	26 478 221	8 266	17 828 464	204	8 649 757
电力、燃气及水的生产和供应业	1 698	4 425 607	1 646	4 253 927	52	171 680
建筑业	8 380	15 600 517	8 124	15 462 503	256	138 014
交通运输、仓储和邮政业	4 940	6 329 638	4 829	5 733 760	111	595 878
信息传输、计算机服务和软件业	3 214	1 728 583	2 692	1 630 283	522	98 300
批发和零售业	34 950	14 515 686	32 828	13 739 143	2 122	776 543
住宿和餐饮业	2 046	438 368	1 991	425 218	55	13 150
金融业	9 250	14 349 039	5 252	9 193 456	3 998	5 155 583
房地产业	8 777	20 649 416	8 710	20 409 226	67	240 190
租赁和商务服务业	17 977	56 173 370	17 562	54 344 194	415	1 829 176
科学研究、技术服务和地质勘查业	6 564	7 487 635	6 318	7 025 674	246	461 961
水利、环境和公共设施管理业	1 021	1 535 739	1 004	1 442 588	17	93 151
居民服务和其他服务业	3 011	1 071 552	2 964	1 047 052	47	24 500
教育	125	30 458	121	30 458	4	
卫生、社会保障和社会福利业	176	81 009	170	81 009	6	
文化、体育和娱乐业	1 586	1 824 449	1 539	1 202 482	47	621 967
其他	349	13 845 909	274	1 045 359	75	12 800 550

表64 2010年全国外商投资企业分类登记情况

(户,万美元)

行业	有限责任公司							股份有限公司	
	台港澳与外国投资者合资	台港澳与境内合资	台港澳与境内合作	台港澳合资	台港澳法人独资	台港澳非法人经济组织独资	台港澳自然人独资	中外合资,上市	中外合资,未上市
合计	2 027	34 899	5 725	7 069	75 978	1 000	21 984	194	421
农、林、牧、渔业	29	699	201	314	1 711	59	1 210	1	6
采矿业	4	169	52	13	134		36	1	2
制造业	1 145	22 960	3 044	3 601	43 898	597	13 020	133	284
电力、燃气及水的生产和供应业	14	678	144	26	423	1	52	6	10
建筑业	17	707	168	81	695	3	235	4	4
交通运输、仓储和邮政业	39	841	302	100	1 433	18	119	11	9
信息传输、计算机服务和软件业	42	372	27	166	2 178	28	344	6	13
批发和零售业	341	1 544	96	1 209	9 391	195	3 038	9	16
住宿和餐饮业	44	765	240	198	1 073	3	476	2	2
金融业	1	111	2	10	100		2	1	17
房地产业	81	2 833	829	414	3 848	8	529	5	7
租赁和商务服务业科学研究、技术	156	1 312	180	541	6 411	16	1 461	6	12
服务和地质勘查业	76	1 010	134	232	3 566	68	1 046	7	32
水利、环境和公共设施管理业	6	157	45	16	237		47	1	3
居民服务和其他服务业	18	266	84	84	471	2	238	1	
教育		16	11	5	26		9		
卫生、社会保障和社会福利业		38	13		16	1	5		
文化、体育和娱乐业	9	385	151	54	296	1	106		2
其他	5	36	2	5	71		11	1	2

表 65　2010 年全国私营企业投资及雇工人数　　　（户、人、万元）

行业	户数	其中：分支机构	投资者人数	雇工人数	注册资本（金）
合计	9 676 776	862 666	19 857 478	83 678 703	2 578 804 175
农、林、牧、渔业	244 558	9 037	497 607	2 024 503	51 927 385
采矿业	65 746	4 055	142 750	1 171 077	29 793 866
制造业	2 071 066	60 853	4 343 933	29 113 154	564788853
电力、燃气及水的生产和供应业	41 043	5 629	158 753	455 026	24252602
建筑业	516 855	66 955	1 117 907	6 292 428	188 208 080
交通运输、仓储和邮政业	258 583	30 419	548 738	1 996 488	57 520 646
信息传输、计算机服务和软件业	327 576	20 573	591 226	1 907 707	36 840 714
批发和零售业	3 513 699	413 425	6 790 770	22 378 215	551 742 440
住宿和餐饮业	161 804	28 762	278 113	1 731 696	19 566 367
金融业	37 080	13 028	116 353	278 030	99 551 445
房地产业	352 737	53 537	777 545	2 872 870	304 153 064
租赁和商务服务业	1 030 257	83 876	2 282 724	6 498 685	473 784 367
科学研究、技术服务和地质勘查业	558 336	23 818	1 258 673	3 295 528	111 995 157
水利、环境和公共设施管理业	40 849	2 757	93 798	308 368	14 033 725
居民服务和其他服务业	284 895	34 194	521 123	2 191 162	25 257 981
教育	12 183	2 389	23 184	97 122	1 275 092
卫生、社会保障和社会福利业	12 179	1 243	20 867	141 894	3 032 293
文化、体育和娱乐业	115 050	4 635	213 939	641 921	13 352 990
其他	32 280	3 481	79 475	282 829	7 727 107

后　记

　　本书是北京师范大学劳动力市场研究中心编写的第五本《中国劳动力市场发展报告》，主题是"经济新常态背景下的创业与就业"。

　　与前四本报告的主题相比，本报告的主题似乎有点凑热闹，因为当下"创业"是一个使用频率最高的词汇之一，也是本届政府最为着力的领域之一。若检视我们团队的研究脉络，专门研究创业与就业的关系也可以说是一件自然而然的事情。我本人担任过多届"挑战杯"全国大学生创业计划大赛的评委会副主任，对创业的关注可谓已久。2009年我和李长安教授合写了《以创业促进就业的效应分析及政策选择》和《完善创业教育体系，迎接创业高潮》两篇文章，我们认为中国改革开放以来经历了三次创业浪潮，现正面临着第四次创业浪潮。2012年11月我受邀在苏格兰阿伯丁大学，就中国的创业教育和创业实践做了专场报告，时任苏格兰第一大臣的亚历克斯·萨尔门德先生亲自致辞，并于第二年3月专门让他秘书索要我的报告PPT，以为他去访美做参考。我估计，这倒不是我讲得如何好，而是作为政治家的萨尔蒙德先生，预见到了中国正迎来新一轮创业浪潮，这对苏格兰来说是个机会。确实，中国的创业浪潮，既是自己的发展推力，也是世界的机会。

　　每次创业浪潮都与就业有密切的关系，党的十七大报告更把创业看成是促进就业的重要途径，但这次创业浪潮在促进就业方面，有新的特点。我们的报告试图对这种新变化进行概括，以期更好地促进创业从而更好地促进就业。为此，我们组织了多方面的力量联合攻关，李长安教授和孟大虎编审作为北京师范大学劳动力市场研究中心的副主任，承担了大量的组织协调工作，刘帆作为国内资深的创业培训讲师，为主报告的完成做出了特殊贡献。报告各章的作者如下：

　　导　　论　赖德胜

　　第一章　赖德胜、李长安

　　第二章　刘帆、韩丽丽、李飚、王琦、刘亚楠

　　第三章　孟大虎

　　第四章　卢亮、邓汉慧

　　第五章　王琦

第六章　刘娜

第七章　李长安、苏丽锋

第八章　张爱芹

第九章　杨慧、白黎

第十章　石丹浙、吴克明

第十一章　高春雷

第十二章　刘易昂

第十三章　李欣怡

第十四章　常欣扬

附录　苏丽锋

本报告的顺利完成，离不开各位领导和师友的指导和帮助。作为报告的总顾问，中国社会科学院荣誉学部委员赵人伟研究员，虽年事已高，仍时常关心报告的研究，并给予具体指导。国家人力资源和社会保障部副部长信长星、中国体制改革研究会顾问宋晓梧、中国社会科学院人口与劳动经济研究所所长张车伟、中国劳动学会副会长田小宝、中国劳动科学研究院院长刘燕斌、中国人事科学研究院院长余兴安、国家发改委政策研究室主任施子海、国家发改委就业和收入分配司司长蒲宇飞、国务院研究室社会发展司副司长乔尚奎、人力资源和社会保障部就业促进司副司长张莹和尹建堃、人力资源和社会保障部劳动关系司副司长茹英杰、教育部政策法规司副司长柯春晖、国家发改委社会发展研究所所长杨宜勇、全国总工会劳动关系研究中心主任吕国泉、首创集团党委副书记宋丰景、中农集团人事部总经理张佳琦、腾讯财经中心主编韦洪波、北京大学王大树教授、清华大学蔡继明教授、中国人民大学曾湘泉教授、首都经济贸易大学杨河清教授等，通过不同的方式，对报告的研究和撰写，提供了许多建设性意见和建议。

在本报告的研究期间，我们承担了科技部"十三五"规划前期研究重大课题"'十三五'科技创新促进创业就业的路径研究"和国务院残疾人工作委员会办公室中国残疾人事业"十三五"发展纲要重点支撑课题"科技创新促进残疾人创业就业研究"。在这两个课题的研究中，我们进行了多次汇报，有关领导和专家的点评对本报告的完善，发挥了很好的作用。本报告还受到了国家社会科学基金重大项目"构建和谐劳动关系研究"、教育部哲学社会科学发展报告（培育项目）、北京师范大学国家"985"工程专项等的资助。在这过程中，国家哲学社会科学基金规划办公室主任佘志远、教育部社会科学司司长张东刚、北京师范大学党委书记刘川生、北京师范大学校长董奇、北京师范大学副校长杨耕、北京师范大学学科规划和建设处处长陈丽、北京师范大学社会科学处处长范立双、北京师范大学宣传部部长方增泉、北京师范大学经济与工商管理学院李实教授、孙志军教授、杨澄宇教授、曲如晓教授、张平淡教授、邢春冰教授、李宝元教授等，先后对本报告的研究给予了多方面的帮助。北京师范大学出版社社长吕建生、总编辑叶子、党委书记李艳辉等，为本报告按时、高质量的出版，做了大量的工作。

帮助指导过我们的领导专家的名字还可以继续列下去，对他们的关心和指导，我们只有用更大努力和更高质量的研究来回报。

赖德胜

2015 年 9 月 27 日中秋之夜